嘉靖帝

丹鼎青烟里的王朝乱象

林乾———著

中国出版集团

东方出版中心

图书在版编目（CIP）数据

嘉靖帝：丹鼎青烟里的王朝乱象 / 林乾著.
上海 ：东方出版中心，2024. 7（2025. 3重印）.
ISBN 978-7-5473-2444-8

Ⅰ. K827=48

中国国家版本馆CIP数据核字第2024PK9148号

嘉靖帝：丹鼎青烟里的王朝乱象

著　　者　林　乾
责任编辑　朱荣所
装帧设计　张贤良

出 版 人　陈义望
出版发行　东方出版中心
地　　址　上海市仙霞路345号
邮政编码　200336
电　　话　021-62417400
印 刷 者　山东韵杰文化科技有限公司

开　　本　890mm×1240mm　1/32
印　　张　14.75
插　　页　1
字　　数　316千字
版　　次　2024年7月第1版
印　　次　2025年3月第2次印刷
定　　价　85.00元

PREFACE

前　言

正德十六年三月，年仅31岁的明武宗朱厚照无嗣而崩，内阁首辅杨廷和定策，立武宗堂弟、孝宗弟兴献王朱祐杬之子朱厚熜继位，次年改元嘉靖，他就是庙号世宗的明代第十一任皇帝。

世宗是实际统治明朝时间最长的皇帝，16岁即位，60岁病故，在位44年整。

厚熜以藩王世子入承大统，此前一直生活在湖广安陆，没有太子般的养尊处优，与平民百姓多有接触，对武宗朝弊政感受颇多，这些成为他即位之初"求治锐甚"的思想基础。以杨廷和为首辅的嘉靖初年内阁，是明代历史上最有作为、最佳的组合类型。[1] 各部尚书"皆海内重望"[2]。少年天子出于稳固统治的需要，对阁部大臣倾心"委任"，一时君臣契合，"天下欣欣望治"，这无疑是对武宗朝弊政的拨乱反正。惩宦竖，开言路，清庄田，做得颇有声色，"嘉靖之治"已不遥远。

然而，少年天子在一天天长大，他的皇权意识也逐步强化，世宗很快走向了自己前期的反面。以"大礼议"为契机，嘉靖朝政治发生重大转折：杨廷和等社稷功臣一变为"罪魁祸首"，几遭杀身之祸；张璁等"议礼派"踏着护礼派的尸体进入内阁，成为帝国的新贵和世宗的心腹。此后政府或以权势相倾，或持禄自固，诤诤忠臣已不多见。[3] 并且政风日下，仕途中多奔竞之徒。《明史》卷281《循吏传》开篇讲了一段意味深长的话：洪武年间加意吏治，重惩贪官，下至仁宣，百余年间吏治澄清。英宗至武宗的半个多世纪，内外多变，而民心无土崩瓦解之患，其原因即是上自

---

① 暴鸿昌：《明代内阁组合类型述略》，载台湾《明史研究专刊》第10期，1992年。
② 《明史》卷194《乔宇传》。
③ 《明史》卷190《赞》。

庙堂，下至小吏，皆大法小廉，故祸乱容易平弭。自嘉靖朝开始，吏治日偷，民生益蹙，实关一代兴衰。笔者认为，世宗虽对嘉靖初年的革新起过积极作用，但大好局面不旋踵即葬送在他的手中。"嘉靖中兴"成了历史泡影，徒有遗憾留给了后人。

嘉靖中叶，世宗日事斋醮，不理朝政。一方面加剧了内阁的纷争，使明代政治急速下滑；另一方面，报喜不报忧，最高统治集团的腐朽性日益加重。"南倭北虏"之乱虽有其历史的原因，但其危害时间之长，危害程度之深，却是明代史上绝无仅有的。造成这种局面世宗应负主要责任。观其易置将帅，官如传舍，赏罚颠倒，是非混淆，即可见一斑。俺答围京师，世宗"破天荒"召见群臣，将所有罪责归咎于臣下，更可见其不肯担当天下事的虚伪嘴脸。

世宗晚年，天怒人怨，边防危机、财政危机、政治危机同时加重，农民反抗运动此伏彼起，接连不断。《明史》卷18《世宗本纪》评价说："其时纷纭多故，将疲于边，贼讧于内，而崇尚道教，享祀弗经，营建繁兴，府藏告匮，百余年富庶治平之业，因以渐替。"这是颇为客观的盖棺之论。

世宗晚年危机四伏，几乎"不能照旧统治下去"。郭希颜上"建帝立储策"，实际是委婉地劝其退位；海瑞上疏说"天下人不直陛下久矣"，也是对世宗多年统治的一个否定。世宗自己也感到他失掉了官心、民心，几次提出退位，并说天下人希望"新政"久矣，还算有点自知之明。

在个人生活上，世宗也无可取之处。三位皇后都惨死在他的手中，是对他一生失败婚姻的最好控诉和有力证明。而弱不禁风的宫女们奋起反抗，欲结果其性命，更为历代所鲜见。"壬寅宫变"后，世宗不思悔改，反而变本加厉，搬入西苑，秘炼阴阳房中术，搜罗天下少女数千人入宫，供其发泄兽欲。就此而言，其荒淫实过武宗而无不及。

当然，这不是说世宗45年的统治毫无可取之处。嘉靖初年的"新政"，对纠正武宗朝的弊端，起到了拨乱反正、重振人心的作用。尤其是对英宗以来宦官势力的膨胀，予以较为坚决的打击，遏制了宦官干政的发展势头，这是嘉靖一朝内阁纷争不已、南北大乱，而皇权稳如泰山的重要原因之一。其他如罢天下镇守内官，清理庄田，赈灾救荒，也是一代美善之政，《明世宗实录》说世宗"严以治吏，宽以治民"，是有一定道理的。

如果与明代诸帝相比较，更可见世宗的"伟大"之处。明代诸帝，除太祖、成祖两代开创之主外，仁、宣是守成之君，其后则多庸主，英宗正统年间误于宦官，复辟后又误于权臣；孝宗统治的17年间，虽有"弘治中兴"之说，但外戚势力发展较快，侵夺民产不少。其他如宪宗、武宗，也属昏庸之主，不足称美。笔者认为，在多庸主的明代帝王中，世宗在庸平中有不凡之处。

帝王的传记不同于其他人物的传记，它应该而且必须尽可能地反映当时历史的风貌及其发展的基本趋向，同时还要写出传主的性格特征来。本书虽也力图这样去写，但显而易见的缺憾很多：政治方面的内容较多，经济、外交方面的内容显得疏略；个人生活的事写得较详，而总体反映时代特征的却不多，特别是同时期外部世界的面貌付诸阙如。

本书最早是1996年由吉林文史出版社出版的"明帝列传"的一种，彼时是与隆庆帝的"合传"。2008年由中国社会出版社，列入"正说明朝十二帝系列"中出版时，舍弃隆庆帝部分。今承东方出版中心朱荣所主任的美意，经责任编辑荣玉洁的精心审校，是为第三版。

　　自该书第一版出版后的二十多年间，特别是我自中国人民大学清史研究所博士毕业后，将主要研究精力更多倾注到清朝及其法律史上。此间"清承明制"这一学界的惯常用语，不时萦绕于怀。故此，近几年又用了较大心力，历时四年之久，完成了《柄国宰相张居正——权力之变与改革人生》的撰写，并于2023年由中信出版集团出版。此次本想对《嘉靖帝》进行较大修改，一则事冗无暇，二则考虑到《张居正》这部书对嘉靖时期也有不少论述，若两书合观，恰好涵盖了嘉隆万时期。故最后以吉林文史出版社的为主，删除隆庆帝部分，又对文字进行了必要的修改。

　　三十年弹指一挥。感谢在第一版写作过程中，责编王桂兰主任的谬奖，李治亭先生、杨旸先生的诸多指教。毕万闻先生还惠赐了世宗少年时期的一些资料，东北师大图书馆古籍部刘奉文先生、吉林省社科院图书馆黄雅萍女士，为查阅资料提供诸多便利。第二版时，学兄赵中男先生帮携尤多。谨此一并表达作者诚挚的谢意。

作者于北京知还斋寓所

2024年4月17日

CONTENTS

目 录

VOLUME 1

卷一　天下耳目新

一、临危定策

正德十六年（1521）初，久已汹汹不安的皇宫增添了恐怖、肃杀的气氛：年轻的武宗身染沉疴，大病不起。正月初十，武宗在南郊举行郊祀大典，刚一行礼就吐血不止，仪式没有结束，即匆匆回宫，此后病情日益加重。三月十四日，武宗病死于豹房，享年只有31岁。

武宗无子，生前又未立嗣君，一旦崩逝，就在最高权位上留下了空缺。国一日不可无君。谁来继承皇位？毋庸置疑，人选要在皇族中物色。

按照嫡长子继承制是最稳当而又简便的。但武宗无子，只好上推至孝宗。孝宗有二子，都是孝康皇后张氏所生。长子即武宗。次子朱厚炜，不满3岁即死去。这样，孝宗一系不可能选出嗣君。孝宗之上是宪宗。宪宗有十四子。长子未名而殇。次子朱祐极，成化七年（1471）被立为皇太子，一个月后即病故。三子即是孝宗。四子朱祐杬，成化二十三年（1487）封兴王，藩国在湖广安陆州（今湖北钟祥），正德十四年（1519）去世，谥献，故又称兴献王。献王有二子，长子生五日而亡。次子朱厚熜生于正德二年，13岁摄理王国事。宪宗第五子朱祐枟，弘治八年（1495）就藩德安，十四年死，无子国除。第六子以下诸子，武宗末年皆已就藩，但他们的儿子或年龄极幼，或尚未出生。这样，按长幼之序，朱厚熜是最合适的皇位继承人。从当时左右政局的三种主要政治势力来看，朱厚熜是他们可以接受的人选。

张太后像

第一种政治势力是皇室勋贵，代表人物是张太后。张太后是兴济县（今河北沧州市北）人。其父张峦以乡贡入太学。成化二十三年，选为太子妃。同年孝宗即位，册立为皇后。孝宗"颇优礼外家"，追封张峦为昌国公。其弟张鹤龄、张延龄被先后封为寿宁侯、建昌伯。孝宗还为皇后家在兴济设立家庙，穷极华丽，数年始竣工。皇后的两个弟弟纵家人多行不法事。自弘治以来，张氏家族通过赏赐和占夺土地，不断扩充经济实力。张太后希望选择一个年幼能够驾驭的嗣君，借以保障张氏家庭乃至整个皇室勋贵的利益。

第二种政治势力是官僚士大夫，代表人物是内阁大学士杨廷和。杨廷和，字介夫，四川新都县人，成化十四年（1478），19岁的杨廷和先于他父亲中了进士。是成化、弘治、正德三朝重臣，尤其是正德时期，他对武宗种种倒行逆施多次提出忠谏，又不依附于武宗宠信的宦官刘瑾，所以在官僚士大夫中颇有声誉。廷和性格沉静详审，很有城府，人长得风姿美俊，好考究制度沿革，洞悉民间疾苦，对军事国防尤其关注，熟知他的人，都认为他是国家的栋梁之材。廷和深受儒家思想教育，极负经世济民之才，"为中外所推服"。但因刘瑾等倒行逆施，他的才能不得发挥，只是"小有剂救而已"。①他信守儒家法度和礼制，最先倡导长幼有序之说，议立兴世子即帝位。鼎革之际，年仅15岁的少年天子不难辅佐，这也正是他施展政治抱负的最好时机。

第三种政治势力是武宗身边的亲信和佞幸之臣。这部分人构成复杂，有宦官、边将及僧侣，代表人物是江彬。江彬是直隶宣府人，原是蔚州卫指挥佥事，后通过钱宁留侍武宗身边。他身材魁梧，刚强有力，又精于骑射，尤善谈军旅之事，这对喜好武事的武宗来说，可谓志趣相投，很快升为都指挥佥事。为加强自己的势力，他倡议调边兵入卫，和京军互调操练，武宗不顾满朝文武反对，下诏允准。他又多次诱使武宗四处巡游。正德末年，武宗身体每况愈下，而江彬在京师握有数万军队，大臣们深感不安。好在他力足而智乏。

武宗春秋鼎盛，又好女色，但无子息，于是广蓄义儿养子，江彬、钱宁等人都是武宗义子，他还为此专门设置了义子府。

武宗病重期间，江彬派他的儿女亲家、司礼中官魏彬到内阁来试探大臣们对立储君的意见。魏彬说："圣上无嗣，御医已无能为力，不如捐万两金银，到民间去寻找。"杨廷和明白魏彬所说的意思，未置可否，只讲了长幼有序等话，魏彬唯唯而退。②

正德十六年三月十四日，杨廷和当日得到了武宗病逝的消息。这一天，杨廷和拟完了《廷试策问》，交给内阁文书陈严呈报武宗。陈文书很快带着拟稿返回，一跨进门就仓皇说了句："驾崩矣！"廷和听到这一消息十分震惊，但又立刻镇定下来，心想：国家处于危急之中，天下重事必须由我辈担当，惊悸又有何用？

---

① 《明史》卷190《杨廷和传》。
② 同上。

他思索了片刻，即对陈文书说："请众太监启太后，取兴长子来继承大统。"并叮嘱道："莫错说了话。"很快，谷大用、张永、张锐等太监先后来到内阁，司礼太监魏彬手持一纸，交给杨廷和，廷和等一看，知是武宗大行皇帝临终之言，众臣齐跪，听到这样几句话：

> 说与陈敬、苏进，我这病是怕好不了的，你每（们）与张锐叫司礼监来，看我有些好歹，奏娘娘与阁臣计较，天下重事要紧，不管凭（关）众人事，都是我误了天下事。①

众人举哀叩头完毕后，廷和说："先不必哭，也不必发哀！"说着从袖中取出《皇明祖训》让各位太监看，并说："大行皇帝未有后代，当遵祖训兄终弟及之文，奉迎兴长子来即皇帝位，可启请皇太后降懿旨。"内阁同僚梁储、蒋冕、毛纪都表示赞同，于是命太监入启太后。

正在内阁大臣们议定皇位继承人的紧急关头，发生了吏部尚书王琼率众冲击内阁的事件。王琼字德华，山西太原人，成化二十年进士。正德时历任户部、兵部、吏部尚书。其"为人有心计"，"才高，善结纳"，与钱宁、江彬交仕甚密。武宗驾崩后，太监应邀前往内阁，至左顺门时，王琼与兵部尚书王宪等率九卿大臣阻挡，欲一同前往内阁，司礼太监说："我辈奉有敕旨，无诸公事。"并说"朝廷也无他事"。王琼十分气愤，说："外面满街俱传言取白衣，安得无事？"又煽动科、道等官说："此等事，如何不与我辈会议？"一时群情不稳。太监到内阁后

---

① （明）杨廷和：《杨文忠三录》卷4。

将此情况告之内阁大臣，杨廷和等考虑到王琼与江彬的关系，生怕有变，令把守阁门的人不能放进任何一人。[①]等议定兴世子即帝位，令太监启奏皇太后时，王琼等更为气愤，率九卿突闯左掖门，并厉声说："九卿之在廷，我为长，今日谁当立者而不使闻？"杨廷和及内阁大臣都不回答，过了一会儿，王琼等散去。[②]

太监入奏太后时，杨廷和又怕节外生枝，一直在左顺门下等候。时间不长，太后懿旨下，完全和内阁大臣议定的相同，于是宣谕群臣。大臣们听到懿旨令兴世子即帝位后，十分高兴，齐声说："天下事，大定矣！"各府、部大臣及六科、十三道官一齐到内阁，向杨廷和等阁臣揖手相谢。

议定兴世子即帝位后，于当日派梁储等前往湖北迎取。直到此时，杨廷和仍感到危机并没有消除，因为江彬手握重兵，随时有兵变的可能。于是才有遣回边军、防守九门、计擒江彬等重头戏。

边军指大同、宣府、辽东、延绥四镇兵，因正德中叶镇压农民起义，调边军入中原参战。战后取道北京犒赏将士，江彬蛊惑武宗，遂有京边军互调操练之举。当时兵部极力反对，认为京军用以卫内，不能无故而出外。京军在外，容易形成四方窥伺之局；边军用于捍卫外房，不能无故久留京师，而生仓促之变。外兵拱卫，内兵轻出，是违背安内攘外、居重驭轻国策的。武宗不听。边兵入京后四处横掠，京师百姓备受其苦。江彬恃武宗宠幸，加之有边兵作资本，更加得意忘形。京城臣民久以为患，此患一

① 《杨文忠三录》卷4。夏燮认为此事似无，今据《三录》，因杨廷和是当事人（《明通鉴》卷49），可信。
② （明）王世贞：《嘉靖以来首辅传》卷1《杨廷和传》。

日不除，国家一日不安。①

武宗病逝的当日夜晚，杨廷和又用遗诏，命太监张永、张忠、武定侯郭勋、安边伯许泰、兵部尚书王宪选各营兵分布皇城四门、京城九门及南北要害处。

京城防守布置完毕后，杨廷和又罢威武团练营，各边兵在京操练的，皆给以重赏，令其各回本镇，各镇守将官也一并还镇。

直到这时，杨廷和仍未有丝毫轻松之感，因为江彬不除，后患无穷。是的，连日来对于杨廷和等内阁大臣来说，岂止是生与死的考验！危难之际，时间要一分一秒地争抢，时机要一次不落地抓住，任何小的失误，都可能酿成难以收拾、无法想象的严重后果。权力不专，责任重大，这就是摆在廷和面前的两难选择。若干年后，廷和在回忆这段惊心动魄的历史时，还心有余悸地写道："仓卒之际，人怀二心，三二权奸多欲立其非次，以贪功避罪。昔吕端之锁王继思，李迪制八大王，韩琦叱允弼，皆事权专而委任重，所以能办。我朝内阁无宰相之权，予辈任此亦难矣。"②

武宗病死后，江彬几次派人到内阁探听风声，廷和竭力周旋，总算给江彬吃了一颗定心丸。边兵遣回各镇后，江彬更不自安。廷和布置京城防守时，"京城街市间，人马介介有声，意以为江彬部曲，人心惶惶，竟夕不寐，城外者欲移入，城内者欲奔出，私相语以为彬且反矣"。③武宗病逝的次日，江彬托故不出。"时京师人口语籍籍，皆言彬决反。"廷和、蒋冕等十分忧虑。廷和认为，在此千钧一发之际，"非从容处之，天下事未可知也"，"发之有

① （清）傅维鳞：《明书》卷154《江彬传》。
② 《杨文忠三录》卷4。
③ 同上。

机，万一不中，大事去矣"。十七日晚，廷和的两个儿子杨慎、杨恒从外面归来，说听外面的人议论，父亲何不早动手抓江彬，廷和怕儿子泄密，故意说江彬逆节未露，无理由抓他。

十八日早，廷和入朝，在端门与蒋冕相见，对他说："江彬手握重兵，发之须中机会，今日可与文书房议。"这一天，正巧寿宁侯张鹤龄带遗诏前往安陆，诰谕须用宝，司礼太监令陈严、王钦二位文书到内阁，请内阁大臣验看文字。看完后廷和与蒋冕送二位文书至左顺门时，见四周无人，于是对二位说："外议皆谓江彬不擒，恐不静，烦告众太监启太后早为之处。"陈回答说："用宝后老先生自言之，若我辈言，稍有不合，不敢复言矣。"廷和觉得很有道理。用宝后，各位司礼太监向廷和等揖谢欲出，这时陈文书说："两先生有话说。"因屏去左右。廷和又看看身边，又看看魏彬，魏知其意，对随从小太监们说："尔辈都去都去！"这时只有廷和、蒋冕和司礼太监魏彬等人。

廷和将门掩上，向诸太监行礼，说："前日之议大功已成，宗社之庆也。但有大患未除。若大患不除，大功未得全美。"

"何谓大患？"魏彬明知故问。

考虑到江彬与魏司礼是亲家，廷和讲了几个大义灭亲的故事，他说："大义灭亲，古人所重。管叔、蔡叔都是周公弟兄，二人作乱，周公诛之。东晋宰相王导之兄王敦谋反，王导亲自诛之。至今声名垂于史册。公虽与江彬结为亲家，是奉大行皇帝之命，实非本意。今外议纷纷，若不请示太后及早擒之，恐彼亦不能自安，将贻嗣君以忧，未免为大功之累。"

"彼有何罪？"太监张锐抢过话问道。

"江彬挟着皇帝，到处巡游。"廷和言出，既觉不妥。魏彬得理不让，反驳道："巡游出自大行圣意，何人敢挟？"廷和马上意识到，武宗巡游时，司礼太监多在扈从行列，此种说法恐涉众人。因而改口道："挟之一字我误了，再不出口。江彬罪恶万千，如擅引边军入禁内、擅立威武团练营、擅改团营教场为西官厅教场、擅立镇国府。名目之类，擢毛不能尽其罪，只举一二件，也够他死了。"魏彬道："他的确恶贯满盈了，罪不能逃。"张锐仍极力为江彬辩解。廷和气愤地说："公莫回护他！"张锐也不相让，反驳道："我如何回护？"廷和见这般情形，只得用利害将张锐镇住，便说："这样说话，岂不是回护。我辈言出祸随，身家已不顾惜，公亦须自顾身家。公虽无子孙，也有祖宗坟墓，也有兄弟，不可不念。现今嗣君未至，万一有变，途中闻之安得不惊？诸公同听今日之言，他日有变，张公当之不得辞也。"陈严文书见双方僵持不下，将温祥太监拉到一旁，耳语几句。温太监随即向魏彬建议说："抓起来！"廷和与蒋冕立即表示赞同，并说只将江彬押解，有罪与否待兴世子入京处置。蒋冕性急，说："今日必了此事，方去哭临大行皇帝！"

陈文书受廷和等委托，前往张太后处去取懿旨，等了许久不见回报。廷和、蒋冕、毛纪十分着急。廷和想，此事若不成功，内阁三家（指参与决策的杨、蒋、毛三家）首先要大祸临头。这还是小事。若权奸发乱，不但兴世子不能顺利即位，更重要的是京师百万生灵要遭涂炭，太祖太宗创下的基业将会毁于一旦。想到此，廷和全身出了透汗。"只许成功，不许失败"，廷和坚信这一点。又过了一刻钟，陈严至内阁，高声说："彬已擒矣。"廷和眼里流出了泪珠。陈文书于是绘声绘色地讲起了江彬被擒的经过。

这一天正巧坤宁宫上脊吻，派江彬与工部尚书李鐩行礼，江彬身穿吉服而入，随从被拦在宫外。祭祀完后，江彬回去途中经过太监张永住处。张永虽未参与决策，但判断出内阁大臣们要抓江彬，于是留江彬、李镠吃饭，以稳住他。饭还没有吃完，懿旨已下，太监跑到张永处耳语两句。江彬发觉有变，以取西官厅文书为名，亟走西安门，但大门早已关闭。又走北安门，守门人说："有旨留提督!"江彬骂道："皇帝何在?旨从何来?"用手掌打了守门人两记耳光。守卫兵士及众太监一拥而上，将江彬抓住。由于江彬平日作恶多端，众人打的打，踢的踢，顷刻之间江彬的胡须几被拔净。这时，江彬的同党周琮、神周也被押至此，周琮大骂江彬道："蠢猪!早听我，岂为人擒!"①最初，周琮劝江彬反，不成功则北走塞外。江彬犹豫不决。据收捕江彬的人讲，江彬已分布心腹在东安、北安、西安三门，束甲裹粮，立马以伺动息。

江彬下狱后，从其家中搜出黄金70柜，白银2 200柜，其他珍宝不可胜记。②又从其家中及镇国府搜出各边镇奏报数十封，有的奏报被江彬扣压二三年而不得上达。江彬被擒，一时赴鸿胪寺投进的共99封，赴通政司的七封。③当时京师久旱，江彬被擒，大雨随即而下。百姓闻听江彬被抓的消息后，欢声雷动，冒雨庆贺。一时有"拿了江彬，朝廷安稳"之谣。

江彬势力被清除，为世宗顺利即位创造了必不可少的条件。明代及后代史家高度评价杨廷和等人的作用。傅维鳞说："非廷和识力犀断，定难俄顷，京师百万流血，尚可言哉!"④高岱讲得更明白，他说："杨廷和、梁储辈，当天崩地坼之日，储位久虚，能不动声色，除虎狼于腹心肘腋间，使帖然不哗，而卒斡乾坤于再造者，虽母后之贤主之于上，而诸臣调停镇静之功，焉可

---

① 《杨文忠三录》卷4。
② 《明通鉴》卷49。
③ 《明书》卷154《江彬传》。
④ 同上。

诬哉!"[1]还有人把当时的情形比同于东汉末何进握重兵，招董卓之乱，而杨廷和等扶危定乱，"清官警道"，才有"天下大定"之局。[2]考诸当时历史，这些评论确非溢美之词。

① （明）谈迁：《国榷》卷51。
② （明）李贽：《续藏书》卷12《杨廷和》。

二、迎取天子

武宗病逝的次日，由定国公徐光祚、驸马都督崔元、内阁大学士梁储、礼部尚书毛澄、司礼太监谷大用等各方代表40余人组成的朝廷使团正式从京师出发。

经过十余天的紧张行程，迎驾的队伍于三月底进入湖广省安陆府界。最先一睹天子圣颜的喜悦，领略龙兴之地的自然风光，把十余天的旅途疲劳一扫而光，臣子们陶醉、兴奋不已。

湖广，古称荆州。春秋至战国，并为楚地。秦并天下，在这里置南郡、黔中、长沙等郡。汉武帝设十三州，湖广为荆州。以后历代皆有割并因革，至元代始置湖广等处行中书省。明沿其旧，洪武九年（1376）置湖广等处承宣布政使司，领有15府，2个直隶州，14个属州，108个县。此外，还有卫所、藩国参列其中①。

湖广是中国重要的形胜之地。应劭注说，荆即强，据此荆州也可称为强州。《诗经·小雅》誉其为"滔滔江汉，南国之纪"。是啊，奔流不息的长江水，横切湖广西部山地，形成了著名的世界奇观——长江三峡。它隐天蔽日，连山叠嶂，长达六七百里，是湖广、四川间的天然孔道。汉水又称汉川，横亘楚地之中，与长江共同冲积而成江汉平原，这里湖泊密布，河道弯曲，港汊交错，堤垸纵横，是该省重要的粮、棉、油产地。数千年来，沧海桑田，世事频变，而它却养育了无数楚汉儿女，哺育了一代代英

---

① （清）顾祖禹：《读史方舆纪要》卷75《湖广一》。

雄豪杰。

长江、汉水外，并有五溪外错湖广大地，即湘江、沅水、资水、沮水、漳水。其中，湘江、沅水、资水自南而北，注入洞庭湖。洞庭湖周长300余里，南连青草湖，西吞赤沙湖。夏秋之季，洪水泛溢，三湖连成一片，千里如同汪洋；冬春季节，洞庭湖别有一番风光，南面青草弥望，百里不绝；西面红沙蔽地，势如燎原。

江湖之外，名山众多。在衡州府衡山县西北30里处，即是著名的五岳之一——衡山。传说舜帝曾巡游至此。秦始皇二十八年（前219），始皇帝曾率众多将士，渡过淮水，抵莅衡山。据《名山记》载，"上承翼轸，铃总万物，故名衡山。度应三衡，位直离宫，故曰南岳"。山高4 000余丈，盘绕800余里，古称圣地。在宁远县南60里外，即是九疑山。传说舜帝病死苍梧后，埋葬在这里。《史记·秦始皇本纪》载，始皇三十七年，喜好巡游的嬴政曾到云梦，并在九疑山为虞舜行祀礼祈祷。汉武帝也于元封五年（前106）效法始皇帝的做法，在九疑山望祀舜帝。

从布政司（武昌）西行570里，就是兴献王府所在地——湖广安陆府。如果说，湖广是中国的形胜要区，那么安陆府又是湖广的形胜之地。据历史记载，它"肘腋荆襄，嗓喉江沔，舟车辐集，水陆要冲"[1]。早在春秋时即为楚国的郊郢，三国时成为重镇。西晋初年，晋欲灭吴，派羊祐为都督荆州。当时吴国派重兵把守要塞石城，羊祐不得进半步。且石城守久为边害，牵制晋军主力，使其不得它顾。羊祐"竟以诡计，令吴罢守。于是戍卒减半，分以垦田八百余顷，大获其利"[2]，"于是进据险要，开建五城，收膏

---

① 《读史方舆纪要》卷77。
② 《晋书》卷34《羊祐传》。

腴之地，石城以西，尽为晋有。吴于是日蹙矣。杜预继之，分据要害之地，通零桂之漕，而南服底定"。晋成帝时，庾亮欲经营河洛，请移镇石城，蔡谟反对说："自沔水以西，水急岸高，鱼贯溯流，水陆异势，沔水之险不及大江，非庙胜之算。"有识之士认为，终两晋之世，只能宴安江沱而不能统一中国，其失在于过于看重江南而忽略江北。[①]

石城即在安陆府西北几里处。它三面墉基，俨如天造；正西为绝壁，下临汉江，是南北运道必经之所，故此为历代兵家必争之地。

明太祖统一中国后，在全国各地遍设卫所，作为弹压地方的主要军事力量。但是，把天下交给异姓将帅看管，朱元璋很不放心。因此他效法汉、唐两朝的做法，分封诸子为王，让他们身据全国各军事重镇，以与卫所形成互相牵制格局。各王虽不干预民政，也没有土地，但有统兵和军事指挥权。有的王府兵力极强。燕王朱棣就是以其强大的军事实力问鼎中原、取帝而代之的。朱棣即位后直到宣宗朝的30余年间，中央奉行削藩政策，各王府的兵力已大异开国初年。此后举兵称雄者，间或有之，但无一成功。尽管如此，封藩建国的制度仍在延续着。

明朝的第八任皇帝宪宗朱见深的后宫生活，颇具传奇色彩。他不但一生爱恋比自己年长19岁的万贵妃，而且只要他认可，不论出身怎样低贱，也一定能恩宠有加。邵贵妃就是这样。邵妃的父亲名叫邵林，是昌化人，因家庭贫穷，将幼女卖给杭州镇守太监。不久，太监携女进宫，宪宗见其颇有容姿，且知书晓理，遂纳入宫中。成化十二年（1476）进封邵宫女为宸妃，很快又封为

———————
① 《读史方舆纪要》卷77。

贵妃。邵贵妃为宪宗生育了三个儿子，即皇四子朱祐杬、皇五子朱祐枪、皇八子朱祐枟。成化二十三年，他们兄弟三人同日分别被封为兴王、岐王、雍王。同日受封的还有皇六子益王朱祐槟。

受封以后，到了合适的年龄时就要去藩国就封。弘治四年（1491）在湖广德安府建造兴王府，后因地势低，潮湿渗水，改在安陆府建造。到了明朝中叶，朱氏子孙繁衍已多，封藩建邸已成为政府的一大负担。因而当时建造王府大多因陋就简。兴王府邸改建安陆之初，先在梁庄王府旧址的基础上稍微扩充，工程不大。后因地势偏低，才迁到府城正中兴建，工程较大①，宫殿楼阁亭榭，几乎一应俱全。弘治七年，兴王率侍从取道龙江、黄州等地，前往安陆就藩。也许是他对兴王府邸的建设颇为满意，抵达后立即给他的哥哥孝宗皇帝写信，表示感谢。孝宗予以嘉许，赏赐也和其他兄弟不同。②

兴王府的经济状况也很好。除维持王府的庞大支出外，兴王还经常赞助安陆府的公益事业，如出资修造学宫等。安陆府学宫因水灾等原因多次迁址。洪武十五年（1382）知县梁栋在宋玉宅旧址兴建学宫，以后历任地方官虽多次修葺，但因是草木结构，一遇大雨即损坏。弘治八年，兴王出资将全部茅草换上瓦片，在重要的位置棂星门上，全换上琉璃。这次翻修可能效果较好，以后的20余年间一直没再修葺。直到正德十三年（1518），也即兴王病逝的前一年，他再次发帑，重新修造③。这也说明兴王府自始至终经济状况很好。

---

① 宣统《湖北通志》卷17。
② 《明史》卷115《睿宗兴献皇帝传》。
③ 宣统《湖北通志》卷56《学校志二》。

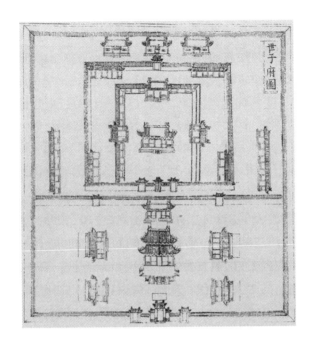

兴王世子府图

　　正德二年八月初十，朱厚熜诞生在他父亲的藩邸中。据说天子的诞生往往有许多奇异的吉祥征兆。早在弘治七年，兴献王前往安陆就藩停舟龙江时，就有几万只大鸟环绕上空，船行到黄州时，龙江的情况再次出现。随行的人都感到惊讶，认为是吉兆。厚熜诞生的同月，一向泥沙俱下的黄河水，竟清澈见底达五天之久，人们议论纷纷，说将有圣人出。后来还有传言，说小厚熜出生的当天，紫色祥云布满天空，兴王府更是红光如日，照得人们睁不开眼。

　　这个孩子被公认为是非凡的。他5岁的时候，就颖敏过人，显示出不同于常人的聪明。从这时开始，兴王就教他吟诵唐诗，他经过几次尝试便能准确地背诵，记忆力极强。稍稍长大后，在父亲的直接指导下，他开始学习古典著作。兴王诗、书方面的优长毫无保留地传给了小厚熜。十几岁时，小厚熜已能写出很成型的书法作品了。[①]

父亲没有忽略小厚熜品德方面的教育，常为他讲解民间疾苦、稼穑艰难，小厚熜总是深深点头，表示领略。一次，在学习《孝经》中的一段功课后，厚熜问他的父亲"先王至德要道之旨"是什么，兴王对小小年龄的孩子能提出这样深奥的问题，大感惊奇，于是援古证今，为小厚熜详细讲解。儿子频频点头，理解问题很快，悟性极好，作为父亲的兴王自然兴奋不已。

以后，兴王加强了对小厚熜各方面的教育和培养。他让儿子参加自己王府的一切例行仪式和典礼。当他到京城觐见皇帝时，也没有忘记把小厚熜带去。因此，朱厚熜在孩童时代，便已掌握了各种礼仪的程序、要领。父子关系十分融洽。

可是，天有不测风云，人有旦夕祸福。正德十四年（1519）六月，兴王偶感暑热便一病不起。十七日早，他把自己的妻子蒋氏和14岁的独子厚熜叫到床前，叮嘱一番后便撒手而去，享年44岁，谥曰献。

小厚熜挥泪掩埋了父亲的尸骨后，开始接手管理王府。兴王府虽不比皇宫，但五脏六腑俱全，从将到兵，从朝廷的命官到身边的侍从，上上下下几千号人马，管理起来颇不容易。治理王府的近二年间，对厚熜是个极好的锻炼机会，他的各方面才能增长很快。史书中说他"摄治府事，事皆有纪，府中肃然"[②]，结合他即帝位后的作为来看，并非全是溢美之词。

---

① 《明太祖世宗御笔》。据考证，其中的书法作品是世宗16岁时所作，见《剑桥中国明代史》，第480页。
② 《明世宗实录》卷1。

　　武宗病逝的前五天，杨廷和主持政府工作，他以皇帝的名义专门颁布了一项诏令，命令皇帝年幼的堂弟朱厚熜缩短为他父亲服丧的时间，并承袭兴献王爵位。[①]这一打破常规的举动，对于熟谙朝廷情况和本朝家法的兴王府来说，不会不明白其中所隐含的意义——天将降大任于斯人矣。

　　正德十六年三月二十六日，是15岁的朱厚熜永远不会忘记的一天。这一天的清晨，天气清爽宜人，安陆的山川因昨夜下了小雨更显得娇美欲滴，秀丽俊俏。三月的天气虽还有些凉意，但兴王府上上下下早已忙得汗透衣襟。安陆的百姓起得更早，他们不会忘记有恩于他们的兴王府，更不会放过一睹几千年来第一位本地"土生土长"的大明天子的风采。20余万人口的府城顿时热闹非凡，男女老幼倾巷而出，来到兴王府前。

　　不一会儿，朱厚熜由王府兵士护卫着，来到府门外迎接朝廷使团。安陆百姓跪地而呼，他们为安陆出了个天子而自豪，他们为自己身为安陆人而骄傲。

　　朝廷的使团很快到来。行礼仪式在兴王府最豪华的承运殿举行。王者的气派使朱厚熜减少了几分惶恐，他跪在地上，听宦官宣大行皇帝遗诏道：

　　　朕绍承祖宗丕业，十有七年，深惟有孤先帝付托，惟在继统得人，宗社生民有赖。皇考孝敬皇帝亲弟兴献王长子，聪明仁孝，德器夙成，伦序当立。遵奉祖训兄终弟及之文，告于宗庙，请于慈寿皇太后，与内外文武群臣合谋同词，即

① 《国榷》卷51。

日遣官迎取来京嗣皇帝位。①

开读完毕后，厚熜跪起，升座，藩府及安陆文武百官进呈金符，厚熜恭恭敬敬，双手接过。群臣行朝见礼，仪式结束。

厚熜随朝廷使团在安陆休整了两天。四月初一早晨，厚熜在文武群臣的簇拥下前往松林山辞别父亲。在父亲的陵墓前，他无法抑制自己的感情，泪如泉涌，失声痛哭。生离死别是人生的一大痛苦。是啊，从自己刚刚懂事起，父亲就把全部的心血投入自己的教育、成长中。手把手地教，他似慈母；厉声的训诫，他是严父。从祐山下，阳春台上，安陆的每一寸土地都留下了父子俩的足迹；亭榭楼阁，小溪河流，兴王府的每一处景观都印下了这一老一少的身影。唐诗、宋词，楚国遗风;《孝经》《论语》，王柳传书，自己的每一步成长都离不开父亲的教导。如今，儿子从一个远离政治漩涡几千里之外，似乎与政治，尤其是至高的权力根本无缘的普通王世子，一跃成为主宰天下苍生的大明王朝第十一代皇帝，紫禁城的唯一主人。可惜这一切来得太迟太迟，您走得太早太早。如果您地下有知，请允许儿子道一声谢谢，说一句安息。

此情此景，左右文武侍从无不为之感泣，他们强把厚熜扶起，离开了兴王墓地。

第二天，厚熜辞别母亲，随扈从群臣自安陆出发，赶往京师。十几天后，渡过黄河，在真定与前来迎驾的6 000官兵相遇②。四月二十二日，经过长达21天的行程，厚熜到达京城外，在行殿等

① 《明世宗实录》卷1。
② 《明通鉴》卷49等书载迎驾人数3 000，此据《杨文忠三录》卷4。

候礼官上呈即位礼仪。有人主张用天子礼迎接，礼部尚书毛澄表示反对，说："今即如此，后何以加？岂劝进辞让之礼当遂废乎！"于是上呈皇太子即位礼。厚熜对随行的王府长史袁宗皋说："遗诏以我嗣皇帝位，非皇子也。"令礼部重拟礼仪。杨廷和请厚熜按礼官所拟定的礼仪行事，厚熜仍不允。双方僵持不下。张太后见状，下旨说："天位不可久虚，嗣君已至行殿，内外文武百官可即日上笺劝进。"于是，礼部重拟礼仪，厚熜在行殿受笺。随后，按天子即位礼，从大明门入宫。先谒见武宗大行皇帝灵柩，再拜见张太后及武宗皇后。

至正午时，厚熜在奉天殿即皇帝位，颁布即位诏书。诏书简略地回顾了武宗时期的弊政，声明要"兴道致治，革故鼎新，与民更始"，以明年为嘉靖元年。诏书中还特别提到，皇帝年幼，需要亲贤佐助，以"共图新治"，并将应该实行的各项政策、措施，条列于后，让天下人共知。①

天公作美。京师连日来大旱无雨，赤地千里。人们都认为这是不祥之兆。十七日早朝结束后，吏部尚书王琼说："日色正赤，天象可忧。占书中说，日色赤，主女主昌。"杨廷和回答说："今皇太后以懿旨主持大政，非女主昌而何？"王琼说："恐其应验不止此。"二十二日早晨，京师上空忽然阴云密布，待礼部第三次上笺，厚熜允准时，倾盆大雨从天而降，污尘浊气洗荡一空。城中百姓及文武群臣欢声雷动，"以为帝王自有真，非人力也"②。到中午举行即位大典时，云散雨停，晴空万里，给京城人"万象咸新"之感③。

---

① 《明通鉴》卷49。
② 《杨文忠三录》卷4。
③ （明）范守己：《皇明肃皇外史》卷1。

三、惩抑宦官

　　朱厚熜一般以其年号被称为嘉靖皇帝，又因其庙号被称为世宗。这个年号出自《尚书》的一段话。周公在他的《无逸》中引述商殷统治者武丁的范例说："不敢荒宁，嘉靖殷邦，至于小大，无时或怨。"可见，"嘉靖"一语被用来批评前代的普遍状况，也表示出对新皇帝的莫大期望。

　　中国封建王朝有一个规律性的现象，即当社会危机积累到一定程度时，统治阶级中的有识之士就会酝酿一场变革的风潮。而其推行的时机往往是在老皇帝去世、新皇帝即位的时候。武宗、世宗之交就是这样。

　　武宗统治的16年，是明朝历史上最腐朽、最黑暗的时期之一。这十几年间，用明中叶的一位官员雷礼的话说，是"骄帅跋扈不恭，巨盗纵横日炽，强藩称乱相望"[1]。太祖太宗所创立的大明基业到这时已损坏很多。统治阶级中的精英们普遍有一种十分紧迫的危机感。政治改良的方案在高层官僚中逐渐形成，他们在寻找最佳的时机。

　　世宗即位不久，以内阁首辅杨廷和为核心的儒生官僚集团，即不失时机地开始了革除武宗弊政的事业。先是在世宗未到京的37天"大空位"时期，杨廷和等就起草了明武宗遗诏和明世宗即位诏，以这两个具有最高法律效力的诏书为纲领，采取果断措施，

---

[1] 《国榷》卷51，第3214页。

坚决推行新政。

　　世宗即位前长期生活在湖北安陆，对武宗的弊政深有体会。作为一个远离京师的藩王世子，如果与深居宫中的太子比起来，他对社会危机和各种矛盾有一种"旁观者清"的优越地位；作为入继大统的皇帝，他对缓和社会矛盾及统治阶级的内部危机有一种紧迫感。从个人感情的角度而言，他与堂兄武宗朝的政策也没有直接的瓜葛。更为重要的是，与东宫太子出身的皇帝相比，他没有预先积累的势力。倏忽之间，皇冠从天而降，他毫无思想准备和组织准备。他的思路还没有理出一个头绪来，他还没有从惊喜中完全静下来，就已经被安置在皇帝的宝座上了。他毕竟太年轻，政治上还不成熟，他迫切需要在天下臣民中为自己树立一个良好的"圣君"形象，为自己的长治久安打下一个良好的基础。这一切的一切，都使世宗不得不沿着内阁开创的革新道路走。这就是他即位后立即批准杨廷和等人的施政纲领，并以积极的态势投入改革潮流之中的原因。这次改革一直持续到嘉靖二年（1523）底为止，时人以及《明世宗实录》和《明史》都称之为"嘉靖新政"。

　　改革千头万绪，仅即位诏书就长达一万余字，涉及政治、军事、法律、经济等方方面面。而投入力量最多、斗争最激烈，收效最显著的改革莫过于对宦官势力的惩治了。

　　太祖朱元璋鉴于汉、唐等朝代宦官势力对国家造成的危害，开国初立下许多规矩，限制宦官势力的抬头。他认识到宦官是宫廷里少不了的，但只能做奴隶使唤，洒扫奔走，人数不可过多，也不可用作心腹耳目。驾驭的办法，是让他们守法，守法就做不了坏事；不要让他们有功劳，有功劳就难于管束。他规定：凡是宦官都不许读书识字。又铸铁牌立在宫门，上面刻着："内臣不得干预政事，犯者斩。"不许宦官兼外朝的文武职衔，不许穿外朝官员的服装，其品级不许过四品，每月领一石米，穿衣吃饭宫中管。并且，外朝各衙门不许和内官监有公文往来①。朱元璋以为这样多方面防范、限制就可以万事大吉了，但历史却开了他一个大玩笑。

成祖朱棣是靠发动军事进攻夺取帝位的，在这一过程中，当时在都城南京的宦官帮了他许多忙，不断将朝廷虚实的情报送给他。他夺得帝位后，没有忘记这些人。于是，从永乐朝开始，宦官出使、专征、监军、镇守、刺探臣民隐事等各项大权都有了。但永乐帝是一代雄主，他还足以驾驭宦官。

明代宦官为害严重的时期，嘉靖以前是英宗与武宗统治的时候。英宗时宦官王振专权，公侯勋戚不敢呼他的名字，而称之为"翁父"，英宗也称他为"先生"而不名。正统十四年（1449）蒙古瓦剌部首领也先多次进犯北部边防区。王振挟英宗亲征，至土木堡被瓦剌伏击，英宗被俘，成为阶下囚长达一年有余。王振也在这次事变中被乱军所杀。后籍没其家，得金银60余库，玉盘100多个，高达六七尺的珊瑚20余株，其他珍宝不可胜数。②

武宗时宦官害政更为严重。正德初年，太监刘瑾受武宗宠信，威福任情，擅权天下。正德二年（1507）三月，刘瑾传伪旨，召群臣跪立金水桥南，将朝野一百余名忠正官将污为奸党，许多人含冤被害致死。"又悉逐京师客佣，令寡妇尽嫁，丧不葬者焚之，辇下汹汹几致乱。"都给事中许天锡想揭发其罪状，因惧怕不能弹倒，怀抱奏疏自杀。正德五年四月，安化王朱寘鐇拥兵反叛，发檄文历数刘瑾罪状。刘瑾将檄文藏匿不报。叛乱

---

① 《明史》卷304《宦官一》。
② 同上。

平定后，太监张永趁刘瑾不在，将檄文交武宗阅示，并举刘瑾十七件不法事。武宗将刘瑾贬至凤阳。几天后，武宗亲自抄没刘瑾家产时，发现有伪造的玉玺一个，穿宫牌500及各种兵器。又在他经常用的扇子里搜出两把锋利无比的匕首。武宗大怒，将刘瑾处以千刀万剐极刑。行刑之日，被刘瑾害死的仇家争食其肉。

但是，武宗并没有从刘瑾身上吸取教训。宦官乱政，依然如故，并与佞幸相勾结，残害忠良，荼毒生灵。此害不除，国无宁日，人心不顺。

世宗即位后，要求打击宦官势力，严惩宦官乱政的呼声越来越高，并已形成一种潮流。朱厚熜顺应形势发展的要求，在以下几个方面采取措施，惩治宦官。

第一，惩处违法乱政的宦官。

世宗即位的第三天，席未暇暖，福建道监察御史王钧首先向魏彬等宦官发难，请求厚熜予以严惩。他说："司礼监太监魏彬与逆恶江彬结为婚姻，内外盘踞；御马监太监张忠、于经、苏缙，或争功启衅，排陷忠良，或首开皇店，结怨黎庶，或导引巡幸，流毒四方。其他如宣府镇守太监刘祥、总兵都督朱振、巡抚都御史宁杲，夤缘内批，侵盗边饷；甘肃镇守太监王欣、总兵都督柳涌、巡抚都御史文贵，借贡献为名而重困边方，又引外夷以窥伺中国。此数臣皆江彬之党，今江彬既捕治，此辈亦宜亟赐并处，以明法纪，以清奸党。"王钧的上疏得到世宗的肯定，除魏彬外，分别被处以逮问、闲住、充军等。[①]

首战告捷，使言官们勇气倍增，他们争相上疏，弹劾宦官种

---

① （明）王世贞：《弇山堂别集》卷97。

种不法事。给事中杨秉义说："魏彬著名八党，流毒四方，结姻江彬，固宠怙势，罪不容诛。"给事中徐景嵩也上疏说："魏彬及御马监太监谷大用先附逆瑾，继党江彬，交相引援，窃弄威福。并宜置之典刑，以谢天下。"给事中吴岩直接指出："魏彬不宜仍令供职，其弟（魏）英不宜止削伯爵。"并言安边伯许泰招权纳贿等罪状。世宗命将许泰逮捕，交都察院审理，但魏彬、谷大用仍未治罪。于是，云南道监察御史萧淮等上疏痛言谷大用、张永等在武宗时违法乱政诸罪行。世宗下旨，谷大用、丘聚降奉御，孝陵司香；张锐、张雄、张忠、于经、刘祥、孙和等29人执送都察院鞫治；魏彬、张永闲住，其弟侄义子人等官爵冒滥者，依诏书查革。①这些为害人民、祸乱政治的宦官势力被惩治，在当时确是一件大快人心的好事。至嘉靖十年（1531），又抄没了迎立有功的太监谷大用的财产。据载，世宗征询内阁大学士翟銮和李时的意见说："都察院拟籍谷大用资产，当乎？"李时、翟銮都是北方人，和谷大用等太监皆有交往，关系较好，两人都表示不同意，李时说"所拟不中律"，翟銮也说："按律籍没只三条：谋反、叛逆及奸党。不合三尺法，何以信天下。"世宗没有听从两位大臣的话，说："谷大用乱政先朝，正奸党也。"翟銮见世宗态度明朗，才改口说道："陛下，即天也，春生秋杀，何所不可。"②从这件事来看，朱厚熜是严厉惩处违法太监的。世宗晚年对犯有重大罪行的太监也仍不惜以刃相加，如嘉靖三十六年处死司礼监太监李彬、籍没其贪赃银并抄家③。

朱厚熜即位的第二个月，即正德十六年五月，武宗时为害天

① 《弇山堂别集》卷97。
② 《明史》卷193《翟銮传》。
③ 《国榷》卷62。

下的佞臣钱宁被处以极刑，并揭示其罪状，绘处决图榜示天下。次月，首恶江彬被处死，其子江勋、江杰、江鳌、江熙，其党神周、李琮一并处死。仍绘处决图颁示天下^①。据载，京师久旱，江彬诛，大雨如注^②。

第二，罢天下镇守内臣。

设宦官镇守四方是明代的一大弊政。明初镇守太监主要用于监视边将，自宣德年间开始派往内地。正统、景泰以后不仅各省有镇守，府及府以下也派有分守、守备、协守以及监枪之类。陆容谈及正统间的情况说："各边防守之寄益周于前，如各方面有险要者俱设镇守太监、总兵官、巡抚都御史各一员，下人名为三堂。宣府、大同、辽东、陕西三边又有协守、分守、游击等官，其制尤为缜密。但近来添设尤多。"他仅举北直隶军事要地添设的镇守、守备内官即达24处之多。^③成化年间，"镇守、守备内官视天顺间逾数倍"^④。正德初年刘大夏有一份奏章请撤四方镇守中官"非额设者"有13处。^⑤到刘瑾等"八虎"横行，则太监、少监、监丞这些不同等级的宦官纷纷出京，中官镇守更多。仅南京一地，竟有守备太监四人。

镇守太监主要因军事而设，但内地各省平时无军事可言，政治民情也就自然在其监视之列。久而久之，镇守太监职权无限扩大，甚至成为地方官的顶头上司。败坏边防、凌辱官吏、刻剥百姓等种种弊端因之而生。正德时监察御史程启允上疏指出：镇守

① 《弇山堂别集》卷97。
② 《明通鉴》卷49。
③ （明）陆容：《菽园杂记》卷5。
④ 《明史》卷180《汪奎传》。
⑤ 《弇山堂别集》卷99。

宦官为邀奖赏，常杀良民冒充首级，故镇守之言甚于敌虏。①

　　镇守太监剥刮百姓，无孔不入，常常激起民变，危及统治秩序。孝宗在位时，深悉内臣镇守之害，所以每次遣派必慎重选择。后刘瑾窃权，将孝宗所派内官全部召回，而派其私党出镇。正德元年，户科给事中刘蒍说："用新人不若用旧人，犹养饥虎不若养饱虎。"但不为采纳。当时虐民最甚的有廖堂、刘瑯、刘璟、毕真、杜甫、黄玉等人。②其中刘瑯贪鄙尤甚，陈洪谟记载了他的一则政治笑话：南京守备太监刘瑯自陕西、河南镇守到金陵（南京），贪婪更甚。金银资产积累很多，在自己的私宅里建一个玉皇阁，请方士讲炼丹术。有个术士知道刘瑯信鬼神，每次有事皆假借上帝的命令以恐吓他，使刘瑯拿出许多资财。刘瑯有个玉绦环，价值连城，术士又让刘瑯献给玉皇，刘瑯不知是计，按其要求去做，数日后术士偷出而逃。当时有一首诗嘲笑刘太监说：

　　　　堆金积玉已如山，又向仙门学炼丹。
　　　　空里得来空里去，玉皇元不系绦环。③

　　其他如廖堂，做过河南陕西两地镇守太监，所至之处都刮得民穷财尽，流毒四方，"河陕之人，怨之刺骨"。刘璟"初镇浙江，贪利无厌，赂钱宁改两广总镇，及还，又赂宁得再镇河南"。嘉靖元年浙江巡按御史何钺追述他及王堂等在浙江剥刮百姓的情形："先任浙江镇守太监刘璟、王堂、浦智……皆黩货害民，虽遭罢革，未泄众愤。"当时镇守太监更替频繁，每一任镇守皆大饱

---

① 《国榷》卷49。
② 《明史》卷188《刘蒍传》。
③ （明）陈洪谟：《治世余闻》下篇卷4。

而去，新任者又空腹而来，几经搜刮，民穷财尽，盗贼蜂起，民变频作①。镇守太监手下又有无数爪牙，犹饿狼一般，更加贪得无厌。正德末年，吏科给事中张原极言其弊，他指出：天下幅员万里，一有事而户部告匮，原因在于民贫。而民贫在于守令贪敛、中臣贡献。各处太监以贡献为名，巧立名目，号称"孝顺"，实际取于民者十百，进贡者一二！②张原上疏触及了统治者的痛处，因而被降为驿丞。武宗规定各处镇守太监进奉银数：南京守备15万两，两广13万两，湖广11万两，四川9万两，河南8万两，陕西7万两，山东、山西、福建、浙江、江西各有差别。如果镇守官不能完额，即被更换。各镇守太监只好巧立名目，盘剥地方，如陕西田有余粮钱，每亩银一分；屋有地租钱，每间银五分；老人有拐杖钱；女儿有脂粉钱；寡妇有快活钱。③如果按贡奉银100万两计，镇守实际从民众中搜刮的应为500万至1 000万两，可见其为害之烈。

世宗即位后，言官纷纷上疏弹劾不法镇守太监，内阁大学士也极言其弊，一时间镇守太监成了过街老鼠，人人喊打。仅嘉靖元年一年前后即有数十次御史上疏，其中重要的条列于下：

元年二月，巡按陕西御史许翔凤劾镇守甘肃太监王欣、赵林、陶俊、申永、孔学克扣官军月粮、草束等违法事。赵林充军，陶俊、孔学降长随，申永革任回京，追王欣赃银5 000两。

十月，巡抚大同右副都御史张文锦劾阳和、天城分守太监李睿报纳官草、累军采运，侵占庄田。

同月，刑科给事中张翀请罢镇守内臣，上疏中指出："中官出

---

① 《弇山堂别集》卷99。
② 《明史》卷192《张原传》。
③ 卫建林：《明代宦官政治》，山西人民出版社1991年版，第276页。

镇，非太祖、太宗旧制。景帝遭国家多故，偶一行之，谓内臣是朝廷家人，但有急事，令其来奏。乃往岁宸濠谋叛，镇守太监王弘反助为逆，内臣果足恃邪？时平则坐享尊荣，肆毒百姓；遇变则心怀观望，不恤封疆，不可不亟罢之。"世宗赞同[①]。

十一月，兵科给事中陈时明劾前镇守太监马锡、苏璘，今监枪刘璟、分守李睿，请按律惩处。

十二月，提督宣大侍郎臧凤劾马锡、李睿等。诏勿问。

嘉靖二年四月，刑部尚书林俊请诛前镇守太监廖鹏等，令仍禁于狱。

……

世宗开始对镇守太监的态度较为暧昧。正德十六年底，他下诏令"各镇、巡、守备官，凡额外之征悉罢之"[②]。但并没有认真执行。臣下的奏劾，有的罪行较重，他虽依请求处置，而宽宥的居多。但以后新派往各地的镇守太监也多不守法，朝野反对的呼声一片，嘉靖七年，他下诏禁止镇守内臣、总兵受军民词讼，意在限制其权力。嘉靖九年开始裁云南镇守太监。次年，又裁四川、山西、浙江、江西、湖广、福建、陕西等省镇守太监。嘉靖十七年又有所恢复，但次年"以星变，尽撤镇守内臣"，此后至世宗朝结束也没有再设置。镇守太监撤罢，使为害一百余年的明代一大弊政基本消除，这不能不说是新政的一大成果。

第三，裁汰冗滥人员。

明开国初年，宦官人数仅几百人，以后逐年激增。孝宗弘治中期，宦官二十四衙门（十二监、四司、八局）中的高中级宦官，

---

① 《明通鉴》卷50。
② 《明通鉴》卷49。

每一衙门已达三四十人①，正德元年增至百十人②。如果统算起来，成化时"监局内臣数以万计"③。弘治时大学士刘健说，内臣之数较以前又"增置数倍"④。另从正德十四年工部的奏报看，巾帽局缺内侍巾帽靴袜合用纱丝等料，成化年间20余万，弘治间30余万，正德八九年增至46万，至今已72万⑤。40余年间增长了3倍多。

按照规定，太监、少监、监丞以至典簿这些中高级宦官，都配有一定数量的家奴，"太监掌印者六十人，余皆五十五人，左少监四十人，监丞三十人，典簿二十五人，经厂六科廊等处，以资格递减"⑥。

如果按正德年间每一宦官衙门有中高级宦官100名，每名宦官配有40名家奴计算，则中高级宦官连同其家奴也在10万名左右。如果加上中低级宦官及其家奴，数字当会更大。

同时，明代宦官私役军士、军余和收买、雇佣、操纵市井无赖、走狗爪牙也司空见惯。他们还统领旗校、匠役。

宦官本身是专制制度的产物，其家奴、役使人员等又依附于宦官。他们在宦官面前是奴才，但一出"主人"的宅第，就可以为所欲为。有头有脑的封侯拜伯，获取中等以上军职易如反掌；端茶倒水的角色，也足以对州县官吏吆三喝四。凌辱百姓、巧取豪夺更是习以为常。宦官往往指使其家奴干他们自己想干而不能干之事，他们成为宦官权势的支柱和实现其意志

---

① 《明通鉴》卷40。
② 《明史》卷181《刘健传》。
③ 《明史》卷183《彭韶传》。
④ 《明通鉴》卷40。
⑤ 《继世余闻》卷5。
⑥ 《弇山堂别集》卷99。

的工具，他们的存在使宦官的社会活动能量无限放大，也可以说，他们本身是宦官力量的一种延伸。武宗时，以传奉得官的所谓"传奉官"与日俱增，这是宦官力量向社会延伸的一种写照。

刻剥百姓，扰乱官常，加之巨大的财政负担，已使明政府不堪其苦。自英宗正统以来，朝野有识之士不断呼吁裁减宦官，减少冗滥，但情况越来越严重。武宗是个不务"政业"的皇帝，酒、赌、财、嫖，四毒俱全。而进行这些活动，唯一可依靠的就是宦官或佞幸，因而武宗时期宦官害政不单单表现在刘瑾等专权卖官上，还表现在宦官组织的膨胀、人员的冗滥等方面。武宗死后，杨廷和等立即开始了裁汰冗滥宦官的工作。世宗即位诏书中涉及这方面的内容最多，现将其主要条款摘录如下：

　　一　内府多余宫人，着司礼监逐一查审，有亲属者各令其亲、家属领回，任其婚嫁，无亲属者官与婚嫁，务令得所。
　　一　近年以来内府各监局官员、内使增添太多，供用浩繁，甚非祖宗旧制，司礼监逐一查选，照依弘治以前员数存留，供事多余之数俱以本等职事听用，如遇各王府及南京各监局缺人，奏请拨去应用。其原系海户夤缘骤入者，仍旧革充海户；见充海户者礼部尽数发回原籍为民当差，不许在京潜住，其原系乐工净身、收入内府者，亦尽数革退，发南京孝陵卫充军。
　　一　私自净身人多在京潜住，希图收用，着锦衣卫缉事衙门、巡城御史严加访拿究问。今后各处军民敢有私自净身者，本身并下手之人处斩，全家发烟瘴地面充军，两邻并歇家不举，首者俱治以罪。

一 工部供应内府各监局内官、内使人等，年例柴薪靴料皮张、冬衣铺陈、纻丝绫绸纱罗等项，近年以来增添数倍，该部往往借贷别项官钱凑用，动经数万，累及官民，终非经久之计，着司礼监会同该部查照永乐至天顺年间人员数目关给则例通融处置。……①

裁汰冗滥，涉及宦官各衙门每个人的切身利益，杨廷和等在拟定即位诏这些条款时，中贵们纷纷表示反对，"以其关内政者数条，嘱廷和削去"。杨廷和等内阁大臣们在关键问题上寸步不让，反驳说："往者吾侪之不得职，公等谓出上（武宗）意，今者亦出新天子意耶？不然，吾侪贺登极后，惟有一去。且叩之上，以谁削诏草，必有（担）当之者。"蒋冕及毛纪相继发危言，诸中贵一时没有话说。双方僵持不下。直到二十二日世宗即位的那一天黎明，司礼监才在拟定的诏书上批红。诏书发布后，"正德中蠹政厘革且尽，朝野金称新天子神圣，且颂廷和功"。这次裁撤锦衣内监旗校工役，共148 700人，减漕粮1 532 000余石。"其中贵、义子传升、乞升一切恩幸得官者，大半皆斥去。"②明末史学家谈迁在评价这次裁冗时说："凡新主诏书，多旋行旋格，美意不终。惟世宗初年所兴除，不遗余力。革锦衣等诸卫内监局旗校工役至148 700人，减粟百五十三万二千余石。是社稷之长利也，无论其他矣。新都（廷和）于先帝为补衮，于今上为纳牖，自三杨李文达后鲜见焉。"③谈迁把杨廷和与宣德时三杨（杨士奇、杨溥、杨荣）、英宗时李贤相并论，认为他是明朝最有功业的相臣，确是恰当之论。

① 《明世宗实录》卷1。
② 《明通鉴》卷49。
③ 《国榷》卷52。

据载，世宗中叶，与内阁首辅李时谈及太仓积粟时，李时说："可支数年。由陛下初年诏书裁革冗员所致。"世宗十分感慨地说："此杨廷和功，不可没也。"[①]

大规模裁汰冗滥宦官，节省了许多支出，减轻了政府和百姓的负担，却遭到了权贵们的忌恨。一些失职的无赖更是对杨廷和恨之入骨。廷和入朝时，有的怀中藏有匕首，在廷和舆车旁妄图谋刺他。世宗知道后下诏，配用兵士100人保卫廷和的出入安全[②]。

裁撤之后，还有一个能否坚持不增的问题。官僚机构有一而再，再而三膨胀的发展趋势，宦官衙门更是如此。裁掉冗滥后，宦官各衙门纷纷乞请增加人员、补充经费，致使裁冗与反裁冗的斗争十分激烈。世宗虽有最后裁决权，但被夹在两边，很难完全倾向哪一边。大体说来，他对各衙门太监的奏请，多根据情况酌量少补一些，完全不补或全数拨给的情形都不多。

如应天府的情况。据南京守备徐鹏举按照诏书规定的条款，嘉靖二年正月查核南京的情况是：——南京司礼监神帛堂匠役，洪武时定额400户。后太监安宁奏请增加了40户。由于匠役免杂差，故许多窜籍其中，正德前后增加到1 114户。按诏书规定，将正德时投充的189名革去。但该监仍复护留。请求查照旧例，恢复440户，其余全部革除。——南京内府九库，洪武时额编库夫57名，宣德、成化间有修理之役，暂借151名，工程完成后却留用了128名。南京里外花园原额匠90名，而后又借占80名，南京内官监原额军民匠3 900余名，天顺年间又借占155名，俱不是旧

---

① 《明史》卷190《杨廷和传》。
② 《明通鉴》卷49。

制，应全裁革。— 各监局人匠有逃亡、死去的，应按原籍勾补，户绝的应除名。现让上元、江宁两县赔偿，不便。— 南京鲋鱼厂每年取里长20名，每名索银20两，正德时又增加了一倍，起运内臣又索取茶果银120两，水夫银200两，等到鱼捞上船后，又取夫4 300多人，民不堪命，应该禁止。奏报送呈后，兵部经研究同意按徐鹏举的意见行事，世宗也遵从兵部的意见，下旨令"俱遵旧例行"①。可见南京的裁冗还是相当成功的。

同年四月，司礼监太监萧敬奏，各监局军匠查革数过多，不足役使，请按洪武等年旧例，1 500余名金补。兵科立即表示反对，指斥道："如是则钱粮何以支给？诏书何以取信？"兵部也立即表态，说明诏书所裁革的是正德年间新添的，并非洪武以来的旧额，如再金补，革掉的都能重新冒入，必然造成耗损京储，这与正德时又有什么不同！请求用未革人数充役，逃亡者勿补。世宗也同意了兵部的处理意见。②

以上二例是坚持得比较好的。但多数情况往往是，世宗将各衙门奏请重新补充的数额，取其一部分拨给。王世贞评述说：正德末年，内监各军匠率多冗滥，不久奉即位诏书汰裁，弊源颇清。嘉靖四年三月，御用监太监黄锦上奏说："工繁，匠不足用，请选经汰人役及见役户丁二千户供事。"兵部极力反对。但世宗命选500名应用，并申明严禁私役虚冒。

当时宦官各衙门"各请收人匠，俱有旨听许，多者数千，少者数百人"。各部大臣及言官纷纷上疏反对，世宗"俱不听"。嘉靖四年九月，户部尚书秦金等上疏说："钱粮为国家之命脉，其盈

① 《弇山堂别集》卷98。
② 《弇山堂别集》卷99。

缩系安危，输办乃小民之脂膏，其缓急系休戚。各监局军匠，见在食粮上工数亦不少，兹复收充众多，滥役冗食，莫此为甚。即今水旱灾伤，仓库空虚，役将何继？乞收回成命，免致耗蠹。"兵部尚书李钺等也上奏说："内府人匠，先朝固有定额，但祖宗盛时，海内殷富，继至成化、弘治以来，遇有逃故，间各取补。正德间政权不一，招收过度，太仓蠹耗无几。幸赖皇上龙飞一诏，通行厘革，是诚千载一时也。今若复行收选，听其纷纷奏讨，则先朝之旧人宿弊，又将夤缘肆行于今日矣。政体所关，诚非细故，乞将诸臣前后革疏，少赐览观，收回成命。仍戒谕诸内臣，勿复纷纷乞扰。"世宗皆批示说"已有旨"，不听群臣劝告。①

即使是即位诏书在执行裁冗问题上打了折扣，但成绩仍是主要的。而且，整个世宗一朝都没有间断对宦官各衙门冗滥人员的裁减②。尤其是在杜绝新冗滥上，执行还是相当严格的。如嘉靖二年三月，固安人多自宫求用。世宗命"笞逐之"。三年二月，净身海户刘用奏乞收用，世宗大怒，将其驱逐回原籍。不久，又一净身海户王谈率革职人员奏扰，世宗下诏，命锦衣卫将为首者逮捕，廷杖后一同放逐。五年二月，南海户净身男子970余人复乞收入宫中，"上怒，命锦衣卫逐还原籍，为首者杖之"③。

世宗初年厉行惩治宦官政策，遏制了正统以来宦官势力膨胀、专权乱政的态势，缓和了累积的各种社会矛盾。是新政最成功的一个方面。《明史·宦官一》评价说：

---

① 《弇山堂别集》卷99。
② 《弇山堂别集》卷100。
③ 《弇山堂别集》卷99。

世宗习见正德时宦侍之祸，即位后御近侍甚严，有罪挞之至死，或陈尸示戒。张佐、鲍忠、麦福、黄锦辈，虽由兴邸旧人掌司礼监，督东厂，然皆谨饬不敢大肆。帝又尽撤天下镇守内臣及典京营仓场者，终四十余年不复设。故内臣之势，惟嘉靖朝少杀云。[1]

傅维鳞也认为，武宗时宦官专权，几危社稷，"世宗赫然诛其渠首，收革诸镇监军，朝野吐气，边腹危而复安，则肃之为肃宜也"[2]。世宗死后因其一生诛戮过多，谥为肃皇帝，但傅维鳞却认为肃皇帝肃杀宦官是应该的。纵观有明一代之兴衰，则知傅氏所论是公允的。范守己进而认为，"革藩镇之诸阉""抑司礼之秉用"，是世宗"四伟烈"之业中的两个[3]，虽不免过誉，但也反映了世宗朝宦官势力大受挫败的基本事实。

① 《明史》卷304《宦官一》。
② 《明书》卷158《宦官传一》。
③ 《皇明肃皇外史》卷46。

四、开放言路

中国古代把舆论上达的渠道称为言路。作为专制制度的重要组成部分，言官制度不断完备，颇为发达，历代君臣也十分重视它在维护国家长治久安中的作用。

亲身经历元末腐朽政治的朱元璋，开国之初十分重视言官的作用，鼓励臣下直言极谏，指陈时政弊端和君主过失。由于太祖肯于听言纳谏，故当时言官多有直言上谏和勇于纠弹者。[①] 在机构设置上，也颇具匠心。明初按政府六部，设对应的六科给事中，其品级只有七品，相当于县令，但其职权甚重，在禁直机构中仅次于内阁。《明史·职官志三》叙述其职掌为："六科，掌侍从、规谏、补阙、拾遗、稽察六部百司之事。凡制敕宣行，大事复奏，小事署而颁之；有失，封还执奏。凡内外所上章疏下，分类抄出，参署付部，驳正其违误。"[②] 明代皇帝处理政务的主要方式是批答中央及地方各部门的章奏和下达诏旨。六科每日派员到会极门领取批复的章奏，称为接本。如系夜间，则由内官捧红匣至科。六科审核无误，于五日内抄发有关衙门执行，如有违失，许给事中封驳。臣下的章奏，即使皇帝批准，六科仍可驳正。"驳正到部，谓之科参。"科参具有相当的权威性，六部长官不敢违抗科参，未经六科审核、签发的文件，将被视为无效，执行时不受法律保护。

---

① 《明史》卷139。
② 《明史》卷74。

可见其对匡正君主失误，监察政府违法行为的作用是很大的。

六科与都察院的十三道监察御史，合称科道，也即明朝的言官之职。胡世宁曾说："给事中、御史皆有言责，上而君身，朝政得失，下而臣僚，是非邪正，皆唯其所言是听。"[1]明代言官秩卑则爱惜自身之念轻，权重则尽职不受阻碍。对言官的选拔上极其严苛，要求是进士出身，并任过地方官，还要求"器识远大，学问赅博，文章优瞻"，甚至体貌声音也有要求。"盖六科系近侍官，兼主奏对，必选体貌端厚、语言的确者，以壮观班行，表仪朝宁。"[2]由于他们的出身与文化素养高，许多人又曾担任过地方官，对社会上的各种弊病有着更为清醒的认识。有明一代，言官异常活跃，他们在专制制度高度强化的时代，能为君请命，高扬统治阶级的整体利益，不惜杀身成仁，确为独裁政治增添了几分斑斓的色彩与不和谐的音符。

为了下情上达，明太祖还创设了通政使司。洪武十年（1377），朱元璋在设立这一机构时，对任通政使的曾秉正和刘仁说："政犹水也，欲其常通，故以'通政'名官。卿其审命令以正百司，达幽隐以通庶务。当执奏者勿忌避，当驳正者勿阿随，当敷陈者毋隐蔽，当引见者毋留难。"[3]

下情上达，并以法律形式予以保证。《大诰》第45条规定，良民百姓均有陈奏地方官善恶的权利。每年年终，选派年高德重的，或百人，或几十人，或几百人，赴京师面奏本境为民患者几人，造民福者几人，以作为升降赏罚的重要依据。朱元璋认为，如果认真这样做，天下就会岁岁平安，永享太平。

---

① 胡世宁：《知人官人疏》，《明经世文编》卷133。
② （明）陆容：《菽园杂记》卷7。
③ 《明史》卷73《职官志二》。

　　然而，有规矩未必皆成方圆，任何好的制度都要由人去实施、执行。武宗统治的16年间，前期有刘瑾擅权，正德五年其被处死后，各衙门奏报为刘瑾变乱辩护的成宪即有：吏部24事，户部30余事，兵部18事，工部13事，后皆按旧制厘正。[①]武宗病故后收捕江彬，查得各边奏报有二三年因江彬阻滞而不能上达者。江彬逮捕后，一时赴鸿胪寺投进的多达99封，赴通政司的有7封，藏在江彬家及镇国府的，达30封，可见江彬在武宗后期的恣意妄为[②]。

　　杨廷和等人在起草世宗即位诏书时，充分考虑开放言路的作用，诏书涉及这方面的有三款：

　　　　一　弘治十八年五月十八日以后，正德十六年四月二十二日以前，在京在外内外大小官员人等，有因忠直谏诤及守正被害、去任、降调、升改充军为民等项，及言事忤旨、自陈致仕、养病等项，各该衙门备查明白，开具事情，奏请定守。死忠者谕祭、修坟、荫叙；除调、升改、致仕、养病、闲住、充军为民者，起复原职，酌量升用，大臣量进阶级，并与应得恩荫人夫、月米；应起用者，有缺推用；已故者加赠。

　　　　一　正德十四年，文武官员人等为因谏止巡游，跪门责打、降级、改为民充军等项，该部具奏起取复职，酌量升来。被打死者情尤可悯，各追赠、谕祭，仍荫其一子入监读书。内有充军故绝者，一体追赠谕祭，查访亲属，量与优养。

---

① 《明史》卷304《宦官一》。
② 《明书》卷154《江彬传》。

一 给事中、御史，职当言路，今后凡朝廷政事得失，天下军民利病，许直言无隐。文武官员有贪暴奸邪者，务要指陈实迹纠劾，在外从巡按御史纠劾。①

前二款主要是拨武宗之乱，为当时受害的言官及大臣平反昭雪，它包括了武宗统治的所有时期，尤其是正德十四年跪谏南巡事件。

武宗一生对宦官及佞幸宠任不疑，对反对者不惜以刃相加，制造了无数冤案，对言官的打击尤为酷烈。正德初年，司礼监太监刘瑾专权乱政，言官交章论劾，但或杖或谪，无一得善终。刘瑾还变乱廷杖旧制，使士大夫死于杖下者接连不断。

廷杖即是在朝廷上行杖打人。一般的情况是，锦衣校尉行刑打人，司礼太监在上面监视。被打的人在成化以前用厚绵衣加上毡靶裹住身体，"示辱而已"，但仍需卧床数月，方能痊愈。武宗继位后，刘瑾对言官、大臣极为忌恨，开始令受刑者脱去衣服，此后被杖死者时常有之。据说被杖之人的轻重死活，和行刑人及监杖人关系极大。锦衣校尉行刑时，只需看监杖的司礼太监的两只靴尖，如两只靴尖向外成八字形，那么受杖人能不被打死；如两只靴尖向内一敛，受杖人必死无疑。②

正德时期大规模的廷杖有两次，这也是言官受到打击最严重的两次。第一次是正德元年，刘瑾将内阁大学士刘健、谢迁排挤出朝，给事中艾洪、吕翀、刘蒨，南京给事中戴铣、李光翰、徐藩、牧相、任惠、徐暹，以及御史薄彦徽、陆昆、葛浩、黄安甫、

---

① 《明世宗实录》卷1。
② （明）朱国桢：《涌幢小品》卷12《廷杖》。

王藩、史良佐、李熙、任诺、姚学礼、张鸣凤、蒋钦、曹闵、黄昭道、王弘、萧乾元等21人，或独自上章，或连名上疏，请留刘健、谢迁，而弹劾刘瑾、马永成、高凤等，于是刘瑾便激怒武宗将这21名言官全部逮捕，杖于阙下，每人各打30杖。戴铣被打得最厉害，死于杖下。蒋钦则三次上疏，三次被杖，死得最壮烈。

当刘健、谢迁被逐后，蒋钦即和同官薄彦徽等人上疏切谏。刘瑾大怒，将蒋钦逮捕下狱，廷杖后被贬为民。三天后，蒋钦独自上疏，揭发刘瑾卖官、专权、矫旨等罪状，尤其是"矫旨禁诸言官，无得妄生议论"，实际上是让满朝言官缄默不言，而听任其违法乱政。请求武宗杀刘瑾以谢天下。奏疏上后，蒋钦又被廷杖30，收入诏狱。

又过了三天，蒋钦第三次上疏，痛言正邪势不两立，刘瑾之心，路人皆知，陛下为何信任不疑？臣昨日第二次上疏受杖后，"血肉淋漓"，但一息尚存，就要讨个公道。臣之忠直，也满朝皆知，陛下为何信任贼人而斥杖忠直？"臣骨肉都销，涕泗交作，七十二岁老父，不顾养矣。臣死何足惜，但陛下覆国丧家之祸起于旦夕，是大可惜也。""陛下不杀此贼，当先杀臣，使臣得与龙逢、比干同游地下，臣诚不愿与此贼共生。"据说，当蒋钦写这份奏疏时，正值夜间，灯下微闻鬼声。蒋钦想：此疏一上，生还的希望可能很小，这莫非是先人在天之灵让我就此罢休？因而整肃衣冠，勉强站立起来，说："果先人，盍厉声以告。"言犹未止，已辨听出声音来自墙壁中，且更加凄怆。蒋钦叹道："业已委身，义不得顾私，使缄默负国为先人羞，不孝孰甚！"又坐立起来，奋笔说："死即死，此稿不可易也！"鬼哭声便停止。奏疏再上后，又被杖30。三天后死于狱中，年仅

49岁。①

当时还有许多营救他们的人也被廷杖，如江西清军御史王良臣、兵部主事王守仁等都因论救言官，或被革职为民，或被谪降远充。②《明史》在论及这次言官受到沉重打击后说："元气日削，朝野震惊，祚以不延，统几中绝。风愆之训，垂戒不亦切乎。"③

第二次惨烈打击的是在正德十四年。武宗经常以巡游为名，到西北等地搜求妇女，科敛百姓，所到之处，如临大灾，民众苦不堪言，变乱时常发生。正德十四年武宗从宣府等地返回后，又声言要南巡浙江、湖广等地，传旨大臣："朕今不时巡幸。"杨廷和等上疏劝谏，言东南为财赋重地，近年水灾频作，加之赋重役繁，民不堪命，至今漕粮尚未如期而至，若皇船出发，沿途科掠，祸不可测。武宗不听。三月丁酉日，六科都给事中邢寰、十三道御史王度等，南京六科孙懋、十三道张翀等言官再次发动一场谏止南巡的请愿活动。当天早晨，科道官徐之鸾、杨秉忠等率数十人伏阙请命，要求武宗亲赐批答，收回南巡成命。三月的北京，凉意甚浓。言官们从上午九时一直跪到下午五时，坚持必须有武宗亲批才肯起。下午五时，武宗命宦官谕退。第二天是初五，望日，按规定这一天武宗须升殿视朝，但因言官伏阙跪谏，武宗拒不视朝。

兵部郎中黄鞏见言官受责罚，上疏极谏，痛陈朝廷纲常法纪破坏状，叙最急者六事，其二即"通言路"，他指出：

---

① 《明史》卷188《蒋钦传》。
② 《明史纪事本末》卷43。
③ 《明史》卷188。

言路者，国家之命脉也。古者，明王导人以言，用其言而显其身。今则不然，臣僚言及时政者，左右匿不以闻。或事关权臣，则留中不出，而中伤以他事。……由是，虽有安民长策，谋国至计，无因自达。虽必乱之事，不轨之臣，陛下亦何由知？[①]

其时兵部员外郎陆震也打算上疏谏阻，见黄鞏疏，称赞不已，便毁去己稿，而与鞏连名奏上。同时，修撰舒芬、庶吉士汪应轸、江晖、王廷栋、马汝骥、曹嘉也纷纷上疏谏阻。

第二天谏阻南巡的声势更为浩大。先是吏部员外郎夏良胜，礼部主事万潮，太常博士陈九川疏谏。紧接着，吏部郎中张衍瑞等14人，刑部郎中陆俸等53人，礼部郎中姜龙等16人，兵部郎中孙凤等16人，相继上疏痛谏，并劾江彬等佞幸。武宗及江彬大怒，将夏良胜、万潮、陈九川及黄鞏、陆震逮入诏狱，舒芬及张衍瑞等107人罚跪午门外五天。

抽刀断水水更流。暴力并没有阻止正义的呐喊。就在百余名朝廷官员被罚跪的时候，大理寺正周叙等10人，行司副余廷瓒等20人，工部主事林大辂、何遵、蒋山卿等人，又接连上疏，申救被罪诸臣，且痛斥江彬等乱政罪行。江彬激怒武宗，罚周叙、余廷瓒、林大辂及黄鞏、陆震等六人俱跪阙下五日，并加桎梏，到晚上仍关入狱中。这些人"晨入暮出，累累若重囚"，路见者无不为之叹息流泪。[②]

舒芬等107人五天跪完后，武宗又令廷杖午门，每人各30

---

① 《明史》卷189《黄鞏传》。
② 《明通鉴》卷48。

杖，一时呼号之声彻于禁掖。四月初，又对下狱的黄鞏等人行廷杖。这几次廷杖而死的共有11人，另有3人受廷杖后几日而死①。

生还者的结局也很不幸。黄鞏等人戍边充军，万潮等人削籍为民，其余的人或降级使用，或夺俸平年。官僚士大夫受到前所未有的打击，但武宗南巡也因此告罢，死者的鲜血总算没有白流。

正德年间对言官的打击，使这一独特的社会群体元气大伤，锐气大减，逐渐向两极分化。"趋权择便，凡朝廷大阙失，群臣大奸恶，缄口不言"，这是言官的主体，嘉靖初年吏部主事件瑜就这样认为②；还有极少数人"犯颜敢诤，视死如归"，这部分人或拷死阙廷，或流放边塞。如果对正德元年与十四年的两次大规模活动加以比较，情况更加明显：正德元年唱主角的是言官，而后一次则是中下级官吏。言官也曾伏阙请愿，但当事态继续发展时，却很少看见他们的身影。而且，朝廷各部门长官，除内阁以外，也"莫敢有言者"。这是极不正常的。中下级官吏杖死、贬谪，不绝如缕，大臣们却不发一言，确实是讲不通的。故后来"诸大臣出入，士民争掷瓦砾诟詈之，诸大臣皆恐，入朝不待辨色"，这是民意、民心的反映。③所以正德年间给国家造成的危害绝不仅仅是有形的物质方面，更重要的是精神方面的损伤、挫折，士气大为低落，士风日渐糜散。

嘉靖新政需要良好的舆论氛围，没有"天下公论之所寄"的言官们的舆论支持，"新政"就很难在更广泛的层次、范围上引起共识。参与"新政"的人员越多，"新政"就越能引向深入、持

① 《明史》卷189。
② 同上。
③ 《明通鉴》卷48。

久。因此可以说，"新政"的发动——舆论准备——需要言官们唱主角，"新政"能否坚持长久，也主要看他们是否形成了与"新政"相契合的政治攻势与舆论攻势。开放言路虽是新政的一个组成部分，但它又不同于新政的一般内容，自有其特殊性——它对新政具有一种舆论引导作用。

从世宗即位诏中以上条款的执行情况看，世宗还是不遗余力的。尤其是对武宗时受害言官的平反昭雪，确实是很得人心的。[①]在开放言路上，也重新调动了言官们的积极性，改变了武宗后期言官箴默、依违的状况。史称"帝初践祚，言路大开。进言者或过于切直，帝亦优容之"[②]。嘉靖初年，言官的弹劾权明显提高。从中央到地方，从内廷到外朝，举凡有关官员与宦官违法乱纪事，一概得以弹奏。并且，弹章上奏后，多数得到世宗支持。

从言官弹劾对象看，嘉靖初年锋芒主要针对武宗时罪恶昭彰的宦官。宦官势力在嘉靖一朝受到抑制，不能不说与科道言官的极力弹劾、不断揭发其罪行有关。宦官及佞幸势力清除后，言官们又把锋芒指向世宗本身，对世宗朝令夕改、左右摇摆的做法提出善意的批评，尤其是对新政的逐渐失色予以直谏，从而在一定程度上延缓了新政过早消逝的时间，为新政的持续发展作出了贡献。

从长远来看，嘉靖一朝45年间，言官都是十分活跃的一个群体，从谏大礼、谏斋醮，到谏处置严嵩，每次大的活动都有他们做支撑；冒死进谏，杀身成仁接踵而至。屡挫而愈振，欲压而复兴，确实是嘉靖一朝言官们的真实写照。而这一切，固然与明朝养士的成功有关，但与嘉靖初年开放言路也有直接关系。

---

① 参见查继佐：《罪惟录·帝纪》卷12。
② 《明史》卷270《邓继曾传》。

五、清查庄田

  古人大多认为："四民之中，惟农最苦。"因为沉重的地租、赋税、徭役负担全部落在农民身上，加之高利贷的敲骨吸髓，早已使农民哭天天不应，叫地地无门。由于商品经济水平很低，农业是中国封建时代唯一的主要生产部门，如果农民还有一线生存的希望，他们就不会离开自己哪怕是荡然无存的家园，安土重迁是多少年来形成的观念，也是客观的形势使然。

  农民和土地犹如孪生兄妹，有不解之缘。两者的结合才构成了农业的繁兴。也唯有农业的繁兴，国家的官吏才能得到供养，浩大的军费支出才有着落，国家机器才能正常运转。

  因此，农民和土地的结合程度往往就是封建国家治乱兴衰的晴雨表。当广大农民附着于土地之上的时候，家给户足，田地垦辟，农民安居乐业，封建国家赋税日增，宫室车马，无所不成；反之，当"富者田连阡陌，贫者无立锥之地"的时候，农民就会背井离乡，亡逃山林，由国家的"编户齐民"一变而为易动难安的流民，再变而为啸聚山林的朝廷反叛者。农民阶级与地主阶级的对抗性就会充分展示在历史的大舞台上。

  正因如此，历代有识之士无不把"均民产""安民业"作为长治久安的根本，对土地集中导致的贫富急剧分化设有预案，给予高度重视。即使到了王朝江河日下的时候，统治阶级中的改革派仍会撑起"抑兼并""清民产"的旗帜，对累积的社会阶级矛盾予以调和。封建历史表明，这是缓解对抗性矛盾的最佳措施，它远比皇帝的"罪己诏"之类花样更能给农民带来实惠。

嘉靖初年的新政也包含了这一内容。并且，这次清理的是皇庄、王府庄田及勋戚庄田，这无异于在中枢神经上动手术，其难度是不难想见的。

庄田主要由两部分构成，即皇庄、王庄与勋戚庄田，后者主要包括政要、功臣、外戚、中贵和将校所占土地。其发展有一个由微入巨的过程，至武宗末年已达到很严重的程度。

按"普天之下，莫非王土"的习惯说法，皇帝无需为自己另立户头，置产购业，因为天下的土地都是他的。也许是土地私有化的色彩越来越浓，更重要的是皇帝拥有自己的庄田，有相当可观的收入可供其任意挥霍，自明代开始出现了以往历代都不曾发明的皇庄。

明初，太祖分封诸子为王，但这种分封是"不锡土"的，即不授庄田。当时地广人稀，百业待兴，有的王子奏请将废壤河滩或牧马草场拨给王府垦种，考虑到其时并不存在"与民争地"的问题，有的奏请即允准，但多者不及千顷，数量有限，这可视为王府庄田的最初状态。①仁宗时在顺天府设立仁寿宫庄，后来又有清宁、未央宫庄。英宗天顺三年，因诸王子尚未出宫就藩，供用浩繁，设立东宫（太子朱见深）、德王（朱见潾）、季王（朱见澍）庄田。德王与秀王分别于成化三年和六年就藩，庄田仍归官。朱见深即位后，没收曹吉祥土地为宫中庄田，始正式定名为"皇庄"，此后庄田遍布各郡县。孝宗弘治二年时，畿内已有五个皇庄，共有地12 800多顷。武宗即位不到一个月，就建立了7个皇庄，以后每年都有设立，至正德末年已设立31处，占地数万顷

---

① 王毓铨：《莱芜集》，中华书局1983年版，第127页。

之多①。

　　至于皇帝赐给勋戚、宦官的庄田就更多了。弘治二年勋戚中官庄田有332处，占地33 000多顷。武宗时"诸王、外戚求请及夺民田者无算"。②

　　数额庞大的庄田，实际上只有很少一部分是皇帝钦赐的，绝大多数是藩王、勋贵、宦官等奏请讨要的，只是形式上由皇帝赐给而已。但即使是经奏讨而得到钦赐的，其土地的绝大部分是民田。因此可以说，皇庄、王庄及勋贵庄田，其主体是被掠夺而来的民田。③

　　夺占民田，是一种赤裸裸的掠夺。这种状况自开国初期即已有之，其后越来越严重。查阅《明实录》等书，此类记载随处可见。如宣德五年二月，巡按直隶监察御史白圭劾奏武定侯郭玹强占沧州南皮县民十七家田土，拆毁民居，置立庄屋，天津右卫指挥吕升畏惧其势，夺官军屯田1 090亩送给郭玹。宣宗只治郭玹与吕升家人的罪了事。④正统二年御史李彝奉命查得南京中官、外戚所占田地62 350亩，房屋1 228间。⑤景泰二年三月，给事中林聪劾奏中军都督府左都督汪泉纵家奴杨俊等人，侵占武清县官民田6 000余顷，景泰帝"诏弗问"。⑥宪宗时太监汪直占夺所谓"荒

---

① 《明史·食货志一》作300余处，此据李洵先生考证。参见李洵校注：《明史食货志校注》，中华书局1982年版，第47页。
② 《明史·食货志一》。
③ 王毓铨：《莱芜集》，第129页。
④ 《明宣宗实录》卷63。
⑤ 《明英宗实录》卷29。
⑥ 《明英宗实录·景泰附录》卷20。

地"20 000余顷。^①孝宗时"甘州膏腴地悉为中官、武臣所据"。^②武宗时谷大用一人就占夺民田万余顷^③，而刘瑾"修理庄田，擅掘天、地坛后土，侵厂官地五十余顷，毁官民房屋三千九百余间，发民间坟二千七百余冢"^④。

与占夺所差无几的，还有一种花样，名为投献。投献有两种情况，一是农民不堪重赋，将自己的土地不情愿地"献"给勋贵，以求逃避沉重的赋役负担。这种情况并不占多数。另一种情况是权贵的豪奴或地方恶棍，妄指民田为官田、荒田，以之进奉王府或勋戚等，借以结交权贵，获得重赏。在投献中这种情况居多。自英宗正统以来，投献土地日益增多。李棠为山东布政使，发现"民垦田无赋者，奸民指为闲田，献诸畹戚"^⑤。英宗亲敕"皇亲强占民田者，罪毋赦，投献者戍边"，"一时贵戚莫敢犯"^⑥。到宪宗时投献之风又炽烈起来。据《政纪纂要》载：成化十六年，东宫庄管庄太监欲强占与其接壤的民地一万余顷，百姓到朝廷喊冤。中央派户部员外郎廉前往查核。廉还未到，太监秘密派人对廉说："田如归我，讲读官可得也。"廉回答说："以万人之命易一官，吾弗为也。"至达其地后，将邻近百姓都召集来，让他们指出哪些土地是自己耕种的，查实后全部归民。和他一起处理此事的官员怕出现意外，廉说："我户部也，有害我独当。"这是遇到比较廉洁的官员，否则百姓的冤屈也就难伸了。

---

① 《弇山堂别集》卷99。
② 《明史》卷186《张泰传》。
③ 《明史》卷194《林俊传》。
④ 《明史纪事本末》卷43。
⑤ 《明史》卷159《李棠传》。
⑥ 《明史》卷180《李森传》。

　　勋贵对土地的夺占使大量农民被迫离开自己的家园，开启流亡生活。英宗正统以来，流民数字急剧上涨，至武宗时期，已达到600余万，占全国总人口数的十分之一。^①仅荆襄地区，即有150万之多。成化年间，爆发了刘千斤、石和尚、李胡子等为首领的荆襄流民大起义，明政府调动几十万大军，先后败绩。"荆襄骚扰，甚于杨么。"^②极大地震撼了统治秩序。在北方，广大失去土地的农民被迫举起义旗，参加刘六刘七领导的起义。这次起义始于正德四年，终于正德七年，前后整整三年。势震京畿，南达江淮流域，使统治阶级上层都感到岌岌可危。两广、江西、湖广、四川、陕西等省，同时告急，"腹地骚然"，数年不绝。四川保宁义军鄢本恕自称刮地产，廖惠自称扫地王，数万农民响应。^③正德九年三月，江西副使胡世宁上疏说："江西患非盗贼。宁府威日张，不逞之徒，群聚而导以非法，上下诸司承奉太过。数假火灾夺民廛地，采办扰及旁郡，蹂藉遍于穷乡。臣恐良民不安，皆起为盗。"^④他认为江西"盗贼"与宁府夺占民田有直接关系。^⑤

　　由此可见，因土地兼并所带来的社会危机已相当严重。如不改弦更张，统治者确实难以照旧统治下去，玩火者行将自焚。

　　与皇庄、王庄及勋贵庄田日益膨胀的同时，统治阶级上层也试图遏止这股狂占民田的势头，采取严禁投献、禁止王府自行收

---

① 　李洵：《试论明代的流民问题》，《社会科学辑刊》1980年第3期。
② 　《皇明纪世文编》卷46。相关的详细材料参见谢国桢《明代农民起义资料选编》福建人民出版社1981年版，第27—36页。
③ 　王毓铨先生认为，刘六刘七起义，与北方夺占民田有直接关系，参见《莱芜集》第318页。四川等地起义军从称号看，显然与失去土地有关。参见《明通鉴》卷43。
④ 　《明史》卷199。
⑤ 　《明通鉴》卷45。

取租课等办法，有的时候还较有成效。如孝宗时户部尚书周经对"近戚贵幸有所陈请（庄田），（周）一裁以法，皆敛不得肆"①。但周经也因此丢了官，中外大臣请留他的奏疏达八十余封，孝宗仍命他致仕。没有最高统治者的支持，是做不成什么事情的，周经有"经国之才"，且"秉公执法"，但"竟以不合去"②。

世宗即位后，给事中底蕴、御史范永銮、通州知州刘绛等相继上疏，提出了皇庄的危害性，请求清理。正德十六年五月，底蕴上疏后，户部当即表示赞同，在复奏中建议：令各守臣查核没官田土外，只要是近年投献置为皇庄的，一律退田给本主，仍照原额纳税。世宗"从之"。但实际上并没有动作。③次月，刘绛上奏请求：永远裁革管庄内臣；撤掉皇庄；有的皇庄建立时间较久，很难立即裁罢，也应交户部管理；勋戚庄田，是旧额应按亩征银，不得过多侵剥佃民，如是多占者，还民耕种。这份奏疏实际上已提出了解决皇庄问题的几种办法，世宗令有关衙门讨论上报。④范永銮的建议也于同月上报，内容大体相同，但建议更为明确："请敕户部差官，一切体勘，系民者归民，系官者归官。应输租课，有司代收。交纳事竣，仍绘图造册，徼部备照，永杜后奸。"世宗下诏令户部议闻。⑤

七月份，户部对范永銮的上疏予以答复，并上奏说：静海县濒海地多闲旷，百姓自行开辟，缴纳赋税已一百余年。近年来皇亲沈传、吴让接受奸民投献，冒请夺占。又逐渐蚕食侵占，延至

---

① 《玉堂丛语》卷之二。
② 《明武宗实录》卷61。
③ 《明世宗实录》卷2。
④ 《明世宗实录》卷3。
⑤ 同上。

百里，按亩征税，甚至采捕鱼蛤的人户都不能幸免，百姓不堪其忧。另外，天津诸卫，刘瑾占夺为庄田不下千顷，刘瑾受诛后，内臣又占夺，号为皇庄。朝廷几次下诏令归还仍不听。应令抚按官查核二皇亲庄田，占夺的给还百姓；勋戚功臣庄田，应按有关规定，不许多取。凡不执行者治罪。世宗表示赞成。[1]

　　但世宗出尔反尔，刚下诏同意户部的奏请，又忽然传出内旨（未经内阁）：各宫置皇庄及差管各庄官校。户部左侍郎秦金等上疏力抵其弊，认为这是"非盛世之事"，他说：正德以来，奸猾无籍之徒，将畿内逋逃民田投献给左右近幸，这些近幸为取功邀赏，不念畿辅重地，奏为皇庄。弊源一开，无有穷极。并且，管庄内官及收租官校，俱城狐社鼠，侵欺攘夺，为害万端。利旧贪校，怨归朝廷，为新政之累不浅。请派科道部属官各一员，分诣查核。自正德以后，系额外侵占的，给还原主；管庄人役，全部取回。秦金的奏疏中两次提及，置皇庄与新政很不协调，世宗对此深有同感，批示道："畿内根本重地，祖宗朝屡有优恤禁约。迩来奸猾，妄将军民田地设谋投献，管庄人等乘机侵害，利归群小，怨在朝廷，以致军民失业，盗贼生发。朕在藩邸，已知其弊。览奏深用恻然，其即如所议行之。"[2]

　　世宗的态度明朗后，内阁极力促成此事。立即委派刑部尚书林俊、给事中夏言、监察御史樊绳祖、户部主事张希尹等负责查勘畿辅庄田事宜。为加强勘查的权威性，排除皇亲国戚的干扰，世宗亲赐敕书，其内容为：

① 《明世宗实录》卷4。
② 《明世宗实录》卷5；(明) 林俊：《查处皇庄田土疏》，《明经世文编》（一），第785页。

凡正德元年以后各项庄田，但有朦胧投献及额外侵占者，尽数查出，各依拟给主招佃；管庄人役，尽数取回，仍差管屯佥事兼带督理。该征租税照依原定则例折收银钱。原系皇庄者，解部类进；系皇亲功臣者，解部关领，不许自行收受，亦不许佃户人数拖欠。其庄田内有成化、弘治年间奸徒投献者，一体查勘。各该府州县、卫所衙门官员人等，文职自知府以下，武职自指挥以下，但有事体相干者，悉听督委调用。公勤干济者，从公旌举；敢有玩法废事，及军民势豪人等不服拘管，恃顽阻挠；或奸猾刁徒，乘机混赖；或贪官饵贿、枉法欺弊者，五品以上并勋戚，指名参奏；六品以下径自拿问重治。中间事情有该载不尽、有益于国家、有利于军民者，悉听会同从长议处，轻则径自施行，重则具奏定夺。尔（林俊）受兹委任，须秉公持正、悉心查理，务使积弊尽革、官民两无亏损；毋得徇情畏势、徒具虚文、自贻咎责。尔其慎之慎之。钦此。[1]

这篇清查庄田的纲领性文献，《明实录》等书多不具载，它大体包括以下内容：第一是清理的程序，即"先行抚按衙门，选委官员分头查审明白，尔等即便前去，会同各抚按官照依户部先后题准事例，亲诣各府地方，用心覆勘"。[2]第二是清查的范围及内容：主要是正德时期，以及成化、弘治年间的侵占、投献田地。第三是职权范围及应注意事项等。

这次清查自正德十六年七月开始，至嘉靖九年方告一段落。

---

① （明）林俊：《传奉敕谕查勘畿内田地流》，《明经世文编》（一），第788页。
② 同上。

其间时断时续，而且多有反复。

　　负责清理的刑部尚书林俊是福建莆田人，历仕宪宗、孝宗、武宗三朝。其"性侃直，不随俗浮湛"。李贽评价他是"平生不恋官爵，不趋权势，不择利害，不畏强御"，"居官尤廉约，不取隶金"①。可见是个难得的官员。世宗即位后，立即召他为刑部尚书。当时林俊年已七十，到京后不治私第，晚上就住在朝房，以示无久居之意。"朝有大政，必侃侃陈论，中外想望其风采。"②接受清理畿辅庄田之令后，林俊、夏言等到顺天等府州县，会同前顺天巡抚李昆、今接管右副都御史孟春、保定巡抚周季凤、御史王琳、宋钺、郭楠等地方要员，到各处核查。按敕书规定的查核内容，共查勘过顺天等府地方各项庄田地土共计 20 919 顷有余，退断侵占过民地共计 20 220 顷有余。③

　　正当林俊等奉命清查畿辅庄田的时候，世宗又忽传中旨，令"皇庄责令私人管理"，林俊、夏言等闻言后痛切规谏，他们指出："皇庄之设，输入宫中的赋租不足十分之一二，而十分之八九已入私囊，小脂膏已吸削殆尽，因此人民逃亡，人口锐减，国家赋税收入急剧下降，最终酿成京畿之下，生理艰难，百姓怨声载道。此弊不除，将来数十年后，人民离散，土地日少，盗贼逢起，不知朝廷何以为国！况且，祖宗以来宫闱一切公用，已有成规，陛下深居九重之内，锦衣玉食，有什么不能满足？为什么要屈万岁之尊，下与匹夫争利？何以示天下后世？圣上敕书中又有皇庄解部类进之旨，此也大不可。皇之一字，加于帝后之上，为至尊

---

① （明）李贽：《续藏书》卷17《尚书林公传》。
② 《明史》卷194《林俊传》。
③ （明）林俊：《传奉敕谕查勘畿内田地疏》，《明经世文编》（一），第788页。

夏言像

莫大之称，今奸佞之徒，假之以侵夺民田，名其庄曰皇庄；假之以求利，名其店为皇店；更为甚者，假以破坏盐法，则所贩之盐，名为皇盐。就这三者而言，足以传笑天下，贻讥后世。望圣上痛革积弊，否则，社稷之患将无穷尽。"①

林俊、夏言的奏报约呈于嘉靖二年初，世宗最后批示道：各宫庄田收入仍解交户部，年终类进宫中应用；顷亩数目止照新册改为官地，不必称皇庄名目；皇亲侯伯及在外王府庄田，除现今管业不动外，以后不许妄受投献，侵占民业。②

嘉靖初年的清查效果并不理想。当时主要受两个因素影响。一是世宗刚刚即位，太监张永、谷大用等人有迎驾之功，宫廷太监势力难以清除。清理畿辅皇庄无疑涉及这部分人的利益，世宗左右摇摆，还不能不受太监们的影响。二是新政府"府藏匮乏"，这应与裁汰冗滥宦官、军校等联系起来。在汰冗上已极大地损害了宫中太监们的利益，如果在清理庄田上再让步，将使他们处于

---

① （明）林俊：《传奉敕谕查勘畿内田地疏》，《明经世文编》（一），第789页。

② 《明世宗实录》卷23。

十分窘迫的境地。所谓财政危机，主要是宫中开支较难维持，这样，中旨传出维持皇庄不变，世宗坚持皇庄收入通过户部年终进奉宫中，显然是有这一层考虑。

《明史·食货志一》讲得较含混："世宗初，命给事中夏言等清核皇庄田。言极言皇庄为厉于民。自是正德以来投献侵牟之地，颇有给还民者，而宦戚辈复中挠之。"①关键是后两句，既说"颇有给还民者"，又说"宦戚辈复中挠之"，这就是笔法的高明处。

实际情况究竟如何？可以大致断定：林俊等清查出的20 229顷多侵占民田，最初清退给原业主，但很快又被侵占。保定巡抚刘麟的《乞免查拨庄田疏》上于嘉靖二年，透露了清查的真相，他说皇庄的危害"自圣明登极，诸弊一新"。接着说："前项管庄人员，通行裁革，原系投献地土，尽归业主，仍令所司征银解部，系各宫主者类进，系皇亲功臣者赴部告给。"很显然，这是讲敕书规定的查勘范围及内容。查勘后的情况怎样？他接着说是"公私相全，上下交庆。二年以来，事体稳便"。这就是说，自正德十六年七月查给原业主后，至刘麟上疏之间的二年左右的时间是比较平稳的。但最终的情况却不尽如人意，他说："概自召佃以来，民方得业，疆场桑梓之计劳，庐墓畎亩之工费，翕翕融融，相庆一时。不谓旋即夺之，如雀在丛，如鱼在水，而忽有异物扑之，情何以堪？庄田之赐，以臣观之，若陛下以股肱之肉，而啖心腹之疾，必欲尽饱，祸不忍言。"②可见，退还的民田又被重新侵占。疏上后，"帝不纳"。

① 《明史》卷77。
② 刘麟：《乞免查拨庄田疏》，《明臣奏议》卷19。

又查嘉靖二年《明实录》，有几起奏讨田庄的，如该年四月御马监太监阎洪奏请外豹房永安庄地，户部等竭力反对，但世宗仍下诏给了十顷。[①]六月份，庆阳伯夏臣母夫人叶氏以庄田在保定、广平者，奉诏当还民，乞令如旧经营。世宗命以昌平州楼子庄房地并安定门外没官田土给与之，复谕户部再括空地以闻。户部以对，世宗仍令括空地。给事中张翀等言括地之旨与登极初诏有违，乞寝其命。世宗不允。[②]

嘉靖三年正月，叶氏奏讨原侵占刚奉诏退给原业主来安务的土地旧己，户部以为来安务等现已召佃，不当给予叶氏，世宗令括地给予。[③]同年六月、九月，次年二月，皇亲国戚又奏讨求赐地，世宗多有赐予。[④]这也说明嘉靖初年查勘庄田的效果并不好。

约嘉靖二年底，又进行了第二次清核。《明会要》引《春明梦余录》载：二年九月，复命户部清核畿辅庄田。尚书孙交上各宫庄田数，与旧籍不同。帝问其故。孙交言："旧数多者，以奏乞投献，数多妄报也。新数少者，以奉命清核，田多除豁也。"世宗命查成化、弘治间原数以闻。[⑤]《明史·食货志一》言"户部尚书孙交造《皇庄新册》，额减于旧"，可知这是指第二次清查的结果。

嘉靖初年两次清查的结果都不理想。奉命已退还给百姓的民田不久又被侵占，而且勋戚们仍奏乞不已，世宗又多允其请，这就使清查大多流为具文，庄田的弊端仍存在着。故嘉靖六年底，又开始了第三次清查。该年的十一月，大学士杨一清等上疏指

---

① 《明世宗实录》卷25。

② 《明世宗实录》卷28。

③ 《明世宗实录》卷35。

④ 参见《明世宗实录》卷40、43、48。

⑤ （清）龙文彬：《明会要》卷53《食货一》。

出：近畿八府土田多为各监局及戚畹势豪之家乞讨，或作草场，或作皇庄。民既失其常产，非纳之死地，则驱而为盗。既往无论，愿陛下自今以来，凡势豪请乞，绝勿复许，小民控诉，亟赐审断，庶使畿内之民有所恃以为命。夫王畿四方之本，王畿安则四海安矣，惟留意焉。

杨一清的奏疏上呈后，世宗表示赞同，并说过去"虽时有勘断，终不明白"。效果也不理想。他还指出："民失常产，何以为命？京畿如此，在外可知。"随即下了指令：

今宜令户部推侍郎及科道官有风裁者各一人领敕往勘，不问皇亲势要，凡系泛滥请乞及额外多占，侵夺民业，曾经奏诉者，查册勘还。各项草场，亦有将军民地土混占者，一体清理。外省令御史按行。诸王府及功臣家，惟祖宗钦赐，有籍可据则已；凡近年请乞及多余侵占者，皆还军民。各处势要亦有指军民世业为抛荒，及乘在官田土之闲废而猎有之，皆宜处置。僧寺之业，田租本轻，多为官豪违例典卖，倚势兼并，田连阡陌，科取重租，甚者僧舍佛庐，并为己有，亦宜改正。事竣，具上其籍。户部司邦土，务综其实，以称朕恤民固本之意。承委官有畏避权势，保私蔽公者，以状闻。[①]

从世宗所下的诏旨看，这次清查的范围比以前更为广泛。区域上已超出了畿辅，各省也在查勘范围之列；内容款项上，过去仅查庄田，现连同草场等。僧寺之业也在清理之列等。

这次清查历时两年有余。负总责的是户部侍郎王轼。在清查

① 《明世宗实录》卷82。

的过程中，因存在的问题而制定了几项新例。如嘉靖六年，"诏勋戚之家除钦赐庄田以资养赡外，再不许听信拨置将有主之业朦胧陈乞。违者许本部该科参究处治"[①]。嘉靖七年题准："查勘过顺天等八府各项庄田，除额外多占遵奉查给军民，其余悉照旧管业。今后应赏地土，随品级定制。"[②]嘉靖八年题准："投献土地与受投之家，一并问发边卫永远充军。事干勋戚，先将管庄佃仆及引进家人问罪发遣，其勋戚大臣照例参奏定夺。"[③]本年又题准："甘肃各卫所湖场，抚按等官查照节次题准禁革事例，通行本镇镇总副参游守等官，各有相承占据者……退出还官，一体免罪。如有仍前霸占抗违者，参究治罪。"[④]又令："云南总兵官（即黔国公）田土果先年给赐者，将正数庄民计田分户佃纳子粒。如有额外侵占民业并投献等项，悉照例退给军民住种纳粮当差。"[⑤]

嘉靖六年开始的第三次大规模的庄田查勘，效果比前两次都好，万历《明会典》记载了北直隶顺天等六府的情况说："嘉靖九年题准：查勘过顺天、保定、河间、真定、广平、顺德六府所属通州大兴等67州县勋戚内臣寺观庄田共419处，计地44 122顷田亩（零省）。除原系官民草场粮地例该退给及杂占自种等项外，实堪耕种征银不等地28 665顷2亩9分零，照例每亩征银……解部给领。其顺天、保定、河间、广平四府所属昌平大兴等36州县勋戚等官开垦置买不行报官纳粮与旁枝等项应革庄田，并各庄田内量出多余地土及先年查勘还官庄场同鹰房司苴过草场等项，共109

① 万历《大明会典》卷17，户部四《田土》。
② 万历《大明会典》卷17，户部四《给赐》。
③ 《嘉靖新例·田宅·盗卖田宅》（《玄览堂丛书》第20册）。
④ 万历《大明会典》卷17，户部四《田土》。
⑤ 同上。

处，计13 284顷17亩（零省）。除杂占不堪耕种外，堪种征银不等地5 262顷82亩（零省），另筑封界，量地减轻征银解部，转发太仓银库接济边饷。管庄人役尽数取回。如违，照例问发边卫永远充军。"①

　　嘉靖初年的查勘庄田，至此基本告一段落。如从正德十六年算起，至嘉靖九年结束，这次查勘庄田历时十年之久。"像这样查勘贵族阶级的庄田，在明代历史上前所未有。"②客观估计，这次查勘的效果还是比较明显的，尤其是嘉靖六年开始的第三次查勘，效果更明显，仅据这次查勘的共528处田土，计共57 400余顷看，保留的为28 000余顷，这部分属原钦赐庄田；还官给主及没入官府的共26 000多顷，这部分主要侵占的是民地。二者比例大体相当，各当50%。在查没的26 000余顷中，绝大多数是勋贵庄田。这还不包括正德十六年、嘉靖二年两次查勘还民的数字。如果把这两次查还的民产加上，数字会更大。《明史·食货志一》称："是时，禁勋戚奏讨、奸民投献者，又革王府所请山场湖陂。"当时的户部尚书梁材说："额外侵据悉还之民，势豪家乃不敢妄请乞。"③林俊称此举"厉阶祸本，一旦划除，中外人心，不胜欢庆"④。这些话并非全是颂美之词，它大体反映了嘉靖初年查勘庄田取得一定效果的事实。它在一定程度上缓解了土地兼并日趋严重的状况，抑制了贵族庄田自成化以来恶性膨胀的势头，使农民阶级与地主阶级的对抗性矛盾得到了调和。这也是封建王朝运用其国家权力的调节职能，缓和社会阶级矛盾的一次较有成效的尝试。

①　万历《大明会典》卷17，户部四《田土》。
②　王毓铨：《莱芜集》，第318页。
③　《明史》卷194《梁材传》。
④　林俊：《查处皇庄田土疏》，《明经世文编》卷88，第786页。

从嘉靖九年以后，大规模的查勘庄田活动停止了，这也可说明嘉靖初年的查勘还是成功的。另外，从嘉靖一朝官民田土总额的发展趋势上看，也没有多少变化。嘉靖元年全国田地438万余顷[1]，十一年为428万余顷[2]，二十一年、三十一年也为428万余顷[3]，四十一年为431万余顷[4]。梁方仲先生据此计算嘉靖一朝田地历年平均数为431万顷[5]，从中可见嘉靖朝田土损失、侵移的数目并不大，这也从侧面间接反映出嘉靖初年查勘土地对抑制兼并是有效果的。

※　※　※

嘉靖初年的改革还包括部分清丈土地、赈灾救荒等经济方面的内容，以及整饬法治等政治方面的内容。但就其发生的影响、效果而言，远不如以上我们论述的这三个方面。

客观而论，嘉靖初年的改革，或者称之为"新政"，还是较为成功的，其积极作用也是显而易见的。

第一，它改变了武宗时期"与宦官共天下"的局面，重新恢复了"与内阁共天下""与士大夫共天下"的正常状态。宦官与佞臣的危害已如前述，它在英宗、宪宗等统治时期，均成为使统治危机日益严重的加速器，至武宗时期愈演愈烈。一方面，皇权毫无限制，武宗为所欲为，导演了一幕幕"离谱"的荒唐剧；另一方面，政由下出，中贵们玩弄权力如掌中之物，而内阁成员救过

① 《明世宗实录》卷21。
② 《明世宗实录》卷145。
③ 参见《明世宗实录》卷269、卷392。
④ 《明世宗实录》卷516。
⑤ 梁方仲：《中国历代户口、田地、田赋统计》，上海人民出版社1980年版，第196页。

不暇，不知朝政为何物。正德年间，许多有才华的高级官员不能有所作为，如杨廷和、蒋冕等人。但嘉靖初年，他们却成为新政的核心人物，从而大展其平生抱负。人还是这些人，位置还是内阁大学士，他们能干出一番事业来，正说明政治已从宦佞手中重新回到了内阁之中。这既是新政能够贯彻实施的一个不可替代的重要前提，也是形成"君臣共治天下"局面的一个契机。而所谓"新政"，也正是与武宗时期的暴政相比较而言的，它在本质上是以杨廷和为首的儒生官僚发起的对封建统治系统的自我调节运动，是对正德弊政的一种改良。正德与嘉靖初年之间的社会经济形态并没有发生截然不同的变化，但政治格局却有很大不同，由于宦官及佞幸专权的状况被消除，宦佞势力被铲除，使封建国家的决策走向了正常化轨道，内阁的正常职能恢复并加强了，就此而言，拨武宗之乱政，还是相当成功的。统治阶级的内部自我调节是有成效的。

第二，缓和了社会阶级矛盾日趋紧张对立的局面，出现了"天下翕然称治"的良好开端。统治阶级的阶级属性，决定了他们不可能从根本上挽救社会矛盾日益加重、阶级对抗日趋明显的态势。但是，在一定的历史时期内，他们又能够在一定程度上缓解危机与矛盾的过早爆发，缓和日趋紧张的社会阶级对抗。尤其是当他们的根本利益受到威胁时，他们也会通过国家机器的调节职能，暂时牺牲统治阵营中某一部分集团的利益，而挽救其大厦将倾的局面。世宗初年几次大规模清理庄田，中间虽有反复，但能坚持清查下来，就表明了这一点。从正德十六年至嘉靖九年这十年间，内阁首辅几易其人，元老与新贵交替登场，议礼派与护礼派水火不容，但在清查庄田上却前后一贯，形似鱼水，说明了封建国家长治久安——维护现存的统治秩序是历代首辅们的共识，是他们所追求的共同目标。而勋戚们兼并土地，使京畿之民不安，就震撼了这种秩序。所以他们要不遗余力地维护、斗争。清查庄田的意义是，一方面巩固了封建经济基础，保护了经济制度，增加了国家财政收入；另一方面，减轻了农民的额外负担，使封建剥削不至于走"竭泽而渔"的道路，对于稳定生产、发展经济是有积极意义的。

许多史书把明世宗说成是"中兴之主"加以誉美，《明史》说他登极之初，"求治锐甚"①，"御极之初，力除一切弊政，天下翕然称治"②。反映了拨乱反正大受欢迎的基本事实。当时的官员汪珊，对新政说了这样几句话，很值得玩味，他说："陛下登极，改弦易辙，诏令一布，如日中天，其划划宿弊、扶植纲纪，条约虽多，而裁革冗食一节，是又元气赖以绵延，国是因以少定而大惬人心者。"③

"靡不有初，鲜克有终。"当然，封建王朝的惯性"法规"在起作用，统治阶级的剥削本性一天天滋长起来。明朝到这时已走过了150年的历程，洪永的盛世仿佛已经十分遥远，明朝已经步入了中年，垂暮之情，将至矣。随着嘉靖初年政治格局的改变，随着世宗一天天长大，"新政"也逐渐画上了句号。在此，大礼仪之争无疑加速了新政的过早消失。

① 《明史》卷194《乔宇传》。
② 《明史》卷18《世宗纪二》。
③ 汪珊：《信明诏以杜弊源疏》，《明经世文编》卷192。

VOLUME 2

卷二　君臣争大礼

一、统嗣之争

正德十六年四月二十七日，世宗在即位后的第五天下令，命礼官讨论他父亲兴献王的尊崇礼仪及称号。礼部尚书毛澄征询内阁首辅杨廷和的意见，杨廷和略加思索，说："汉代定陶王、宋代濮王的即位事，可以为据，有异议者即是奸贼，应该处死。"毛澄表示赞成。

五月七日，毛澄会公卿台谏等官60余人上议说："陛下宜效法汉定陶王故事，以益王第二子崇仁王朱厚炫主后兴国；其崇号应袭宋英宗故事，以孝宗为考，兴献王及妃为皇叔父母，祭告上笺称侄，署名。"世宗得到奏报后十分气愤，指责说："难道父母还可以更易吗？此事关系国家纲常伦理，再议以闻！"几天后，毛澄会同廷臣再议，主张同前，世宗令博考前代典籍，再议上奏。

当时有位举人张璁，是礼部侍郎王瓒的同乡，他听到礼部的议论后，对王瓒说："皇帝入承大统，非为人后，与汉定陶王、宋英宗不相似，何以为据？"王瓒同意张璁的看法，将这一意见发表在公众场合。杨廷和见有人反对，而且还是礼部侍郎，就让言官列举王瓒的几条小过失，借机将他调到南京礼部侍郎任上，而由侍读学士汪俊接替他的职务。

王瓒被赶出京都，到失意政治家的大本营——南京——任职，议礼并没有结束，而是刚刚开始。因为杨廷和挑选了两个不寻常而有争议的事例。

公元前7年，汉成帝去世。汉成帝生前宠爱中国四大美女之一的赵飞燕和她的妹妹合德。公元前18年，成帝将许皇后废黜，一年后赵飞燕被册立为皇后。但是，赵氏姐妹并没有给成帝留下子息。成帝与一名宫女和妃子生下两个儿子，但不久两个儿子均夭折。这样，皇位继承人问题悬而未决。

成帝去世的前两年，在大臣们的支持下，选定成帝的隔房侄子、汉元帝的孙子定陶王刘欣为皇太子，以延续成帝的世系。成帝死后，定陶王即位，是为汉哀帝。刘欣的祖母是元帝的傅昭仪，他的母亲来自丁家。两汉时外戚势力甚重，哀帝统治时期（前7—前1），傅、丁两家势力急剧膨胀，封侯晋爵习以为常，傅喜长期担任大司马一职，左右朝政。哀帝还提出建立家庙，给予傅家、丁家更尊贵的称号，由于师丹的反对而未成。哀帝死后仍无子，外戚开始掌握政权，最终导致王莽篡汉。

宋英宗赵曙是濮王的第十三个儿子，宋朝第一位皇帝的远代子孙。宋仁宗无子，于公元1036年收养了他，随后又将他立为太子。英宗即位后，朝廷关于他父母的封号的争论随即开始，并逐步升级。后来皇帝仍承认了自己的亲生父母，并制定了对他们的祭祀制度。但是，南宋的思想家们反对这种安排，并写了反对的意见。

杨廷和过低地估计了这个16岁的少年天子。当世宗要求"再议以闻"时，杨廷和与他的两位同僚蒋冕、毛纪一齐出面，进言说："三代以前，圣莫如舜，但没听说他尊崇自己的生身父亲瞽瞍；三代以后，贤莫如汉光武帝，也没有听到他尊崇其生身父亲南顿君。希望陛下取法二君。"杨廷和等同时附上了程颐这位思想家关于英宗皇帝尊崇所生的意见。世宗将礼部、内阁大臣等的奏疏留中不发，议礼一事陷入僵局。

世宗初年这次争论的焦点在于统嗣合一与统嗣有别。统，是指王朝世系的合法继承；嗣，是指家族惯例的血统继承或过继继承。本来，按嫡长子继承制，继统和继嗣是统一的，并不存在统、嗣相分割的情况。作为嫡长子制的一种补充，兄终弟及也不存在统、嗣分离的情况。因为对于他们的前一辈而言，都属长辈。

但是，由于受多种因素的制约，皇位继承并不是都按照"立嫡以长"这一基本原则进行的，争夺、篡位、叛逆等事层出不穷。如果是异姓，就来一次改朝换代；如果是同姓，就会出现统嗣分离的"正统"危机。世宗的即位就是这样。

按《皇明祖训》的规定，兄终弟及的情况应该是这样："凡朝廷（指皇帝）无皇子，必兄终弟及，须立嫡母所生者。庶母所生，虽长不得立。若奸臣弃嫡立庶，庶者必当守分勿动，遣信报嫡之当立者，务以嫡临君位。朝廷应即斩奸臣。"这段文字明显是指同母所生兄弟，而不是指异母兄弟或堂兄弟。所以武宗遗诏只说朱厚熜"以伦序当立"，这是不得已的含混其词。杨廷和等人坚持世宗要考孝宗，并非单纯从孝道、世系方面考虑问题，更重要的是这种世系如果移开孝宗、武宗，另立一旁支，就会有人怀疑世宗即位的合法性，那样世系的稳定性就会出问题。联想到正德年间的几次藩王称兵举乱，杨廷和更加坚定了他原来的立场。在他看来，继承某人的人应是某人之子，这是家族惯例的一个基本原则，也是保持世系稳定性的最关键之举。因此，嘉靖帝必须把他的伯母和伯父当作他的父母对待，把父母当作叔、婶对待。历史上称他们这一派为"护礼派"。

五月二十四日，毛澄等70余人第三次上议说："武宗皇帝将神器授给陛下，有如父传子继，但因辈分相同，不可为继。武宗以上为孝宗，兴献王为孝宗之弟，故考孝宗而称兴献王为皇叔父兴献大王。本朝的制度还规定，皇帝对于宗藩上一辈的，止称伯父、叔父，自称皇帝而不名。今称兴献王为皇叔父大王，又自称名，尊崇之典已至，臣等不敢再有所议。"世宗仍不从，命令再议以闻。毛澄等上议仍坚持前说，并明确指出："臣等会议者再，请改称兴献王为叔父者，明大统之尊无二也。"接着说：在叔父之上加一个皇字，这就和陛下的伯、叔等其他长辈相区别。又加大字于王之上，则天下诸王皆不能与之相并列。兴献王称号定下后，王妃的称号也自然确定了。况且，陛下所生养是为天下亿民，所以要让他们高兴，不违背他们的志向，这难道是一家一国之事吗？

为了寻求某种支持，世宗只好等待各种有利的时机。驳回礼部第二次上议后的五月十五日，是殿试的日子，这是补武宗南巡时取士的一场制策。礼部上奏说，武宗在殡，不宜于奉天殿策士，于是在西角门举行策试。世宗没有放弃这次机会，殿试时出了一道"追荣本生父母以何为宜"的文章题目，以期诱导出对他的立场的支持。但是，他又失望了，没有一个文章的作者敢于反驳大学士们的主张。"士多依阿。"策士悻悻而散。①

在相持了三个月之后，世宗终于接到了一项迎合他心意的建议，这个人就是使他的同乡好友王瓒降职南京的张璁。

张璁是浙江永嘉人，字秉用。他的父亲张升凡三娶而生下这个儿子。张璁幼年聪颖异常，长大后容貌秀美，尤其是有着象征美男子的须髯，更令人赞俊不止。他的家境并不很好，只是"中人之产"，但生性喜好与人交往，从不把钱财看重，为人讲义气，往往出手不凡。在姚溪兴建罗山书院，聚众讲学，经术、时务都是他们讨论的日常课题。张璁读书很宽博，对五礼尤为精通。但是，在科场上他却是个失意郎。七次考试都没有中进士。他心灰

---

① 《皇明肃皇外史》卷1。

意冷，将要到中央吏部做选人，御史萧鸣凤擅长相面术，得到他的生辰八字后颇感奇怪，对他说："毋为选人也。"张璁大惑不解，萧御史屈着指头数道："从此后三年当成进士。成进士后三年当大贵，与人主若一身，倾动海内，与世无比。"张璁听后半信半疑，勉强地离开了吏部。正德十六年五月，张璁果然中进士，当时年已47岁，几近知天命之年。[①]

变革的时代会把某些人偶然推到历史的前台，所谓时势造英雄。张璁中进士这一年，也是明代武宗、世宗鼎革之际。他见世宗要尊崇自己的父亲，而大臣们不从，便对好友王瓒说了不同看法。王瓒贬官南京后，他作为观政进士隐忍不发，静观事态的发展。经过两个多月的观察，他见礼部上议三次被世宗驳回，觉得世宗一定要尊崇所生，但因孤立无援，受制于大臣而不得遂己愿。现在正是振臂一呼、鼎力一助的时刻。七月一日，他上疏力驳礼部的上议，倡统嗣不同说，他说：

> 孝子之至，莫大乎尊亲。尊亲之至，莫大乎以天下养。陛下嗣登大宝，即议追尊圣考以正其号，奉迎圣母以致其养，诚大孝也。廷议执汉定陶、宋濮王故事，谓为人后者为之子，不得顾私亲。夫天下岂有无父母之国（天子）哉？《礼记》曰："礼非天降，非地出，人情而已。"汉哀帝、宋英宗固定陶、濮王子，然成帝、仁宗皆预立为嗣，养之宫中，其为人后之义甚明。故师丹、司马光之论行于彼一时则可。今武宗无嗣，大臣遵祖训，以陛下伦序当立而迎立之。遗诏直曰"兴献王长子"，未曾著为人后之义。则陛下之兴，实所以

---

① 《嘉靖以来首辅传》卷2《张孚敬传》。

承祖宗之统，与预立为嗣养之宫中者较然不同。议者谓孝庙德泽在人，不可无后。假令圣考尚存，嗣位今日，恐弟亦无后兄之义。且迎养圣母，以母之亲也。称皇叔母，则当以君臣礼见，恐子无臣母之义。《礼》"长子不得为人后"，圣考止生陛下一人，利天下而为人后，恐子无自绝其父母之义。故在陛下谓入继祖后，而得不废其尊亲则可，谓为人后以自绝其亲则不可。夫统与嗣不同，非必父死子立也。汉文承惠帝后，则以弟继；宣帝承昭帝后，则以兄孙继。若必夺此父子之亲，建彼父子之号，然后谓之继统，则古有称高伯祖、皇伯考者，皆不得谓之统乎？臣窃谓今日之礼，宜别立圣考庙于京师，使得隆尊亲之孝，且使母以子贵，尊与父同，则圣考不失其为父，圣母不失其为母矣。[①]

张璁不愧为精通五礼的新科进士，他引经据典，层层剖析，确实使护礼派十分被动。这里以统与嗣不同为立意中心，主要提出以下几个问题反驳护礼派：一是世宗的即位与汉定陶王、宋英宗不同，后两者皆事先预立为太子，在宫中养育，其为人子的意义明确，而世宗并不是这样。遗诏说"兴献王长子伦序当立"，并没有说他要为人后。二是世宗继祖宗之统，继承的是朱家的天下江山，而孝宗自有子，为何要过继给孝宗使兴献王无子，况且经典《礼》书上说"长子不得为人后"，兴献王只生陛下一人，如考孝宗则使其父子自绝其亲。三是传统礼制规定，天子不以母亲为臣，现在陛下的母亲将迎养，如称皇伯母，势必造成天子臣母的难堪局面。疏中几处设问，尤为精妙，尤其是"天下哪有没有父

---

① 《明史》卷196《张璁传》。

母的天子"更能击中要害。

　　世宗当时正为廷臣所制，愁眉不展。得到张璁疏十分高兴，说："此论出，吾父子获全矣。"立即发交廷臣讨论。世宗还派司礼监太监将奏疏送到内阁，不满意地对阁臣说："此议实遵祖训，据古礼，尔曹何得误朕？"杨廷和回答说："书生焉知国体！"世宗仍不罢休，于当天御文华殿，召见内阁大臣，并亲自授以手敕，令尊父母为帝后。杨廷和等人不便当面回绝，退去后仍坚持前议，并封还手诏。双方再次陷入僵局。

　　这时，世宗母亲的到来使局势大有改观。世宗即位后的第三天，就下令迎取其母来京奉养，并让大臣讨论迎接礼节。毛澄等比照藩妃礼，请由崇文门入东安门，世宗不从。又请由正阳左门入大明东门，世宗仍不从。九月二十五日，母妃蒋氏从安陆来到通州，得知朝廷大臣打算让世宗以孝宗为考，大怒说："安得以我子为人之子！"又听说尊称未定，滞留通州，不肯来北京。明世宗得到这一情况后，哭泣不止，并启请张太后，愿避位陪同母亲回安陆就藩。事情搞得越来越僵。杨廷和见势不得已，乃草敕下礼部，以慈寿张太后懿旨的名义，加兴献王妃为兴献帝后。世宗批准了这个敕草，蒋氏见到这个决定后才赶往京师。

　　事情至此远没有完结。杨廷和利用这段间歇，开始

毛澄像

排斥在议礼中意见不同的人，即"议礼派"官员，同时提拔与自己意见相同的人。职方主事霍韬对毛澄等"护礼派"考孝宗之说颇持异议，私下写有《大礼议》辩驳，毛澄也写书相质难，霍韬三次上书极言其非，毛澄坚持己见。正德十六年十月，霍韬公开上疏，认为考孝宗、伯兴献"考之古礼则不合，质之圣贤之道则不通，揆之今日之事体则不顺"。世宗得到这份奏疏后十分高兴，但因内阁大臣阻止而不能实行。朝中官员都认为霍韬是邪说，霍韬被迫谢病而归。[①]给事中熊浃也不赞同世宗以孝宗为考，上疏说："皇上贵为天子，圣父、圣母以诸王礼处之，安乎？臣以为当称帝、后，而祀兴献于别庙，则大统之议、所生之恩兼尽矣。"熊浃是在外执行公务时上疏的，奏疏到朝廷时，正赶上兴王妃已至京，加尊号为后，廷臣仍将他出为河南参议。[②]

议礼派的核心人物是张璁。他是第一个公开站出来为世宗说话的人，也是对护礼派威胁最大的人物。早在兴王妃至通州不肯来京时，张璁又上疏《大礼或问》，辨析统嗣之异及尊崇墓庙之说，十分详尽，并言"非天子不议礼，愿奋独断，揭父子大伦，明告中外"。这无疑是对世宗的莫大鼓舞，也是对护礼派的当头棒喝。因此，当此疏未上时，吏部主事彭泽录遗内阁及礼部，劝张璁改变此说，张璁不听，直接将奏疏带到左顺门上呈，杨廷和令修撰杨维璁等人前往阻止，没能成功。世宗见疏后留中不下，廷和这才不得不授意毛澄，加尊兴献王妃为帝后。几天后，世宗将《大礼或问》交礼部讨论。当时，朝廷重臣杨一清正家居，从邸报上见到《大礼或问》，立即写信给吏部尚书乔宇说："张生此论，

---

① 《明史》卷197《霍韬传》。
② 《明史》卷197《熊浃传》。

圣人不易，恐终当从之。"乔宇不听。十二月，杨廷和授意吏部，把张璁调为南京刑部主事，使之远离朝廷。尚书石瑶对张璁说："慎之，大礼说终当行也。"廷和也觉于理有亏，请人捎话说："子不应南官，第静处之，勿复为大礼说难我耳。"①张璁怏怏而去。

在此前后，巡抚云南都御史何孟春上疏，认为兴献王不宜称考，并辨别"大宗小宗"之异。杨廷和阅读奏疏，大为欣赏。当时何孟春已迁南京兵部侍郎，正从云南赶赴新任，廷和在半道召其为吏部侍郎。②在朝野士大夫中享有很高威望的都御史林俊，已七十高龄，致仕家居。因大礼议久争不下，杨廷和写信给他，希望这位历仕三朝、颇负众望的都御史能一锤定音，"以定国是"，林俊不避嫌怨，当即上疏说："孔子谓'观过知仁'，陛下大礼未协，过于孝故耳。司马光有言：'秦汉而下，入继大统，或尊崇其所生，皆取讥当时，贻笑后世。'陛下纯德，何忍袭之！"并辑录自尧舜至宋理宗事共十宗，同时上呈。杨廷和遂上奏，请求起用林俊为工部尚书，林俊力辞而不能。③

世宗也没有停止活动。正德十六年十二月他下御札一道，令加兴献帝、后以"皇"字。杨廷和等反对，认为称帝称后，已较前代为尊，如再加皇字，就与孝庙并称，是忘所后而重本生，取利恩而弃大义。并以辞职归乡相要挟。乔宇等人也上奏说："皇者正统大义，若加皇字于本生之亲，则与正统没有区别，揆之天理则不合，验之人心则不安，非所以重宗庙、正名分也。"世宗声称这是慈寿皇太后的"懿旨"，"朕不敢辞，尔群臣其承后命"。杨廷和等见不可争，极力请求罢归，言官数十人谏阻。

---

① 《明史纪事本末》卷50《大礼议》。
② 《明史》卷191《何孟春传》。
③ 《明史》卷194《林俊传》。

嘉靖元年（1522）正月，世宗刚刚祭天回来，清宁宫后殿发生了一场起因不明的火灾，这在信奉灾异的年代里，就不是一件小事情了。内阁大学士们一起上奏说："火起风烈，恐怕这是上天示警，况且火起之处，正是兴献后所居的近处，这莫非是加尊号的缘故？祖宗神灵，恐怕不安吧！"给事中邓继曾也上疏说："天有五行，火实主礼；人有五事，火实主言。名不正则言不顺，言不顺则礼不兴。今之火灾，废礼失言之所致也。"[1]主事高尚贤、郑佐进而煞有介事地说："忽而之间，大火即起，不在他宫，而止在清宁后殿；不在他日，而在祭天刚结束之时，变岂虚生？灾有由召。"世宗迷信神灵，为大臣们的危言耸听所动，于是下诏从廷和等议，称孝宗为皇考，慈寿母太后为圣母，兴献帝后为本生父母，而皇字也不再加了。一场火灾救了驾，争论半年之久、悬而未决的大礼议似乎到此该有个结果了。

同年三月，在上张太后及武宗皇后尊号的同时，再次肯定了火灾发生后的成果。朝廷还派官前往安陆上兴献帝尊号：司礼监太监温祥督礼仪，成国公朱辅上册宝，礼部侍郎贾咏题神主为"兴献帝神主"，不称"考"及"叔"，也没有标叙子名。几天后，论定策功，世宗封杨廷和、蒋冕、毛纪三位大学士伯爵，另一位大学士费宏也荫一子锦衣卫指挥，皆世袭。礼部尚书毛澄加太子太傅，荫一子锦衣卫。一切都仿佛是在祥和、友好的气氛中，大礼之议似乎尘埃落定。然而，杨廷和等人深知：16岁，是个飘忽不定的年纪，现在绝不是他们额手称庆的时候。

---

[1] 《明通鉴》卷50。

二、廷和罢归

欲取之必予之。当世宗还不能左右议礼的大局时，他痛切感到自己力量的不足。赞同自己观点的人被排挤出朝，尤其是新科进士张璁离他而去，更使他感到身单力薄。他在考虑另外一种途径：收买。俗话说"没有不要钱的官"，用高官厚禄叩开护礼派的大门，这是万不得已的办法。论定策功，封廷和等人伯爵，就有这份意思。遗憾的是，廷和等五人都多次上疏恳辞，世宗五次温旨嘉许。廷和无奈，只好以去就相迫，世宗只好收回成命。①

嘉靖二年闰四月二十二日起，杨廷和因其弟遭女丧，暂时离开了内阁。五月十四日，世宗乘廷和不在，谕令内阁，加尊兴献帝为兴献皇帝，内阁大臣毛纪等坚持不可。六月初四，杨廷和又到内阁任职，世宗对司礼官们说："杨先生出矣！"初九、初十两天，太监三番五次到内阁，请加称皇帝，杨廷和说："此事关系万世纲常，自古皆无人敢行，岂敢自我辈坏之？况自正德十六年言之至今，使其可行，何待今日！廷和等四人虽死不敢奉命。若必欲行，我辈惟乞休去耳！"其他三位大学士也同声附和，司礼监官悻悻离去。

六月十八日早朝结束后，世宗在谨身殿平台召见了杨廷和、蒋冕。两人叩头完毕后，世宗挥挥手，说："再靠近些！"两人又稍向前移了移，离世宗近在咫尺，世宗将一道敕书亲手交给廷和，

---

① 《杨文忠三录》卷8。

杨廷和像

并说："是孝道事，先生将去行！"廷和等又叩头。展读敕书，见上面是世宗的亲笔字，写着这样几句话：

> 朕承天命，入奉宗祧，自即位以来，奉天法祖，恭侍两宫，日勤政事，未敢一时怠忽。朕本生父兴献帝、母兴国太后虽帝后之称，礼养于天下，未遂朕心矣。今尊朕父兴献帝为兴献皇帝，母兴国太后为皇太后。其尊号字称并敕谕，卿等便写拟来看施行，朕以答劬育罔极之恩，安治天下，卿等其承之，再勿固执。

　　两人叩头后，廷和沉默了一会儿，说道："臣等钦承上命，敢不遵奉！但此大礼关系万世纲常，在舜禹之圣，皆不曾行。陛下有舜禹之资，臣等不以舜禹所行事陛下，是不忠也。况自古以来所未有之事，岂敢坏自今日。"世宗说："自古亦有行者。"蒋冕回答说："古来惟汉哀帝曾行。陛下不法舜禹，如何学汉哀帝！然哀帝亦止称定陶皇，未曾有称帝者。"杨廷和接过蒋冕的话说："哀帝是衰世庸君，不足为法。臣等望陛下惟法舜禹。臣等自正德十六年三月十四日言之至今，使若可行，臣等当先事奏请，上以慰皇上孝心，下以尽臣子职分，何待烦劳圣意也。臣等议论已尽，虽死不敢奉命。"世宗说："朕受天命，继大统，要为父母尽孝道。"

蒋冕说："天子之孝在于承宗祀安社稷，陛下承太祖太宗孝宗武宗之统，兴献帝与兴国太后称帝称后，已极尊崇，今止让一皇字，少（稍）见大宗小宗、正统本生之别，若再有所加，祖宗在天之灵必不能安，恐兴献帝神灵亦必不能安也。"杨廷和说："去年帝后尊号之加，外议至今未已，臣等心尚未安。若再有所加，未免损圣德、亏圣政，臣等辅弼之臣，将欲何用？"世宗一再说："朕心只欲尽此孝情。"杨廷和、蒋冕一再强调爱养百姓是最大的孝。双方就这样你一句、我一句，谁也说服不了谁。太监见状，叫两人退下再议。两人叩头而退。后据杨廷和回忆说，这次召见时间较长，世宗"言温气和，臣等辩论虽多，玉色怡然，略无所忤，天地之量也"。[①]君臣关系还算融洽。

　　世宗又去做护礼派的另一名主将——礼部尚书毛澄的工作。一次，他派太监转达自己的意思，太监长跪不起，毛澄大感惊愕，急忙将这位太监扶起。太监说："这是圣上的意思。皇上说：'人孰无父母，奈何使我不获伸'，一定请毛公改变原来的意见。"说着还从囊中取出金银送给毛澄。毛澄断然拒绝，说道："老臣昏愦，不能破坏典礼。独有一去，不参加议礼耳。"因而接连上疏请去。世宗慰留不允。嘉靖二年二月因病重乃准其致仕。船行到兴济，毛澄病故。世宗闻讣后深表哀悼，赠少傅，谥文简。[②]

　　收买之计的失败，使世宗认识到，要取得护礼派的支持是不可能的，尤其是杨廷和，根本没有办法改变他的主张。在前一段较量中，他先后封还"御批者四，执奏几三十疏"，"帝常忽忽有

① 《杨文忠三录》卷4。
② 《明史》卷191《毛澄传》。

所恨"。①杨廷和的固执确令世宗不满，但世宗并没有罢免他的意思。但以后发生的几件事使两者关系越来越紧张。

嘉靖二年开始，世宗颇事斋醮，对国家政事有怠惰之情。杨廷和竭力劝谏，并引用梁武帝、宋徽宗的例子，世宗表面上优礼有加，但心里很不满意。

不久，世宗派宦官提督苏、杭织造，工部及言官皆因江南几年遇灾，请求不要派遣。世宗不听，并到内阁催促撰写敕书。杨廷和说："苏、杭诸府，旱涝相继；淮、扬、徐、邳，田庐漂没，幼童计斤而卖，母子赴水而死。再派提督织造，无疑冰上加霜。诏书必不敢草。"世宗催得更急，并告诫廷和不要渎扰执拗，杨廷和力争，说道："臣等与举朝大臣言官，言之不听；而独二三邪佞之言是听，陛下独能与二三邪佞共治祖宗天下哉！且陛下以为织造乃是历朝旧例，不知洪武以来何曾有过？其创自成化弘治始。宪宗、孝宗恤民节财，美政很多，陛下不效法，专效法其不美者，这是为什么？即位诏书，宦官之幸路几乎殆尽，天下正传诵陛下的圣德，而今忽有此举，何以取信于民！"并请求惩治出这个主意的宦官。世宗"为谢不审"，只是劝告提督织造勿扰民，宦官照派不误。②世宗的我行我素似乎是对杨廷和在议礼中的固执己见的一种报复，但这件事使廷和十分伤感，他似乎认识到：世宗并不是像他所期盼的那样，是位尧舜之君，完全可以成就一番伟大的中兴之业。争皇统，执斋醮，信佞幸，这种种行径很令廷和失望。自此后，廷和多次上疏，恳请谢职归养。

早在嘉靖元年底，兵科给事中史道，例转山西按察佥事，上

① 《明史》卷190《杨廷和传》。
② 《嘉靖以来首辅传》卷1《杨廷和传》。

疏弹劾杨廷和为"漏网元恶"，他说："臣为言官时欲劾杨廷和，被他发觉，将臣出为外任。"因上其原奏，说廷和交通叛逆，谄附江彬、纳贿专权，并称："先帝自称威武大将军，廷和未曾力谏，而争兴献帝一皇字、一考字，却不遗余力，实属欺罔。"杨廷和上疏据实争辩，指出史道有二十欺罔之处①。史道实际是借机倾陷杨廷和。因为他看到在议礼问题上廷和与世宗明显不和②。廷和当国家处于危疑之时，挺身而出，不避嫌怨，甚至冒灭族之灾；佐助世宗，辅成新政，竭尽忠诚。现在却落得如此口实，其心中十分悲凉，他在上疏中说："臣之一身，犹如射者之靶，群目睽睽，以竞射为能。平静思考，诚为可叹。大抵位峻者势颠，功成者身退，福过者灾生，亢极者有悔。臣之一身，犯此四累，虽无史道所说，但臣已固知其难为自立了。"他请求世宗放他一马，让他这衰病之躯得以归家，也算皇恩浩荡，始终善全吧③。世宗表面上诚恳挽留，但实际上是"上意已摇"。谈迁认为，当时许多词意动人、诚恳至当的话都是内阁次辅蒋冕所拟，未必是世宗的真实心理。④

几天以后，吏部尚书乔宇、兵部尚书彭泽站出来为廷和讨公道，他们说："廷和定策讨逆，忘身尽忠。乃为奸党所诬陷，不可不治。"⑤世宗不得已，将史道下狱以安廷和。这时，御史曹嘉上疏论救史道，并弹劾彭泽等阻塞言路。世宗竟置不问，实际上是一种暗示。杨廷和立即做出反应，三次上疏，坚持乞休。嘉靖二年初，廷和已不到内阁入值。蒋冕、毛纪及尚书孙交、乔宇、彭泽

---

① 《杨文忠三录》卷8。
② （明）徐学谟：《世庙识余录》卷1。
③ 《杨文忠三录》卷8。
④ 《国榷》卷52"壬午嘉靖元年"。
⑤ 《明通鉴》卷50。

等也相继请求辞职。蒋冕和毛纪也同杨廷和一样，坚卧家中，致使内阁数日无人值班。世宗几次派司礼监官前请入值，杨廷和等仍不出。事态越发严重。①

这时，御史郑衮之上疏，他说："陛下登极以来，廷和有拨乱反正之功，足称救时宰相。史道一旦指为元恶，不已过乎？夫避人焚草，入以告后，此言官之体。而史道乃先扬其声，邀人免止；及至外补而始发之，其心迹诡秘可见。陛下何不以此罪道？而概以排陷大臣下之理，是使道之有词也。且廷和以史道之论而累疏乞休，同官以廷和之去而骈迹求退，臣恐太柄潜移，隐忧可畏。幸敕吏部谕廷和等亟出视事。毋要洁己之名，忘委身之义。"②郑衮之的话既客观又公正，他批评了世宗不治史道之罪的做法，也委婉地批评了杨廷和等人"忘委身之义"的事君之道。杨廷和这才勉强入值，"内阁危机"暂时解除。但这件事给世宗留下的印象极为不佳，君臣之间的隔阂日深。徐学谟认为，内阁大臣及吏兵等部大臣同时求退，"殊非事幼君之体。自后邪臣伺隙，离间日生，新进用事，老成削迹，未必非廷和辈自处太高有以媒之也"③。这话是有一定道理的。因为世宗不过十六七岁，即使有不容臣之处，但终究是少年天子，廷和等避家不出，使内阁多日无人处理政事，这等于拆世宗的台。尤其是嘉靖二年正月的祭天大礼，几位内阁大臣不去参加，人们议论纷纷，世宗十分被动，他在杨廷和的乞休疏上说："郊礼不成，交庆不赴，君臣会达，岂可避哉！"④这是谴责的口吻。世宗派鸿胪寺的官员到杨廷和家宣谕，令廷和即日

① 《国榷》卷52"壬午嘉靖元年"。
② 《世庙识余录》卷1。
③ 《世庙识余录》卷1。
④ 《杨文忠三录》卷8。

到阁入值，并说："内阁典司政本，卿与同官累日俱避位，于事体非便，朕甚不悦！"[①]这是明显的不满。后来议礼告成，归罪杨廷和时有"欺朕幼冲"的字句，其远因与这次内阁集体乞休有直接关系。

杨廷和不安于位，累疏乞休还有更深刻的原因。这就是世宗经过两三年的皇帝生涯，随着年龄的增长、地位的稳固，越来越不满于内阁重臣在背后指手画脚，事事掣肘，他的"皇帝意识"的逐渐增强，乾纲独揽的作风也在与日俱增，皇权与所谓相权的冲突势所不免。徐学谟说得十分透彻，他说："大都人主冲年，常虑威福下移，事欲专主，而左右近习从旁进谗，又从而阴让却权，即以上之神圣，犹受其蒙蔽，廷和诸公所以不安其位，累疏求去，不独为议礼一事也。"[②]如果说世宗刚即位的前两年，更多的是君臣合作，那么时过境迁后，斗争代替了合作。世宗的羽翼已经丰满，根基已经深固，他再不是那个动辄哭泣的少年天子，他已长大成人。而明朝自从废除丞相制度后，君权已无所制约，这种制度上的弊端为世宗为所欲为提供了"法理"上的保证。与此相比，内阁的权力既无法律保障，又无原则上的界定，稍有作为，就成为"专擅"的罪人。就嘉靖初年的内阁构成及人员素质而论，是个练达、精干、有为的内阁，各部长官也都是精兵强将。他们是完全有可能把"嘉靖之治"推向一个更高的水平的，但结局却不是这样。明代及后代史家对此都十分惋惜，他们说，如果杨廷和在议礼问题上退让几步，那么"丕熙必迈于成、弘，于社稷不亦康乎"？[③]其实，与其把未完成的"嘉靖之治"的遗憾归咎于人为的

[①]　《明世宗宝训》卷6。
[②]　《世庙识余录》卷1。
[③]　《国榷》卷53引万历时兵部侍郎孙矿语。

因素，不如从制度上来考虑更符合实际些。嘉靖二年、三年，言官多次上疏，指出"陛下不与大臣共政"的弊端，暴露了君臣矛盾的根本所在。[①]

嘉靖三年二月，有稳定社稷之功的内阁首辅杨廷和，在极度的痛苦与不安中结束了长达46年之久的仕宦生涯，休致家中。廷和在乞休疏中历述宦海艰难，道尽人生坎坷与厌倦情怀。他先讲了一段颇富哲理的话："进而必有退者，理也；盈而不可久者，数也；往而不可返者，年也；衰而不可强者，力也。臣历任已46年，行年已六十有五，数穷理极，年迈力衰。"有如久负重者，步履蹒跚；恰似在波涛汹涌的大海中搏击，一遇风暴就有覆溺的危险。他乞求世宗，放他这位老马安归田里，享受一下普通人的生活乐趣。[②]世宗也顺水推舟，亮出底牌，准廷和休致，并"责以因辞归咎，非大臣道"[③]。言官上疏请留廷和，世宗置之不理。礼部尚书汪俊说："公去，谁与主者？"世宗仍无动于衷。[④]这位历仕四朝，在内阁入值18年，几乎把自己的一生都交给了国家的内阁首辅，临退休之际竟被皇帝责以"非大臣道"，他的心情是可想而知的。

嘉靖七年，杨廷和作为"罪魁祸首"，榜示天下，"法当戮市"，由于皇帝宽宏大量，"姑削职为民"[⑤]。介夫（廷和字）真的成了一介之夫。次年六月，杨廷和在抑郁中病逝，享年71岁。

---

① 参见《明世宗实录》卷29、36、41等。
② 《杨文忠三录》卷8。
③ 《明史》卷190《杨廷和传》。
④ 《明史纪事本末》卷50《大礼议》。
⑤ 《明史》卷190《杨廷和传》。

三、血溅宫阙

首辅杨廷和的罢归，既是"嘉靖新政"基本终结的标志，也是大礼议之争的一个转折点。

在杨廷和罢去的前不久，南京吏部主事桂萼经过与张璁长期讨论，写给明世宗一份奏疏，继续发表以兴献帝为皇考的主张。他还谈到，湖广巡抚席书、吏部员外郎方献夫也有与其相同的主张。世宗见支持自己的人多起来，便令"文武群臣集议可否"。杨廷和罢官后，吏部尚书乔宇和新任礼部尚书汪俊，率领百官继续坚持杨廷和的主张。汪俊统计了两种主张的情况报告说：前后章奏，只张璁等少数人意见一致，其他80余疏250余人皆与之相反。给事中张翀等32人、御史郑本公等31人，"各抗章力论，以为当从众议"。世宗"怒其朋言乱政，俱夺俸"。在皇帝的盛怒之下，汪俊等退了一步，更议"于兴献帝、兴国太后止各加一皇字，以备尊称"。世宗对此不置可否。这时，楚王朱荣诚以仪宾沈宝上疏；代府长史李锡、南京都察院经历黄绾、锦衣卫千户聂能迁各自上疏，坚持与张璁等人意见一致的主张。有宗室等人的支持，世宗益加心动，下令调席书、桂萼、张璁、霍韬等人赴京集议。

有世宗这张皇牌的支持，张璁等人越发议论不休，他们又写来奏疏，进一步发挥"议礼派"的观点，张璁说："今之加称，不在皇与不皇，实在考与不考。"世宗对此极感兴趣，当天平台召对蒋冕、毛纪、费宏三位大学士，谕令加尊号、建侧室。蒋冕等坚决不奉诏，世宗下令，尊兴献帝为"本生皇考恭穆献皇帝"，兴国太后为"本生母章圣皇太后"。并令于奉先殿侧别立一室，以供祭祀。汪俊力谏，世宗反加责备，汪俊不得已罢职回家。几天后，蒋冕也罢归，这离廷和休致仅两个月。

这时，户部侍郎胡瓒等上奏说，大礼已定，席书督赈江南，实关民命，不必征取来京。世宗表示赞同，一并阻止张璁、桂萼等来京。张璁当时已行至凤阳，阅邸报得知已加尊号，议礼之争大体已定。他迎合世宗的意旨，节外生枝，上疏极论两考之非，并说："臣知'本生'二字，决非皇上之心所自裁定，特出礼官之阴术。皇上不察，以为亲之之辞也，不知礼官正以此二字为外之之辞也。必呕去二字，继统之义始明，而人心信从矣。"世宗立即改变主意，令其速来京。

六月，张璁、桂萼抵达京师。对于张璁而言，这是他第二次回到权力中心所在地了。然而，这次的情况已经发生重大变化。护礼派重臣杨廷和等人已告老还乡，"议礼派"由赋闲陪都，被召至辇毂之下，这表明皇帝不达目的决不罢休的决心。张璁要抓住这一千载难逢的机遇，借议礼之事接近世宗。

"护礼派"也没有退让。他们见无法阻止张、桂至京，便要效仿景泰时朝臣打死马顺的故事，将二人在朝廷上击毙。大礼议之争很快走向情绪化，而理性的选择越来越少。张、桂十分畏惧，数日不敢出门上朝。十几天后，张璁上朝，退朝后又怕有人跟踪，躲到武定侯郭勋家中"避难"。本朝有文、武不相交的规定，因此言官交章弹劾张璁等人。给事中张翀将群臣的弹章交给刑部，请拟定张、桂罪名。尚书赵鉴私下对张翀说："若得谕旨，便扑杀之。"但这一秘密很快被张璁获知，他上告世宗，世宗大怒之余，特降中旨，升张、桂为翰林学士，方献夫为侍讲学士，并治张翀、赵鉴二人之罪。

翰林学士自宪宗以来是极清要之职，不但内阁大学士，就连六部长官也有定例以翰林官充任的。据《明史·职官志二》载："其在六部，自成化时，周洪谟以后，礼部尚书、侍郎必由翰林，吏部两侍郎必有一由于翰林。其由翰林者，尚书则兼学士（六部皆然），侍郎则兼侍读、侍讲学士。其在詹事府及坊、局官，视其品级，必带本院衔。"①翰林的长官因常在皇帝身边，"备天子顾问"，颇能左右朝政，也可干预官吏的黜陟，故此备受尊崇，虽品列第五，侍坐则在四品京官以上。由于翰林学士如此重要，所以世宗中旨一出，立即招致群臣的反对。吏部尚书乔宇首先提出异议，他上疏说："前者席书以内旨升尚书，臣等已力陈其不可，今复有升萼等学士之命。夫内降恩泽，多施于幸佞之人，皇上御极，凡先朝传旨升官，虽匠役军校亦尽黜革，若士大夫一与其列，即不为清论所耻。今言官论劾萼等前后凡二十疏，夫圣朝养士，当以名节自爱，翰林学士之职，其选甚重，而使萼等居之，则凡储材翰苑者，谁复与之共列班行哉？乞寝其命。"②世宗大怒，乔宇被夺职。随后，吏科都给事中李学曾等29人，河南道监察御史吉棠等45人，一并上疏弹劾桂萼等人"紊乱典章"，以一言之合骤迁美秩，这是圣德之大累。世宗怒责学曾等人。杨廷和之子、修撰杨慎率同官数十人上疏，表示耻与桂萼等人为同列，世宗将杨慎等人夺俸。

有世宗的支持，"议礼派"更加得寸进尺。张璁、桂萼声言要与"护礼派"对质朝堂，揭其"欺君"阴术。七月，又列十三事以上疏，再次挑起世宗对"护礼派"的极端怨恨情绪，其主要

① 《明史》卷73。
② 《明世宗实录》卷40。

张璁像

内容是：① 三代以前无立后之礼；② 祖训亦无立后；③ 孔子射于矍圃，斥为人后者；④ 武宗遗诏不言继嗣；⑤ 礼轻本生父母；⑥ 祖训佅称天子为伯、叔父；⑦ 汉宣帝、光武俱为其父立皇考庙；⑧ 朱熹曾论定陶事为坏礼；⑨ 古者迁国载主；⑩ 祖训皇后治内，外事无得干预；⑪ 皇上失行寿安皇太后三年丧；⑫ 新颁诏令决宜重改；⑬ 台谏连名上疏，势有所迫。[①]很明显，"议礼派"虽以《祖训》等为依据，驳斥"本生"之非，但醉翁之意却在于使世宗的怨恨升腾起来，以形成对"护礼派"的致命一击。

世宗果然是这样做的。他对何孟春与"议礼派"的十三条逐项驳斥之举十分恼怒，严加责备。同时多次派司礼监官至内阁，令大学士毛纪等删去册文中的"本生"二字，毛纪不从。几天后，世宗平台召对，一开始就露出狰狞面目，谴责说："此礼当速改，尔辈无君，欲使朕亦无父乎？"毛纪等人惶怖而退。[②]十二日，世宗在左顺门召见群臣，宣诏生母章圣皇太后去"本生"二字。

明世宗去"本生"二字的敕令，在当时引起了一场极大的风

---

① 《明史纪事本末》卷50《大礼议》。
② 同上。

波，成为大礼议之争中两派斗争最激烈的一幕。七月十五日，詹事、翰林、科道及六部诸司、大理、行人诸臣，相继上疏反对，结果奏疏留中，群情汹汹。尚书金献民、少卿徐文华倡言说："诸疏留中，必改孝宗为伯考，则太庙无考，正统有间矣。"①吏部侍郎何孟春接着说："宪宗朝，百官哭文华门争慈懿皇太后葬礼，帝卒从之，此本朝故事也。"杨慎鼓动说："国家养士百五十年，仗节死义，正在今日！"当时正赶上罢朝，群臣纷纷归去，编修王元正、给事中张翀等，将群臣留在金水桥南，说道："今日有不力争者，必共击之！"于是九卿23人，翰林22人，给事中21人，御史30人，诸司郎官吏部12人、户部36人、礼部12人、兵部20人、刑部27人、工部15人、大理寺属11人，共229人跪伏左顺门。他们高呼"高皇帝""孝宗皇帝"在天之灵，一时间声震阙庭。当时世宗正在文华殿斋醮，听到群臣呼喊后立即派司礼监官宣谕，命群臣退出。百官不肯散去。金献民说："辅臣尤宜力争！"朱希周于是前往内阁告之大学士毛纪。毛纪与石瑶觉得义不容辞，也加入了跪伏请愿的行列中。世宗再次派太监谕退，百官仍跪伏不起，从辰跪到午时，大有不达目的誓不罢休之势。世宗大怒，命将所有跪伏请愿的人名抄录下来，并将为首者学士丰熙、给事中张翀、御史余翱、郎中余宽、黄侍显、陶滋、相世芳、寺正毋德纯等8人下狱。②

然而，事态并没有因此而停止。杨慎、王元正乃撼门大哭，群臣一时皆哭，声震遐迩。世宗怒不可遏，命将马理等134人逮捕下狱，其余者姑令待罪。从而弹压了左顺门跪伏事件。

① 《明史纪事本末》卷50《大礼议》。
② 同上。

次日，举行上尊号大礼。尚书秦金、金献民、赵鉴、赵璜，侍郎何孟春、朱希周，都御史王时中，大理少卿张缙、徐文华，皆不前往行礼。世宗大怒，严旨谴责。

当时百官尽系狱中，朱希周上疏说："诸臣狂率，固不可宥。但今献皇帝神主将至，必百官斋迎，乃克成礼。"[①]请求释百官出狱，以成大礼。世宗怒气未消，没有采纳朱希周的建议。

三天后，世宗开始处理跪伏请愿的官员。将丰熙等8人严加拷讯，并充军边疆。四品以上官员夺去俸禄，五品以下180余位官员被廷杖。编修王思、王相，给事裴绍宗、毛玉、张原，御史胡琼、张日韬，郎中胡琏、杨淮，员外郎申良、高平，主事余祯、臧应魁、仵瑜、张澯、殷承叙、安玺，司务李可登等18人杖死阙下[②]。就在这一片打杀声中，世宗生身父亲的神主自安陆迎到北京，奉于观德殿，并上册宝，"尊号曰'皇考恭穆献皇帝'，不复言'本生'"[③]。

明世宗为达到尊崇其生父的目的，不惜采取极端野蛮的高压手段，对"护礼派"以刃相加，暴露了他作为专制帝王极端虚伪而又十分残忍的一面。就杖死者而言，他们大多数为中下级官吏，又多居言职，遇事敢谏，世宗将跪伏者打入大狱后，第一次廷杖有的人受重伤，但仍未死。世宗第二次廷杖，死者相踵。如张原武宗时即以敢言而被赶出京师达八年之久。世宗即位后召回，多次上疏弹劾贵戚。左顺门跪伏事件发生后，他第一次受杖后遍体鳞伤，世宗仍不放过，令再杖。他的好友乞请司礼监放张原一条

① 《明史》卷191《朱希周传》。
② 杖死人数各书记载有异，此据《国榷》卷53。
③ 《明史纪事本末》卷50。

生路，但贵戚们从中作梗，张原最终死于杖下，年仅51岁[①]。张原死后，贫不能归葬。很久以后，都御史陈洪谟上疏陈奏张原、毛玉、裴绍宗、王思、王相、胡琼等妻子流离失所之惨状，请求朝廷体恤。世宗仍不许[②]。

杖下逃生，遣戍边疆者的境况更为恶劣。杨廷和之子杨慎两次受杖后遣戍云南永昌卫。他在前往戍所途中，杨廷和当政时裁掉的锦衣冒滥官伺机想害死杨慎，由于早有准备，至临清时冒滥官才散去。杨慎重伤在身，驰行万里，身体十分虚弱。行至陕、甘、川三省交界的三岔驿时，杨慎有感于宦海浮沉，名牵利索，赋《三岔驿》一首，抒发自己的感慨：

> 三岔驿，十字路，北去南来几朝暮。
>
> 朝见扬扬拥盖来，暮看寂寂回车去。
>
> 今古销沉名利中，短亭流水长亭树。

嘉靖三十八年七月，杨慎结束了整整35年的囚徒生活，客死戍所，年72岁。其他遣戍者的遭遇也大体相同。如张翀"居戍所十余年"，刘济谪戍辽东。嘉靖十六年册立皇太子，"赦诸谪戍者，济不与，卒于戍所"[③]。丰熙被遣戍福建镇海卫，张璁为大学士后，言官多次请求释放谪戍诸臣，并首及丰熙。"帝不听"。"最后谨身殿灾，熙年且七十，给事中田濡复请矜宥，卒不听。居十有三年，竟卒于戍所。"[④]

---

① 《国榷》卷53。
② 《明史》卷192《张原传》。
③ 《明史》卷192《刘济传》。
④ 《明史》卷191《丰熙传》。

对世宗采取极端残酷手段镇压反对者的做法，言官们不顾身家性命，上疏反对。百官受杖时，御史郭楠正巡按云南，他立即上疏说："人臣事君，阿意者未必忠，犯颜者未必悖。今群臣伏阙呼号，或榜掠殒身，或间关谪戍，不意圣明之朝，而忠良获罪若此。乞复生者之职，恤死者之家，庶以收纳人心，全君臣之义。"①世宗阅疏后大怒，派遣缇骑逮治，言官论救皆不采纳。至京师后，下镇抚狱严刑掠治，又行廷杖。郭楠仍不屈，世宗命削其籍。②通政司经历李继先上疏说："陛下追崇尊号，乃人子至情，诚不容已。群臣一时冒触天威，重得罪谴，死者遂十余人。大臣纷纷去位，小臣苟默自容。今日大同告变，曾无一人进一疏、画一策者，则大小之臣，志不奋而气不扬，亦可见矣。乞录恤已死，赦还谪戍，追复去国诸臣，而在任者委任宽假之，使各陈边计。"③世宗严旨谴责。次年三月，御史王懋上疏，请求宽宥诸臣罪，世宗大怒，谪王懋四川高县典史。④

左顺门事件是"议大礼"的转折点。此后，除个别人之外，以前争大礼的官员，因畏惧世宗的淫威，多"依违顺旨"⑤，明世宗的要求得到实现。而且，由于大臣的奉迎，明世宗变本加厉，其要求也越来越高，甚至超出了"议礼派"核心人物张璁、桂萼等人的最初主张。世宗令其父祔太庙就是如此。

早在嘉靖元年九月，听选监生何渊揣知世宗意图，继张璁上疏后也上言以兴献王为考，且加帝号，立世室于京师。世宗赞同，

① 《明史》卷192《郭楠传》。
② 同上。
③ 《明史》卷192《李继先传》。
④ 《明史》卷192《郭楠传》。
⑤ 《明史》卷191《徐文华传》。

命众官集议，无一人响应。不久，何渊被任命为陕西平凉县主簿，悻悻离开京师。嘉靖三年底，大礼议初定，何渊认为有机可乘，上疏请求调往京师，乃拜光禄珍羞署丞。嘉靖四年春天，何渊到京师任职，当时兴献王称考已定，何渊只好旧话重提，希图干进，他上疏请立世室祀献皇帝于太庙，世宗命礼部讨论。当时席书为礼部尚书，他虽也是"议礼派"的主要人物之一，但对何渊的建议表示异议，认为兴献帝生前未曾做过皇帝，何渊将其与太祖、太宗相并列，在太庙立世室，有干犯皇帝的统系之嫌，不报。张璁也上疏表示反对，他指出：兴献帝神主入太庙，不知序于武宗之上，还是序于武宗之下。孝宗帝系传于武宗，如果将兴献帝序列武宗之上，无疑干犯帝统；武宗帝统传给陛下，如果献皇帝序列武宗之下，又不合继统规法。先儒称孝子之心无穷而名分有限，"得为而不为"与"不得为而为之"，皆不足以称孝。又说：今陛下为献皇帝别立一庙，是礼之当为，所以臣昧死劝陛下为之；若将献皇帝入太庙，是礼之不得为者，这也是臣昧死劝陛下不为的缘故。请求罢群臣会议，以防别人讲闲话。

张璁是"议礼派"的盟主，他表态后席书三次上疏，发表与张璁完全相同的主张。世宗却自有定心，批示道："俟会议上，朕自能审处。"他还派遣太监传谕席书说："必祔庙乃已！"几天后，礼部主持的廷臣会议有了结果，参加会议的"无一人以为可者"。世宗至此仍不罢休，让再次集议。席书无奈，再次召集廷臣讨论献皇帝神主祔庙事，结果是"凡数百十人，咸谓大礼已定，不宜再更"。席书还写密疏给世宗，讲不可祔庙的道理。世宗十分恼火，谴责席书"畏众饰奸"，并命令再次会议以闻。

至此，世宗不达目的决不罢休的态度已十分明确。"议礼派"审时度势，只好退让一步。礼部会议的结果说：世宗祔庙是无论如何也不可以的。至于在京师立庙，作为祭祀的场所，这是可以商量的。于是比照汉宣帝的故事，可在皇城内别立一庙。礼部特别强调说："前后寝如文华殿制。出入不与太庙同门，坐次不与太庙相并，祭用次日，庙欲稍远，庶以成祢庙独尊之体，避两庙二统之嫌。"①对这一方案，世宗表示认可，并亲自定名为"世庙"，又命令在太庙左右，相度营建。

夏燮认为，世庙立于京师，是"议礼派"的托词。因为汉宣帝为其父立庙仍在奉明县，而不在京师。京师立庙，始于汉哀帝。"议礼派"不愿将汉代衰世，与世宗时相比拟，故只好歪曲历史事实，把京师立庙祀献皇，说成是效法汉宣帝了。②

世宗是个非常挑剔的君主。当他看到礼部奏疏中有"待献王服尽之日与孝宗一同祔庙"的字样时，表示不满，又令更改。礼部在答复中说，等百年以后，那时的圣君贤相会议定此事。意思是说，世宗死去后，兴献王的祭礼也该停止，其神主将祔孝宗下，世庙届时也将撤掉。世宗当然很不高兴，认为兴献皇的祭庙应永远保留，命令礼臣讨论。礼部又退一步，请求在世庙旁另立一室为祧庙，世宗反对，他说："既别立庙，则与太庙不同，以后子孙世世奉祀不迁。"礼部也不再争执，世庙之议才有定论。

世庙兴建之初，礼部建议说："于环碧殿旧址出入，不与太庙同门。乘舆及从祀官宜从阙左门入，别开神路以抵庙所。"意思是不与太庙同门，以示二庙之别。何渊又上疏反对，奏称："经太庙殿后，折北而南，复折南而北，乃达庙所，神路迂远未便。臣以为宜与庙街同门，直开一路以达世庙为当。"庙街是端门外，左题

---

① 以上未注明出处之引文，均见《明通鉴》卷52。
② 《明通鉴》卷52。

庙街门，用来识别太庙由此而入的地方。何渊的建议是迎合世宗的心理，让两庙同门，也即两庙并尊。世宗当即表示赞成。

嘉靖四年十月底，礼部为此又召集廷臣会议。礼部尚书席书一针见血地指出：献皇帝庙议已定，不入太庙是因为要严君臣之名分；独尊祢庙是为尽父子之情思，神路虽远，道理是一样的。如果从庙街门入，必然要毁垣、伐木、撤神宫监后才能，这是不合适的。世宗不采纳，仍令廷议讨论。

在廷议中，给事中韩楷、御史杨秦等都认为："垣木宫监俱太庙旧物。一旦拆毁斩伐，神灵不安。"御史叶忠也指出："献皇帝别立一庙，尊崇已极，又何必同出庙街门然后为尊耶？"世宗大怒，责令叶忠对状，并将他与韩楷等人一同夺俸两个月。

以后，因为张璁等人上了一个模棱两可的建议，世宗最终采纳了何渊的主张，命"量拆神宫监北房，取路东行，循沟北入，但仅容板舆通道，不必宽广"。[①] 兴建方案才最后确定。以后祭祀日期也同日，事实上已出现"两庙并尊"的情形。

---

① 《明通鉴》卷52。

四、钦定大狱

　　世宗为达到自己的目的，运用其至高无上的权力，对不顺从者不惜以刃相加，制造了一个个骇人听闻的冤案，导演了难以计数的人间悲剧。嘉靖六年钦定李福达案就是其中的一个。

　　李福达是山西代州崞县人，正德初年，与王良一起以秘密宗教起事，事发被捕，充戍山丹卫。后从卫所逃到陕西洛川，改名李五，又与他的叔父李越等以弥勒教发动起义，从者数千人，活动在鄜州、洛川各地，不久被官军击溃，李越及何蛮汉等头领被捕杀，李福达逃往山西徐沟县落籍，改名换姓为张寅。他还贿赂县中大姓以为同宗，编立宗谱，因而逃避了官军的追捕。嘉靖初年，李福达携重金潜入京师，混入匠籍，又输粟捐官，被任命为山西太原卫指挥使，随后以烧炼黄金白银之术结纳武定侯郭勋。他的儿子李大仁、李大义、李大礼也混入匠籍，并留在京师。李福达怕暴露面目，又回到徐沟县同戈镇，以图发展。

　　嘉靖五年七月，其仇人薛良向官府告发，李福达再度潜入京城。官府立即行动，将其二子捕获收审。李福达为求宽大处理，自动到法司对质。前后负责审讯的有代州知州杜蕙、胡伟，作证者有李景全等人。案件初步审结后上报布政司李璋、按察司徐文华等。布、按两司又按程序上报巡按御史张英、巡抚毕昭等主管部门。

　　按明朝法律审判程序，按察使司是地方的最高审判机关，但该衙门只能判决徒刑以下案件，徒以上重案须报送中央刑部，地方无权擅决。由于自英宗正统以后，巡抚在各地方遍设，以后向定制演化，这使它成为代表中央派驻的地方机构，并在事实上凌驾于地方三司之上。巡按御史到地方后，其主要的职责是行政、司法监督。因此，李福达案经巡抚、巡按审结后，仍要上报中央。

　　然而，案件到抚、按手中时，两人却有分歧。巡抚毕昭认为：薛良是李福达的仇家，他认定李福达和张寅是同一个人，证据不足。毕昭又发文调查，以居民戚广等为证，推翻了这一性质十分严重的反叛案，否认张寅即李福达，薛良反而被收审。另一方面，从州、府到布、按两司及巡按御史，都认定张寅即李福达，反叛案成立。

　　正当案件审理陷入僵局的时候，巡抚毕昭因回家乡侍养老人，离职而去。与此同时，御史马录巡按山西，接手这一案件的调查取证工作。马录咨文徐沟乡绅给事中常泰，常泰认定张寅即李福达；又咨于谳狱郎中刘仕（鄜人），他的认定也同常泰一样。马录又召集鄜、洛父老认识李福达的人前来辨认，都认为张寅就是真正的李福达。又檄布政使李璋、按察使李珏、佥事章纶、都指挥使马豸等地方要员会同审讯，福达一一承认，没有异词。据此，马录将上报中央。

　　这时，一位关键人物的出现使案件发生了戏剧性变化，他就是武定侯郭勋。如前所述，郭勋和李福达交往甚密，尤其是后者的黄白术使郭勋发了一大笔财，"勋大信幸"[1]。李福达案发后，郭勋主动出面，致信马录，请其网开一面，放李福达一马。然而，郭勋的算盘打错了。

　　马录是信阳人，正德三年进士，后授固安知县，因居官廉明，

---

[1]　《明史》卷206《马录传》。

征为御史，巡按江南诸府，施行过很多善政。世宗初年，宦官黄锦诬劾高唐判官金坡一案，被逮捕论罪者达500余人。马录上疏说："祖宗内设法司，外设抚、按，百余年刑清政平。先帝时，刘瑾、钱宁辈蛊惑圣聪，动遣锦衣官校，致天下汹汹。陛下方勤新政，不虞复有高唐之命。"给事中许复礼也上疏劝谏。"狱得少解"。嘉靖二年，大计天下庶官，被黜职的人都攻讦抚、按官，马录上疏才有所禁止。

嘉靖五年，马录出按山西，就遇上了李福达案。他决心秉公办案，不料半路上杀出个程咬金。

可以想见，嘉靖三年那场震惊朝野的事件，马录不会不知道，对一个正直的官僚而言，他不会不受触动。对于郭勋的为人，他也不会不有所耳闻。可以说，郭勋是张璁发迹的庇护人。张璁在举朝皆攻的时候，来到了郭勋家。当时"护礼派"官员要郭勋上疏，揭露张璁的阴谋，郭勋表面不置可否，回家后对张璁说："吾尝谓汪俊，此事关系甚大，宜折中，不可偏执。俊与吾力辩，至大诟而止，竟署吾名疏中，非吾意也。"张璁自然十分感激，并投桃报李，在世宗面前盛誉郭勋，郭勋也成为"议礼派"中的一员大将。嘉靖三年初，徐文华上疏主张考孝宗，伯兴献王，张璁与之争辩不休，郭勋立即站在张璁一边，说："祖训如是，古礼如是，璁等言当，更何议！"于是在张璁的奏疏中，署上了郭勋的名字。嘉靖五年，大礼议基本告一段落，"议礼派"正额手相庆，着手编纂《明伦大典》，张璁任总纂官，他将郭勋私下与他说的上述一段话，也编入书中，并添油加醋地说"勋竟以是构怒于众"云云①。

---

① 《明史纪事本末》卷56。

我们这里姑且不论郭勋之站在"议礼派"的是非，就其人格而言，也为人所轻。他的卑鄙与马录的正直如冰炭之不能容于一炉，冲突也在所难免。果然，马录与巡抚江潮一同上言："福达聚众数千，杀人巨万，虽潜迹匿形而罪迹渐露，变易姓氏而恶貌仍前，论以极刑，尚有余辜。武定侯（郭）勋纳结匪人，请嘱无忌。虽妖贼反状未必明知，而术客私干，不为避拒，亦宜抵法，薄示惩艾。"[①]都察院经核实，复奏"李福达逆迹昭灼，律应磔死"。都御史聂贤还力言郭勋有党逆之罪。世宗"诏福达父子论死，妻女为奴，没其产，责勋对状"[②]。

郭勋在对状中，请求皇帝开恩，并为福达代辩，这使世宗最初对李福达案存在疑虑。郭勋在"帝置不问"，保住自己的前提下，又让李福达之子李大仁为其父"鸣冤昭雪"。李大仁的"喊冤书"上奏后，聂贤与原讯御史高世魁知道是郭勋指使，因此上疏请不讨论李大仁"喊冤"事，意思是不存在冤屈之事。这时，郭勋又鼓动李大仁，对他说："苟弗解，尔曹姑亡命，勿蹈丛戮也。"由于郭勋阻挠正常的法律审判，所以招致言官的群起攻之。给事中刘琦、程辂、王科、沈汉、秦祐、郑自璧，御史高世魁、郑一鹏，南京御史姚鸣凤、潘壮、戚雄等接连上疏，弹劾郭勋交通逆贼，明受贿赂，福达既应诛，勋无可赦之理。给事中常泰上疏认为，郭勋以输罪为名，实际是代为福达求情，论以知情不报罪，是完全可以的。并且，郭勋还让李大仁等事急逃走，论以故纵罪，郭勋也无理可辩。给事中张逯上疏中还特别强调说，凡谋反大逆，宜服极刑，知情故纵，亦应重典。现在郭勋移书请托，党护叛逆，

---

① 《明史纪事本末》卷56。
② 《明史》卷206《马录传》。

不宜轻贷。聂贤也认为郭勋应比照连坐罪处理。世宗对言官早有厌恶之感，现在他们都主张严厉惩处郭勋，更令世宗反感。因此，世宗对言官的奏疏置之不理。郭勋摸不准事情的发展与世宗的态度，惧怕自己成为李福达一案的替死鬼，因而多次上疏辩解，尤其是他棋高一着，"以议礼触众怒为言"，把"大礼议"与"大狱案"联系在一起。而这一着正中世宗的下怀，世宗虽对"护礼派"残酷镇压，并达到了自己的目的，但一旦触及这块痛处，他仍会毫不犹豫地站在"议礼派"一边。因此"帝心动"，并说："李福达事情重大，锦衣卫差官逮系来京讯问。"①

李福达等囚犯移押京城镇抚司狱后，等待中央更高一层的审讯。这时，给事中常泰、秦祐，御史任孚、邵鷁，郎中刘仕复等人又接连上疏，弹劾郭勋；江潮、马录并联名上疏，极言李福达不枉，请求按法律处理。郭勋见状，急忙找张璁、桂萼等人商议，他们合谋造作蜚语，说廷臣内外交结，借机陷害郭勋，并逐渐涉及议礼诸臣，逞志自快。世宗不加考虑，深信张璁所说是实，命法司快速审结此案。

嘉靖六年八月，三法司大臣在京畿道会审李福达案。刑部尚书颜颐寿，侍郎刘玉、王启，左都御史聂贤，副都御史刘文庄、张润，大理寺卿汤沐，少卿徐文华、顾泌，寺丞毛伯温、汪渊，以及锦衣卫镇抚司各官共数十人经反复审判，罪犯供词无异，大臣们共同奏请将李福达处以磔刑。当时首告人薛良及李景全、韩良相、石文举等30余名证人当面认定张寅就是李福达，张寅也无话可说。世宗对三法司的这一据实审判大为不满，命令九卿大臣在午门前举行第二次会审。九月初，有九卿大臣参加的会审结果，

---

① 《明世宗实录》卷71。

一如前次，颜颐寿等将审讯的具体情况简略报告给世宗。

本来，三法司或九卿联合会审，审理的对象是重大要案、疑案，同时这也是中央最高级的审判。并且，审判中有锦衣卫等非法定机关参加，也即能代表皇帝的意志。因此，审判具有最高法律效力。但是，明朝的制度又规定，即使是最高一级审判，其最后裁决权取自皇帝。这就是说，皇帝的意志仍然是最有决定作用的。正是这样，世宗见两次会审皆不合己意，便下旨说："颐寿等职掌邦刑，奉旨推问，不行从公审鞫，乃偏情回护，非止一端。况薛良等已经毕昭勘问招虚，今欲扶同入人重罪，非朕恤刑，之意俟斋祀毕朕亲鞫于廷。"[1]经大学士杨一清劝阻，世宗才作罢，不再亲自审讯。刑部主事唐枢上疏认为，李福达罪状十分明了，拟死不枉，何必三下诏旨，强夺人意。世宗大怒，立即将唐枢罢黜为民。颜颐寿等有所惧怕，于是将前后狱词杂引一番，将此案改拟张寅造妖言案，只斩其本人，其子不在连坐之列。世宗仍不满意，指责三法司"朋谋捏诬"，命其"戴罪办事"。数日后，原审官马录、江潮等被逮入京，下狱待审。

三法司官员这时已明白世宗的意图，于是又让了一步，承认审理有误，并拟将薛良判罪。世宗却得寸进尺，将三法司官员全部逮捕入狱，同时改组三法司，命议礼获宠的官员分别署三法司事，吏部左侍郎桂萼掌管刑部，兵部左侍郎张璁掌都察院，少詹事方献夫掌管大理寺，重新审理李福达案。

"议礼派"掌管三法司，重新审理，其结果不言自明。议礼新贵立即对原三法司官大肆迫害，"三法司之长，俱下狱讯治。时刑部尚书颜颐寿，素轻璁、萼，至是仍命挡之，且笑且谓之曰：'汝

---

[1] 《明世宗实录》卷80。

今日服未？'颜不胜楚毒，叩头抢地曰：'爷饶我！'时京师为'十可笑'之谣。其一日：'某可笑，侍郎拶得尚书叫。'"① 大学士贾咏与马录俱是河南人，马录被逮捕后，贾咏致书安慰他，镇抚司查获书信后，将情况报告世宗，贾咏不得不致仕而去。又搜得都御史张仲贤、工部侍郎闵楷、大理寺丞汪渊、御史张英等写给马录的书信，张仲贤等皆被逮捕。② 桂萼等又上疏声称言官"声势相倚，挟私弹事"，并且"缔党求胜，内则奴隶公卿，外则草芥司属，任情恣横，殆非一日，请大奋乾断，彰国法"。世宗深表赞成，将众言官逮捕入狱。③

桂萼等人又大肆拷打各官，尤其是伺察世宗意图后，对马录用五毒拷掠，马录不胜其毒，屈打成招，自诬挟私，故入人罪。桂萼又定案，言张寅非福达，马录等恨郭勋，构成冤狱，并将诸臣罪名列上，世宗"悉从之"。谪戍极边、遇赦不宥的有徐文华等5人，谪戍边卫者7人，革职为民者11人，革职闲住的有17人。其他另有5人逮问革职。前后共有46人受到严厉惩处。④

受处罚最重的是马录。最初，马录以故入人罪未决，拟徒刑，世宗认为处罚轻，欲坐以《奸党律》处斩。桂萼等说："张寅未死，而录代之死，恐天下不服，宜永戍烟瘴地方，令缘及子孙。"于是谪戍广西南丹卫，遇赦不宥。世宗恨意不减，对杨一清说："马录首事害人，罪有所归。与其戮及后世，不若诛止其身，以从《舜典》罚弗及嗣之意。"杨一清说："祖宗制《律》，具有成法。录罪

---

① 《万历野获编》卷18。
② 《明史纪事本末》卷56《李福达之狱》。
③ 《明史》卷206《马录传》。
④ 《明通鉴》卷53。

不中《死律》，若法外用刑，吏因缘作奸，人无所措手足矣。"①世宗不得已从之，马录才算保住一条命。②嘉靖十六年皇子生，大赦天下罪囚，将所有因李福达案谪戍的全部释归，只有马录不赦，竟死于戍所。

在李福达案中，只有几个人得到了好处。首先是李福达被释放。其次，桂萼等因"平反有功"，世宗在文华殿亲自慰劳，并赐给二品服俸、金带、银币，给三代诰命。张璁等人又献媚不已，请将先后狱词及世宗所裁定并所颁谕旨，辑录成书，世宗定名为《钦明大狱录》，颁行中外。在正义与邪恶的较量中，至高无上的皇权成为最后裁决人。

然而，任何强权也不能掩盖真实的历史。具有讽刺意味的是世宗行将就木之际，李福达案再度重提。嘉靖四十五年正月，四川官军将蔡伯贯等捕获。蔡是大足县人，以白莲教起事，取号大唐，连破七州县，后被擒。他自称从山西李同处学得白莲教术。有关方面立即传檄山西，将李同逮捕下狱。李同供词中说他是"李午之孙，大礼之子，世习白莲教，假称唐裔，惑众倡乱"，与《钦明大狱录》姓名无异，李同伏诛。但世宗不愿澄清事实，直到穆宗即位后，御史庞尚鹏上疏说："据李同之狱，福达罪益彰。而当时流毒缙绅至40余人，衣冠之祸，可谓惨烈。郭勋世受国恩，乃党巨盗，陷朝绅。职枢要者承其颐指，锻炼周内，万一阴蓄异谋，人人听命，祸可胜言哉！乞追夺勋等官爵，优恤马录诸人，以作忠良之气。"穆宗从之，马录等皆赐官复职。至此，李福达案的真相才大白于天下。③

---

① 《明史》卷206《马录传》。
② 《明世宗实录》卷80。
③ 《明史》卷206《王科传》。

五、朝局大变

嘉靖六年十月，张璁、桂萼通过李福达案，借助皇帝的威势对异己势力大加迫害后，张璁被任命为礼部尚书兼文渊阁大学士，参预机务；桂萼任吏部尚书。其他附和议礼的官员也纷纷加官晋级。世宗还仿效仁、宣故事，赐给张、桂两人各二枚银章，张璁的银章题为"忠良贞一"和"绳愆纠缪"；桂萼的是"忠诚静慎"和"绳愆纠违"[①]，意思不外乎是他们坚决和皇帝保持一致，勇于与"不良"作斗争。

张、桂两人自然知恩图报。次年六月，由两人任总纂官的《明伦大典》经世宗审定，在全国颁布。世宗在敕令中历述了护礼派的罪状，并命令礼部将敕令大书一道，揭于承天门外，"俾在位者咸自警省"，以此"共襄人文之化，以成熙皞之治于无穷焉！"。今天，我们无法想象当时人看到承天门上的敕令有何感想，但是，把"嘉靖新政"的第一功臣定为"罪魁祸首"，无论如何是说不通的，这只能如此解释：当权力成为衡量是非的最高砝码时，黑白可以颠倒，正恶可以混淆。一年以后，廷和病逝。我们遍查史籍，仍找不到廷和之死与对他的追夺是否有直接关系，但显而易见的是：由新政的缔造者到罢职归乡，再到"罪魁祸首"，他心灵受到的震颤，精神受到的摧残无疑是巨大而强烈的。这从反面透视出世宗所设想的"熙皞之治"究竟是

---

① 《嘉靖以来首辅传》卷2。

什么。

《明伦大典》的颁布，似乎以皇帝的权威为沸沸扬扬的大礼仪之争画上了句号。然而它的影响才刚刚开始。

关于朱祐杬的尊崇典礼，世宗君臣前前后后争论了一二十年，争论最激烈的时间也达三四年之久。这件事情的本身，在今天看来意义并不大，至多是礼仪之争，属繁文末节。但在当时，却有其深刻的内在原因。

中国历来被称为"礼义之邦"。礼仪在中国社会的政治文化生活中占有极其重要的地位。中国封建王朝是以儒家思想治理国家的，而儒家思想的核心是"礼"与"仁"两大端，二者互为表里，仁以礼为目标，同时要求把礼从外在形式转化为人的内在精神要求；而礼则通过具体的制度设置，把仁的精神具体化、规范化。说到底，礼的精神实质是等级名分，是一种评价，是一种价值肯定。礼的经典之作《礼记》就将礼的形式称之礼的"数"或"文"，将礼的精神实质称为礼的"义"或"本"，明确提出："礼之所尊，尊其义也。"[1]"揖让周旋之礼"并非儒家最重视的东西，其内在的名分等级观念才是其着意追求的目标。《礼记》中的《乐记》对此有淋漓尽致的发挥，指出："乐者为同，礼者为异。同则相亲，异则相敬。"说明礼的作用在于区分贵贱，造成下对上的敬畏；而乐的作用则是和同上下，造成上下间情感的沟通。正因为礼仪是名分、评价的一种外在形式，对于规范社会行为有重要的作用，所以又有"为政先礼，礼者，政之本与"[2]的说法。《左传》进而认为："礼，经国家，定社稷，序人民，利后嗣者也。"[3]

---

① 《礼记·郊特牲》。
② 《大戴记·哀公问于孔子》。
③ 《左传·隐公十一年》。

联系到世宗不惜大张挞伐，为其父争一名分，实际上是对既定的最高等级名分的不满与挑战。如前所述，明朝的帝系发生过两次大的变化：第一次是由朱标、朱允炆一系转入成祖朱棣一系；第二次即是由明孝宗、武宗一系转入世宗朱厚熜一系。按照首辅杨廷和等护礼派的主张，世宗应以孝宗为考，以自己的父亲为伯，其根本在于将世宗纳入孝宗一系，也就是不承认帝系发生转移。在议世宗年号的时候，杨廷和拟为"绍治"，意思是继孝宗而治，然而世宗不用，改为嘉靖。这表明少年天子在帝系问题上要争独立，决不肯纳入明宪宗、明武宗一系。

要确立自己的帝系，在尊崇其父问题上正是一个绝好机会。如果以他的父亲为考，以孝宗为伯，也就等于承认孝宗一系绝嗣，自己这一系也就成立了。建立自己的帝系对于提高其身份是不言而喻的，所以他要拼命地争。

与帝系相关的是献祭问题。古人认为，人死而为鬼，没有宗庙供奉祭祀，鬼便没有归宿，宗庙正是祖先的亡灵寄居之所。"庙之言貌也，死者精神不可得而见，但以生时之居，立宫室相貌为之耳。"[1]中国历代宗庙祭祀制度，多沿用周代礼制。周代宗庙制度，一般认为：天子七庙，三昭三穆，与太祖之庙合而为七。所谓昭、穆，是指宗庙中位次的排列，自始祖以下，父曰昭，子曰穆，按照世次递遭排列下去。汉代经学家刘歆认为，周人宗庙自始祖稷以下有文王、武王两宗没有列入七庙的数目中，他们的庙称为"世室"，因此实际上是九庙。后代不少学者赞同此说。[2]但是，"七庙"或"九庙"随着世代延续，总是不够的，对于渐渐远

[1] 《毛诗正义》卷19。
[2] 阴法鲁、许树安主编：《中国古代文化史》（二），北京大学出版社1991年版，第17页。

去的"亲尽"之庙，礼仪规定有"毁庙"制度。即除始祖之外，不在"七庙"或"九庙"之数的远祖的宗庙平时都不再加以祭祀，神主移入"祧庙"内，藏在石函或专设的房间里，每当祫祭远近祖先的神主集中在一起进行总祭（三年举行一次）时才拿出来。

汉代承继周制。凡皇帝所立之庙，要"五世迭毁"，即相传五代之后，要毁庙。因此可以说这是一种临时性质的。但也有一种"万世不毁"的永存庙，这种庙是为一个有"功"或有"德"的皇帝立的，称为宗庙，或太庙。这种庙是祖宗功德的象征，是万世不毁庙，其人便称祖或称宗。而缔造王朝者非一般皇帝有此机会，因此只有开国皇帝才能享有"祖"的盛号。称宗的则多一些。如两汉除夭折的皇帝外，共传20帝，其中建立汉朝的刘邦称太祖，光复汉室的刘秀称世祖。称宗者共5人，称祖称宗共7人。其余13人既无功，亦无德，庙皆迭毁。唐代开始，除李渊一人因开国有功称高祖以外，李世民以后都称为宗，其他诸帝无帝不宗。这样，宗的称谓一滥，进太庙也就不好选择了。

世宗于嘉靖五年为其父建世庙，其制仿太庙，祭祀日期、祭享等同太庙，但世宗仍不满足。嘉靖十三年，南京太庙因大火焚毁，世宗提出重新布置北京的太庙。礼官遵照世宗的意旨，在北京建了九个新庙，嘉靖十五年新庙全部完工。开国皇帝朱元璋和其祖先的神主留在中央向南的庙里，而其他皇帝的神主被安排在较小的庙里，这些庙排列在中央那座庙的前面，向东或向西。随后，世宗又采取偷梁换柱的办法，为其父直接入太庙作准备。他认为献皇帝用"世庙"之名不妥，"太宗百世不迁，故名世室。恐皇考亦敦让太宗，宜别拟议。且'世'字，来者或用作宗号，今施于皇考，徒拥虚名"。于是改称"献皇帝庙"。

嘉靖十七年夏，曾领导嘉靖三年伏阙争大礼、后死于戍所的丰熙之子丰坊，以扬州府同知致仕，家居贫乏时想效仿张、桂的做法，上疏请尊献皇帝为宗，配享太庙。此说正中世宗下怀，他即令群臣讨论。礼部尚书严嵩最初不同意，世宗施加压力，严嵩退让，献皇帝配享上天的讨论才结束。自古以来只有属于皇帝世系的人才能在最重要的对天的献祭仪式中配享。这种最为庄重的仪式每年秋季在帝国所有的行政地区内举行。这样，臣民像供奉上帝一样，供奉世宗的父亲。

世宗仍不满足，又命令讨论他的父亲称宗祔庙事。严嵩主张加宗不祔庙，世宗不高兴，将严嵩的建议留中不发，同时作《明堂或问》以难严嵩，严嵩惶恐之中，尽改前说，声称皇考与孝宗当同一庙。群臣自然不敢再有异议。世宗又考虑到太宗永无配享，于是改称太宗庙号为成祖，尊献皇帝庙号为睿宗。随后睿宗主祔太庙，并压于武宗之上。到这时，世宗已把他的父亲尊崇到无以复加的地步，他也就心满意足了。献皇帝入太庙，实现了世宗的两个目的：第一，他利用自己的至高权力，给予他的父亲一种只能给予已故皇帝的礼仪方面的职分，由此确定了一种把他父亲包括进皇帝世系的托词；第二，他制定了一种对皇帝的崇拜仪式，这有利于提高他本人在整个帝国的威望和权力。因此，大礼议之争绝不单纯是世宗的虚荣心在作怪，而是他想借此为自己争世系、争帝嗣、争正统。这是大礼仪之争的首要原因。

其次，大礼议之争隐藏着皇权与相权矛盾斗争的真相。杨廷和等人之所以誓死捍卫孝宗、武宗的统系，除了传统礼仪、伦理等因素外，更重要的是唯有如此，才能使他的地位巩固下来。杨廷和是武宗临终的顾命大臣，是三朝元老，在鼎革之际，他为帝国顺利度过危机立下卓著功勋，一时间他也成为炙手可热的实权人物。尊崇孝宗、武宗的统系，他的累积的功勋与地位就会无形地被传统固定下来。相反，世宗尊崇其父，抛开孝宗、武宗，就等于抹杀了杨廷和等的功勋，抵消或掩盖了其顾命大臣的作用。功高震主，尤其是以藩王入主的幼主最头痛的是在他的前面有一只无形的手控制、左右他。世宗要树立一种权威，一种至高无上的新权威，首先就要打倒已经形成的权威。内阁首辅、顾命大臣、35天的最高权威，摆在廷和面前这一顶又一顶耀眼的光环是世宗无法接受的。随着年龄的增长，皇权意识的强化，以及对帝国政治体制（君臣关系）的体认，都使世宗一天天成熟起来，他要用太祖以来无所制约的皇权去制约刚刚发展起来的"相权"（首辅权）。在世宗以后的统治生涯中，这一法宝他无时不用其极，无所不用其精。杨廷和、蒋冕、毛纪等这些极富治国经验，并在短暂的时间内已证明能创造辉煌的内阁大学士们相继被罢官。这是被人称为明代最有作为的内阁集团[①]，但它却不能存在下去。

皇帝首先考虑的是统治，帝国的最高目标是延续现存的统治秩序，至于如何治理好国家，那是次要的事情。这样，世宗就会利用自己的权力除掉对他有影响的人物，杨廷和的结局也就带有某种制度上的必然性。后代史家多为廷和等元老派在议礼上的教条、生硬做法而惋惜、遗憾，认为如果顺让世宗，"新政"将会被推向一个新的阶段[②]，实际上这也是史家的一厢情愿。

第三，大礼议之争实质上是权力的一种再分配。

一朝天子一朝臣。每当改朝换代、帝王易人之时，权力就会

---

① 暴鸿昌：《明代内阁组合类型述略》，载台湾《明史研究专刊》第10期，1992年。
② 参见《国榷》卷53，第3295页引文。类似观点较多，参见《续藏书·杨廷和传》。

发生一次重组，尤其是皇权意识浓厚的新主即位，更是如此。世宗即位之初，从内阁大学士到政府的各个部门权要，多是武宗留下的旧班底。限于世宗的年龄、执政经验等因素的制约，他还不能立即改换这个班底。但他一开始就表示出要更换的强烈欲望，任命袁宗皋入阁即是如此。袁是弘治三年（1490）进士，七年授兴王府长史，事献王，后加至江西按察使。世宗到北京后，袁随同入京，并很快被任命为吏部右侍郎。当时袁已重病在身，世宗催其赴任。正德十六年五月，即世宗入主一个月后，又升袁为礼部尚书兼文渊阁大学士，参预机务。七月，命与蒋冕等同知经筵事。袁如此快速地入阁，就因为他是世宗旧班底的人。但袁没能长享富贵，九月初七即病故，享年69岁。

"议礼派"正是看准了机会，专门与众官僚立异，以捞取政治资本，博得皇帝的宠信。"议礼派"主要人物有8个，张璁的情况已有介绍，其余7人的情况大体如下：桂萼是江西安仁人，正德六年进士，授丹徒知县。嘉靖初年，才由知县迁南京刑部主事。方献夫是广东南海人，弘治十八年（1505）进士，正德中任吏部员外郎，后谢病家居。席书是四川遂宁人，弘治三年（1490）进士，嘉靖元年任南京兵部右侍郎。霍韬是广东南海人，正德九年（1514）状元，在家未任职。世宗即位后任职方主事。熊浃，江西南昌人，正德九年进士，嘉靖初为河南参议。黄宗明，浙江鄞县人，正德九年进士，嘉靖二年（1523）为南京刑部郎中。黄绾是浙江黄岩人，嘉靖初为南京都察院经历（正七品）。

从以上简历中可见，"议礼派"8人多是年轻的进士及中下级官吏，又多在南京任职，与廷臣关系较为疏远，政治上不尽得意。另一方面，他们又是窥测政治风向的能手，他们深知皇帝是南方藩王出身，年纪轻阅历浅，周围缺乏支持力量。他们更深知少年天子不会让大权旁落在杨廷和等元老派手中，希望抓住"议礼"这一极难得的机会，骤然跻身于皇帝周围。郑晓《吾学编余》说："今天子既定大礼"，"希进者又日夜探内意，犯众议为之"，"但取好官，不顾笑骂"。《明史》评价张璁、桂萼等"议礼派"时也说："原其初议未尝不准情礼之中，乃至遭时得君，动引议礼自固，务快恩仇。于是知其建议之心，非有惓惓忠爱之实，欲引其君于当道也。"[①]王世贞记载说，因议礼合帝意得大用者7人，以称大礼用者5人，言大礼用而不终者4人[②]。如果没有广泛的社会基础，大礼议是不会持续如此长的时间的。正因为大礼议与很多官僚的荣辱进退联系在一起，所以才一浪高过一浪，一幕比一幕动魄惊心。表面的歇斯底里掩盖不住真正的权力欲蠢动。

随着兴献王称考谥宗，配天祔庙，大礼议之争在形式上已成为过去，但其影响却是极为深远而巨大的，在嘉靖一朝乃至明代后期的政治发展中都有或直接或间接、或微或巨的作用。

首先，一种新权威——皇帝的权威得到加强。皇权是与封建时代相伴始终的，从它确立的第一天起，它就以狰狞的面目直面帝国的臣民。但是，秦朝独制天下而无所制的二世而亡的教训，对于统治者来说实在是够惨痛的。自汉代起，对皇权有效制约的相权制度逐步完善，故此才出现了许多"君臣共治"的佳话，"文景""贞观"等所谓"盛世"也点缀在漫漫长夜的封建社会史中。明自朱元璋罢丞相制后，皇权高度强化，重新出现了"独制于天下而无所制"的情况。但是，由于嫡长子继承制等因素的影响，皇权也因人而异，有时向周围迁移，甚至被臣仆玩弄于股掌之间。

---

① 《明史》卷196《夏言传》。
② 《嘉靖以来首辅传》卷2。

这是固有的体制的缺陷，历朝历代都无法弥补。明代虽没有出现"太阿倒持""玉鼎易人"的情况，但宦官势力不时沉渣泛起，皇权有时成为儿戏。嘉靖帝入主前，没有太子的身份，也就难以形成既定的潜在势力。从另一方面讲，藩王幼主入宫，有一个臣民接受的过程，剥掉身上的龙袍，世宗就是活生生的朱厚熜。因此，从人到非人格化的神需要有一个过程。不言而喻，世宗是大礼议的第一个受益者，也是最大的受益者。罗素说："权力欲随着对权力的体验而大大地增长，这不仅适用于微小的权力，而且也适用于君主的权力。"①嘉靖三年二月，给事中邓继曾因批评世宗"不与大臣共政"而下诏狱，不久被贬到金坛县做了县丞。②随后，内阁首辅毛纪在辞呈疏中一针见血地指出："曩蒙圣谕，国家政事商确可否，然后施行。此诚内阁职业也，臣愚不能仰副明命。迩者大礼之议，平台召对，司礼传谕，不知其口似乎商确矣，而皆断自圣心，不蒙允纳，何可否之有。至于笞罚廷臣，动至数百，乃祖宗来所未有者，亦皆出自中旨，臣等不得与闻。宣召徒勤，扞格如故。慰留虽切，诘责随加。臣虽有体国之心，不能自尽。"他乞请皇帝放归乡里，以全终始。③这里，把世宗大权独揽、臣僚无所适从的情况讲得够痛快了。世宗"衔（毛）纪亢直，允其去"。世宗的集权，是通过杨廷和、蒋冕、毛纪等这些"并为缙绅所倚赖"的旧班底的大学士相继归故里实现的。

其次，世宗的集权是通过高压手段实现的，这就开启了屡兴大狱、残酷镇压的恐怖政治的恶端。世宗在"议大礼"的过程中，

---

① ［英］罗素：《伦理学和政治学中的人类社会》，中国社会科学出版社1992年版，第165页。
② 《明世宗实录》卷36。
③ 《明史》卷190《毛纪传》。

体验了拥有至高无上权力的快意，这一点对他一生都有深刻影响。沈德符说，自廷争大礼，拷掠官吏及兴李福达狱后，"自是主上蔑视臣工，动出中旨定狱，罗织渐密，告讦繁兴。外戚张延龄则坐谋叛；都御史胡缵宗则坐诽谤，皆文武尊亲，拷掠濒死。以至谏臣杨允绳、沈炼、杨继盛等，死于市；马从谦、杨最等几二十人，死于杖；而至丁汝夔之狱，则署刑部侍郎彭黯、左都御史屠侨、大理寺卿沈良才，俱箠楚阙廷，仍降俸管事，待之如奴隶，无复优礼大臣之体，盖用颜颐寿等例也。至季年，而夏相公之伏法，李太宰之毙狱，特其甚者耳"[①]。沈德符的这段话，是极发人深思的。罗素也认为："在任何专制政权之下，随着权力所能提供的快乐的体验，掌权者也变得愈发地专横暴戾。既然对人的控制权体现为要使他们去做他们并不情愿去做的事情，那么受权力欲驱使的人就更倾向于对人施加痛苦，而不是使人快乐。"[②]曾经历过嘉靖后期血与火洗礼的张居正回忆说："肃皇帝以威严驭下，大狱数起，群言事忤旨，辄逮系锦衣卫讯治，或杖之于庭，有立毙者。而当事亦以鸷击为能，侦伺校卒，猛若乳虎。一旦不如意，所夷灭不可胜道，京师为之重足。"[③]可以说，这是明代中后期政治日趋腐败的原因之一。

　　第三，"议礼"新贵取代元老派成为朝廷重臣，是通过片言只语取悦皇帝实现的，这就开启了嘉靖一朝的奔竞之风。王世贞总结说，因议礼合世宗意而"大用者七人"。张璁是议礼第一贵人，嘉靖六年入阁参预机务，八年成为首辅。桂萼于八年也进入内阁，成为朝臣中的第二号人物。方献夫于嘉靖十一年、席书于

---

① 《万历野获编》卷18。
② 《伦理学和政治学中的人类社会》，第165页。
③ 《张文忠公全集》文集四《朱忠僖公神道碑》。

嘉靖六年分别升、加武英殿大学士。议礼新贵之取得高位，是通过"缘饰经文，委曲当帝意"实现的[1]，张璁进内阁后，也"念以书生片言当主意，非久取相位，思有所称塞"。[2]即连他自己也认为"来路不正"，不足以服天下。但事实就是如此，世宗判定人臣正恶、曲直、是非的标准不是其他，而是在议礼上的立场，当时确有"逆礼者亡、顺礼者昌"之势。嘉靖五年六月，给事中管律上疏说："迩者言事者每假议礼为词，或乞休，或告疾，或认罪，或为人辨罪，于议礼本不相涉，而务欲牵引比附。此其何故哉？盖欲中伤于人，恐非此无以激陛下之怒；欲固宠于己，非此无以得陛下之欢也。"[3]议礼成为臣僚进退的标准。嘉靖八年，刑部员外郎邵经邦上疏指出："议礼贵当，用人贵公。陛下私议礼之臣，是不以所议者为公礼也。夫礼惟当，乃可万世不易。使所议非公礼，则固可守也，亦可变也；可成也，亦可毁也。"世宗大怒，立将其下镇抚司拷讯。狱上，请送法司拟罪。世宗气愤地说："此非常犯，不必下法司。"邵经邦被谪戍福建镇海卫。[4]清初史学大师万斯同说得更透彻，他说："大礼之议本自不谬，乃因此蒙眷，遂欲尽天下之公论，而事事与之立异。吾并疑其初之所议，不过欲立异而然耳，非真能有所见也。"[5]既然进退赏罚大臣皆以世宗之好恶为转移，那么必然引诱臣下不以天下为公，而一味取悦天子，奔竞之风由此大盛。以后的"青词宰相""斋醮内阁"皆滥觞于此。

第四，变乱朝章，派系纷争。因为大礼议之争牵动着每一

---

① 《明史》卷196《张璁传》。
② 《嘉靖以来首辅传》卷2。
③ 《明通鉴》卷52。
④ 《万历野获编》卷2，《明通鉴》卷54。
⑤ 《万季野先生遗稿·读席书传》。

个官员的神经，所以在争论过程中以及基本结束后，议礼新贵作为"胜利"的一方，不惜变乱朝纲祖制，以打击反对派。最明显的是科道互劾与排挤翰林。在大礼议之争过程中，言官是舆论的主体导向，他们坚决站在"护礼派"一边，不惜以死相争。嘉靖三年伏阙廷争受挫后，他们中的一部分仍不畏权势，继续弹劾张璁、桂萼等人。嘉靖六年三月京察时，南京言官弹劾桂萼。桂萼当时恃世宗宠信，煞有介事地说："故辅杨廷和广植私党，蔽圣聪者六年，今次第斥逐，然遗奸在言路。昔宪宗初年，命科道拾遗后，互相纠劾，言路遂清，请举行如制。"章下吏部，侍郎何孟春表示反对，他说："宪宗无此诏。萼被论报复，无以厌众心。"桂萼强词夺理道："诏出宪宗文集。春欲媚言路，宜并按问。"何孟春指出，成化中科道有被越级提拔为巡抚不称职者，宪宗命互劾，去者7人。世宗早已厌恶言官，正想利用言官互劾造成内部纷争，于是从桂萼言，"趣令速举。给事御史争之，并夺俸"。结果数十人被罢黜，言官势力大受挫[1]，桂萼也"以是益失中外心"[2]。

同年十月，张璁因过去为学士时，诸翰林不与并列，入阁后思以报复。会侍读汪佃因讲《洪范》不称旨，令外补，于是张璁请"自讲读以下量才外补"。一时改官及罢黜的有22人之多，诸庶吉士皆除部属及知县，"由是翰苑为空"[3]。嘉靖八年四月，时已为内阁大学士的桂萼又请"自一甲三人外，停选庶吉士"。大学士杨一清表示反对，他说："馆阁为储才之地，于诸进士选俊异者，培养其间以备任使，祖宗之法，诚至善也。顷考选仅取唐顺之等三人，臣等以为少。"复增取胡经等20人。一清又请侍读、侍讲、

---

① 《明史》卷196《桂萼传》。

② 《嘉靖以来首辅传》卷2。

③ 《明通鉴》卷53。

修撰各增为三员，编修、检讨各增为六员。桂萼知世宗已厌己，"不敢执"，于是"著为令"①。

议礼派核心人物进内阁后，"思有所称塞，大要以破人臣之私交而离其党"②，但他们完全以议礼为是非，构大狱，兴大案，使朝廷内部纷争不已。如桂萼"既得志，日以报怨为事。陈九畴、李福达、陈洸之狱，先后株连彭泽、马录、叶应骢等甚众，或被陷至谪戍。廷臣莫不畏其凶威"。开始，他上疏荐王守仁，后恨王不附己，"力龃龁。及守仁卒，极言丑诋，夺其世封，诸恤典皆不予"③他们呼朋引类，不时兴风作浪。《明史》评价张璁"性狠愎，报复相寻，不护善类。欲力破人臣私党，而己先为党魁"④。对于议礼派结党营私之状况，言官多次弹劾，嘉靖五年广东御史李俨上疏，请"果断以消朋党"，指出："迩者群臣凡有章奏，动引议礼为言，或以挤排善类，或以翻异成狱，或以变乱朝章，大非清朝盛事。乞察群臣忠邪之实，破背公死党之私"⑤。万斯同在读这段历史后颇有感触地说："至大礼议定，天子之视老臣真如寇仇，于是诏书每下，心怀忿疾，戾气填胸，怨言溢口。而新进好事之徒，复以乖戾之性佐之，君臣上下莫非乖戾之气，故不十数年而遂致南北之大乱。"⑥观诸以后历史，这位史学大师的话确实是入木三分。

嘉靖四年八月，四川副使余珊应诏上《十渐疏》，指出"新政"有十不克终之渐，其中五项（渐）与大礼议之争有关，有的

---

① 《明通鉴》卷54。
② 《嘉靖以来首辅传》卷2。
③ 《明史》卷196《桂萼传》。
④ 同上。
⑤ 《明通鉴》卷52。
⑥ 《万季野先生遗稿·书杨文忠传后》。

即是其直接后果，书于此作为本章之结语：

> 正德间，士大夫寡廉鲜耻，趋附权门，幸陛下起而作之。乃未几而去者复来，来者不去，自夫浮沉一世之人擢掌铨衡，首取软美脂韦之徒列之有位，致使谀佞成风，廉耻道薄，幸门日开，贾贩如旧。此风俗之坏，其渐二也。
>
> ……
>
> 正德朝，衣冠蒙祸，家国几空，幸陛下起而收录之。乃未几而狂瞽之言，一鸣辄斥，谪配遐荒，箠死殿陛，自吕楠、邹守益去而殿、阁空，顾清、汪俊等去而部、寺空，张原、胡琼等死而言路空。此人才之凋，其渐六也。
>
> 正德朝，奸邪迭进，忠谏不闻，幸陛下起而开通之。乃阅时未久，慁谏频闻，非剿说而析人以言，即臆度而虞人以诈，朝进一封，暮投千里，甚至三木囊头，九泉含泣。此言路之塞，其渐七也。
>
> 正德间，忠贤排斥，天下几危，赖陛下起而主持之。岂意一转瞬间，憸邪投隙，饰六艺以文奸言，假《周官》而夺汉政，坚白异同，模棱两可，王莽匿情于下士之日，（王）安石垢面于入相之时，大奸似忠，大诈似信，致使群阴日盛，正不敌邪。此邪正之淆，其渐八也。
>
> 正德世，大臣日疏，小人日亲，赖陛下绍统，堂廉复进。乃自大礼议起，凡偶失圣意者，谴谪鞭笞，几一网而尽之，自是大臣顾望，小臣畏惧，上下乖戾，浸至暌孤，而泰交之风息矣。此君臣之暌，其渐九也。①

---

① 《明通鉴》卷52。

VOLUME 3

卷三　崇道求长生

一、斋醮缘由

荆楚大地，自古巫风颇盛。自秦至明，历史推演了两千年，然而楚地巫祝风俗不改：

《汉书·地理志》："楚有江汉川泽山林之饶。……信巫鬼，重淫祀。"

《隋书·地理志》："大抵荆州率敬鬼，尤重祠祀之事，昔屈原为制《九歌》，盖由此也。"

《宋史·地理志》："〔荆湖〕北路农作稍惰，多旷土。俗薄而质。归峡信巫鬼，重淫祀。"

《列子·说符篇》："楚人鬼而越人礼。"张湛注："信鬼神与礼祥。"《说文解字》卷14《鬼部》引《淮南传》云"吴人鬼，越人礼"；礼，正字从几从鬼，解云"鬼俗也"。

唐代元稹《赛神》："楚俗不事事，巫风事妖神；事妖结妖社，不问疏与亲。"

在朱厚熜的家乡钟祥县，巫祝之风更为繁盛。万历初年编纂的《承天府志》卷六《风俗》记载说："考之府属志记之所载，与近所耳而目者，其风气之寒燠似西北，亦似东南，一日之间而乍寒乍燠，偶失调摄，疾遂乘之。……家信巫鬼，重淫祀，治丧之家，竭力以供缁黄，杂以鼓乐。"[1]这里所讲楚地气候及风俗，尤为具体详尽。《湖北通志》于钟祥县下，叙述其风俗也说："楚国南

---

[1] 万历《承天府志》，书目文献出版社1990年版，第99页。

郢之地，其俗信鬼而好祠，其祠必作歌乐，鼓舞以乐神。"①

与鬼神崇拜一样，神仙崇拜在荆楚地区也广为流行，有相当广泛的民众基础。《楚辞》中有许多关于长生不死、逍遥神游的故事。屈原在《离骚》中想象自己升天："前望舒使先驱兮，后飞廉使奔属。鸾皇为余先戒兮，雷师告余以未具。吾令凤凰飞腾兮，又继之以日夜。"在《九章》中吟道："驾青虬兮骖白螭，吾与重华游兮瑶之圃。登昆仑兮食玉英，与天地兮比寿，与日月兮齐光。"后来道教描绘的神仙生活，大体上不离乎此。

这就是说，荆楚地区的自然风俗习尚，与道教有天然关系。研究道教史的专家也认为："道教的主要源头，与古代荆楚文化、燕齐文化靠得更近一些，道家与神仙家这两大源泉主要存在于此两大文化区域中。"②换言之，荆楚之地崇鬼神、敬祖先的风俗本身，就是道教的主要内容。

世宗朱厚熜自幼生长在敬事鬼神的环境中，荆楚大地的崇道习俗不能不在他那幼小的心灵里留下印迹。他即皇帝位后即崇奉道教，敬事鬼神，并一生乐此不疲，这与他生长的环境对他的影响有很大关系。同时，他的父亲兴献王也信奉道教，自号大明兴国纯一道人，并著有《含春堂稿》一书，讲的就是太极、阴阳、五行之类，这对世宗的影响是不言而喻的。

其次，道教所追求的祈福禳灾、长生不老与世宗因身体羸弱而产生的对长享幸福的追求十分一致，这也是朱厚熜专事斋醮的重要原因。

道教的神仙不同于一般鬼神，它不是生活在冥冥之中的精灵，

① 《湖北通志》卷21《舆地志·风俗》。
② 任继愈主编：《中国道教史》，上海人民出版社1990年版，第16页。

而是现实活人个体生命的无限延伸和直接升华。道教的精髓就在于它以生为乐、重生恶死直至追求长生不死，这也是它获得更广泛的民众基础的重要原因。道教认为，人的生命并不决定于天命。《西升经》说："我命在我，不属天地。"《抱朴子·内篇·黄白篇》说："我命在我不在天，还丹成金亿万年。"意即人的生命之存亡、年寿之长短，决定于自身，并非决定于天命。人只要善于修道养生，安神固形，便可以长生不死。这是道教异于其他宗教的一大特征。道教视生命为至高无上，号召人们追求人世间的幸福、长生，这比儒家的道德教化、佛家的因果报应，都更直接、更实用。

然而，生命对于每一个人来说是不同的。纵观道教发展史，有这样一个值得注意的现象：越是富贵已极的人，越信奉道教。其实，生命在他们那里显得更为珍贵。与其说是历代统治者信奉道教，不如说他们对长生的渴求比一般人更强烈更迫切，对道教的崇奉实质是对生命永恒的追求。秦皇、汉武、唐太宗、宋太祖，连中国古代最英明的君主都不能超然于对长生的追求之外，因为他们不能超越生命本身，更不能超越对生的永远的渴求。悲剧的历史并没有留下后人觉悟的记载，相反，越是神秘，崇信者越多。古代帝王因信奉道教而致死的，恐怕要接近三位数。世宗也算是其中的一个。

世宗自幼身体羸弱，经常患病，尤以气喘为重。前引《承天府志》所说："其风气之燠寒，似西北，亦似东南，一日之间而乍寒乍燠，偶失调摄，疾遂乘之。"恐怕世宗就属于"偶失调摄，疾遂乘之"一类。他即帝位后多次讲到自己幼年身体病弱的情况，此见之于官私各种记载，不烦其举。

世宗即位初，即染病在身，嘉靖二年闰四月，翰林院编修张潮上言："陛下践阼之初……怪躬亦自康豫，惟去秋以来，圣体时或和违，不知大内何以调摄？"①

嘉靖六年十二月，世宗说："朕初幼孩至今，恒以目为患，去年常大作之……朕前疾方好，未及大壮，昨因出斋殿，被寒温之气，与炉火交薰，触于头目，于清晨以起穿衣毕而晕痛相攻，除遣官代朕至日二庙行礼外，即回宫调养，过其半日，方觉晕止而痛亦就安。但因先日之弱体未大平复，平可三十日视朝，卿（杨一清）其知之。"②

同月二十七日，"上不豫"，内阁大学士杨一清上疏问起居，并引《黄帝内经》要旨，请世宗调摄。世宗答之："朕以幼弱之资，上荷天眷，位居人上，每思至此，深切惭愧，况体力未强，而调养之方未闻，礼节之中罔知心每强之，学无一得，卿所言究诸典礼，且历引《内经》要旨，以保养朕体，恳诚忠尽，爱君之拳，何其至也，……凡卿等之言，朕必再诵之，越日又取而味之，庶有得于心。"③

嘉靖十三年五月，"上以疾不视朝，谕礼部尚书夏言曰：'朕惟君之与臣，上下交而共成治理，乃者朕静息数旬，元气已复，咳疾未除虑耳'"。④

因为世宗身体时常违和，旧病不时复发，使正常视朝听政、祭天大典都不能如仪举行。《明世宗实录》卷280说："朕……十三年病咳两月，以后时不视事。"

实际上，因嘉靖六年世宗大病后，即将常朝由黎明改为日出后举行，而且"遇大风寒日暂免，遂著为令。庶圣躬不致

————————
① 《明世宗实录》卷26。
② 《明世宗宝训》卷7《优礼大臣》。
③ 《明世宗宝训》卷7《戒谕群臣》。
④ 《明世宗宝训》卷7《戒谕群臣》。

过劳"。①

最初，世宗在宫中于奉先、奉慈、崇先三殿，每天行三拜九叩礼，因上下阶梯，不胜其劳，喘息不止，后经杨一清奏请，自嘉靖七年始，改为每日由内侍代祭，只有朔望两日及四时节令，世宗亲往祭拜，但三拜九叩改为一拜三叩头礼。②

中年以后，世宗的身体越来越糟，有关方面的记载也越来越多。嘉靖十七年正月，按例在圜丘行祈谷大礼，世宗因多病在身，无奈只好派武定侯郭勋代祭，世宗对大学士们说："卿等谓祈谷礼宜暂命官，具见爱朕至意。然朕思大报未亲，时又有外臣在，故欲躬身耳。若论出入太庙，丘坛上下，自惟礼多，但熟思朕既遵复祖制，不三五年即偷安自逸，且自十三年患咳，六旬乃愈，三四年间体力复不如故。又昨冬连患足疮，兼耳鸣心跳，神思不爽，又不如前，气积成痼，即今兹恙增甚，朕心得有一日之宁乎？故朝政之废，岁不及旬日，虽此身如逸，中心不敢略息。"③这段话确实道出了世宗的委曲衷肠，由于身体欠佳，确存心有余而力不足之感叹！

在此前后的记载尚有：

> 嘉靖十二年四月初三，上降敕谕曰："朕以文华殿致斋，恐天气寒，故厚衣，不意伤热，遂疾。"④
>
> 嘉靖十五年正月初三，上谕礼部曰："朕偶冒风寒，咳嗽

---

① 《明世宗实录》卷83。
② 同上。
③ 《明世宗宝训》卷7《戒谕群臣》。
④ 《明世宗实录》卷149。

未止，暂免朝参数日。"①

　　同年二月，上谕礼部："朕元旦更衣，偶为风寒所中，不能强起，近日虽稍愈，但比日雨风，气候如冬，朕体素弱，尚当谨摄。"②

　　嘉靖十九年十一月初二，世宗谕礼部曰："今疾之来，比常为甚。"③

　　嘉靖二十一年八月初六，上谕礼部："朕昨少加忧思，念民生未遂，助起旧疾，生辰礼文欲罢行全礼。"④

　　世宗体弱多病，而建斋消病正可解除他的痛苦。《隋书·经籍志四》说，建醮可除灾消厄。道教经典也多有此记载。《三洞珠囊》卷一引《太平经》第33《释斋戒》的用意说：

　　　　真人问曰："凡人何故有病乎？"神人答曰："肝神去出游，不时迁，目无明也；心神去不在，其唇青白也；肺神去不在，其鼻不通也；肾神去不在，其耳聋也；脾神去不在，令人晦冥也；脑神去不在，令人腹中央甚不调无所能化也；四肢神去，令人不能自移也。夫神精其性常居空闲之处，不居污浊之处也，欲思还神，皆当斋戒香室中，百病消亡；不斋不戒，精神不肯还反人也，皆上天共诉人也。所以人病积多，死者不绝。"

---

① 《明世宗实录》卷183。
② 《明世宗实录》卷184。
③ 《明世宗实录》卷243。
④ 《明世宗实录》卷265。

　　道教在发展过程中，吸收了古代医学等方面的有益成分。道教修炼长生以体魄健康为初步功夫，故重养生健身之道，注意吸收古代医药学与养生学的思想营养，而在这方面自古以来就有着丰富的积累。《楚辞·远游》云："餐六气而饮沆瀣兮，漱正阳而含朝霞。"李颐注云："平旦为朝霞，日中为正阳，日入为飞泉，夜半为沆瀣，天玄地黄为六气。"司马彪云："六气，阴阳风雨晦明也。"此即服气之法，后来《抱朴子·释滞》有"仙人服六气"，其说即源于此。古医经《黄帝内经》其《素问》之《上古天真》《四气调神大论》，其《灵枢》之《根结》《寿夭刚柔》等篇，论饮食起居、调摄精神之道，是道教养生学的来源之一。前引杨一清问世宗起居疏，称引《内经》要旨，世宗深表赞同，诵读再三。

　　在崇奉道教的过程中，世宗也确实学到了一些有关养生方面的知识，有的在实践中应用，也有一定效果。内阁大学士有病，世宗常谈自己的心得，有时还开个方子给以治疗。

　　嘉靖六年底，大学士杨一清因犯眼病不能入阁办事，世宗当时自己也染病在身，但他仍然热心为杨一清开导，谕之曰："朕闻目主曰肝，肝经受热或劳，所以伤目。卿可用心爱养，使肝气清和而目无疾翳，卿每以此言，朕欲卿治之，奈无术耳。欲令医治之，亦无术耳。况耳目之际，非可按以摩为术也，但能使脏腑清和则百脉流通，又非专以药饵为尚耳。而医者之术亦恐不过此。朕初幼孩至今，恒以目为患，去年常大作之，是以略识此意，不在他术，惟肝气平自安矣。"世宗还告诉杨一清，病好后即上阁办事，不必当面叩谢，因新春逼近，稍有不慎又将发病。几天后，杨一清果然目疾已愈，入阁供职，世宗接到谢恩折后异常高兴。[1]

① 《明世宗宝训》卷7。

这里没有说明杨一清是否按世宗提示的办法治好眼疾，但世宗的医学知识可见是较为丰富的。

嘉靖十四年四月，大学士张璁患病，世宗派太监给张璁送药，并赐给手札谕之曰："昨少保李时具言卿病苦状，朕惟近古之君有剪发疗大臣疾者，朕居常合药数味，自饮辄效，兹为卿择清心宁神驱火保肺者为一服，以此得愈，庶慰朕念。"又谕张璁将服后情况告之。[1]据载，世宗的药方并没有医好张璁的病[2]，但世宗平时自己配伍为药，亦说明他在医药学方面是很通晓的。

世宗信念很强，他认定的大多难以改易。议大礼是这样，斋戒也是如此。港台学者也认为，"世宗之所以奉道，其主因在求疗疾"。[3]谷应泰说："世宗起自藩服，入缵大统，累叶升平，兵革衰息，毋亦富贵吾所已极，所不知者寿耳。以故因寿考而慕长生，缘长生而冀翀举，惟备福于箕畴，乃希心于方外也。"[4]这里只说对了一半，因为世宗入宫后即设坛斋醮，其起因一则习俗所染，二则为疗病疾。当然，在斋醮发展过程中，各种因素也在不断变化。大体上前期为疗疾，后期为房中秘戏。

[1] 《明世宗宝训》卷7《优礼大臣》。
[2] 《明史》卷196《张璁传》。
[3] 杨启樵：《明代诸帝之崇尚方术及其影响》，《新亚书院学术年刊》第4期，新亚书院1962年版。
[4] 《明史纪事本末》卷52《世宗崇道教》。

二、西苑斋醮

世宗在即位诏中，对武宗朝弊政，痛革不遗余力，其中有"毁宫中佛寺神庙，罢传升法王、佛子、国师、禅师"之条款[①]。数日后罢传升僧道教坊官350余员[②]，又裁革善世真人爵号[③]。七月三十日，诛大能仁寺妖僧齐瑞竹，并毁佛像，刮金屑1 300余两。[④]这些都表明即位诏的有关条款已贯彻实施。

但是，这种状况并没有坚持多久。正德十六年七月二十七日，行人邓继曾上疏中指出："明诏虽颁而废阁大半，奸谀渐幸于左右。"[⑤]由于世宗即帝位后，在一个完全不同的环境中生活，他年轻气盛，经受不住后宫数千佳丽的诱惑，很快沉湎于女色之中。同年年底，首辅杨廷和上《请慎始修德以隆治化疏》，谈到新宫没完成，世宗居之，所望"慎始图终，以延本支于百世，固宗社于万年"，接着，这位大学士具体解释说："所谓慎始修德，固非一端，而其大者则在于所亲必正人，所闻必正道，所行必正事，所发必正言……至于左右侍从，乞选老成静重之人，勿杂以恹邪狎昵之辈，而凡奸声乱色，奇技淫巧者不得导诱意向，蛊惑聪明，务使精神内固、血气凝定，本源澄澈，心志不移，由是充养完粹，德

---

① 《明世宗实录》卷1。
② 《国榷》卷52。
③ 《明世宗实录》卷26。
④ 《明世宗实录》卷4。
⑤ 同上。

性纯一，则万寿无疆，永作臣民之主，诸福并集，益绵胤祚之休。"杨廷和有鉴于武宗纵情声色、短命无嗣而亡的教训，劝谏这位少年天子要凝固内气，有福慢慢享用。意思说得很明白、直当，是为使这位新主人易于理解。杨廷和还具体给世宗开了《慎始修德事目》12条，并建议写成牌匾，"悬置殿壁，以备接目儆心之助。"在这12款中，第四款即是"保圣躬"，文中说："皇上春秋甚富，血气未定，务宜收敛放心，保养元气，饮食起居皆宜有节，至于声色玩好，足以乱聪明、惑心志者，尤宜屏绝，此实享国永年之本。"第11款《亲善人》中说："凡左右前后朝夕承事，必须简任忠厚谨慎之人，一切谗佞憸巧之徒，不宜在侧，恐被引诱，移易心志，致损圣德。"①

从记载可见，世宗即位之初就沉湎于声色，并举行斋醮之事。杨廷和在《修德慎始事目》第一款《敬天戒》中说："一应修斋设醮，务为禳祷之事，须豫绝其端，不可轻信。"②嘉靖元年九月，杨廷和上《请免斋醮疏》中说："近闻各宫因正景命修建斋醮，每月凡四五次，每年不下六十余次。"③嘉靖二年闰四月，杨廷和又上《请慎选左右速停斋醮疏》④，说明世宗斋醮一开始就带有经常性，否则不会引起众多朝臣的反对⑤。与此同时，张原上疏指出：自去年以来就传闻左右近侍频繁与外面宫观革职人员接触，引诱陛下崇信道教，又在暖阁建置老子像，又令内侍诵习经书，演行法事。近日又听到陛下躬自临坛，焚香拜箓，且道路传闻者越来越多。

---

① 《杨文忠三录》卷2。
② 同上。
③ 同上。
④ 同上。
⑤ 参见《明通鉴》卷50。

寿山石异兽纽"大明皇帝之宝"

近侍倾售其说，或称其导引之术，或盛为福利之说，蛊惑圣上的，不外这二点。张原希望世宗改弦易辙，经常以孔子思想为准绳，以治理国家。[①]世宗对这些批评，大多以"知道了"作为回答，而后依然故我。而且对斋醮越来越热衷。

斋醮是道教的主要活动仪式，其规定繁简不一，而斋与醮又有不同。据《云笈七签》等道教经典记载，斋的方式主要有三种：一是设供斋，二是节食斋，三是心斋。前两者是外表口味方面的斋法，后者是内心斋法，也最为重要。

修斋必须焚香燃灯。据说，焚香气向东南西北直上，那么天下五帝便依向而至。燃灯又有许多规定：立春、春分在庭院燃九盏灯，立夏、夏至燃八灯，立秋、秋分燃六灯，立冬、冬至燃五灯。本命日燃十二灯。道教认为，凡是要仰仗神力的事，如祈福、禳灾、拔苦、谢罪、求仙、延寿、超度亡人等，都要修斋。也可以说，修斋是入道教的首要之事。

建醮仪式是道教活动中最为庞杂的部分，它主要指祭祷活动。因为斋是指祭祷中必须整洁身、心、口，醮是指祭祷活动形

---

① 《明臣奏议》卷19《祛异端疏》。

式，故斋醮连称。由于建醮（作法事）要设坛，经师们在道坛上如仪进行，故建醮又称坛醮。《隋书·经籍志》对"醮"是这样解释的："又有诸消灾度厄之法，依阴阳五行数术，推人年命书之，如章表之仪，并具赘币，烧香陈读，云奏上天曹，请为除厄，谓之上章。夜中，于星辰之下，陈设酒脯饼饵币物，历祀天皇太一，祀五星列宿，为书如上章之仪以奏之，名之为醮。"

由于斋醮仪式十分烦琐，世宗便令十几名太监演练学习，他自己则一边潜心研读《道德经》，一边亲自沐浴、换装，拜祭登坛。一时间，乾清宫各处香烟缭绕，祈祷之声不停，钟磬之声不绝，俨然成了一座道观。

这时，南京京畿、山东、河南、湖广、江西及嘉兴、大同、成都等地发生了历年少有的干旱，赤地千里，殍殣载道。各地方官还不断将"灾异"报告京城的君臣们。不得已，世宗敕令群臣修省。这就是说，世宗仍把"天变"的责任推到臣下身上。

言官们不甘沉默，给事中张嵩率先上疏，痛斥太监崔文引诱世宗日事斋醮，招致上天谴责。随后，礼科给事中张翀也上疏进谏，指出世宗亲近崔文，宠幸日密，赏赉越格，"伤太平之业，失四海之望"。给事中安磐、郑一鹏、御史张珩以及尚书乔宇等也纷纷上疏劝谏。世宗仍不听。

数日后，发生了崔文家人殴杀人命案。太监崔文恃宠日骄，其家人李阳凤等向工部匠头宋钰索贿不得，怀恨在心，将此事告之崔文。崔文借故杖打宋钰几乎致死，李阳凤被下法司审问，尚未定案。崔文向世宗诉说，世宗下旨，"改令镇抚司审理"，意欲判以轻刑。刑部尚书林俊等不同意将李阳凤移交镇抚司，并且力争，世宗不纳。次日，林俊又上奏力争。世宗大怒，责令林俊对状。林俊据理论辩：祖制规定，刑狱由司法部门审理，只有缉获奸盗交镇抚司，而且其审理后仍要交法司拟罪。未有夺取未定之囚，反付镇抚司之事。崔文是先朝漏网遗奸，也是本朝以左道惑上的始作俑者，罪不容诛。今又干预政事。臣不忍朝廷150年纲纪，为此辈败坏。世宗"惮其言直"，才放置不问。

此事发生后，六科给事中刘济等，十三道御史王约等，交章论谏严惩崔文，停止斋醮，"前后章凡十四，署名者八十人，皆下其章于所司"。[①]至四月底，各地旱情仍在发展，大臣们请求停止斋醮的呼声更加强烈。世宗无奈，令停止斋醮。[②]

一年以后，世宗又旧病复发，斋醮不已。这时，杨廷和等老臣相继离职罢归。尤其是嘉靖三年七月廷杖伏阙请愿诸臣后，朝廷大局已变，阿谀顺旨者多，冒死进谏者少，世宗斋醮也就无人谏止了。

世宗即位不久，就出现身体违和的记载，而且处于鼎革之际，这种违和自然引起朝廷大臣们的关注。从现有材料来看，造成世宗身体出现疾病的原因，并非幼年旧疾复发，而主要是由于纵欲过度。嘉靖元年十一月，杨廷和上《请保和圣躬疏》中说："臣等今早该司礼监官传云，圣躬已就康泰，将出视朝。"据此可知，世宗因身体不适曾停止视朝。世宗康复消息传出后，"大小臣僚曷胜欢庆"。高兴之余，杨廷和等人"犹有不能不过虑者。盖人之人身，必血气坚定，精神完固，然后为安。虽在平居之时，动静食息皆有调养之道。况当平复之初，值此隆寒之日，尤不可不加慎也"。他最担心的是"快意适情之事，皆宜节省"，说得白一点就

---

① 《明通鉴》卷50。
② 此据《明史纪事本末》卷52、《明书》卷13，又《明世宗实录》卷24记三月二十二日停斋醮。《国榷》及《明通鉴》等书并无世宗令停斋醮的记载。

是起居有节。[①]嘉靖二年四月，给事中张嵩因开戒上言三事，第一事即是"保圣躬"[②]。同年六月，吏部侍郎奏言："陛下即位之初，禁黜左道。迩者修设祷祀，溷渎宫庭，且向来精气精明，近则天颜异旧，岂鼎盛之年，忘在色之戒乎？"世宗"不报"[③]。这些记载无疑说明世宗因纵欲过度而伤了元气。

正当世宗为不能纵情欢乐而苦恼时，一个道士走进了他的生活。

① 《杨文忠三录》卷2。
② 《明通鉴》卷50。
③ 《明书》卷13。

三、道士受宠

专心奉道的世宗为寻找神异之人，多次派侍从太监前往九华山、龙虎山等道教圣地访求。嘉靖三年，太监崔文几经周折，终于从江西龙虎山引来了一位自称能役使鬼神、身怀异术的道士邵元节，从此使世宗的生活大有改变。

邵元节是江西贵溪人，少年时代师事道教前辈范文泰、李伯芳、黄太初等人。由于邵元节聪明异常，遂将这几个人的功法全学到手，能"咸尽其术"。后升为龙虎山上清宫道士。正德年间，他已是闻名遐迩的名道士，宁王朱宸濠曾几次派人征他入王府，邵元节都予以回绝。其后朱宸濠称兵反叛，兵败被俘，他蓄养的许多道士多被诛杀。就此而言，足见邵元节有长远眼光，并非等闲之辈。他在等待着时机。

明朝从太祖朱元璋开始，历代子孙皆与佛道有不解之缘。朱元璋与周颠，形同兄弟，周死后，太祖亲自为他撰写碑文。据载："洪武中，朝廷访求通晓历数、数往知来、试无不验者，必封侯，食禄千五百石。"① 朱棣时有姚广孝，更是神通广大，曾佐助朱棣夺取帝位。以后诸帝，无一不信方术。这就为本已玄奥难解的方术披上了一层神圣的光环。

邵元节在与崔文一同前往京师的路上，已充分了解了世宗的好恶与宫中情形。世宗第一次召见，邵元节早已成竹在胸，对这

① 《菽园杂记》卷1。

位少年皇帝大谈所谓修行之道。邵元节对世宗说：长生不难，第一要保养精神，由少问事到不问事，使精神专一而集中。精神集中则元气内敛。元气涵养充足，就能无为而知，动合无形。到那种境界，就可以长生不老。至于成仙得道，那就难了。必须虔诚祷祀，要有上天神仙引导，方能成功。邵元节滔滔不绝，世宗如七窍顿开，飘飘欲仙，当即对邵元节赞叹不已。邵元节见世宗如此虔诚，便答应帮助他修炼，并要求皇帝祷祀神仙，以期得到神助。世宗立即下旨，将皇城东端的一座寺观改名为"显灵宫"，供奉道家诸神，由邵元节主持祷祀事宜。事有巧合，当时京师久旱不雨，经邵元节一番祷告后，竟很快普降大雨，世宗自此更加信赖邵元节，封他为"清微妙济守静修真凝玄衍范志默秉诚致一真人"，统辖朝天、显灵、灵济三宫，总领道教。世宗同时还赐给他金、玉、银、象牙印各一枚。①

邵元节深知伴君如伴虎的道理，也通晓离合之术。嘉靖六年，为吊世宗的口味，邵元节暂时回山上主祭。但是，此时的世宗已一刻离不开邵元节，数日后即派太监令邵元节入朝。又晋邵元节为二品，赐其父为太常丞，母安人，并赠范文泰真人称号，赐元节紫衣玉带。嘉靖九年八月，世宗因姚广孝属佛家弟子，命张璁等将姚撤出太庙。给事中高金上奏，请求削去邵元节真人封号。世宗大怒，将高金逮下诏狱，并欲使姚广孝重新进入太庙，尚书李时多方劝阻，世宗才罢休。②随后，世宗命令在城西为邵元节建真人府，以其孙邵启南为太常丞，曾孙邵时雍为太常博士。每年给邵元节禄百石，又拨校尉40人供役使，赐庄田30顷，免其租

① 《明史》卷307《邵元节传》。
② 《明书》卷160《邵元节传》。

赋。又派宦官在邵元节的家乡贵溪建造道院，赐名仙源宫。

靠着皇帝的宠信，邵元节于五代荣耀、金银盈满时，越发骄横跋扈。许多想提拔的人都走邵元节的门路，"至有昏夜乞哀者"。嘉靖十一年十一月，编修杨名上疏，指陈邵元节枉法受贿诸罪状，世宗不问是非，立即将杨名逮入诏狱，并安慰邵元节说："卿辞具恬退。且卿专领道教，用布玄风，原与政事无与，杨名狂悖之言，毋庸介意。"[①]几日后，杨名被戍边，邵元节才消了气。

嘉靖十三年十月，邵元节回龙虎山途中，在山东境内与内阁大学士李时的弟弟、员外郎李旻的船相遇。当时李旻的船悬内阁牌头，按照品级规定，邵元节的船应礼让李旻先行。邵元节很恼火，将此事奏报世宗，并诬称李旻船上的人侵毁自己，请求世宗作主予以重惩。世宗全然不顾朝廷的体面，立即将李旻等人逮捕。按规定，李旻挂内阁牌，也属违法。李时立即上疏引罪，世宗才放过。邵元节诱导世宗日事斋醮，引起朝野的普遍不满，即使平民百姓也有耳闻，对邵元节恨之入骨。邵元节至山东鲁桥驿站时，驿丞王廷不听世宗旨令，硬是不给邵元节配驿夫、驿马。当地居民听到是邵元节，齐拥而至，大骂一番。邵元节将此事告知世宗，世宗命令山东巡抚、巡按将有关民众执送京师，一时株连者甚众。

邵元节多行不义，成了过街老鼠，人人喊打。邵元节回龙虎山后不久，世宗命他快速返京。回京途中，各处百姓皆欲惩治邵元节，致使他"长途艰险万状，惧不得前"，请求世宗让他"退伏山林"。世宗须臾离不开邵元节，听到情况后立即派锦衣卫前往护驾。邵元节这才到了京师。[②]也许是惊吓之故，到京后邵真人大病

① 《明书》卷160《邵元节传》。
② 《明史》卷307《邵元节传》。

137

不起，于嘉靖十八年病故。世宗当时正巡幸承天（钟祥县），得到邵元节病故的消息后，如丧考妣，"帝为出涕"，并下谕旨说："元节精心玄教，于国有功，建醮祈天，称朕之意，而诸所福国利民者甚厚，赠少师，谥文康荣静，与祭十坛。"回到京师后，世宗犹痛悼不已，命夏言、许赞等人撰写神道碑文①。

邵元节死后，立即有人填充了他的位置，这个人是邵的学生陶仲文。陶是湖广黄冈人，也许是地缘的关系，世宗对这位来自家乡的道士恩宠有加，有明一代任何术士都不能望其项背。嘉靖九年，陶仲文在京师结识了炙手可热的邵元节，并以师礼事之。嘉靖十八年，世宗尊极还乡，去湖广安陆拜谒生父陵寝，当时邵元节已重病在身，不能从行，便推荐陶仲文一同前往。浩浩荡荡的车驾行到河南卫辉时，大风骤然而起，一股旋风在车驾周围盘转，行进队伍一片混乱。世宗大惊失色，问陶仲文这是什么预兆，陶回答说：此兆主火，乃不祥之兆。当天夜里，行宫果然起火，风助火势，大火迅速蔓延。鞍马劳顿了一天的宫人，因躲避不及被烧死了许多。慌乱中侍卫将世宗救出。从此，世宗更对陶仲文深信不疑，进封他为"神霄保国弘烈宣教振法通真忠孝秉一真人"。次年，又以仲文子陶世同为太常丞，子婿吴濬、从孙良辅为太常博士。

嘉靖十九年，世宗旧病复发，太医进汤侍药，总不见效，病情日渐沉重，到后来已是水米不进，奄奄一息了。宫中乱成一团，开始着手为他准备后事。这时，陶仲文穿起法衣，登坛祈祷，折腾了三昼夜，竟然出现了奇迹，世宗的病一天天好了起来。世宗痊愈后，首先想到的是犒赏陶真人，他下谕说："朕患疾甚，仰赖

---

① 《明书》卷160《邵元节传》。

皇天后土，宗祧社稷，幸获康疆，多赖秉一真人陶典真（陶初名）竭忠尽诚，为朕祷叩，其加少保、礼部尚书，妻封一品夫人。"①不久，又加仲文少傅、少师，兼少保，兼支正一品俸。"明自开国来，勋戚文武大臣，未有兼三孤者，仲文独以宗伯兼得之。"②"恩宠出元节上。"③其后，陶仲文的徒弟郭弘经、王永宁等也被授为高士。

　　仲文有世宗宠信，可谓有求必应。嘉靖二十六年，"从仲文请，度天下道士二万四千人，人皆入贿始得之"。世宗奉道也到了神迷心窍的地步，朝廷重大政事往往依赖道士裁决。嘉靖二十九年，都御史胡缵宗下狱，株连数十人，世宗意欲重惩。当时京师久旱不雨、灾异频见。世宗咨问陶仲文原因。仲文回答说："虑有冤狱，得雨方解。"世宗信从，对胡缵宗等一律处以轻典。两日后，京师大雨如注，"百官称贺"，世宗认为仲文祷雨、平狱有功，封其为恭诚伯。给事中张秉壶弹劾陶仲文"贪天之功以为己力"，仲文上疏辞让，世宗对他说："卿祝厘保国，祈祷雨旸，累累效职，若鞠狱非卿事也。果专恭尽诚玄修，虽数爵亦未克酬，今以平狱谢似非宜，且准辞。"④世宗怕惹出道士干政的麻烦，允许仲文辞封，但又另有补偿，令其支岁禄千二百石，其弟子皆封真人，世宗这才觉得心理平衡。

　　世宗专心修道，二十余年不上朝。内阁大学士等如欲觐见天颜，只有到西苑世宗修玄的地方才能如愿以偿。而陶仲文却不同，他不时被宣召，每次到世宗那里，世宗皆赐座，与之交谈数时，

①　《明书》卷160《陶仲文传》。
②　同上。
③　《明史》卷307《陶仲文传》。
④　《明书》卷160《陶仲文传》，《明史》卷307本传言其接受封爵。

称之为师而不直呼其名，赐赏随时皆有，动辄以万计。陶仲文也很聪明乖巧，修河、赈灾，不时拿出自己的积累，以博取名声。因其兼领三孤，列爵五等，包括辅佐大臣在内，也与他结交以受上宠。为表示自己的虔诚，世宗又为其已故父母及他本人加封真人法号。嘉靖三十五年，上皇考道号"三天金阙无上玉堂都仙法主玄元道德哲慧圣尊开真仁化大帝"，皇妣号为"三天金阙无上玉堂总仙法主玄元道德哲慧圣母天后掌仙妙化元君"，世宗自号"灵霄上清统雷元阳妙一飞玄真君"，后加号"九天弘教普济生灵掌阴阳功过大道思仁紫极仙翁一阳真人元虚玄应开化伏魔思孝帝君"，再号"太上大罗天仙紫极长生圣智昭灵统元证应玉虚总掌五雷大真人玄都境万寿帝君"[①]。

世宗执迷不悟，整日想修道成仙。为此，竟然有几次欲退位的愚极之念。第一次在嘉靖十九年八月。在此之前给事中顾存仁、高金、王纳言等人皆因谏止斋醮获重罪。恰逢安徽合肥人段朝用因烧炼黄白金接近郭勋，并声称他所烧炼的金银全是神仙所赐之物，用作饮食器皿，当长生不死。郭勋立即将此方法奏闻世宗，世宗听后大为兴奋，当即召段朝用入宫密炼。段朝用为证实自己能烧炼金银，主动请求每年捐助数万金以资国用，世宗越发喜欢他。段还对世宗说："深居无与外人接，则黄金可成，不死药可得。"世宗信以为真，谕廷臣："令太子监国，朕少假一二年，亲政如初。"举朝大臣慑于世宗的淫威，多不敢言。太仆卿杨最挺身而出，抗疏力谏，他说："陛下春秋方壮，乃圣谕及此，不过得一方士，欲服食求神仙耳。神仙乃山栖澡练者所为，岂有高居黄屋，衮衣玉食，而能白日翀举者！臣虽至愚，不敢奉诏。"世宗大怒，

---

① 《明史》卷307《陶仲文传》。

立即将杨最逮入诏狱，命杖一百。行杖者揣世宗意图，每杖皆重打，至五十下时，杨最已气绝身亡。世宗仍怒气未消，锦衣校官又在杨最尸体上杖足百下，世宗才消气。当时正赶上百官班朝，见此情状，皆面面相觑，惊恐不已。杨最是射洪人，正德时进士，曾清理山西未完租赋，欠者多为势家权要，想借贿以免缴，杨最丝毫不收，而所欠缴纳一分不差。嘉靖初年任宁波知府，只带

《太上玄灵北斗本命延生真经》皇后施写彩绘本

一仆人前往就职。从早到晚，二餐皆为蔬菽。为政抑豪恤弱，不媚上司，后竟调黄州。临去之日，老弱遮道痛哭，争留其鞋履作纪念，寻找时皆为破烂无完好者。这样一位清官，也死于世宗的刑杖之下[①]。杨最死后，世宗退居之念也作罢。嘉靖二十二年，段朝用所言方术长久得不到验证，世宗渐起疑心。郭勋时已在狱中关押，段朝用胁迫郭勋向己纳贿，并逼死郭勋家仆役张澜。段的徒弟王子岩又揭发段的欺诈行为。世宗命将段、王师徒交付镇抚司严刑拷问，这才真相大白。原来，段朝用所献金银皆为郭勋"赞助"，并非烧炼而成；其所造金银器皿也绝非烧炼而成的仙物。

---

① 《明史》卷209《杨最传》，《国榷》卷57，《明通鉴》卷57。

世宗顿时有被欺骗之感，下诏将段朝用等处死①。事隔20余年后，世宗分别于嘉靖四十一年、四十四年两次提出传位太子，专事修玄，皆因内阁大学士徐阶力谏而止②。

嘉靖三十六年，陶仲文年高八旬，因病乞请归山，并献上历年世宗赏赐给他的蟒玉、金宝、法冠及白金万两。世宗赐御酒为陶壮行，并令地方官按时存问。嘉靖三十九年，陶仲文病故，世宗闻之痛悼不已，下诏特赠其为光禄大夫，谥荣康惠肃，葬礼一视邵元节。

世宗一生奉道修玄，到晚年"求方术益急"，陶仲文死后，又有顾可学、朱隆禧、王金等数十名道士、佞幸日侍左右。世宗仍嫌不足，又多次派太监前往各地访求真人道士。

世宗奉道，形成了独特的嘉靖政治，世宗不但自己"移跸西苑，躬尚玄修"，"后妃宫嫔皆羽衣黄冠，诵法符咒，无间昼夜寒暑"③。并且，"自旱涝兵戎，以至吉凶典礼，先则叩玄坛，后则谢玄恩，若报捷，又云仰伏玄威，如此几三十年"④。当时奏章有前朝、后朝之说。"前朝所奏者，诸司章奏也；他方士杂流有所陈请，则从后朝入，前朝官不与闻，故无人摘发。"⑤实际上，"后朝"方士所奏，多为房中秘术，世宗"修道"在很大程度上修的也是这门秘戏。

---

① 《明史》卷307《段朝用传》。
② 《明史纪事本末》卷52，《皇明肃皇外史》卷45。
③ 《松窗梦语》卷5。
④ 《万历野获编·补遗》。
⑤ 《明史》卷307。

四、秘炼阴阳

　　研究明代方术的专家发现：世宗所崇信的道士除多数来自其家乡湖北外（如陶仲文、胡大顺、何廷玉等），其他或来自江西（如邵元节、蓝田玉），或来自安徽（如段朝用），或来自陕西（如王金、申世文），或来自昆山（如龚可佩），可谓遍及全国各地。然而奇怪的是，距皇宫数里之遥的京师第一大观白云观有众多道家高士而无一人被召入宫。这反映出世宗崇信道教的宗派倾向[①]。

　　明代道教主要分为正一、全真二大派，后者又名北宗。全真派理论丰富，学说成熟，其主张重视内心修养，不讲究长生服炼之道。元太祖曾征召全真派长春真人丘处机入宫，问以长生之道，丘告以"清心寡欲"[②]；又问有何长生之药，丘答曰："有卫生之道，而无长生之药。"元太祖很赞赏丘处机的诚实[③]。明王朝自朱元璋起，由于不喜全真道强调内修性命的看法，加之全真道与元皇室关系密切，因而固有嫌隙，对该派极尽冷漠。有明一代，正一道士被授予封号官禄，如正一天师、刘渊然、邵以正等。而全真道士则几乎没有，他们多隐修于山野，云游于江湖，其高者或以气功、异能引起人们的赞赏，或以高隐深遁而博得朝野佳誉，这与正一道士衣紫腰金、追逐名利形成鲜明对照，表现出道教传统中

---

① 杨启樵：《明代诸帝之崇尚方术及其影响》，《新亚书院学术年刊》第4期，新亚书院1962年版。
② 《元史》卷202《邱处机传》。
③ 《长春道教源流》卷2。

清静无为、隐沦遁世的一面。

与全真道不同，正一道主张性命双修，外炼补食，并参以扶乩符箓。有明一代，道士受宠的多属正一道士。其腐化、不法者也时有所见，但明代诸帝皆宠信不疑，原因就在于其有房中秘术，可供腐朽的帝王享用。[①]世宗也是这样，他之所以舍近求远，就是因为北京白云观道士为全真道士，而他所征召的绝大多数属正一道士。

早期道教也有房中术。如晋葛洪《抱朴子内篇·至理篇》说："凡服药千种，三牲之养，而不知房中之术，亦无所益也。"该书《释滞篇》又说："房中之法十余家，或以补救伤损，或以攻治众病，或以采阴益阳，或以增年益寿；其大要在于还精补脑之一事耳。"该书还详细排列延年益寿的各种仙药。其引述《神农》四经曰："上药令人身安命延，升为天神，邀游上下，使役万灵，体生毛羽，行厨立至。"又曰："五芝及饵丹砂、玉札、曾青、雄黄、雌黄、云母、太乙禹余粮，各可单服之，皆令人飞行长生。"又说："中药养性，下药除病，能令毒虫不加，猛兽不犯，恶气不行，众妖并辟。"其开列顺序为：

> 仙药之上者丹砂，次则黄金，次则白银，次则诸芝，次则五玉，次则云母，次则明珠，次则雄黄，次则太乙禹余粮，次则石中黄子，次则石桂，次则石英，次则石脑，次则石硫黄，次则石粕，次则曾青，次则松柏脂、茯苓、地黄、麦门冬、木巨胜、重楼、黄连、石韦、楮实、象柴，一名托卢是也。[②]

---

① 参见任继愈主编：《中国道教史》第17章。
② 《抱朴子内篇·仙药》。

　　世宗受正一道房中秘术影响至深，几乎无法自拔。邵元节初到皇宫，世宗只表示虔诚奉道，并在宫内"天箓宫"参拜不已，自然也与邵元节讨论修行中遇到的各种问题。经过几次交往，世宗放下皇帝的架子，向邵真人讨教"女色"问题："真人所说修行主敬、主诚、主静的道理，朕都能遵守，只是女色这一关不能禁绝，不知有什么补救办法。"邵元节精灵乖巧，深知青春年少的皇帝戒色之难，便投其所好，解释道："戒色只是一般说法，我师傅黄太初，没有人知道他究竟有多大年纪，少说也有150岁。他曾告诉我，修道的人，并不需要禁绝女色。能完全禁绝女色固然可以，不能禁绝，就必须懂得老阴耗精的戒条，不可轻犯。和童贞的处女相交，就没有关系，这就叫作采阴补阳，陛下不妨试试。"邵元节的话无疑是在给淫荡成性的世宗撑腰打气。此后，世宗以"博求淑女，为子嗣计"为由，频频派官到民间挑选淑女。陶仲文入宫后，无他能，惟以献房中术取宠世宗，世宗每日越发淫乐不止，多次到各地挑选未成年少女。仅据《罪惟录》卷12《世宗肃皇帝纪》以及《明书》卷13、14《世宗本纪》记载，即有数次之多：

　　嘉靖九年十月，特遣礼部选妃嫔，备侍御，得48人。

　　嘉靖十三年十二月，诏选淑女以作九嫔，礼部请求之外省，帝曰："毋远求扰民。"

　　嘉靖十四年十月，诏选补嫔御。

　　同年十一月，诏再选女百人入宫。

　　嘉靖十九年五月，诏选淑女。

　　嘉靖二十六年二月，选淑女300人入宫。

　　嘉靖三十一年十二月，诏选淑女300人入宫。

　　嘉靖三十四年九月，选女子160人入宫。

嘉靖四十三年正月，选民间女300人入宫。

以上两书所记，多不见诸《明世宗实录》，显然是为尊者讳。可以肯定，以上所记也是零散的，远不能反映民间少女入宫的真实数字。此外，见诸以上两书的官民"自愿"献女事例也很多，每次所献，世宗皆"纳之"。究竟有多少少女被掠入宫，供世宗享乐，确实难以估计，但至少有数千人之多。

如此之多的少女入宫，完全成了世宗"采阴补阳"的牺牲品。《万历野获编》卷21记载："嘉靖间诸佞幸进方最多，其秘者不可知，相传至今者，若邵（元节）、陶（仲文）用红铅取童女初行月事，炼之如辰砂以进。"该书卷十八又说："方士邵元节甫死，陶仲文继之，二人俱挂大宗伯衔，所进则红铅，并今真饼子，乃婴儿初生口中血也。"《五杂组》卷十一《物部三》详细记载了制取红铅的办法，该书说：

> 医家有取红铅之法，择十三四岁童女美丽端正者；一切病患残疾、声雄发粗及实女无经者，俱不用。谨护起居，候其天癸将至，以罗帛盛之，或以金银为器，入磁盆内，澄如朱砂色，用乌梅水及井水、河水搅澄七度，晒干，合乳粉、辰砂、乳香、秋石等药为末，或用鸡子抱，或用火炼，名红铅丸，专治五劳、七伤、虚惫、羸弱诸症。

同时代人张时彻，著有《摄生众妙方》一书，内有"红铅接命神方"，其中说："用无病室女，月潮首行者为最；次二、次三者为中，次四、五为下，然亦可用。"这是说月经初潮时排出之物最可贵，以后的递减。其后龚廷贤在《万病回春》中，将选取的标准说得更玄，要求选择眉清目秀、齿白唇空、发黑面光、肌肤细腻、不肥不瘦，颜面三停、长短相当，算其生年月日约为5 048日前后的少女（古法有5 048日得首经之说）。当然恰好在这一天首次来潮的少女极少，所以该书又说："若得年月日应期者，乃是真正至宝，为接命上品之药。"世宗正是按道家房中派的要求，掠取少女入宫供秘炼的。《万历野获编》补遗卷一明确记载："至壬子（嘉靖三十一年）冬，帝命京师内外选女八至十四岁者三百人入宫；己卯（三十四年）九月，又选十岁以下者一百六十人，盖从陶仲文言，供炼丹药用也。"

取得红铅后，还要经过许多繁复的工序，制成许多小药丸。其功效据嘉靖年间的张时彻《摄生众妙方》说："此药一年进二三次，或三五年又进二三次，立见气力焕发，精神异常。草木之药千百服，不如此药一二服也。"说得神乎其神。实际上女子月经排泄物并无特殊成分，自然也不会有什么疗效。同时代的医学家李时珍在《本草纲目》卷52《妇人月水条》中断然否定了红铅，他写道：

> 妇人入月，恶液腥秽，故君子远之，为其不洁，能损阳生病也。……今有方士，邪术鼓弄愚人，以法取童女初行经水服食，谓之先天红铅。巧立名色，多方配合，谓《参同契》之金华，《悟真篇》之首经，皆此物也。愚人信之，吞咽秽滓，以为秘方，往往生出丹疹，殊可叹恶！

红铅之外，又有与之相近的壮阳春药，名为秋石，世宗也服用。据说，秋石早在唐代以前即出现。白居易诗中有"微之炼秋石，未老身溘然"的句子，微之是唐代大诗人元稹的字，白居易说他虽炼秋石，但还是未老而亡。宋代的《苏沈良方》对秋石也有记载。明嘉靖初年，无锡人顾可学举进士后，历官浙江参议。言官弹劾他在部时侵盗官帑，被罢居家二十余年。这时世宗秘炼阴阳，朝野多有所闻，顾可学认为时机已来，用重金贿赂内阁大学士严嵩，对严说他能炼秋石，服之延年益寿。严嵩为取宠邀赏，立即对世宗讲了顾可学的方术，世宗闻言兴奋异常，立即派宦官带着金币前往顾可学家予以赏赐，并请他速入宫。顾可学到宫中叩谢皇恩，并着手为世宗炼秋石。世宗服后，颇感灵验，拜顾为右通政。嘉靖二十四年超拜工部尚书，寻改礼部，再加至太子太保。

与顾可学同时受宠的还有饶平人盛端明。盛也因公劾罢，家居十余年。自称通晓药石，服之可长生，由陶仲文进献给世宗。世宗也感灵验，遂召为礼部右侍郎，后拜为尚书，加太子少保。他与顾可学"二人但食禄不治事，供奉药物而已"[1]。二人所炼秋石，皆用童男童女尿而成。沈德符说："若顾、盛则用秋石，取童男小遗，去头尾炼之如解盐以进。此二法（另为红铅）盛行，士人亦多用之。然在世宗中年始饵此及他热剂，以发阳气。名曰长生，不过供秘戏耳。"[2]李时珍这位大医学家也肯定秋石的壮阳作用，认为"秋石四精丸，治思虑色欲过度，损伤心气，遗精小便数"[3]。他还说："秋石以童男或童女溺加石膏炼成；因提炼必在秋日，故名秋石。""秋石久服之，令人成渴疾，盖此物既经锻炼，其气近温。服者多是淫欲之人，借此放肆，虚阳妄作，真水愈涸，安得不渴邪？"[4]《五杂俎》在论述红铅之后，也详论秋石之效用：

---

[1] 《明史》卷307。
[2] 《万历野获编》卷21《进药》。
[3] 《本草纲目》卷52《人部》。
[4] 同上。

又有炼秋石法，用童男女小便，熬炼如雪，当盐服之，能滋肾降火，消痰明目，然亦劳矣。人受天地之生，其本精气自足供一身之用，少壮之时酒色丧耗，宴安鸠毒，厚味戕其肉，阴阳侵其外，空余皮骨，不能自持，而乃倚赖于腥臊秽浊之物，以为夺命返魂之至宝，亦已愚矣！况服此药者，又不为延年祛病之计，而借为肆志纵欲之地，往往利未得而害随之，不可胜数也。

秋石方是否具有壮阳作用，从世宗"饵之而验"，以及他对顾、盛二人的破格优礼来看，肯定具有某种性激素的功能。1963年，英国著名的中国科技史专家李约瑟和鲁桂珍两位博士也说，他们业已证明："在公元十至十六世纪之间，中国古代医学化学家们以中医传统理论为指导，从大量的人尿中成功地制备了相当纯净的性激素制剂（秋石方），并利用它们治疗性功能衰弱者。"但近几年来，中国的研究又得出不同结论。如张秉伦、孙毅霖通过对秋石方的模拟实验及分析，得出结论是："（秋石方）不是甾体性激素制剂，而仅仅是与人中白具有类似功能的、以无机盐为主要成分的药物。"[1]

实际上，因烧炼春药多是在秘密状态下进行，即使同一名称，其药剂、配伍也不尽相同，加之年代久远、秘而不得外传等因素影响，后人很难得其真谛，结论也就相去甚远了。

顾、盛进秋石后，又有昆山人朱隆禧由进士历应天府丞，因大计罢归，欲效仿顾、盛等人东山再起。嘉靖二十七年，陶仲文

---

[1] 《自然科学史研究》1988年第2期。详见刘达临：《中国古代性文化》下册，宁夏人民出版社1993年版，第707页。

赴太和山，朱隆禧抓住时机，邀请陶真人至其家中，交流房中秘术。他请求真人将自己祖宗所传秘术及所制香衲，代为进献给世宗。仲文回到宫中，向世宗奏报，世宗大悦，又派太监带着白金、飞鱼服等物到昆山赏赐朱隆禧。朱入宫谢恩，谈起秘术，世宗又兴奋异常。按明朝制度规定，因大计而被罢黜之官不得重新起用，世宗乃加朱隆禧太常卿致仕。二年以后，又加礼部右侍郎。朱死后，他的妻子请求给恤典，礼部坚持不给，世宗顾念朱隆禧所进的香衲，特谕给予恤典①。香衲，又称太极衣，经特殊香料熏制而成。《万历野获编》补遗卷三载："至世宗朝，罢任府丞朱隆禧，作太极衣以献，盖房中术也。上大喜，进卿、进侍郎。"

在烧炼春药时，有一种名龙涎香者最为稀贵。沈德符说："当炼芝时，用顾可学、陶仲文等言，须真龙涎香配和，并得矿穴先天真银为器，进之可得长生。"②查继佐也说："（龙涎）香出苏门答腊国之龙涎屿南巫里洋。群龙交戏，遗涎焉，黑白殊，白者采在山，黑者在水。有三品，曰泛水，曰渗沙，曰鱼食。泛水为上。"③李时珍认为龙涎香出自鱼腹④。沈德符在论述媚药时讲过一种与之相似的东西："又周草窗云：出粤西之南丹州，号曰插翘，夷人珍之，不令华人得售。初疑其言之过，今云南孟艮府小孟贡江产肥鱼，食之能日御百女，故夷性极淫，无贵贱，一人有数妻，不相妒忌。此正堪与山獭对为水陆珍药。"⑤世宗早在嘉靖中期即派人

---

① 《明史》卷307。
② 《万历野获编补遗》卷3。
③ 《罪惟录·帝纪》卷12《世宗本纪》。
④ 《本草纲目》卷43。
⑤ 《万历野获编》卷21。

采龙涎香，但久而不获。户部尚书梁材为此丢官①。嘉靖三十四年五月，世宗再次下诏，令户部访取龙涎香，并责怪大臣借事拖延，致使此物十年不得②。同年底，遂发生假龙涎香案。最初，湖广麻城人吴光尧得悉世宗为龙涎香而发愁，企图造假，蒙混取赏。于是诈称中书，伪造恭诚伯陶仲文文，移诣云南定边县取龙涎香进用。吴到定边县后，在石洞悬崖间召集夫役，结梯而上，从石乳隙中取物三条，说是龙涎香。地方大吏认为有了龙涎香，就会得到世宗的宠信而官运亨通，于是争相贿赂吴光尧，黔国公也不甘落后，出大价钱买之。此事一时惊动朝野。经辨认，皆为伪品。吴光尧因此被处斩，地方大吏受处罚者很多③。

在世宗的一再催促下，户部派主事王健前往福建、广东等省采取龙涎香。这次虽是名正言顺的奉旨采取，但经过一年多的奔波，仍一无所得。唯一的收获是王健查知此物在东南亚海域生长，于是建议外国对华贸易的先决条件是先进龙涎香，世宗求物心切，也顾不得国家的体面，"诏从之"。④这一办法出台后，世宗确实从对外贸易伙伴中得到了他朝思暮想的龙涎香。但好景不长，嘉靖四十一年春天，宫中火起，绞尽脑汁得到的一些龙涎香全被火烧掉。世宗痛悔之余，于同年六月专门下诏，命有司急速购取。八月初，户部尚书高耀将"购得"的八两龙涎香进献给世宗，"上喜，即命给价银七百六十两。寻以（高）耀用心公务，与欺怠者不同，加太子少保"⑤。实际上，高耀所购得的八两龙涎香，也是以

---

① 《明史》卷194《梁材传》。
② 《罪惟录·帝纪》卷12。
③ 《明世宗实录》卷430。
④ 《明世宗实录》卷454。
⑤ 《明世宗实录》卷512。

往宫人从大内偷到外面的，这次重回宫中，也算物归原主，只是世宗并不知道这些。[①]

世宗对长生春药的热衷简直到了疯狂的程度，晚年尤其如此。嘉靖四十年、四十一年两次大规模派遣御史到全国各地访求仙术异人及符箓秘方[②]。姜儆等往江南、山东、浙江、江西、福建、广东、广西等省份；王大任往畿辅、河南、湖广、四川、山西、陕西、云南、贵州等省。这两次访求，惊掠天下，历时二三年之久，至四十三年冬，访求使陆续还朝，并献所得各类秘书数千册，征召方士唐秩、刘文彬等数十人。姜、王两人因"有功"，擢升侍讲学士，唐秩等人也赐给宅第，在京师安家落户[③]。直到临终前夕，世宗还念念不忘仙药、方士，史书中仍有"帝纳民女"的记载[④]。孟森先生说他"终帝之世，奉道不懈"。[⑤]然而，世宗所奉的"道"为一般道家所不齿，其"采阴补阳"只是为自己淫乐提供理论依据及房事技巧而已。至高无上的权力如果与淫欲结合在一起，其结果可想而知。

"采阴补阳"说源于中国古老的阴阳哲学。在太极文化中，有"太阳中有少阴，太阴中有少阳"之说。中国古人认为：女性属阴，男性属阳，但女性并非纯"阴"，即便是最柔弱的女人身上，也有"阳"的成分；而男人也绝非纯"阳"，即使最刚健的男人之躯，也有"阴"的成分。这种成分的数量对比，对男人来说，其次要成分"阴"有补充其主要成分"阳"的作用，反之，女性亦

---

① 《罪惟录·帝纪》卷12。
② 《明书》卷14。
③ 《明史》卷307。
④ 《罪惟录·帝纪》卷12。
⑤ 《明清史讲义》（上），中华书局1981年版，第227页。

然。因此，古人在强调生命中阴阳两种成分，应该像自然一样和谐地互相融合时，同时强调男女应该借阴阳的接触，彼此互相吸收，以强化各自身上的主要成分，这就构成了道家房中派"采阴补阳"说的最实质的核心依据。房中派还认为，女性器官所分泌的"阴精"与男性射出的"阳精"一样宝贵，但前者——"阴精"不会耗竭，如埋伏在幽谷的深泉一样；而男性的"阳精"则如潭中蓄水，异常珍贵，其限量也少。因此，在男人处于支配地位的时代里，"阳精"应该有规律地吸收"阴精"，以此强化自身，长命百岁。葛洪说"房中之法十余家"，而影响最大的就是"采阴补阳"说，所谓"男子属阴身，内含真阳，女子为阳体，内含真阴。交感之时，乐感冲开女子地脉，地脉张开，男子天脉张开，阴阳乐气相交，男得之谓之采阴补阳，女得之谓之采阳补阴"，讲的就是这一道理。葛洪《抱朴子》还有"采玉液于长谷者，不服药物，亦不失三百岁也"的说法。彭祖、甘始、封君达、冷寿光、巫子都等长命千百岁的"采阴补阳"型的列仙人物，也被创造出来。甚至西方圣母也成了"养阳之得道者"的代表。后世小说笔记尤其是明代小说（如《肉蒲团》等）也不乏这方面的记载。

但就"采阴补阳"之内容，如"闭口吸精术""接阴将众术""相女之法术"等观之，毫无科学根据可言，多属无稽之谈。宋元之际著名的全真教道徒李道纯将道教阴阳房中术列为"旁门九品"，一一抨击，共1 000余条，指出烧炼之物，"皆贪淫嗜利者行之"，是正统丹道家的大敌①。

与李道纯同时代的另一道教徒俞琰（著《席上腐谈》），明代大医学家张介宾（著《景岳全书》）、清代冯时可（著《雨航杂

---

① 李道纯：《中和集》卷2《试金石》。

录》）、刘文蔚（著《见闻随录》）、李渔（著《闲情偶寄》）等人都对"阴阳采补术"予以坚决痛斥，指出采补术只能导致人坠入纵欲一路，它就像一座云雾笼罩着的万丈悬崖，人一旦被其虚幻的光环迷惑，一步步朝悬崖边走去，得到的将不是太阳，而只是粉身碎骨的毁灭。这些批评家还认为，只有淫乐的人才寻求所谓"阴阳采补"之类房中术，而房中术又反过来助长淫乐。二者密不可分。观诸世宗，确实如此。有关金石等春药的危害，笔者将在以后部分叙述。

五、喜好祥瑞

世宗在设坛斋醮、秘炼房中术的同时，为阻止大臣的谏诤和舆论的谴责，对灾异、祥瑞采取截然相反的措施，即报喜不报忧，甚至对报忧者采取极端残酷手段予以镇压，而报喜者多能获赏升迁。

世宗即位之初，对灾异尚能认真对待，如正德十六年七月令"四方灾异重大者立奏，毋俟类闻"①，表明他对政治革新仍有兴趣。嘉靖二年，南、北两京，山东、河南、湖广、江西、嘉兴、大同、成都等地发生严重干旱，"赤地千里，殍殣载道"。世宗为此停止斋醮，宣称考孝宗、伯兴献王②。对言官们的上疏也多能采取客观、克制的态度。大礼议之后，廷臣争媚世宗，献祥瑞者不时而有。嘉靖中叶以后，世宗对灾异上言者多痛加惩处，各地呈报祥瑞接踵而至。

嘉靖八年，汪铉以右副都御史巡抚南赣，"首进甘露以媚上，得召为刑部侍郎"。当时正修订《明伦大典》，张璁、桂萼等将汪铉所献甘露标于卷尾，"以为此上孝感之应"。不久，又进汪铉为吏部尚书，兼兵部尚书，宠眷几与张、桂等同。这可谓由献祥瑞而受宠的第一个官员。嘉靖十年，礼部侍郎顾鼎臣上奏说："上设醮时，先一日阴云解散，二之日云物一色。复降瑞雪，此皇上精诚格天所

---

① 《罪惟录·帝纪》卷12。
② 《国榷》卷52。

致。"并献《步虚词》七章，又言七日奏请青词，尤为至要，又列五事奏上，全是斋坛香火供献之祥瑞。世宗见奏十分高兴，顾鼎臣不久即进内阁参预机务。[1]"词臣以青词结主知，由鼎臣倡也。"[2]

世宗设斋时，十分迷信"扶鸾"。"扶鸾"即扶乩。用丁字形特制木架放于沙盘内，由两人各扶一端，诡称神仙降坛，在沙盘上书写词语，答复询问。降坛者当时统名之"箕仙"。世宗对"箕仙"非常迷信，很长时间，遇有疑难心事，都写在纸上，加上密封，派心腹太监送往鸾坛。主坛方士拜祷请仙，密封焚烧后，即于沙盘上进行解答。皇帝有何"心事"，"扶鸾"者最初并不清楚，因而回答多令世宗失望。世宗认为这是太监"不洁"所致，重加责罚。方士为寻求升迁赏赍，维持"箕仙"声誉，于是和送密封来的内监串通一气，先拆封看看皇帝问什么事，然后焚烧，再在沙盘上进行空泛而玄奥的对答。这样一来，答非所问的情况就没有了，世宗自然更相信"神灵"启示了。嘉靖二十四年杨爵等获释即缘于此。

杨爵，富平人，年二十始读书识字。家庭十分贫困，常燃薪代烛。白日，躬耕田陇，稍闲即挟册诵读。其兄为吏员，因得罪知县而被逮入狱，杨爵投牒以上，因而同入狱中。后知县换人，杨爵上书称冤，继任的知县立即释放兄弟俩人，并给零用钱以资助其生活。杨爵立志远大，要为天下生灵树奇节。嘉靖八年中进士。授行人。当时世宗斋醮不停，杨爵从王府回京，备言"民多菜色，挈筐操刀，割道殍食之"的惨痛状，提醒世宗务实，勿尚虚文。不久，杨爵升为御史，因母老而归家侍养。服丧期间，在

---

[1] 《万历野获编》卷29。
[2] 《明史》卷193《顾鼎臣传》。

墓旁筑庐为家，推车粪田，从不间断。妻子送饭、耕织。谁也不知这是朝廷的御史。光阴似箭，杨爵服丧期满，仍起御史官。当时世宗不理朝政，斋醮更日无虚时。嘉靖二十年元旦，天降微雪，大学士夏言、尚书严嵩等作颂称贺。杨爵抚膺叹息，夜不成寐。一个月后，上疏痛陈天下大势，如人衰病已极，腹心百骸，莫不受患，即使想救治也没有办法。他指出国家面临五大危亡之乱：任用匪人，足以失人心而致乱；兴作不已，府库空竭，结怨天下而致乱；朝讲不亲，政事推诿，使人心涣散而致乱；信用方术，人起异心，上行下效而致乱；阻抑言路，拒谏纳谀而致乱。[①] 杨爵的上疏将嘉靖中叶的弊政揭露无遗，全疏以谏斋醮为中心，指陈利弊兴衰之鉴，痛切规谏世宗改弦易辙，以挽救危乱之局。在杨爵上疏前的嘉靖七年三月，灵宝县黄河清，世宗遣使祭河神。大学士杨一清、张璁等多次上疏致贺，御史周相上疏表示反对，他说："河未清，不足亏陛下德。今好谀喜事之臣张大文饰之，佞风一开，献媚者将接踵。愿罢祭告，止称贺，诏天下臣民毋奏祥瑞，水旱蝗螟即时以闻。"世宗大怒，将周相逮入诏狱拷掠，又杖于廷，谪戍韶州经历。周相上疏被谪处后，"中外相戒无敢触忌讳"。杨爵上疏痛诋祥瑞，触动了世宗的心病，世宗立即将杨爵下诏狱拷掠，血肉狼藉，关以五木，昏死一夕复醒。大臣请刑部拟罪，世宗不许，命令严加锁锢。狱卒因世宗随时将下诏处死杨爵，不让他的家人送饮食，杨爵几次已至死亡的边缘。不久，主事周天佐、御史浦铉先后上疏营救杨爵，但皆被箠死狱中。"自是无敢救者。"次年，工部员外郎刘魁，给事中周怡皆因上疏谏诤逮系狱中，关入多年不释。

---

① 《明史》卷209《杨爵传》。

卧鹿寿星玉嵌饰

嘉靖二十四年八月，世宗又举行扶乩。"箕仙"降坛，对皇帝有关国内隐情的询问，答说："路有白骨，狱有冤者。"世宗下令掩埋路毙尸体，释放杨爵等三人。只过了三天，吏部尚书熊浃上疏谏止扶鸾，他恼羞成怒，说："我固知释爵，诸妄言归过者纷至矣。"令东厂追赶杨爵，将其重新关入狱中。世宗令东厂每天窥伺杨爵言行，五天一奏报。校尉周宣对杨爵颇表同情，立即被遣。杨爵每天与周怡、刘魁讲谈儒家经典，在狱中著《周易辨说》《中庸解》等书。

嘉靖二十六年十一月，世宗在露台祈祷，火光中若有呼三人忠臣者，世宗下诏释放杨爵等三人。杨爵在狱中服刑七年，备受折磨，释归后二年即病故[1]。这是因谏止祥瑞而受重惩的一个例子。

嘉靖中叶以后，大小臣僚进献白鹿、白兔、白雁的接连不断，世宗对进献人大者晋升，小者赐币，从无一句谴词。一次，世宗叩询长生秘诀，"箕仙"告以服食灵芝。从此献灵芝成为时尚。嘉靖三十七年，陕西鄠县百姓王金买了1万朵灵芝，聚为一山，美其名曰"万岁仙应芝"，进献给世宗祝寿。其中有宽1尺8寸的数根。世宗十分高兴，赐给王金银币。这一年冬天，礼部奏四方进

---

① 《明史》卷209《杨爵传》。

献灵芝已达1 804本。世宗下诏，认为宽1尺以上的不多，令各地访求。嘉靖四十一年，王金又献灵芝、五色龟，世宗喜极，马上遣官告庙，对医术一窍不通的王金授以御医之职。最可笑的是，这一年的会试，竟以灵台命题，白鹤、白鹿全登于试子之卷牍。①

世宗晚年，对吉祥物的迷信变本加厉。各地进献，群臣照例上表祝贺，世宗除重赏献瑞人外，还不时到太庙祭告。嘉靖四十三年五月，御帐中突然发现一个桃子，近侍说是从天而降。世宗为此传旨，举行连续五天的"迎恩典"。无独有偶，第二天又发现另一只"仙桃"。当晚，御苑中白兔产下两只小兔。不久，白鹿又同样产下两只小鹿。世宗认为这是"奇祥三锡"，喜出望外，"迎恩典"办得更隆重了。

对祥瑞的迷信，世宗至死不悟。但真实的情况却是，嘉靖年间，灾异频见，是明代276年间的多灾时期。仅据《明史·五行志》等文献粗略统计，这45年间，发生瘟疫六次，饥馑24次，地震41次，大旱25次，大水灾11次，几乎无年不灾。嘉靖三十四年，山西、陕西、河南等省同时地震，声如霹雷，黄河、渭水泛溢成灾。官吏、军民在地震中丧生者达83万余人。嘉靖十五年二月二十八日四川地震，行都司附郭、建昌卫、建昌前卫以至宁番卫皆为震中，压死都指挥1人、指挥2人，千户、百户、镇抚各1人，太学生1人，"其他军民夷獠不可数计"②。十七年京师大饥，"僵尸枕藉"，京畿、山东、陕西、福建、湖广等省同时出现严重干旱，瘟疫大行。③这些灾异的屡次出现，无疑是对世宗祈求祥瑞的莫大讽刺，这也从反面说明世宗之好祥瑞，是其极端虚伪品质的暴露。

---

① 《万历野获编》卷29《祯祥》。
② 同上。
③ 《明书》卷85《祯祥志》。

六、大兴土木

正德九年正月十六的夜间，紫禁城灯火辉煌，万盏明灯高悬各宫，交相辉映，把皇宫照得如同白天一般，也为元宵佳节平添了许多祥和的气氛。但进入午夜，一场大火从乾清宫侧殿开始燃烧，武宗正在游乐，闻报后也亲临现场，指挥救火。但水火无情，直到次日中午，大火依然不止，乾清宫被烧成一片瓦砾。

数日后，武宗身穿浅淡色服装，在奉天门视朝，接受文武群臣的慰安。这一天，连御座也没有设，武宗站在一边，听着太监宣读敕谕。大概是讲了很多"罪己"之类的话，并说上天示惩，降灾于天子所居。①随后又令工部兴建乾清宫。工部尚书李鐩提出拨内库银一半修建，另一半取自民间。武宗不听，下诏加天下赋一百万两兴建。②具有讽刺意味的是，直到正德十六年乾清宫才建成，而这时武宗已驾崩西去，世宗刚好即位登极。御史郑本公上疏说："皇上运享盈成，固居安之日，亦当思危之时。"并上六件应该反思的事，请新皇帝以武宗为戒。③大学士杨廷和也不时给年轻的皇帝敲警钟。

可是，御史和大臣们都错了，世宗早已把善意的规谏当作耳旁风。自即位起直至寿终正寝止，嘉靖帝大兴土木，几乎年年有建，月月有兴。许多宫廷建筑史研究专家都认为，这是明代历史

---

① 《明武宗实录》"正德九年正月庚辰"条。
② 《明史》卷16《武宗纪》。
③ 《明书》卷84《营建志》。

上兴工最多的时期。^①仅据朱偰《明清两代宫苑建置沿革图考》^②所载，这一时期创建的主要有：

嘉靖三年建观德殿，在奉先殿西，六年改移于左，并改称崇先殿，奉安献皇帝神主。

嘉靖四年作世庙，次年成，祭祀兴献皇帝。同年又作玉德殿、景福宫、安喜宫。

嘉靖九年在圜丘作天地坛，稍北为皇穹宇；又建方泽坛、朝日坛，在朝阳门外；夕月坛在阜成门外，均缭以垣墙；在北郊建先蚕坛。

嘉靖十年在阜城门内大街北作历代帝王庙。

嘉靖十一年建太极坛。

嘉靖十三年在重华殿西建皇史宬。

嘉靖十四年作九庙，次年成。二十年灾，二十三年重建。

嘉靖十五年建金海神祠于西苑。同年，在清宁宫后半地建慈庆宫；在仁寿宫故址并撤大善殿建慈宁宫。十七年慈宁宫成，十九年慈庆宫成。十五年又作献皇帝庙。

嘉靖十七年在文华殿后作圣济殿，以祀先医。

嘉靖二十一年建成大高玄殿。

嘉靖二十二年在太液池西建佑国康民雷殿；同年又建雷霆洪应殿。

嘉靖二十六年圆明阁阳雷轩工成。

嘉靖三十六年大光明殿建成。

嘉靖四十四年建万法宝殿。同年献帝原庙柱生芝，建玉

---

① 单士元：《故宫札记》，紫禁城出版社1990年版，第191页；朱偰：《北京宫阙图说》，北京古籍出版社1990年版。

② 商务印书馆1947年版。

芝宫。

嘉靖四十五年正月建真庆殿；九月建乾光殿；闰十月紫宸宫建成。

属于重建及拓置的有：

嘉靖元年修建文华殿。

嘉靖四年改建仁寿宫，十九年再修。

嘉靖九年修建西苑宫殿。

嘉靖十一年建清馥殿前丹馨门、锦芳、翠芳二亭。

嘉靖十四年建乾清宫左右小殿，左曰端凝，右曰懋勤。同年，因未央宫为兴献帝发祥之地，改为启祥宫，并在宫前建石坊，又改十二宫名。

嘉靖十六年拓建文渊阁。

嘉靖三十七年，重建奉天门，更名大朝门。

嘉靖三十八年，奉天等三殿重新建，四十一年建成。

嘉靖四十一年万寿宫重建成。

嘉靖四十三年，重建惠熙、承华等殿、宝月等亭。

据朱偰的不完全统计："创建者二十一处，属于重建及拓置者十四处，重要工程，次第完成，终嘉靖之世，劳作弗辍，皇城之内，大厦连云，金碧辉耀，楼阁相望。诚明代宫史之极盛时期也。"[1]朱偰所列，皆京师宫苑。单士元先生指出："嘉靖所建造的坛庙最多……北京的道教庙宇大都是在嘉靖朝所修建或重建。"[2]以上两先生所列，尚不包括湖北兴献王府的众多建筑。这几组数字加起来，嘉靖朝大的工程当不下于百个。

---

[1] 《明清两代宫苑建置沿革图考》，第22页。
[2] 《故宫札记》，第191页。

　　世宗兴修宫室，多与其修斋设醮有关。因而一旦决定，即不惜一切代价督促完工，对督工不力之大臣及劝谏者严厉惩处。嘉靖初年，显灵宫、仁寿宫、世庙等工程同时并举，四川、贵州、湖广"山林空竭，所在灾伤"①，世宗又令盖造乾清宫西七所及万岁山后毓秀亭。因大礼议贬处南京的工部侍郎何孟春上疏说："数年之间，土木频兴。若神乐观等五处，迄今尚在做工，（乾清）宫西七所固难免于盖造，山后毓秀亭可以不复添修。今乃前工未讫，后工踵之，此作非成，彼作复继。"何孟春还指出，皇帝新令已下一月有余，但无一人谏止，因为"意者陛下锐于所为，言必得罪，人故自危不敢言耶"。他为世宗算了一笔账："陛下试计今日工作，奚翅百倍露台之费也。二处物料，七所之所寄放，及该监之所收贮，一有不敷，不免索之于外。索之于外，则工部不免挪移，顺天等府不免科派，卢沟桥、张家湾等处局厂应用者曾不能补料之半。柱、础等石皆要开塘起取；琉璃、素白砖瓦亦要设窑烧造；凡百所需，无不扰民。在内者以一糜二，在外者以十供一。如颜料中石，大青大绿，皆每斤值银数两，所用无虑数万斤，银亦无虑数十万两。木石等匠，除在官人外，雇觅该三百名，每名一日工价七分，一日即该银二十一两，略约一年工价，已费七千余两矣。"②工部尚书赵璜等亦请求停止玉德殿等工程，以专力修筑世庙，世宗不许③。《明史》说："世宗营建最繁，十五年以前，名为汰省，而经费已六七百万。其后增十数倍，斋宫、秘殿并时而兴。工场二三十处，役匠数万人，军称之，岁费二三百万。"④

---

① 《明通鉴》卷52。
② 《明经世文编》卷127《省营缮以光治道疏》。
③ 《明书》卷84《营建志》。
④ 《明史》卷78《食货二》。

　　嘉靖中叶，兴建工程进入高潮。当时大营兴献王邸，加之连年并建的雷坛、景阳宫、皇穹宇、丽谯楼、诸陵寿宫、沙河离宫、六圣亭，以及诸王诸妃府邸，有数十个工程同时进行。户部拨银，兵部拨匠、兵，工部办物料，朝廷上下全力以赴。又行报捐法，以筹银两。但工程浩大，仍不足用。仅沙河离宫就需银七百万两[①]。嘉靖十九年户部尚书梁材因筹款不力被免职。同年五月工部尚书蒋瑶上疏说："今内外工程共用银六百三十四万七千八百九十余两，中间匠、料大约四百二十余万，其余皆为雇夫、运价之数，今帑银告匮，而来者不继，事例久悬而纳者渐稀，各处兴工无可支给。"以前所借两宫皇后庄田子粒等七十余万尚未还清，他请求皇帝拨太仆寺银以济急需。世宗见疏后十分恼火，认为是工部等有意拖延，令其会同户、兵二部商议对策报闻。蒋瑶不敢迟疑，上疏指出：现内外同时兴建工程二十三处，每年需雇工银、车脚、铺商、料价等数百万两。工程在京者已极繁重，而在承天者又有十余处。各项事例开纳已久，后来者稀。工部所需料、匠银地方或借支不还，或扣留不解，甚至有被挪借、侵欺者。因不行追究，"以致支费不足"。蒋瑶又把责任推到各地方乃至皇帝身上。世宗气愤异常，令蒋瑶休致回家。

　　代蒋瑶为工部尚书的是张润。他到任后提出四点解决办法：第一是议财用。张润提出的筹银措施是：工部库存节余六万余两，但欠夫匠、物料达27万余两，已不能支，请户部每年扣省通惠河脚价36 140余两，崇文门商税27 000余两，皇庄及各草场子粒89 000余两，两淮余盐477 400余两，光禄寺借支150 000两，兵部借支200 000两，六项合计近百万两。第二是议会计。经查四

---

① 范守己：《皇明肃皇外史》卷17。

郊所费银两不过46万，慈宁宫不过48万。而今慈庆宫已用银71万余两，一号等殿已用银76万余两，费用已超出预算而工程仍未完。第三议工程。请求分轻重缓急，先停一些工程、以保证重点。第四议军匠。张润的这个奏疏还是实事求是的，但世宗仍不满意，在采纳工部建议前提下，督促各有关部门按期完成。[1]据《明书》载，承天兴献王邸已用银46万余两，近又请170余万两[2]，可知仅承天用银即达220万两。

　　嘉靖二十年四月初五下午，东草场失火。京城人讹传火焚宗庙，一时间远近惊骇。至傍晚时，暴雨如注，并夹杂冰雹，京城人又都说，火灾会只限于草场，现在将因雨熄灭了。然而到了夜间，大火忽然从仁宗庙燃起，延及成庙及太庙，至次日早晨宗庙皆成灰烬，只有新设建的睿宗庙完好独存，传讹为真，京城人又是大为惊讶！[3]宗庙被毁，睿宗庙独存，京城人传言汹汹，世宗也觉得是上天示警，命廷议讨论修建事宜。礼部尚书严嵩等上疏指出：为人君者必顺天道，协人情，兴举大工，财力为先，方今旧工尚未完纳，又举新役，恐难为继。而且所需木料产于湖广、四川，穷崖绝壁，运输很难，此当预先筹采。也可宽民之力，借之以时。世宗于是命工部侍郎潘鉴等前往采木[4]。嘉靖二十四年，宗庙重新建成。[5]

　　嘉靖二十一年，大高玄殿开始修建，工部员外郎刘魁上疏切谏，世宗大怒，将刘魁打入诏狱，兴建工程继续进行。该殿在景

① 《明世宗实录》卷238。
② 《明书》卷84《营建志》。
③ 《万历野获编》卷29《祀祥》。
④ 《明书》卷84《营建志》。
⑤ 《日下旧闻考》卷33。

山之西，紫禁城北，南北长而东西狭，南至护城河，北到雪池。刘若愚在《酌中志》述其建筑说："北上西门之西，大高玄殿也。其前门曰始青道境，左右有牌坊二，曰先天明境、太极仙林，曰孔绥皇祚、宏祐天民。又有二阁，左曰炅明阁，左曰朏灵轩。内曰福静门，曰康生门，曰高玄门、苍精门、黄华门。殿之东北，曰无上阁，其下曰龙章凤篆，曰始阳斋，曰象一宫，所供象一帝君，范金为之，高尺许，乃世庙（嘉靖）玄修之御容也。"①

　　修建时间最长，耗资最多的是西苑万寿宫。西苑原是明成祖朱棣的府邸。自嘉靖十年开始兴建，此后三十年间"创造不辍，名号已不胜书"。嘉靖二十一年宫女谋弑后，世宗对大内有种恐惧感，便到西苑（今北海、中南海）修斋设坛，日事斋醮，再不理朝政。嘉靖四十年十一月二十五日，世宗喝过酒后，与新幸宫姬尚美人在貂帐中吸烟。俩人熟睡后，烟火烧着貂帐。侍卫急忙将世宗救出，而先朝异宝及天子服饰等烧个精光，历时三十年修建的西苑付之一炬。②此后世宗暂居玉熙殿，后又搬到元都殿，但皆十分狭小，这对万乘之尊的皇帝是很不合适的。世宗又要兴建，并征询首辅严嵩的意见。严嵩请世宗居住到南城去。南城是英宗为太上皇时所居，天顺年间修缮完整，其华丽不亚于永寿宫。但一向忌讳颇多的世宗听后很不高兴，认为南城是英宗逊位受禁锢的地方，万不可居此。徐阶时为次辅，对世宗说："今征到建殿（奉天等三殿火灾后重建）余材尚多，顷刻可办。"并推荐工部尚书雷礼可担此任。世宗十分高兴，当日命徐阶子徐璠为尚宝司丞，兼营缮主事，专督其事。三个月后，西苑建成，世宗即日迁居于

---

① （明）刘若愚：《酌中志》卷17《大内规制纪略》。
② 《万历野获编》卷29《机祥》。

此，并改称万寿宫。此次修造，木匠徐杲立功尤大，他"以一人拮据经营，操斤指示，闻其相度时，第四顾筹算，俄顷即出，而斗材长短大小，不爽锱铢。上暂居玉熙，并不闻有斧凿声，不三月而新宫告成"，世宗升徐杲为工部尚书，徐阶进少师、荫子，徐璠也破格升为太常少卿。^①直到临终前，世宗一直居于此。

嘉靖一朝，兴作不已，从未间断，《明史》说他"劳民耗财，视武宗过之"。^②这仅就经济方面影响而言。如果联系到每次大兴工程，动用劳动力皆在百万以上^③，而其中的相当部分是值班军兵，致使兵政久废，终酿南北之大乱，其影响则更为深远。

---

① 《万历野获编》卷2《列朝》。
② 《明史》卷78《食货二》。
③ 陈继儒《宝颜堂秘笈》记述重建奉天等三大殿时说："今日三殿二楼十五门俱灾，其木石砖瓦皆二十年搬运进皇城之物……当时起造宫殿王长寿等十万几千人，佐工者何止百万。"（引自《故宫札记》第191页）

VOLUME 4

卷四　海盗乱江南

一、争贡之役

　　中日两国是一衣带水的友好邻邦。早在两千年前，两国就建立了正式的交往关系。隋唐时期，中日两国互使不断，把友好的关系推到一个新阶段。天宝十二年（753）遣唐使回国时，唐玄宗破例赋诗志兴：

> 日下非殊俗，天中嘉会朝。
> 念余怀义远，矜尔畏途遥。
> 涨海宽秋月，归帆驶夕飙。
> 因惊彼君子，王化远昭昭。[①]

　　在古代交通不发达的条件下，日本使者到中国来要远涉波涛汹涌的大海，随时有飘没沉沦的危险。大唐天子赞叹日本使者不畏险途、遣唐不止的精神。两国文化交流也留下许多千古佳话。但自元代开始，两国关系一度逆转。尤其是"倭寇"不时劫掠中国东南沿海，为两国关系蒙上了一层阴影。

　　朱元璋建国后，总结历朝的经验教训，制定了颇合时宜的外交政策，这就是：人不犯我，我不犯人；人若犯我，我必犯人。他把"外国"分成两类：一类是不征之国，就是不和他们打仗的

---

① 《全唐诗》卷3"李隆基"。

国家；另一类是必须谨备的敌人，必须区别对待。限于当时对世界的认识，朱元璋所考虑的两类国家几乎全是亚洲国家，其他各洲均未涉及。

在"不征之国"中，即有"日本国"，其下注有这样一句话："虽朝实诈，暗通奸臣胡惟庸谋为不轨，故绝之。"[1]也就是要和日本断绝关系。这一外交政策的形成受当时的客观环境影响。

明朝建立后，在东南沿海仍有倭寇掠扰，并且，张士诚和方国珍的残部逃窜海岛，成为海盗，常与倭寇配合侵掠沿海郡县。朱元璋深恐他们联合起来，成为心腹之患。为此，于洪武元年（1368）十一月，派使臣带着国书去日本、高丽、安南、占城四国，告知明已继元统建国，希望各国奉正朔，继续以往的外交关系。次年，四国中的三国遣使赴明朝贺，唯独日本使者不至。朱元璋再派使臣赴日交涉，但明使五人被斩。以后又几次派使臣赴日，均无结果。洪武十四年，左丞相胡惟庸案发，在处理此案的过程中，日本有助胡谋杀朱元璋之嫌，这一切都促使明太祖决意断绝明朝和日本的关系。与此同时，朱元璋还采取积极措施，武力剿倭和禁海双管齐下，形成了比较完备的防倭体系，具体措施是：

第一，增设城堡、卫所、墩堡、烽堠，加强防御工事和据点。洪武一朝三十余年间，朱元璋多次派著名将领、大臣整治边防。从广东、福建、浙江、江苏至山东沿海，视地形条件修筑各类防御工程，增设巡检司，形成较严密的防守监视体系。第二，征训士卒，加强防御战斗力量，当时沿海兵力近20万人防守。第三，修造战舰，加强海上巡哨追剿力量。浙江沿海卫所有战船500余

---

① 《皇明祖训·箴戒章》。

只，广东300余只，福建有100余只。哨船春夏出海巡哨，秋冬回防地驻守。第四，加强海上剿倭，制定赏罚激励将士。[①] 由于朱元璋"怒日本特甚，决意绝之，专以防海为务"[②]，这使洪武年间虽有倭寇侵扰，但未酿成大患。

　　永乐—宣德的近四十年间，明政府采取较为开放的对外政策，在福建、广东、浙江设置市舶司，发展中外贸易。对日本的贸易关系也走向正常化。宣德贸易条约规定，日本十年一贡，贡船不得过三艘，使人不超过三百。为防止倭寇假冒日本使臣和商人，明政府颁发勘合，即贸易凭证，日本商船来中国必须交验明政府制发的勘合，才准许贸易，这种贸易故又称"勘合贸易"。在实际执行上，明政府对贸易条约有所放宽，日本来中国贸易的人数往往超出规定，如景泰四年（1453）来船十只，总人数达1 200人，所带货物超出规定10倍以上。[③] 日本输出的大多为刀剑、扇、硫磺、铜、苏木、漆器等。中国输出的主要是银、钱、绸缎、布帛、陶瓷等。一般的情况是：市舶司代表明政府对日商品进行官买。官买之后，在市舶司监督下，以官准牙行为中介人进行互市贸易。中介贸易外，还有一部分商人允许去杭州贸易，以及进京日本使团在往返中的贸易。

　　由于日中贸易带有"朝贡"性质，因而在给价及回赐上往往超出"贡品"价值几倍或几十倍。而究竟"回赐"多少，定价几何，又前后不同，矛盾百出。日本贸易使团有时以高价为攀比标准，向明政府索要更多回赐，双方一旦协调不好，便会影响正常贸易。以宣德八年（1433）为例，日本贸易团所带苏

① 张声振：《中日关系史》卷1，吉林文史出版社1986年版，第213页。
② 《明史》卷322《日本传》。
③ 参见张声振：《中日关系史》卷1，第260页。

木、硫磺、铜、刀剑四项大宗货物，其原价格按日本最高市价计算，四项总计不过7 267贯，而明政府给价款已达68 890贯，加上回赐款要超出十万贯。如果再加上其余各项以及北京、宁波、沿途各地自行交易的款项，其总获利在20万贯左右，甚至还要超出。①因此，每当日本贸易团回国入兵库港时，许多人在岸边翘首西望。一个和尚在日记中写道："唐（明）船归朝，宣德钱到来。"②

由于贸易获利甚大，因而日本不断增加货物数量，将军、武士、僧人、商人等也不惜一切代价，加入贸易使团，以获取10倍于己的高利。这种恶性循环使明政府背上了沉重的包袱：贸易额增加，回赐及给价越多，明朝越不堪重负；稍压其价，日方即要挟蛮横。如景泰四年日本贸易团携带物品越过以往10倍，明政府给价稍低，日本正使提出抗议，说如果不按宣德八年例给价，回国后将受国王诛杀，表示不如所请便不回国。明政府无奈，又加给许多，日使才作罢。成化十九年（1483）日使"贡"刀从永乐时规定的3 000把已逐渐增至37 000把，超过十余倍，明政府只好压价，从最初的每把10贯依次下降为6贯、3贯、1贯等。日本使团对此坚决抵制。正德六年（1511）正使了庵桂梧在争价书中说：如不加价，"失我国主之心"，"一旦小国弃积世禁贼之功"，"他日海寇闻风复集，其罪谁当"？③这种近乎威胁的口气使明政府十分难堪，"禁海政策"再度实施。④

① ［日］田中健夫：《倭寇与勘合贸易》，筑摩书房1982年版，第56页。
② ［日］小叶田淳：《中世日中通交贸易史研究》，刀江书院1941年版，第401页。
③ 《壬申入明记》，引自《中世日中通交贸易史研究》，第412页。
④ 参见张维华：《明代海外贸易简论》，上海人民出版社1956年版，第400页。

十四世纪初叶，日本进入南北朝分裂时期，封建诸侯割据，互相争战，夺利攘权。在战争中失败了的南朝封建主，就组织武士、商人和浪人到中国沿海地区进行武装走私和烧杀抢劫的海盗活动，历史上称为"倭寇"。永乐以后，正常的中日贸易关系确立后，倭寇活动虽受到遏制，但并没有根绝。十五世纪后期，日本爆发了应仁之乱。日本应仁元年（1467），大内氏率军攻占与山名管领为敌的细川管领的兵库，从此，大内政权控制了由濑户内海至长门、博多、平户的赴明海路，即所谓中国路。以堺为根据地的细川商船，赴明贸易只能走九州南部海路即所谓南海路。大内氏是海盗的组织者，细川氏的商船在赴明往返途中经常被大内氏海盗船所劫掠。由于大内氏和细川氏的对立，在对明贸易上形成东西两派客商（指有实力单独出股的大商人）和从客人（指参加某一客商股份的合作者，地位从属客商）的对立。应仁之乱后，由于管领细川氏控制幕府的实权，将军已成为事实上的傀儡，这就使分裂状况加剧，日本进入"战国"时代。所谓"争贡之役"正是在这种条件下发生的。

第八次对明贸易团由日本两个最大的武士豪族大内氏和细川氏联合组成，大内氏二船，细川氏一船，由了庵桂悟出任正使，率船队赴明。但是，细川氏不甘心只出一船，在了庵桂悟未启程前，又密遣宋素卿率一船抢先赴明。

宋素卿原名朱缟，浙江鄞县人。弘治八年（1495）尧夫寿蓂对明贸易团至宁波时，其父朱漆匠受日商汤四五郎的委托代购漆器。但直到日商回国，朱漆匠未能按价交货，遂以子朱缟作人质抵押，被带回日本。朱缟到日本后，供职细川氏，改名宋素卿。正德四年底，宋素卿率细川贸易船到达宁波，被其叔父认出，州官上报欲治其罪。武宗指令，既为使者，治其罪恐招日人抗议，致生他隙①。礼部发文警告宋素卿以后不得充任使臣，宋于正德五年六月回日本。

宋素卿回到日本后，了庵桂梧的船队才到达宁波。因为前一次使团在赴京途中持刀杀人，明政府规定此后只许50人进京。了庵桂梧一行共292人，对这一规定十分不满，集体到杭州抗议。地方官坚持按规定执行，无通融余地，日使只好选出50人进京。但是，这时山东、直隶正发生刘六、刘七起义，地方官怕途中再生意外，奏请将贡物暂存市政司库，按例给价放回。明政府准奏，并颁发新勘合百道，于下次贸易时缴回旧勘合。但因这次贸易团中大内氏占有优势，故正德勘合又落入大内氏之手。

嘉靖二年（1523），大内氏以正德勘合单独组成第九次对明贸易团，由宗设谦道率三船300余人，于该年四月二十七日抵达宁波。细川氏得知大内氏单独组织对明贸易团的情况后，也立即派出一船，由鸾冈瑞佐和宋素卿率领，一行百余人兼程赶往明帝国。四月底，也即大内氏船到达的三天后，宋素卿一队也抵宁波。宗设的船虽然先到，但尚未检验勘合，及宋素卿至，市舶司方一道检验。按照通行的办法，市舶司应以先后顺序验证。但宋素卿暗中行贿太监赖恩，于是先于宗设谦道的船进港验货。等到查验宗设一行的勘合时，市舶司发现有新旧之分，便故意刁难宗设等人。两个船队进港验货完毕后，市舶司按惯例在嘉宾堂设宴款待使团。在安排席位时，又违反常规将后至的鸾冈瑞佐置于首席，宗设谦道居次。宗设不能容忍，因而在席间由争执发展到仇杀。

在大内氏组织的赴明使团中，以海盗为业者甚多，五月一日宴会后，在宗设谦道的唆使指挥下，打开东库，抢出按规定收缴

---

① 《明武宗实录》"正德五年四月"条。

保存的武器，攻入嘉宾堂。太监赖恩"又以素卿故，阴助（瑞）佐，授之兵仗"，但宗设人多势众，很快抵抗住瑞佐一队的兵仗，并反败为胜，鸢冈瑞佐被追杀，宋素卿在明政府府卫军的保护下逃避到十里外的青田湖。宗设谦道率众纵火焚毁嘉宾堂，随后又追瑞佐至余姚江岸。瑞佐逃到绍兴，宗设追至城下，索要瑞佐不得。在折回宁波时，沿途杀掠。一路上掳走指挥袁琎、百户刘恩，杀死百户胡源。在宁波市内大肆洗劫后，夺船逃向大洋，备倭都指挥刘锦、千户张铠率军追赶，不幸战死。一时间"浙中大震"。巡按御史欧珠、镇守太监梁瑶立即将情况上报中央。这就是"争贡之役"[①]。

"争贡事件"的发生虽有其历史的根源，但明政府地方有关部门的昏聩贪婪是其重要因素，在处理这一事件过程中，更充分暴露了这一点。太监赖恩因收受宋素卿贿赂，故极力为其开脱。宁波府官吏也不敢得罪赖恩，上报时统一口径，只说"互争真伪"，世宗下旨，切责巡视守巡等官，"先事不能预防，临事不能擒剿，姑夺俸。令镇巡官即督所属调兵追捕，并核失事情罪以闻。其入贡当否事宜，下礼部议报"。数日后礼部议复认为：日本夷人宋素卿来朝，勘合是孝宗时颁发，武宗时勘合据他称被宗设夺去。其言未必可信，不宜允其入朝。但二夷相杀，衅起宗设而宋素卿之党被杀者多。宋素卿虽以华从夷，但事在幼年，其长大后知效顺，武宗已宥免。今可毋用再问。惟令镇巡官省谕宋素卿回国移咨国王，令其查明勘合自行究治，待当贡之年奏请议处。[②]很显然，礼部据宁波方面的奏报，只能为宋素卿开脱。正在这时，御史熊兰

① 《皇明肃皇外史》卷3。
② 《明世宗实录》卷28。

弹劾太监赖恩接受宋素卿贿赂状，请治宋素卿罪。给事中张翀上《杜狡夷以安中土疏》，指出日本"窥伺中土，得间则张其戎器，以劫杀为事；不得间则陈其方物，以朝贡为辞。劫杀则利民财，朝贡则利国赐，间有得不得，而利无不在，此倭奴之大情也"。现在二夷争斗，杀掠中国百姓无数，岂可放归不治，请"绝约闭关，永断其朝贡之途"。①张翀的上疏将日本贡使的伎俩揭露无遗，指出他们顺则朝贡，逆则为寇，而无论何种情况，皆有利可图。世宗令收审宋素卿等人，责令宁波府调查事情真相，以作决断。②经过近半年的调查，事件起因逐渐清楚，始定宋素卿罪，宋死于狱中，但赖恩等人并未受到应有制裁。

---

① （明）张翀：《杜狡夷以安中土疏》，《明经世文编》卷292，第3074页。
② 《明世宗实录》卷28。

二、朱纨巡抚

"争贡事件"发生后，朝野上下要求禁海的呼声一浪高过一浪。而最终促使世宗采取比较严厉的禁海政策，与葡萄牙殖民者的入侵有关。

弘治十一年（1498）新航路发现后，欧洲一些处在原始资本积累时期的国家，实行血腥的海外掠夺政策。东方这块神秘而又富饶的土地，更是早已垂涎的殖民者争逐的地方。最早来到东方的殖民者是葡萄牙。正德六年（1511），其舰队侵入满剌加（马六甲），逐走了国王，阻断了中国与南洋各国的贸易关系。满剌加"自为佛郎机（明朝称葡萄牙为佛郎机）所破，其风顿殊。商舶稀至，多直诣苏门答剌。然必取道其国，率被邀劫，海路几断"①。殖民者还想以武力强占中国沿海的某些地方，作为其扩大侵略势力的根据地。几年后，其舰队闯进了广州湾东莞县附近的屯门岛，并在这里修筑工事。正德十二年，又派皮来资以国王名义充任大使，和安特拉德率舰队来到中国。舰队到屯门岛后，想进入广东，遭到中国地方政府的拒绝，便强行驶入内河，开向广州。②其气焰十分嚣张，沿途"铳炮之声，震动城郭"③。皮来资到广州后，要求前往京城朝见明朝皇帝，始被拒绝，随后买通镇守太监，允许进

---

① 《明史》卷325《满剌加传》。
② 张星烺编注，朱杰勤校订：《中西交通史料汇编》第一册，中华书局1977年版，第六章。
③ 《明武宗实录》卷194。

京。皮来资及其通事火者亚三到北京时，留在广东的葡萄牙人肆意烧杀抢劫。"所到之处，硝磺刃铁，子女玉帛，公然搬运，沿海乡村，被其杀掠，莫敢谁何。"①他们"剽劫行旅"，"掠买良民，筑室立寨，为久居计"②，一副十足的海盗面孔。明朝政府感到"听其往来贸易，势必争斗杀伤，南方之祸，殆无纪极"③。嘉靖元年明朝杀了火者亚三，并把在广东的殖民者驱逐出境。次年，侵略者又动用武力，企图夺回屯门岛，不果后又大肆掠夺新会县。此后，殖民者又转向浙江、福建地区，并与中国海盗以及倭寇相勾结，在宁波的双屿等地建立据点，从事海盗式的走私贸易。东南海面失去了以往的安定。

在这种条件下，嘉靖前期实行了比较严厉的海禁政策。仅据《明世宗实录》的有关记载，其主要内容依时间顺序详列如下：

嘉靖三年定：凡番夷贡舡，官未报视，而先迎贩私货者，按私贩苏木、胡椒千斤以上例，重处。交结番夷，互市称贷，给财构衅，及教诱为乱者，按川、广、云、贵、陕边民通番例，从重惩处。私代番夷收买禁物者，按会同馆内外军民私结外人例重惩。揽造违式海舡，私鬻番夷者，按私将应革军器出境与泄漏内地军情例，予以严惩。④

嘉靖四年定：行浙江、福建巡按官，查海舡但双桅者，即捕之。所载即非番物，以番物论，俱发戍边卫。官吏军民，知而故纵者，俱调发烟瘴。⑤

---

① 《广州府志》卷122。
② 《明史》卷325《佛郎机传》。
③ 同上。
④ 《明世宗实录》卷38。
⑤ 《明世宗实录》卷54。

嘉靖八年定：禁沿海居民毋得私充牙行，居积番货，以为窝主。势豪违禁大船，悉报官拆毁，以杜后患。违者一体重治[1]。

嘉靖十二年九月，世宗说："兵部其亟檄浙、福、两广各官，督兵防剿，一切违禁大船，尽数毁之。自后沿海军民，私与贼市，其邻舍不举者连坐。"[2]

嘉靖十五年定"备倭事宜"："一　沿海水寨，皆系通贼要路……请下所司，将峿屿等五寨，南北中三哨，各立木牌，标列官军器具之数，分地巡逻，互相策应，务使彼此联络，以靖海洋。一　龙溪、嵩屿等处，地险民犷，素以航海通番为生，其间豪右之家，往往藏匿无赖，私造巨舟，接济器食，相倚为利，请下所司，严行禁止。一　居民泛海者，皆由海门、嵩屿登岸，故专设捕盗馆。宜令本馆，置籍刻符，民有出海货卖，在百里外者，皆诣捕盗官处，自实年貌贯址，以符给之，约其来销。使去有所由，归有所止。……一　海澳舟居之民，所有见丁，皆令报官，推立澳长一人，小甲二人，籍记澳民姓名。……仍禁制澳民不得下海通番。"[3]

又据《明史纪事本末》卷55载："给事中夏言上言，倭患起于舶，遂罢之。"[4]可知嘉靖时期不但严格执行禁海政策，而且罢市舶司不设，中止对日贸易。其后在某一时期和某些地方，下海捕鱼与海上航行都在禁止之列。[5]

---

① 《明世宗实录》卷108。
② 《明世宗实录》卷154。
③ 《明世宗实录》卷189。
④ 此据《明史纪事本末》卷55《沿海倭乱》。据王仪考证，罢市舶司在嘉靖九年（王仪：《明代平倭史实》，台湾中华书局1984年版，第80页）。
⑤ 张维华：《明代海外贸易简论》，第45页。

禁海政策是因噎废食之举，实践证明，它不但没能给东南沿海带来安宁和平静，相反，它使"倭寇"问题日益严重，成为牵涉嘉靖一朝政治、经济、军事等各方面的社会问题。

经过150余年的社会安定与财富积累，至嘉靖时期中国社会出现了许多表征新时代的新气息、新现象。首先是传统的"农为本，商为末"的观念受到猛烈冲击。在中国工商业史上占有重要地位的"徽商"的发展正是经历了这样一个过程。顾炎武记载道：

> 国家厚泽深仁，重熙累洽，至于弘治，盖蒸隆矣。于是家给人足，居则有室，佃则有田，薪则有山，艺则有圃；催科不扰，盗贼不生，婚媾依时，闾阎安堵；妇人纺绩，男子桑蓬，臧获服劳，地邻敦睦。……至正德末嘉靖初则稍异矣。商贾既多，土田不重，操赀交接，起落不常。能者方成，拙者乃毁；东家已富，西家自贫；高下失均，锱铢共竞；互相凌夺，各自张皇。……至嘉靖末隆庆间，则尤异矣。末富居多，本富益少，富者愈富，贫者愈贫。起者独雄，落者辟易，资爰有厉，决自无恒。贸易纷纭，诛求刻核，奸豪变乱，巨猾侵侔。①

这段话为我们了解明代社会变迁提供了极好的材料。经过百余年的休养生息，出现了家给人足、欣欣向荣的景象。这为商业资本发展奠定了良好基础。正是在这样一个条件下，人们抛弃了传统的生活方式，从土地上走出来，奔向熙攘成群的商品经济大潮。因而打破了旧有的平衡，出现了贫富两极分化。值得注意的

---

① （清）顾炎武：《天下郡国利病书》卷32《江南》20。

是，这种变化不但在江南具有一定的普遍意义，而且在山西、山东、河北等中原腹地也出现了。如济宁"多商贾，民竞刀锥，趋末者众"①，河北南宫"多去本就末，以商贾负贩为利"②，藁城"民酷经营，而逐末计利之风炽"③。山西汾州，"民率逐于末作，走利如鹜"④。陕西三原一带，"民多商贾……劝令买地耕种，多以为累，思欲转移令务本轻末，其道良难"。⑤弃农经商一时成为风气。李豫亨说："天下有有田而富之家，有无田而富之家。有田而富者，其利虽自田而得，然每岁入官，兼之差遣，一遇饥馑，则租耗力乏矣。无田而富者，其利自商贩中而得，既无输官，亦无差遣，虽或征税，所伤几何？"他在比较这两种不同之富后得出结论是："贫富之分，无所稽验，差发多致隐蔽。""是无田而富，犹不若有田而富者之可悯也。"⑥也就是靠种田富起来并不稳固，也可说是假富；而由经商富起来者才真正可靠。这种认识是对当时经验之总结。林希元也说："今天下之民，从事于商贾技艺、游手游食者十而五六。"⑦

在逐末的浪潮中，一部分儒生也加入了这一行列。如福建晋江一带以儒治贾，蔚然成风⑧。据叶向高说，福清商人也多属儒贾兼业，所谓"学不遂，则行贾四方"，他统计这一地方，"什三治

① 道光《济宁府志》卷3《风土》引《明志》。
② 嘉靖《南宫县志》卷1。
③ 嘉靖《藁城县志》卷1。
④ 万历《汾州府志》卷2《风俗》。
⑤ 《陕西通志》卷45《风俗》。
⑥ （明）李豫亨：《推蓬寤语》卷8。
⑦ （明）林希元：《林次崖先生文集》卷2。
⑧ 有关详细情况，请参阅傅衣凌：《明清时代商人及商业资本》第四章，人民出版社1980年版。

儒，什七治贾"①。东南沿海势家政要，和商业尤其是海外贸易有千丝万缕的联系。所谓"吴中缙绅多以货殖为急"②，"楚宗错处市廛者甚多，经纪贸易与市民无异"③，说的正是这种情况。王世贞曾记载嘉靖年间的天下巨富情况：

> 严世蕃积赀满百万……尝与所厚屈指天下富豪居首等者凡十七家。虽溧阳史恭甫最有声，亦仅得二等之首，所谓十七家者，已与蜀王、黔公、太监黄忠、黄锦及成公、魏公、陆都督炳，又京师有张二锦衣者，太监永之侄也。山西三姓、徽州二姓与土官贵州宣慰，积赀满五十万以上，方居首等。④

上述记载虽不能反映商品经济发展条件下富商巨贾积累财富的真实情况，但它至少说明因经商而致巨富者已与高官权贵靠攫取财富者并列。

在社会上下一片逐利、逐末声中，钱在人们的观念中成了受崇拜的对象。嘉靖年间的律学家朱载堉在《山坡羊·钱是好汉》中写道：

> 世间人睁眼观见，论英雄钱是好汉。有了他诸般趁意，没了他寸步也难。拐子有钱，走歪步合款。哑叭有钱，打手势好看。如今人敬的是有钱，刷文通无钱也说不过潼关。实言，人为铜钱，游遍世间。实言，求人一文，跟后擦前。

---

① （明）叶向高：《苍霞草》卷14《林参军传》。
② 黄省曾：《吴风录》。
③ 包汝楫：《南中纪闻·经纪贸》。
④ 王世贞：《弇州史料后集》卷36。

　　这里把钱的功能描绘得淋漓尽致。人际关系也以钱为标准，"年纪不论大与小，衣衫整齐便为尊。恐君不信席前看，酒来先敬有钱人"，穷人见富人，"口里挪肚里僭，与他送上礼物，只当没见。手拉手往下席安，拱了拱手，再不打个照面"①。即使是地主士绅，无钱也受人冷落，以致有"满路尊商贾，穷愁独缙绅"之说。

　　透过商品与金钱崇拜的社会表象，我们不能不看到这是社会大变革的前兆。龚自珍说得好："俗士耳食，徒见明中叶气运不振，以为衰世无足留意，其实尔时优伶之见闻，商贾之气习，有后世士大夫所必不能攀跻者。不贤识其小者，明史氏之旁支也夫？"②这位近代启蒙思想家确有真知灼见，他透过封建政治衰败表象，看到了当时活跃、开朗、新鲜的时代气息，看到了新时代的朦胧之光。

　　如果我们把握时代脉搏的新旋律，再对照嘉靖年间采取的禁海政策，其逆历史进步潮流而动的趋向就不言自明了。就笔者接触的文献而言，绝大多数都认为"倭寇"之猖獗，由于市舶司之废与中外贸易之断绝，以及严格的禁海政策所致。

　　沈德符在叙述宋元以来市舶之利于国计民生后说道："我朝书生辈，不知军国大计，动云禁绝通番，以杜寇患。不知闽、广大家，正利官府之禁，为私占之地。"③王士性说，国初设市舶，"海上利之。后夏公言当国，因宋素卿、宗设仇杀，遂罢市舶。自后番货为奸商所笼，负至数十万，番乃主贵官以奢商，而贵官取负更甚。番人失利，乃为寇……海上无宁岁矣"。④张瀚在批驳"夷

---

① 　朱载堉：《山坡羊·叹人敬富》。
② 　《龚定庵文集》卷4《江左小叙辨》。
③ 　《万历野获编》卷12。
④ 　（明）王士性：《广志绎》卷4。

数入寇，势不可通"时说："岂知夷人不可无中国之利，犹中国不可无夷人之利。禁之使不得通，安能免其不为寇哉？余以海市一通，则鲸鲵自息，必不若虏情之难料也。"①高岐认为，明永宣以来，设市舶，置官吏，"宏规伟瞻，诚足以壮中国而控外夷也。百八十年来，贡率其常，夷率其化，环海晏然，猗与盛哉。……市舶之设，厥有义哉"。②王世懋也说："商货之不通者，海寇之所以不息也；海寇之不息者，宜其数犯沿海及浙东西，而循至内江也。何也？自嘉靖乙酉（嘉靖四年，1525），傅宪副钥禁不通商始也。"他指出，过去广东、福建、宁波各设市舶司，商人有利，今全部革除，"货贩无路，终岁海中为寇，曷能已也？况海外凤凰山、马迹潭、双屿港，久为萑苻之薮。设若攻而破之，旧寇既破，新寇必生。海中之利无涯，诸番奇货本一利万，谁肯顿息哉？莫若奏闻于朝，修复旧制"，"不然，岁复一岁，养成巨寇，不为孙恩、卢循之蔓延不已也"。③

这些记载都说明，实行闭关锁国，不但堵塞了中外贸易交往的正常渠道，而且也使数以十万计靠海为生的商民失去生存基础，因而原本商盗不分的社会力量皆走向为盗、为寇的行列。这也是"倭寇"越扫荡反而越猖獗的社会原因。傅衣凌先生认为，明代福建海商自明中叶——成弘之间已发生重大变化，他们已不和从前一样，受着贡舶贸易的支配，仅进行被动的、消极的经济活动；而是积极地直接参加于海上贸易活动，以自由商人的姿态出现，并大大地扩大了他们的活动范围④。据傅先生提供的材料粗略统计，

① （明）张瀚：《松窗梦语》卷4。
② （明）高岐：《福建市舶提举司志建置》。
③ （明）王世懋：《策枢》卷1。
④ 傅衣凌：《明清时代商人及商业资本》，第108、109—114页。

仅福建海商即有数十万之多，如吕宋一地闽商，达数万人之多，有的村落达数千乃至万家从事海上贸易活动。[①] 而且其拥有的资本、贸易商品、贸易对象都远远超过宋元时期的商人，具有"中世纪商人的本色"[②]。数量如此之大的海商，一旦闭关锁国，其衣食无着，必转而为盗。张燮说得很清楚："顾海滨一带，田尽斥卤，耕者无所望岁，只有视渊若陵，久成习惯。富家征货，固得捆载归来，贫者为佣，亦博升米自给。一旦戒严，不得下水，断其生活，若辈悉健有力，势不肯拱手困穷。于是所在连结为乱，溃裂以出。其久潜踪于外者，既触网不敢归，又连结远夷，向导以入。漳之民始岁岁苦兵革矣。"[③]

据陈懋恒的有关研究统计，自嘉靖二年至嘉靖二十七年间，"倭寇"共劫掠福建、浙江、广东三省沿海州县，大规模的行动达九次之多[④]。而海盗首领汪直、许二等多为徽州人，著名的通倭巨寇，如阮其宝、李大田、谢和、王清溪、严山志、许西池、张维以及二十四将、二十八宿等，多为福建漳州人[⑤]。这也从反面印证了由于禁海政策使海商转为盗寇的基本事实。

嘉靖二十五、二十六年，倭寇接连在宁波、台州等地，大肆焚掠，官廨民舍被毁达数千百区。巡按御史裴绅上章弹劾防海副使沈翰、参议郑威等贻误军机，有失职之罪。二十六年六月，巡按御史杨九泽上疏说："浙江宁（波）、绍（兴）、台（州）、温（州）皆滨海，界连福建之福（州）、兴（化）、漳（州）、泉（州）

---

① 傅衣凌：《明清时代商人及商业资本》，第108、109—114页。

② 同上书，第111页。

③ 张燮：《东西洋考》卷7。

④ 陈懋恒：《明代倭寇考略》第三章各表，人民出版社1957年版。

⑤ 傅衣凌：《明清时代商人及商业资本》，第110页。

诸郡。虽有巡海副使、备倭都指挥，而海寇出入无常，两地官弁不能通摄，制御为难。请如往例，特遣巡视重臣，尽统海滨诸郡，庶事权一而威令易行。"同年七月，廷议讨论采纳杨九泽的建议，调南赣巡抚都御史朱纨巡抚浙江，兼福州、兴化、漳州、泉州、建宁五府提督军务。①

朱纨像

朱纨是长洲人，正德十六年进士。他历练中外，尤以处理复杂的民族问题见长，在军事上很有办法。十月份，他到浙江上任，行装未卸，就亲往海道巡视，表现了务实的作风。他听取各方面对倭寇的汇报，采纳佥事项高等人的建议，即"不革渡船（豪门势家以假济渡为名，造双桅大杆，走私贩运）则海道不可清，不严保甲则海防不可复"。他在取得世宗的支持后下令禁海：凡双桅大船，一律毁掉，以清走私之源，违者论斩。并严密保甲，搜捕奸民，以绝内应。在走私最严重的宁波、漳州等港，加强缉私。同时增强海防实力，日夕练兵，积极备战。

沿海的防卫系统至嘉靖中叶破败已极。朱纨初到浙江，问总督备倭官，兵数、船数全然不知。细查旧册，全然不符。漳州府

————————
① 《明通鉴》卷59。

与漳州卫同城官军，月粮少派3个月，铜山等卫所缺支20个月，泉州、高浦等所缺支10个月，其余多少不等，无一卫一所不缺支者。就战哨等船而言，铜山寨20支，现在只有1支；玄钟澳20支，现存4支；浯屿寨40支，现存13支。而现存的皆已损坏，不能出海。巡检司在漳州沿海共有九个，龙镇等处共十三司，弓兵950名，现只有376名；在泉州沿海者，苎溪等处共17司，弓兵1 560名，现只有673名。朱纨很有感慨地说："夫所恃海防者，兵也，食也，船也，居止瞭望也。今皆无所恃矣。"与此相反，"贼船番船，则兵利甲坚，乘虚驭风，如拥铁船而来"，官民溃逃，不受其害已很幸运了。[①] 有鉴于此，朱纨在捕盗寇的同时，加强修筑海防工程，招募士卒，以积极的态势开展各项工作。[②]

为从根本上消除倭患，朱纨于嘉靖二十七年四月率兵捣毁覆鼎山海寇巢穴后，又派都指挥卢镗乘胜自海门挥兵围击宁波双屿岛。该岛为海盗头目、福建人李光头、安徽人许栋所盘踞，是中日走私贸易的重要停泊地。为防海盗被击后四处逃窜，又派柯乔、黎秀等分率士卒，屯驻漳州、泉州、福宁等地，扼守要害，以资围堵。数日后，卢镗在九山洋俘获海盗头目许栋等90余人，以及日本人稽天。双屿很快被收复，明兵并在这里筑寨固防。

朱纨从踏上浙江土地的第一天起，他就遇到了难以对付的一种力量——地方势力。他在呈给世宗的奏疏中心有余悸地说：如果不把这里的弊端和盘托出，陛下一定会怪罪为臣变乱旧章，那时自己有口难辩，罪状不浅。他特别提到地方乡绅林希元等横行地方、蔑视官府、私设公堂等各种不法行为，并指出这绝非个别

---

① （明）朱纨：《阅视海防事》，《明经世文编》（三），第2175页。

② 同上书，第2158—2177页。

现象。他请求世宗给他以足够整治地方的权力，并假以时日，他相信一个新局面定会到来①。

地方豪门多与倭寇相勾结，或者说与海盗有千丝万缕的联系。豪门中的相当一部分直接参与海上走私贸易，有的雇用船工、伙计，成为包买商。几次战役后，海盗势力受到一定遏制，乡绅们也损失许多利益。许栋等人被抓获后，这些人群起攻击朱纨，散布流言说：卢镗所擒许栋等90余人，皆是良民，并非贼寇。又挟制地方官吏，以"协从被掳予轻比。重者引强盗拒捕律"为许栋等人开脱罪责。朱纨听到这些，义愤填膺，上疏分辩道："今海禁分明，不知何由被掳，何由协从。若以入番导寇为强盗，海洋敌对为拒捕，臣之愚暗，实所未解。"②朱纨以便宜行事权，立斩许栋等90余人于演武场，地方豪门为之大哗。

为根治勾结日人入海走私及劫掠，朱纨特镌刻"暴贵官家渠魁"数人姓名，报请朝廷申诫，但因廷臣有因闽人游说，朱纨的建议未被采纳。朱纨又接连上了许多奏疏，但他的建议多被束之高阁，对此，他感慨万分地说："去外国盗易，去中国盗难。去中国濒海之盗尤易，去中国衣冠之盗尤难。"闽、浙地方乡绅越发憎恨朱纨。

正当朱纨与海盗进行斗争并取得很大成效时，御史周亮、给事中叶镗这两位福建籍的言官上疏弹劾朱纨擅杀，请改巡抚为巡视，以削其权，吏部竟然采纳这一建议。对此，朱纨气愤难捺，上疏说："臣整顿海防，稍有次第，（周）亮欲侵削臣权，致属吏

---

① （明）朱纨：《阅视海防事》，《明经世文编》（三），第2158页。关于巡按与巡抚权力，参见朱纨的《请明职掌以便遵行事》，《明经世文编》（三），第2155页。

② 《明史》卷205《朱纨传》。

不肯用命。"接着又陈奏明国是、正宪体、定纪纲、扼要害、除祸本、重断决等六事，皆切中利弊，语多愤激之词。朝中官吏很愿听奉迎话，阅见此疏多有不满。同年三月，李光头等海盗行劫福建诏安，为朱纨部击败，并擒李光头等96人。朱纨又便宜行事，将海盗全杀之。他在上疏陈奏时，又有许多"侵诸势家"的话。巡按御史陈九德上疏弹劾朱纨擅杀，朝廷立即免了朱纨的职，并派兵科给事中杜汝桢南下查核此事。

至此，朱纨这位整治海防的第一任巡抚自己反成为被整治的对象了。从朱纨的仕宦生涯看，他并不是一个不会做官的人，他对官场的内外勾结、贿赂请托之风是很熟悉的。他更深知地方势力的厉害。他到任后的第一道奏疏中有这样一段话，颇发人深思。他谈到江南海防大坏后说："臣今日不为陛下明言之，则臣今日所行，皆乖方违众之事，市虎传言，意以损真，臣将来之罪，亦自不知所终矣。盖福建多贤之乡，廷论素所倚重，而滨海不理之日，流言亦能动人，故官斯土得率以因循迁就为自全计。"[1]话说得十分直率，他希望世宗做他的终极支持者。

明知不可而为之，这是朱纨与一般官员的不同。这也是衡量一位官员的政治素质——是否对朝廷、对国家真正忠诚的最主要的标准。他没有退却。当他得知朝廷罪己时，他还在抗倭的战场，且是"舆疾督兵"，他自叹"一介书生"，平生还有许多抱负没有实现，而此次落职候查，凶多吉少。加之赵文华"以身后之祸"相煽，落职后地方势力举手加额，又煽"众欲杀之"[2]。朱纨慷慨流涕曰："吾贫且病，又负气，不任对簿。纵天子不欲死我，闽、浙

① （明）焦竑：《国朝献征录》卷62，上海书店出版社1986年版，第2648页。
② 同上。

人必杀我。吾死，自决之，不须人也。"①乃作圹志（类似墓志铭），
又作绝命词曰：

> 纠邪定乱，不负天子，
> 功成身退，不负君子。
> 吉凶祸福，命而已矣。
> 命如之何，丹心青史。
> 一家非之，一国非之。
> 人孰无死，惟成吾是。②

朱纨在53岁为自己的一生画上了一个悲壮的句号。他遗下6
个孩子，为官30年没有任何积蓄，临终前他告诫他的孩子：人生
当有志；志者，生命也。朱纨可以无憾了：因为你的死，是为了
你所认定的"是"——国家。

---

① 《明史》卷205《朱纨传》。
② 据朱纨自撰"圹志"，朱纨死于嘉靖二十八年十二月十六日，距罢官后
尚有半年之余。见《国朝献征录》，第2648页。

三、海盗肆虐

嘉靖二十九年（1550），给事中杜汝桢、御史陈宗夔调查朱纨案结束，上奏说朱纨"褊急周章，听信奸回，专擅刑杀，清操虽厉于平日，而明宪难逃"，又说："福建防海副使柯乔、都指挥使卢镗党比匪人，擅杀无辜，罪当论死。"兵部尚书丁汝夔复议如初，世宗"从之"[①]。朱纨成为嘉靖后期腐败政治中抗倭前线的第一个受害者。

朱纨死后，"士论惜之"，朝廷罢巡视大臣不设，朝野摇手不敢言海禁。同年，巡按浙江御史董威"希贵官指"，上疏请宽海禁。兵部复议：行浙中藩臬诸司集议可否，世宗"从之"[②]次年四月，浙江巡盐御史宿应参又上疏请宽海禁，世宗采纳[③]。海禁复开后，"自是舶主土豪益自喜，为奸日甚，官司莫敢禁"[④]。又将朱纨在浙所筑各项防卫工程拆撤，致使倭患日甚，横行无忌，东南沿海备受蹂躏。

倭寇或海盗的成分颇为复杂，郑晓是当时的见证人，他说：

> 近年贿赂公行，上下相蒙，官邪政乱，小民迫于贪酷，

---

① 《皇明肃皇外史》卷30。据该书载，朱纨闻世宗命后惶恐不安。"适有官校来吴江逮系故天津副使朱鸿渐诣京，侦者妄言逮纨，纨闻之仰药死。"

② 《皇明肃皇外史》卷30。

③ 《皇明肃皇外史》卷31。

④ 《明史纪事本末》卷55《沿海倭乱》。

困于饥寒，相率入海从之（倭寇）。凶徒、逸囚、罢吏、黜僧及衣冠失职、书生不得志、群不逞者，皆为之奸细，为之乡道（向导）；弱者图饱暖旦夕，强者忿臂欲泄其怒。于是王忤疯（即王五峰汪直）、徐必欺（即徐碧溪，徐海）、毛醯（即毛海峰）之徒，皆我华人，金冠龙袍，称王海岛。[①]

郑晓列举的各类人物都可以从海盗头目中得到证实。如因打死族长而亡命海上最后投奔郑八、萧雪峰党的张琏[②]，属凶徒一类。福建李七、许栋等从狱中逃出入海，属系囚。徐海是和尚，属黜僧。汪直和徐惟学是所谓"奸商"或"奸民"。"衣冠失职、书生不得志、群不逞者"是落魄的知识分子，这类人也有不少。毛海峰一家就是如此。毛是鄞县人，他的父亲毛相是个黜退秀才。他的长兄因通番欠了许多货物，毛海峰作为人质被带到日本。因他很有勇力，善使佛郎机大炮，弹射又极好，故被汪直收养为义子，托为心腹，世称"海峰父子"。其兄是县学秀才，因看重财物，也帮毛海峰联系贩运贸易事。[③]这些不得志的知识分子，当时人称其"有知识风水，因能而诱于寇者"，这里说的风水是天文地理知识。海盗常年在海上漂泊，天气对他们来说犹如生命一般重要，所以这些懂风水的人很受欢迎。"每日侵晨卜筮，为谋画胜算。"

郑晓所说的这部分人，大多属于社会下层人物，在他们的背后往往又有"势家"做后盾、做支持。他们在明代文献中称为"贵官家"，或称"豪贵家""势要之家"等。这类人有势有权，有

① （明）严从简：《殊域周咨录》卷2《日本》"按语"所引。
② 《明世宗实录》卷506。
③ （明）万表：《海寇议前》。

的本人做过大官，或者有亲属做官，从中央到地方，声势相倚。从事海上走私贸易，常要依靠他们。朱纨称他们是"中国衣冠之盗"，这个词是很确切的。

势要之家的作用几乎无所不在。在政治权力支配一切的中国古代社会，官僚、商人、地主三位一体是有传统的，商人要发展，离不开官僚的支持。这一点在海盗走私贸易中也移植过来。

以上只是海盗中的中国人的成分，其另一主体是日本人。据陈懋恒的研究，日本人中主要有亡命徒、武士、失业人、商贾四部分①。中日双方各占的比例，大约中国为十分之八九，日本人仅占十分之一二②。大的海盗集团主要有：出身为海盗者：许栋集团、徐海集团、叶明集团、林国显集团；出身为走私商者：汪直集团、洪迪珍集团；出生于或成长于日本者：毛烈集团、陈东集团、徐海辛五郎集团③。中日海盗互相勾结，互为利用。中国海盗和私商利用明朝将吏惧怕倭寇的心理，投靠倭寇以达到劫掠和走私的目的；日本倭寇利用中国海盗、私商熟悉地理和内情得以放手劫掠。目的都是一样的。中日海盗勾结后，其劫掠活动范围逐渐扩大，从沿海深入内地，受害波及山东、江苏、安徽、浙江、福建、广东六省，而以江、浙、闽、粤沿海为最严重。

嘉靖三十一年三月，海盗劫掠广东琼州。四月犯台州，破广岩，掠象山、定海诸县。福建漳、泉两州同时告警。骚扰所及，

---

① 《明代倭寇考略》，第3—5页。
② 《明世宗实录》卷403有"盖江南海警，倭居十三，而中国叛逆居十七也"之语。《明史》卷322《日本传》说"大抵真倭十之三，从倭者十之七"。严从简《殊域周咨录》卷2引郑晓的话说："倭奴直十之一二。"茅瑞徵《皇明象胥录》二《日本》中说："真倭仅十之一二。"此从后说。
③ 张声振：《中日关系史》卷1，第275页。

遍于广东、浙江、福建三省。次年春，海盗首领汪直率舰数百艘，海盗万余人大肆入寇。长江南北，沿海数千里同时受害。海盗所至，如入无人之境，一路破昌国、临山、乍浦、青村、柘林（均在杭州湾附近）、吴淞江各卫所。又继犯温州、台州、宁波、绍兴、松阳、宁海、奉化、海盐、余姚、海宁、平湖、嘉兴等浙江省境，又入苏州、松江二郡，以及上海、宝山、南汇、川沙、太仓、嘉定、江阴等江苏诸州县。江南繁富之区，多被洗劫。海盗多用江、浙等本地人做内应，按富户名籍，入室索金银财物，无一不中。又将名士大夫及巨室人子，拘系寺庙中，命以金帛赎身，各限数量，差毫发即腰斩锯解之。[1]又发贵家坟冢，令拿重金赎归。仅一小县城，被烧房屋2万余间，被发棺冢40余处。各乡村落凡350，境内房屋十去八九，男妇十失五六。[2]掳得妇女，夜必酒色酣睡，群起淫之，白天则令其缫丝不停。"裸形戏辱之状，惨不可言。"[3]得孕妇，刳视男女；束婴孩于竹竿上，沃以沸汤，视其啼号以为乐；见童男女，杀而饮其血。据朱九德说，仅盐城此次被掠，死人3 700余[4]。各地合计，仅这两年东南被害人口不下数万人。

海盗入掠江南，不仅民生涂炭，而且江南富庶之地被掠夺，直接影响明政府的财政收入，且漕运受阻，兵粮难计，关系天下安危。至此，明政府不得不高度重视。嘉靖三十一年六月，浙江巡按御史林应箕上疏，痛陈浙江等各地被海盗焚劫情况。给事中

---

① 《殊域周咨录》卷3。
② （明）归有光：《昆山县倭寇始末》。
③ 胡宗宪：《筹海图编》卷2，第34页。
④ 中国历史研究社编：《倭变事略》，上海书店1982年版，第81页。按：《事略》为多种书之辑。

王国祯、御史朱瑞登等同时交章请复设都御史。吏、兵两部复议后，世宗令设浙江巡抚一员，兼管福、兴、漳、泉地方军务。七月，调山东巡抚王忬到浙江。王忬闻命后即日至浙，他发现"所治军府皆草创，而浙人柔脆不习战，所受简书轻，不足督率吏士"，于是上疏请假以事权，诛赏得便宜从事，剿抚之策，相间为用，勿拘文网。这是有鉴于朱纨被诬劾而提出的。世宗"从之"，授王忬为巡抚，拥有更高的职权。①

王忬知人善任，有勇兼谋。他到任后，首先从加强高级将领阵容入手，延揽军事人才。以后在抗击海盗中立下赫赫战功的俞大猷、汤克宽等人被授以参将之职。又上疏中央，请释放卢镗、柯乔、尹凤等人，并任卢、柯为别将。随后又调广西"狼土兵"、湖南"土兵"入援，招募温、台等州有勇少年，组成民军。王忬注意激励将士用命，邓城、刘棠、孙敖、夏光等将帅"争奋逐北，或以死绥著节"。②由于王忬整军经武，浙江沿海居民从惊魂未定中解脱出来，"恃以无恐"③。

王忬到任浙江，是海盗最猖獗时。他重视情报工作，广布谍报人员，注意沿海"大猾"行动，一经发现其为"倭内主者"，立即捕获，并案复其家。嘉靖三十二年三月，王忬督兵在普陀诸岛打败海盗，先后斩杀数百人。世宗闻报后赐以白银、文绮，以贺王忬。此后，海盗难测明军虚实，与所从向往，又缺乏米食供给，不得不暂且而退。王忬趁海盗撤走的间歇，在沿海各城邑构筑防御工程，修30余所。

正当各项工作颇有起色时，明朝北部边防吃紧，大同告急。

---

① 《皇明肃皇外史》卷32。
② 《皇明肃皇外史》卷34。
③ 《皇明肃皇外史》卷32。

世宗于嘉靖三十三年四月亲降手敕，召王忬为右副都御史巡抚大同。[①]另有记载说，王忬去职也与福建地方势力攻击有关：王忬荐卢镗为参将镇守福建后，闽人因忌恨卢，劾其凶险不可用，乃罢之。沿海"大猾"又散布说："忬令大猷捣巢非计。"欲动摇王忬，王不为所动。不久，南京各官复荐卢，乃用为参将，并任俞大猷为浙直总兵。"是则忬之去，亦闽人为之也。"[②]

王忬调离后，明廷任命徐州兵备副使李天宠接任浙江巡抚。为加强权力，又调南京兵部尚书张经总督江南、江北、浙江、山东、福建、湖广诸军，许便宜从事。这位生于福建侯官的总督是正德十二年进士，曾任嘉兴知县、给事中等职。言官认为他是张璁、桂萼之党，但吏部以其品行优良不问，升太仆少卿、副都御史。以后在总督两广、抚定安南中屡著功勋。嘉靖三十年后，海盗劫掠东南，沿海无复宁日，廷议正讨论征广西"狼土兵"入援，因为张经曾总督两广，"有威惠，为狼土所戴服，故用之"。张经节制天下兵丁之半，开府置幕，自辟参佐。他"慷慨自负"，中外想望其风采，皆说海盗不足平。

张经到浙江时，海盗自崇明进逼苏州，当地官吏紧闭城门，乡民绕城哭号，稍后者即为海盗掠杀。金事任环独自担当城陷大责，打开城门，数万百姓进城得以存活。副将解明奋力抗击，海盗遁去。朝廷特进任环为兵备副使。任环平时敝衣芒履，经常与士兵为伍，睡则草舍，食则糠谷，与士兵同甘共苦，深受拥戴。前一年十月，海盗数人攻崇明，任环新募士兵300人，激励士兵

---

① 《皇明肃皇外史》卷34。按该书载，王忬调任大同，为世宗亲选，非为福建人所动。

② 王婆愣：《历代征倭文献考》，正中书局1940年版，第184页，其叙事同上书，唯后一句不知据何书。

以死守城，新兵不入家与亲人诀别，只写遗书留下，随即参战。任环身先士卒，亲佩甲胄攻击在前，使海盗不敢攻城。敌我双方对垒数十日，海盗粮尽后偷偷逃走，任环夜间一人亲往追击，同卧一处的伙夫恐有闪失，紧随其后，并穿任环的衣服，以假乱真，敌不敢还击，故常得胜。一次，任环匿在沟中，数名海盗从旁而过，至天亮时士卒与之相会，大败敌人。海盗恼羞成怒，一齐用箭射任环，任环受伤，仍坚持战斗。伙夫见情况不妙，奋勇杀入敌阵，其余士兵将任环救下来。伙夫战死后，任环亲自安葬。故崇明守卫尤为时人称许，海盗攻数月不下，逃去。[1]

嘉靖三十三年底至三十四年初，海盗接连进犯嘉兴、嘉善、海宁、崇德、新市等地。杭州城外数十里间，血流成川，明军及百姓伤亡甚多。浙江巡抚李天宠束手无策，惟募人缒城，自烧附

抗倭图（局部）

---

[1] 《明史纪事本末》卷55《沿海倭乱》。

廓民居而已。张经驻扎嘉兴，援兵不时发来，但士气不足，仅免城陷。致仕家居的佥都御史张濂目击时事，痛心疾首，他上书朝廷，指陈督抚玩忽职守，请求朝廷重典治吏。[①]

张濂的上疏，虽未被采纳，但等于弹劾了督抚，这对以后仍有重大影响。同时应天巡抚周珫上《御倭十难三策》，被朝廷采纳。随后，工部侍郎赵文华上《备倭七事》，中有"祭海神""遣视师"等内容；昆山致仕侍郎宋隆禧又请开市、添设巡视等疏。但兵部议复漫无边际，使世宗如隔岸观火，始终不明底细。鉴于"北虏"又逼近京师，南北不宁，世宗大动肝火，谕内阁说："南北两欺，不宜怠视。本兵（指兵部尚书）若罔知者，文华、隆禧二臣之疏，似不同泛奏者，当依焉。今南破北虚，岂为国之道耶？祖宗教养深恩，岂以怨渎言时君，而忘先圣大德？卿等其集兵部科臣，示朕此意，令尽忠献以告。"[②]兵部尚书聂豹见上谕后深恐大祸临头，一再讲明他为何未具奏，并声明再设巡视不便之意。疏入，世宗说："南北两欺，倭贼残毁地方尤甚。昨下谕求平剿长策，欲（聂）豹等人告忠献，今此疏何有忠献之告？其更悉心计处以闻。"聂豹见上谕更加惶恐不安，立上便宜五事，世宗仍责骂一番道："尔等职任本兵，坐视贼欺不能设一策平剿；又奉谕旨，却令泛言具对，摭拾旧文塞责。豹姑降俸二级，侍郎翁溥等各夺俸半年，所司郎中张重降二级调外任，余各夺俸三月。"接着，又降敕切责张经师久无功，令其严督诸臣，亟为剿贼安民，如再因循，重治不贷。[③]同时派赵文华往祀东海，兼督察沿海军务。

三月，广西田州瓦氏兵等到达苏州。瓦氏是土司岑彭之妾，

---

① 《明史纪事本末》卷55《沿海倭乱》。
② 《嘉靖东南平倭通录》，第13—14页。
③ 同上。

"以妇人将兵，颇有纪律，秋毫无犯"。①随后，其他各路兵也陆续到达，沿海要地，"兵号二十四万也"，海盗闻知，退守柘林、川沙洼，集盗2万余。瓦氏欲立奇功，请求速战，张经不允准，并以瓦氏兵隶总兵官俞大猷，以东兰、那地、南丹兵隶于游击邹继芳，以归顺及思恩、东莞兵隶汤克宽，分别屯驻金山卫、闵港、乍浦，挡海盗三面，等待永顺、保靖兵至，以成四面包围合击之势。这时，赵文华祭祀东海，一路勒索后也到达浙江。他多次催促张经进兵开战，张经说："贼狡且众，待永、保兵至夹攻，庶万全。"文华再三劝，张经因有便宜从事权，不听。文华倚仗严嵩势焰，在张经面前常颐指气使，凌辱欺侮；张经虽知赵文华是严嵩义子，但认为自己是大臣，勋级在文华之上，故不为所屈，时常反驳他。张经一心想剿灭海盗，哪知赵文华接连秘密上疏，弹劾张经，说他"材足办平贼，第以家在闽，避贼仇，故趑趄纵舍贼耳"。②并说张经糜饷殃民，宜早治罪，以纾东南大祸。当时言官也有劾张经的，世宗为其所动，问严嵩，严嵩自然站在赵文华一边，"且谓苏、松人怨经"。世宗大怒，令锦衣官校前往浙江逮捕张经。

这时，永顺、保靖援兵已至，并有石塘湾之捷。五月初，柘林海盗突袭嘉兴，张经派参将卢镗率保靖兵迎击，另命俞大猷督永顺兵紧随其后，由泖湖趋平望，又以汤克宽引舟师，由中路击之。三路官军会师于嘉兴县北王江泾，歼敌近2 000，焚溺死者甚众。这是抗击海盗以来取得的第一次大战功。捷报传到京师，给事中李用敬、阎望云等上疏请留张经，认为"王师大捷，倭夺气，

①《倭变事略》卷3，第51页。
②《皇明肃皇外史》卷35。

不宜易帅"，可令张经戴罪立功。世宗益怒，斥责说："（张）经欺诞不忠，闻文华劾，方一战。用敬等党奸，杖于庭，人五十，斥为民。"数日后，世宗又有疑惑，再问大学士严嵩，严嵩说："徐阶、李本，江浙人，皆言经养寇不战。文华、（胡）宗宪合谋进剿，经冒以为功。"并极力称赞文华、宗宪二人忠勇有谋。这种颠倒黑白的说词世宗也相信了。张经、李天宠被逮到京师后，张经上疏叙述进兵原委，并说自己任总督刚半年，前后俘斩海盗 5 000有余，乞请原宥。世宗已深入严嵩的圈套，不肯开恩，当年十月，张经、李天宠被斩于西市，"天下冤之"①。

张经被害后，广西等各地客兵（与当地兵对称）无所约束，劫掠抢杀，如同海盗，江南益无宁日。范守己在总结明兵屡次失利的这段历史时，曾深刻地指出十羊九牧的危害②。

朱纨调任浙江，第一次上疏就请朝廷明确职责、权力，并乞假以时日，但其终被杀。兵无久帅，职无专责，世宗为求急功，多易前方将帅，致使大局不可挽回。而且，以功当罪，以罪为赏，其颠倒黑白，是非混淆，尤易瓦解军心。这也是嘉靖朝腐败政治的延伸及必然结果。

---

① 《皇明肃皇外史》卷35。
② 同上。

四、计擒盗首

张经逮捕后，周琉接任其职。周原是户科给事中，因谏止世宗南巡，谪降镇远典史，后巡抚苏、松诸府，并有政绩。他任总督时，胡宗宪已代李天宠为巡抚。胡与赵文华关系极好，欲得总督职，故文华弹劾周琉，周罢官为民，其任总督仅34天。

周琉得罪后，杨宜代之为总督。杨鉴于张经、李天宠之祸，对督察军务的赵文华曲意奉从，易置文武大吏，唯凭其爱憎。赵文华倚仗严嵩为内援，对杨宜十分蔑视。杨宜因狼土兵四出剽掠，沿海民众备受客兵之扰，请招募江、浙义勇，山东箭手，并调江、浙、闽、湖漕卒，河南毛兵。但各地兵集中后，彼此不和，四川兵与山东兵私斗成衅，参将几乎被害。杨宜驾驭不力。嘉靖三十五年（1556）正月，赵文华再弹劾杨宜免职，其任总督仅半年，"以谄事文华，故得祸轻"。

海盗蹂躏苏、松，自嘉靖三十二年起，至三十九年止，七年间任巡抚者共十人，"无一不得去者"①。嘉靖三十四年底，胡宗宪代杨宜为总督。次年五月，又因协调各省兵力之需，派工部尚书赵文华总督浙、福并南畿军务。从此，抗击海盗的形势大为改观，这就是赵、胡相互结纳，并以严嵩为靠山，定招降之策，使盗首先后就范。

胡宗宪是个颇有才略又多争议的人物。他是安徽绩溪人，嘉

---

① 《明史》卷205《张经传》。

靖十七年进士。史书上讲他为人倜傥挥霍，不拘泥世俗之行，膂力绝人，尤善骑射，随机应变，锋铓迭出，人莫能测。平生好结交天下之士，尤好施予，故朋友甚多，且皆能效死力。少年时代有远大志向，崇仰岳飞、文天祥等民族英雄，每读其传记，无不悲歌慷慨，咏叹良久。他虽然和同时代的知识分子一样，要走学而优则仕的道路，但他认为只有学习治国安邦的真本领，才能报效国家。为此，除儒家典籍外，他对兵家韬略之书，爱不释手。嘉靖十九年，他出任山东青州府益都县令，从此开始了他的仕宦生涯。

嘉靖三十三年，胡宗宪以御史巡按浙江，来到了抗倭前线。当时张经为总督，李天宠为巡抚，赵文华督察军务。四人品位相当，并无统属关系，职权、职责也不明确，这种体制上的弊端使四人很难和衷共济，稍有不慎，往往互相攻讦，甚至以兵相加，明代自英宗正统以来，此类事件多有发生。赵倚仗严嵩之势，气焰嚣张，张、李不买其账，终成大祸。胡宗宪性格豪爽，又不吝惜钱物，与公子哥式的赵文华有些相投。宗宪还想通过赵文华结交严嵩，以成为自己的坚强后盾，故对文华颇多奉顺，两人结交很深。一年后，胡宗宪升任总督，肩负剿平海盗大任。他一改以往武力剿杀的方式，开始策划实施招抚之计，借以分散、瓦解海盗势力，最后达到各

胡宗宪像

个击破的目的。

宗宪经过多次调查，决定擒贼先擒王，他对赵文华说："巨寇汪直，实东南乱本，今居五岛为叛逃薮，徐海辈为之羽翼，倘以计致直，众贼解体矣。"文华表示赞成，但因事关重大，认为"须奉明旨，宣谕日本国王，令严禁各道入寇，及执送叛逃奸匪，汪直进退失据，招致为易。又须密授使人，勿见诸文移可也"。宗宪认为可行，文华遂上疏朝廷，世宗认可这一方案，并责成宗宪秘密筹办。宗宪以宁波人蒋洲、陈可愿为正副使，又将因走私入狱的朱尚礼、胡节中放出，令各募20人，护卫蒋洲等前往日本。[①]

汪直，又写作王直，是徽州歙县人，少年时代落魄任侠，喜好交友，当地无赖都很钦敬他。嘉靖十九年，他与叶宗满等人造巨船，带着硝黄、丝绵等违禁货物，开始走私贸易，来往于浙江、日本、暹罗等地，仅五六年间，"致富不赀"。外国海盗、商人都很信服他，称之为"五峰船主"。汪直势力日大，召集沿海失业游民及不得志书生，并勾结日本海盗，多次劫掠海上。福建狱囚李光头、许栋等先后归属。嘉靖二十四年，他诱引日本博多商人助才门等，在宁波的双屿港建立据点，出没抢劫，沿海骚动。朱纨击杀许栋后，汪直收其余亡，势力大增。

这时，广东海盗首领陈思盼住在横港，自为一艘，常与汪直唱对台戏，汪直久欲收服之。一日，汪直得到消息：陈思盼将于数日后庆寿，大宴众人。汪直立即报告宁波府海道，借官兵助杀。陈思盼当场毙命，其侄陈四被生擒，汪直叩关报捷，以索要重赏，并请求开海市，地方将吏只给汪直白米百石，作为报偿，汪直气愤难忍，率众投海而去，并在烈屿筑房室，设防哨，连年劫掠。

---

① （明）唐鹤徵：《皇明辅世编》卷6，第932页。

其手下毛海峰、徐碧溪、徐元亮等分领船舫，出入关无盘阻，近海百姓怕其杀掠，馈赠不绝，边卫官吏甚至献红袍玉带以媚汪直。汪直有恃无恐，称净海王，又占据定海操江亭，绯袍玉带，金顶五檐，黄伞，以下头目都是大帽袍带，银顶黄伞。其侍卫50人，皆金甲银盔，出鞘明刀。①

嘉靖二十七年，双屿岛被明军捣毁后，汪直造巨舰联舫，方120步，可容2 000人，前往日本平户岛。平户藩主松浦隆信为汪直建造中国式大宅，极为豪华。此后，中国船只不绝于途，珍奇宝物年年充盈，日本各藩国商人也云集于此，一时有"西都之称"②。因汪直握有实力，是走私贸易的盟主，日本各藩国主争与之交往，以获厚利；甚至日本三十六岛的浪人，都听其指挥。③汪直有了这些支持，于是自称徽王，服色旗号拟同藩王，并部署官属，封手下人名号。汪直坐镇平户，派徐海、陈东、萧显、麻叶等率众海盗，轮番入掠中国东南沿海。

嘉靖三十四年十一月，蒋洲等使者经过一个多月的海上行程，到达日本，从山口、丰后两道开始，宣谕明朝希望日本各藩国严禁其兵民商盗入扰中国之意。汪直得知明朝使者到日本后，急欲得悉明廷之意，便派手下人与蒋洲等联系。同年底，蒋洲在五岛与汪直相见，蒋拿出汪母写给其子的亲笔信。汪直见信知其母、家人都被胡宗宪从金华监狱放出，且"丰衣食，洁第宅"，生活上予以很好的照顾，便怒气消了一半，与蒋讲起自己的困境。原来，自明朝实行严厉的剿杀政策后，日本五岛等处走私商盗多为明兵

① （明）万表：《海寇议》，第3页。
② ［日］木宫泰彦：《日中文化交流史》，日文本第629页。
③ （明）严从简：《殊域周咨录》卷2，第19页。

所杀，甚至"有全岛无一归者，死者家怨直"①，汪直虽设兵固险以自保，但背井离乡，加之随时有被害之险，因而有思乡、思亲之念。蒋洲见此，方将胡宗宪之意告知，希望他改邪归正，立功赎罪。汪直犹豫不决。

在招抚工作陷入僵局时，备受汪直宠爱的名妓张少华起了重要作用。张少华原是金陵少女，童年被诱拐到山东，卖给齐姓娼家，不久来到苏州。由于少华美艳绝伦，又兼歌唱得好，便很快红遍苏州，成为一方名妓。嘉靖三十一年，少华在虎丘听到男伶工周仕演唱南曲，深表佩服，便拜周仕为师，跟他学习。此后两人常同台献艺，声誉响遍江南。不料，一姓沈的公子哥喜欢上了张少华，并以重金求婚，少华誓死不从。沈公子对她迷恋已深，便改换姓名，遮人耳目，在苏州城郊盖了一座别墅，把周、张两人一起接去居住。一次趁周仕酒醉，闯入内室，向年方十六岁的少华求欢。遭到拒绝后，又派仆人冒充豪门使者，接周仕过府教歌，途中竟丧心病狂毁了周仕的面容，并将他逐出苏州府境，不许回来。此后公子又多次向少华求合，但每次都是碰壁而归。这时，沈家在宁波的王姓友人，派仆人沈郎前往苏州送信。沈郎虽是仆人，却相貌堂堂，又工于管乐，因此张少华一见面就对他有好感。沈公子想利用沈郎缠住张少华，便留他在家吹笛。日久天长，少华果然坠入公子圈套，与沈郎发生了关系。沈公子大喜，一天夜里带众多仆人当场捉奸。张少华被捉后，无奈将自己"卖"给沈公子，沈郎被遣返宁波。可是，沈公子是个花花公子，三个月后对张少华厌倦已极，把她逐出别墅，且不准留居苏州。少华身上没有多少积蓄，打算到昆山重操旧业，不想中途遇到海盗，被掠到海岛，献给汪直。汪直得到名妓

---

① 《明史》卷205《胡宗宪传》。

张少华，宠爱逾常，命手下人尊称其为张夫人。正巧，沈郎也被掠海上，在寨中执苦役。他乡遇故知，俩人分外高兴，汪直不明底细，见俩人亲热状便盘问起来，这才知他们过去相识。为让少华开心，汪直特让沈郎换上华服，每日吹箫弹唱，以解少华思乡之愁。有时还会破例允许少华和沈郎"隔帷而歌"，据载，"其声杳渺悲怨，座客无不流涕而起者"。

明朝使者到日本的消息张少华也很快得到，她觉得这是难得的机会，应劝汪直弃暗从明，自己也可返回故土。于是当汪直犹豫不决时，她以特有的女性之温柔感化着这位海盗首领，每天用"降则得官、有功无祸"之类的话劝汪直就抚。在少华的影响下，汪直终于决定投顺，并派义子毛烈（即毛海峰）随同陈可愿回大陆接头，他对蒋洲说："我本非为乱，因俞（大猷）总兵图我，拘我家口，遂绝归路。今军门如是宽仁，我将归，然毋用人众耳。今闻萨摩岛徐海等大纠倭众，来春必犯浙、直，吾令毛烈、叶宗满伴送陈副使、朱尚礼先复军门，吾与蒋大人宣谕毕日，一同归顺。但倭国缺丝绵，必须开市，海患乃平。"①

嘉靖三十四年年底，陈可愿等人回到浙江，向胡宗宪详细汇报了出使日本的过程，并说汪直愿纳降，已派其义子毛烈前来商谈有关事宜。宗宪将情况飞报中央，请示定夺。兵部在议论时意见不一，但认为：应该责令宗宪严加防备，并移文晓谕汪直，如果其杀盗立功，平静海疆，朝廷自有非常恩赉，互市等各项事宜以后再议。世宗表示同意。数日后，汪直在海上杀海盗数十人，以窥探明廷之意。宗宪立即上报中央，取得批复后重赏汪直。次年正月，毛烈率部将近200人在舟山、列表等处接连打败海盗，宗

① 《皇明辅世编》卷6，第932页。

宪又上疏中央，请重赏毛烈等人。毛烈大喜，将徐海入犯的准确时间密报宗宪。种种迹象表明，汪直归降确有诚意。

不久，徐海果然勾引大隅、萨摩二岛海盗分掠瓜洲、上海、慈溪，并亲率万余人攻乍浦，陈东、麻叶也一同前来。宗宪驻扎塘楼，与巡抚阮鹗成犄角之势。在取得崇德三里桥之捷后，阮鹗引兵退入桐乡，各路海盗蜂拥而至，桐乡成众矢之的。宗宪怕同时陷入城中，乃引兵退回杭州。徐海等造大云楼舡，高出城数尺，发动三次攻势，桐乡危如累卵，阮鹗飞书告急，并有怨宗宪之词。宗宪得报后大为惊讶，说："河朔劲兵既陷没，诸军已夺气，奈东南何？况贼势重大，标兵不过乌合，且数战疲，若复争锋，如以肉投虎口，假令贼复分兵以困我于崇德，譬之两人相抱而沉矣。今惟有用间饵以伐其谋，携其党，出阮公，而徐图之耳。"众人皆认为不可，只有茅坤表示赞成，说："计诚善，苟不成，其如身家何？"宗宪指指身上所佩战刀，慨然说："狂奴肆毒，惨祸已极，愿上天祐社稷生灵，得遂此计。万一天不顺，惟以此报天子耳。"[1]宗宪立即选美丽少女两名，并黄金千两，丝绮数十匹，差人赠给徐海、陈东。[2]又写信一封，请毛烈交与徐海，劝其撤兵归顺。徐海览宗宪信，大惊失色，说："老船主（汪直）亦降乎？"宗宪派往徐海处联络通信的谍者及毛烈等都给以肯定回答，并晓谕利害，还说胡宗宪将亲率苗族土兵20万援助，王江泾可鉴。徐海说："吾今三路齐进，非一人所为。"谍者说："陈东去秋已乞降，有他约，所虑公耳。"徐海听到陈东事后，仍半信半疑，不肯退兵。

无独有偶。关键时刻徐海的宠妓王翠翘又立了大功。王翠翘

---

① 《皇明辅世编》卷6，第934页。

② （明）徐学聚：《嘉靖东南平倭通录》，《倭变事略》第33页。

原出生于山东一家姓王的贫民家庭，后因生计困难被卖给娼门马姓。马氏家授以歌唱弹曲，并取名马翘儿，技艺有成后，其养母带她到江南卖艺糊口。翘儿论姿色并非绝代佳人，但唱起歌来甜细脆软，绵绵有情，且能弹得一手好琵琶，能倾倒听曲者。更可贵的是，她对客人不曲意奉承，对富商大贾有种天然的厌恶感；所得钱物除自己够用外，多周济贫穷人家。养母对此常常不满，斥责打骂时而有之。翘儿性格倔强，对此无法忍受，便以私蓄赎身，改名王翠翘，前往苏、杭献艺。嘉靖三十三年五月，海盗大举入寇，王翠翘被掳至海岛，献给徐海。她自弹琵琶，清歌一曲，使这位海盗首领大加赏识，从此留居海上，人称王夫人。胡宗宪派蒋洲等人诱降汪直已有眉目后，又派一名叫华老人的使者前去招抚徐海。此人刚到岛上说明来意，徐海便勃然大怒，喝令斩首，翠翘急忙劝解，徐海才罢休。华老人回到杭州，向宗宪汇报了出使经过，建议利用王夫人，继续诱降。

徐海此次劫掠，王翠翘也一同往还，宗宪觉得这是个好机会。他见美女、金银仍使徐海没有退出，便连夜带重金贿赂翠翘，请她向徐海进言。翠翘对飘忽不定的海上生活原本就不习惯，她强颜欢笑，内心里想早日挣脱徐海，只是没有机会。这次，她见胡宗宪送来如此厚礼，又如此看重她，便答应向徐海做说项。果然，王翠翘的劝说真起了作用，徐海释放明军俘虏200余人，撤了对桐乡的包围。

宗宪的用间计也奏了效。原来，宗宪有意送去两名美女，又备两份礼品，徐海、陈东各得一份，麻叶没有得到，他怀疑徐、陈俩人有欺诈之举，便先退了兵。宗宪派谍者到徐海处，又故意让陈东知道，陈于是将情况密报麻叶，俩人准备联手对付徐海，三人间矛盾很深。徐海退兵后，陈东诘责徐海，徐海说："老船主已令毛海峰、叶碧川纳款，蒙旨赏赉，吾安得不从其后？"陈东大怒，斥骂徐海叛变，徐海反唇相讥："汝去秋陶宅何故乞降？今卖我耶？"陈东愤愤而去。桐乡之围遂解。

阮鹗开始被围在桐乡城内，多次派人求救，宗宪不发援兵。城门岌岌可破时，又多次望见宗宪派出的谍者往来徐海营中，不知是计，怀疑宗宪通贼，出危言耸动视听，并欲上报中央。随后，各种流言传播开来，说宗宪如何如何。赵文华再次提督江南军务，阮、胡两人皆抢在前面重贿文华，以求其站在自己一边。文华初右阮鹗，后经人劝解，才表示理解宗宪所为。六月初，宗宪听说徐海的儿子满月，特派人送去花红酒礼以祝贺。①

数日后，徐海因与麻叶争祝氏妇，大打出手。从桐乡撤走后，海盗首领聚集袁花，夜里高歌酣饮，徐海半醉半醒，对麻叶说："兄嫂几何？"麻答"无"。徐海又问："闻有一祝氏妇，何曰无？"麻叶说已经遣回。徐又说："佳人不易得，汝弃吾当取之。"麻叶大怒，说："闻汝有六七妻妾，肯与人否？"俩人大打出手，经他人力劝才罢。祝氏是杭州人，颇有姿色，麻叶首次入掠袁花时劫得，两人在海上同居数年，颇有感情。一日，祝氏思念家乡，泪流满面，麻叶顿生怜悯之情，声称过一段时间将放她而去。这次入劫伊始，麻叶就放了祝氏，不料徐海又看上了，麻叶又找到祝氏，劫之而逃。

宗宪抓住海盗首领内讧的有利时机，多次派谍者前往徐海处劝其归降，并说若能将陈东、麻叶抓住献来，可赎前罪，且立大功得世爵。王翠翘也从旁劝解。徐海见陈、麻已不附己，先捕麻叶以献。同时，宗宪又派俞大猷将海盗所有船只击沉，以绝其归

---

① 《倭变事略》，第103页。

路。徐海不得已，派其弟徐洪作人质到宗宪处，实际是探听消息。宗宪每日酒宴相待，又给徐洪金银等物，以稳住徐海。数日后，徐海又将陈东抓住献上，并杀其手下人数百。麻、陈两名海盗首领被俘后，其部属日夜斗杀，随时将酿成大变。赞画郭郎中、提督赵文华、巡抚阮鹗都不赞成安抚之计，日夜督促宗宪杀陈、麻二盗首。赵又将徐洪二指切断，宗宪不得不将徐洪藏起来，又给重金以安之。两天后，徐海派使者探望其弟，宗宪令徐洪谎称有病，在总督府戴冠服相见，使者见徐洪戴冠服，全都跪下叩拜，临走前又请徐洪写信给徐海，徐洪又称自己因喝醉了酒，不能写信，叫"吏人"代笔，极称道胡宗宪可信，不可再作行劫之事。徐海信以为真，约定于八月二日降服。

八月一日，数百海盗头目全副武装，列阵平湖城外，徐海则亲自率领一百余人，身穿甲胄入平湖城中。赵文华以为徐海违约，想阻拦，但又怕激成事变，遂放徐海等入城。徐海进入府中，叩头即拜，并呼："天王爷，死罪死罪！"徐海不认识胡宗宪，又看看谍者，谍者以目示之，徐海再拜，又呼："天王爷，死罪死罪！"文华等人吓得不敢出声，宗宪走下堂，用手摸徐海的脑袋，说："若苦东南久矣，今既内附，朝廷且赦，若慎勿再为孽。"徐海再拜乃起。宗宪令人置酒席大宴徐海等人，直到天色已晚才放其出城。徐海初入城，平湖百姓人人自危，无不洒泪以别，以为死期将至。及徐海出城，人心仍不安。宗宪也恐日久生变，立即令徐海居沈家庄。沈家庄原是沈少卿的别墅，分东西两庄，中以河为界，堂宇极其豪华，垣墉四固，四角俱有坚楼，可以远望。徐海乐意居之。宗宪又派谍者往劝徐海，申请让麻、陈部众住在沈家庄西，而己独居东庄。夜间，宗宪又行反间计，让东西两庄自相残杀，明兵乘机进剿，徐海投河而死，王翠翘被俘。陈、麻、徐各部众逃至海边，见已无行船，又遭明兵埋伏，死伤几尽，浙江海盗之乱大体平息。

次日，胡宗宪在辕门大摆庆功宴。席间，强令王翠翘以歌侑酒。酒酣耳热，宗宪竟当众调戏王翠翘。酒醒后为掩饰宴席失态之举，又把翠翘赏赐给福建永顺前来助剿的土兵头目。土兵头目如获至宝，立即带她赶回，途经钱塘江口时，王翠翘趁人不备，投河自尽。[1]

九月初，宗宪将斩获海盗首领的捷书飞报京师。世宗得疏后十分高兴，说："妖氛荡平，仰赖天地洪庇，朕心感悦。胡宗宪、赵文华、阮鹗先赐敕奖劝。各处调兵将，数多督抚官，即时勘酌散回，赵文华令回京。"[2] 十二月，麻叶、陈东等海盗首领械系至京，兵部尚书许论奏请举行献俘仪式，世宗"从之"，群臣俱具服称贺，随后又举行谢玄大典。

徐海等人被除掉后，汪直势力大为削弱。嘉靖三十六年十月，汪直以护送蒋洲及日本丰洲王入贡为名，率部众停泊在舟山的岑港。宗宪一面将情况飞报中央，一面积极部署战略。他先派指挥夏正前往岑港探听虚实，自己率大军驻扎绍兴，又密派画工前往岑港勘画地形。数日后，夏正回报说，汪直处有巨舰，骁将利器也甚多，其态度狂傲，提出必须奉天子明旨许其宽宥无罪，并给巡简职级，使得稽压海上；再者必须开市息兵，方能归降。汪直又说他定不会效仿徐海，最终落得"坠牢笼、作俘囚"。画工也回报说，岑港形势非常险恶，四面环山，峭立如刃，茫茫大海，紧环其外，入口仅能容纳一艘船，别无他路，可谓易守难攻[3]。宗宪

---

① 《皇明辅世编》卷6，第935页。
② 《嘉靖东南平倭通录》，第37页。
③ 《皇明辅世编》卷6，第936页。

慎重考虑，决定用招抚之策收服汪直，但浙江百姓认为不便，竟言将有大祸临头，当地"文武将吏，亦阴持两可"。尤其是监军御史王本固坚决反对招抚之策，并将汪直难测之状上报中央，一时廷议哄然，说宗宪将酿东南大祸。宗宪没有受其影响，令汪直长子汪澄述祖母之意，写信劝汪直早早归顺，并说胡总督厚待他们祖孙。夏正陪同汪直之子前往岑港，汪直读信笑骂道："唉，儿何愚至此！汝父在，故厚汝，汝父归，阖门死矣。"夏正等百端劝解，汪直心动，先派王滶（即毛烈）、叶宗满等数人随同夏正往见宗宪请降，实际是探听消息及朝中动向。

这里，王本固坚兵利甲，如临大敌，王滶等人以为明廷招降无诚意。本固又上疏朝廷，请斩王滶，一时情况危急。宗宪令撤去所有防卫力量，并再三解释，王滶等人才安下心来。数日后，汪直提出将王滶放回其处，统属部众，本固等认为不可放虎归山。宗宪认为"以犬换虎"，值得；如果扣住王滶不放，汪直察觉有诈，才真正酿成大乱，于是毅然决然将王滶放回。临放回前一日，宗宪置酒相待，俩人推杯换盏，情如兄弟，不知不觉已至夜半。宗宪佯装自己大醉，留王滶睡在自己的卧室中，又出外间呕吐不止，故作折腾状，随后便鼾声如雷。王滶以为宗宪真的醉了，便偷偷从床上溜出，到宗宪办公的桌台上乱翻，一看有一份写好的题稿，上书"×××胡宗宪为乞贷海盗首领汪直仰乞圣鉴事"云云，细阅内文，全是讲汪直弃恶从善之事，以及宗宪竭力为其乞恩赏之语。王滶大喜，又窥视宗宪熟睡，便草草抄录了几段，然后又原样放回，也就寝去。次日清晨，王滶拜见宗宪，见其仍未醒来，只见床上地下污秽满室，目不忍睹。宗宪听到动静，一看是王滶，又看床上地下，故作失态之状，令王滶回去见"老船主"。

王澈见到汪直，将前后情形一讲，又拿出昨晚抄下的题稿，汪直一阅大喜，始决定归降。汪直又想到宗宪是自己的老乡，如其诱杀吾等，其父母兄弟妻子儿女怎能脱得我手下的报复，以宗宪之为人及聪明，不当为此。但为慎重起见，又要求宗宪派一贵官作人质，之后才可前往就抚。宗宪立即派指挥夏正往为人质。十一月初，汪直同叶宗满、王清溪前往军门归降。行前，汪直颇有感慨地对部众说："昔汉高谢羽鸿门，当王者不死；纵胡公诱我，其奈我何！"有听天由命之叹。宗宪见汪直来归，命人以礼相待，设供帐，备使令，命两司轮番宴请。汪直出入，乘金碧舆车，居诸司之首，而无所逊避，还自以为荣。白日纵歌酣饮，夜晚青楼美女相伴，真有点乐而亡忧，不知死之将至的味道。偶尔，宗宪请他观赏军队各种操练、表演。汪直每见明兵整肃，阵容盛大，都面有怯色，汗浸衣襟。

汪直归降前，宗宪已得到世宗的密令：剿杀汪直。但他不动声色，因而终于引蛇出洞。汪直归降后，其他官将皆欲缚而杀之，宗宪力劝以礼相待，他仍然希望朝廷能赦免汪直死罪，并代为汪直转奏；他还上疏世宗，请曲贷汪直死罪，"俾戍海上，系番夷心，俾经营自赎"。王本固力争不可，外间又怀疑宗宪收受汪直等金银数十万，一时舆论汹汹。宗宪听到这些议论后十分惧怕，立即派人飞马将前疏追回，又全改其词，称："汪直祸首，罪在不赦，今幸自来送死，实藉玄庇，臣等当督率兵将殄灭余党，直等惟庙堂处分之。"①

嘉靖三十七年正月底，浙江按察使将汪直正式拘捕。汪直仍

---

① 以上参见《明世宗实录》卷453，《嘉靖东南平倭通录》第40页，《倭变事略》第115页。

不屈从，说："吾何罪！吾何罪！死吾一人，恐苦两浙百姓。"在宗宪的具体关照下，汪直在狱中受到特殊优待，衣食卧具与朝廷命官相同，玩好之物，歌咏之品，无不置诸左右。汪直稍有不高兴，医者就为他进汤送药，善加调护。汪直部众多次到总督府要人，宗宪做了大量细致工作。数月后，汪直部众出怨愤之语，谴责"中国渝约"，声称要倍加报复。宗宪命水陆军队加强戒备，并在舟山等地剿杀数百海盗。

从多种迹象看，明廷对汪直处理意见不一。直到嘉靖三十八年十二月底，宗宪才奉诏在浙江省城官港口斩杀汪直，其妻子没入成国公家为奴。

汪直被处死前后，朝野官吏纷纷弹劾胡宗宪。御史李瑚劾宗宪私诱汪直，以启边衅，御史王本固、南京给事刘尧海也劾其劳师糜饷。甚至有说宗宪私通海盗者，一时诽议纷纷，莫衷一是。世宗亲下旨令，说："宗宪军务重寄，宜去与留，其令廷臣集议，毋党护依违。"数日后廷议召开，成国公朱希忠、吏部尚书吴鹏等人都说宗宪功多，当切责留用。在十分关键的时刻，世宗支持了宗宪，他下手谕曰："妖贼王直，罪浮赃富，本宗宪用计诱获，人皆知者。小人嫉功，会彼奏上，玄瑞遂尔有言。朕览诸疏，付之丞弼议拟，用存公论耳。是岂不分是非，不明功罪？宗宪其仍旧用心平贼，以副简眷。"不久，宗宪上疏辩驳各种对他攻击之言。这份奏疏写得有理有据，文笔清新流畅，对反击各种不公之论颇有作用。世宗阅后批示道："卿计获妖贼，人所皆晓。特以献瑞，故人不敢直指，引军事以害卿，宜竭诚展布，以平余气，不允辞。"[①]这是发生在嘉靖三十七年底的事。嘉靖三十八年，海盗在福

---

① 《嘉靖东南平倭通录》，第43—44页。

建、广东、江北各地烧杀抢劫，各处警报频传。朝野再次掀起攻胡风波，不得已，世宗派给事中罗嘉宾、御史庞尚鹏前往沿海调查有关事宜。罗、庞到后，上疏世宗，说宗宪养寇启衅，当置重典，世宗"不问"，并于次年加宗宪太子太保衔。嘉靖三十九年，罗、庞回到京师，又上宗宪侵吞国帑三万三千之多及其他无法查明册籍之状。宗宪上疏申辩，说："臣为国除贼，用间用饵，非小惠不成大谋。"世宗认为极有道理，亲下诏旨，好言安慰。不久，世宗命宗宪节制巡抚及操江都御史，又加兵部尚书，赐黄金、白银等物。

嘉靖四十一年，内阁首辅严嵩已被抄家，大学士徐阶代为首辅，朝野上下都在清除严嵩乱政之影响，政局为之一变。因宗宪结纳严嵩早已众所尽知，至此，南京给事中陆凤仪等人又掀起弹胡之风，指斥宗宪为严嵩之党，并列奸欺贪淫十大罪以上，世宗令逮捕宗宪。这样，以善结纳、多权谋著称并有社稷之功的胡宗宪也和他的前几任一样，戴着枷锁，铐械至京。等待他的是死亡的审判。世宗有许多愚而至极之举，但他仍不乏英明之处，是他，也只有他才能把宗宪从死亡中拯救出来。宗宪到京师后，世宗说："宗宪非严党。朕拔用八九年，人无言者。自累献祥瑞，为群邪所疾。且初议获直予五等封，今若加罪，后谁为我任事者。其释令闲住。"不错，朱姓江山终须有人扶持，杀有功之臣，无异于自毁长城。世宗的见识，确实高人一筹。但宗宪也未得寿终正寝，不久因与严世藩有私，瘐死于狱中。万历初年，追复原官，谥襄懋，算是盖棺论定，十几年后为宗宪讨回了公道①。

----

① 《明史》卷205《胡宗宪传》。

五、俞戚建功

　　海盗之乱的最后平定，是与俞大猷、戚继光两位总兵的名字联系在一起的，世人称为"俞戚"。两人以其独创的战术技巧，为中国军事史书写了耀眼的一章。

　　俞大猷是福建晋江人，幼时家境贫寒，每日只能一餐，但酷爱读书，有志于以文章立世，曾师从著名学者王宣、林福等人，习演《易经》。后得知赵本学用《易经》推衍兵家奇正虚实之变幻，又拜其为师，受益颇多，他常对人说："兵法之数起五，犹一人之身有五体，虽将百万，可使合为一人也。"又从李良钦学习剑法。父亲死后，大猷承袭百户之职，做了一名很低的校官。嘉靖十四年，举武会试，升任千户，守御金门。当时海盗多次劫掠东南沿海，大猷目睹百姓流离失所、惨遭杀掠的情景，他义愤填膺，上书地方当局，指陈用兵利害。谁知监司大怒，斥责说："小校安得上书！"并杖打数十，夺其千户职，手下士兵为大猷鸣不平，大猷笑着说："此岂吾自见地耶！"于是将家中所有积蓄变卖，前往京师寻找用武之地。他上书兵部尚书毛伯温，纵论剿平"北虏"之策及用兵安南的战略，毛尚书认为大猷是个人才，推荐给兵部侍郎、宣大总督翟鹏。翟鹏召见并和他讨论军事，大猷无所顾忌，多次驳倒翟总督。翟鹏还道歉说："吾不当以武人待子。"并下堂以礼相待，全军将士为之一惊。大猷从宣大回到京城后，毛伯温任命他为汀漳守备，后署广东都指挥佥事。

　　嘉靖三十一年，时为参将的俞大猷奉世宗诏令来到抗倭前线——浙东，英雄终于找到了用武之地。然而，他的命运和许多将帅一样，因赵文华颠倒黑白，俞立功反被追究罪责，他领导取得了王江泾大捷，他却因金山之败，被贬为一般办事官员。胡宗宪为总督，识大猷才，廷臣也争相荐举，嘉靖三十五年大猷升任浙江总兵官，兼辖苏、松诸郡。他建议当道，指出"防江必先防海，水兵胜于陆兵"；认为善战者应以己之长，击敌之短；海战关键在于知风候、齐号令，以大船胜小舟，以多胜少。

宗宪设计招抚海盗首领，大猷表示不同看法，认为海盗劫掠，并非汪直所能控制，如果招降而杀之，则失信于人，力劝宗宪不要行间计。后世宗下诏诛汪直，宗宪十分难堪，怏怏道："吾为俞帅笑矣。"汪直部众及各股海盗势力闻听"老船主"被杀，声言为其报仇。在舟山受挫后转入福建劫杀，朝野弹劾宗宪启衅，世宗也深表不满。为推卸责任，宗宪说大猷不听节制，不穷追海寇，致使生灵再遭涂炭。世宗大怒，将大猷囚系诏狱，再夺世职。危急中曾救过世宗、后任都指挥的陆炳与大猷相善，为免自己的好友成为替罪羔羊，密将家资投严世藩家，求他处大猷轻罪，大猷因此到塞上立功赎罪。

嘉靖四十年，大猷奉命自云中前往广东平定海盗，途经河南时到他仰慕已久的嵩山少林寺交流长剑技法。大猷武艺，名闻遐迩，寺中擅长剑法的僧徒争相献艺。表演结束，住持小山上人征询大猷的意见，大猷沉默片刻，说道："此寺以剑技名天下，乃传久而讹，真诀皆失矣。"随后拿出自己的剑，神舞一番，众僧看得目瞪口呆，钦服不已。次日，小山上人陪同大猷参观嵩山大小庵场及达摩面壁石洞。大猷见寺前有一山地，形状奇异，便说："此地可建一小院，以增此寺之胜。"小山慨然答道："建院之责，愚僧任之，即平治其基以经始也。然剑诀失传，示以真诀，是有望于名公。"大猷说："是，非旦夕可授而使悟也。"小山认为很有道理，立即在寺中挑选了两名勇敢而年少的僧人，一名宗擎，一名普从，随大猷踏上南征的路程。其后三年多的时间里，宗擎与普从跟大猷形影不离，学得剑法真经，又回少林寺广为传播。[1]

大猷到广东后，与戚继光一道收复失地，歼灭海盗，屡著功勋。当他看到海盗渐被平息、胜利在望时，顿时豪情满怀，赋诗一首，取名《舟师》：

> 倚剑东溟势独雄，扶桑今在指挥中。
> 岛头云雾须臾尽，天外旌旗上下翀。
> 队光火摇河汉影，歌声气压虬龙宫。
> 夕阳景里归篷近，背水陈奇战士功。

大猷的诗，极有气势，清代梁章钜说，读大猷的诗"有拔山挽河之概，足以称其腰腹"[2]。的确如此，大猷一生，坎坷曲折，历经磨难，但志节不改，壮怀依旧。戚继光与他相知甚深，过从颇密，最钦敬大猷这一点。

与大猷一样，戚继光也出生在军人的家庭。始祖戚详，元末时避乱居安徽定远，从朱元璋起义，屡立战功，后征云南阵亡，朱元璋封其子戚斌世袭登州卫指挥佥事，于是戚家就居住在登州卫地方。传四世到了戚继光的父亲戚景通，是一个治军严明、精通军事的武将，升任都指挥，总领山东备倭的一切军事。戚继光从小就刻苦读书，尤其是受他父亲的教导，学到许多军事知识和

---

[1] （明）俞大猷：《正气堂集·新建十方禅院碑》。
[2] 《东南峤外诗话》卷6。

经验。嘉靖二十三年，戚景通去世，继光袭官指挥佥事。这时卫所军丁逃亡，屯田破坏，继光加以清理整顿，颇有成效。倭寇不断地侵扰山东沿海，刺激着这位青年将领决心剿灭海寇，他写下了"封侯非我意，但愿海波平"的诗句。

戚继光像

嘉靖三十二年，继光从北部边塞调往山东，任都指挥佥事，与其父一样总领山东备倭军事。他统率三营二十四卫，日日"振饬营伍，整刷卫所"，军纪大见整肃。当时江南沿海同时告警，只有山东沿海因防务巩固，故海上肃然，倭寇不敢来犯。两年后继光升任参将，调至浙江，镇守宁波、绍兴、台州三府及所辖各县，这是海盗侵扰的中心地带，防卫任务十分艰巨。十余年的戎马生涯，继光坚守塞北，保卫京师，现在又来到波涛滚滚的浙江海岸，他觉得这都是报效国家的机会，也感到自己肩负的责任重大，想到此，吟诗一首：

南北驱驰报主情，江花边月笑平生。
一年三百六十日，多是横戈马上行。

继光到浙江后，发现本地民性的怯弱与客兵之祸。浙江自吴越与南宋两朝建都以来，人文荟萃，极一时之盛，但积久相沿，养成了软弱的民性。海盗初犯浙江，浙人逃避一空，以致数十名海盗横行千里，杀掠浙人成千上万，浙江百姓无不深受其害。以后不得不征调全国各地的军队入卫浙江，称为客兵，如广西的土狼兵，湖南的土兵，山东、安徽、河南、河北、山西的北方兵，四川、福建等南方兵，作为应变的主力。但客兵互不统属，情状各异，常因不同地籍而互相斗杀，浙人遭受海盗蹂躏之余，又饱受客兵之苦。并且，客兵守浙土，终属权宜之计，不可长期适用。浙江想要抗击海盗，必须有一支自己的军队。为此，继光上书胡宗宪总督，建议招民练兵，他说："无兵而议战，亦犹无臂而格千将。乃今乌合者不张，征调者不戢，吾不知其可也。闻义乌人其气敌忾，其习慓而自轻，其俗力本无他，宜可鼓舞，及今简练训习，一旅可当三军。"宗宪深表赞成，让他招募。[①]

继光选择义乌人作为招募对象，是有原因的。浙江的处州，是明朝产银矿的著名产区，它四周环山，许多失业破产的农民聚到这里，冒禁开矿，政府称他们为"矿盗"。处州义乌县南面的保山，林麓错秀，银矿更多。嘉靖三十七年始，处州山区的流民大批来到这里开矿。但是，义乌县的势家大族把持着这块土地，不准开矿，并组织乡团强行禁止。流民矿夫已走投无路，拿起开矿用的工具与陈大成为首的乡团发生武装冲突。一个月内发生三次，一次比一次激烈，最后一次，双方各聚众数千人，伤亡也很多。至冬天，大雪封山，矿夫只好退回家乡。义乌事件发生后，义乌县令赵大河上书胡宗宪，提出特别的建议，请戚继光到义乌招募这些农民矿夫，用来抗击海盗。这一建议与继光的想法不谋而合，

---

① 以上未注明出处者，均见《明书》卷141《戚继光传》。

宗宪遂请继光立即前去招募。但此举引起很多人的反对，认为招"矿盗"为兵，弄不好会出大乱，如果"矿盗"与"海盗"相合，形势更难控制，有人甚至说这是"病狂丧心"之为。故此事拖了几个月。嘉靖三十八年九月，宗宪力排众议，在他的支持下，继光到义乌开始招募工作。

招募工作很顺利。继光"谕以君父水土之恩"，矿夫们感于保家卫国的号召，纷纷加入，时间不长就组成了3 000人队伍。后乡团也参加了一部分，扩大为4 000人。继光带回绍兴，又经过两个多月的训练，已初见成效。但在以后的战役中也暴露了问题，主要是江南"地多薮泽"，不能像塞北那样，得以"方列并驱"。为此，继光精密地研究如何战胜海盗以倭刀、长枪、重矢为主的战术，创制了特别的阵法——鸳鸯阵，教练军士。鸳鸯阵以火器（鸟铳）、弓箭作掩护，每逢作战，倭寇进至一百步以内，军士听号令放火器。再进至六十步以内，拿手放箭。敌人若再进，方由鸳鸯阵冲杀。由此可见，鸳鸯阵是与敌人短兵相接的阵法。鸳鸯阵以12人为一队，首一人居前为队长，次两人持牌（圆、长各一），次二人持狼筅，次四人持长枪，次二人持短兵，末一人为火兵（专事樵苏）。作战时，"二牌平列，狼筅各跟一牌，长枪每二支，各分管一牌一筅。短兵防长枪进的老了，即便杀上。筅以救牌，长枪救筅，短兵救长枪"。[1]这一阵法的最大功效在于"长短兵迭用"[2]。藤牌在江南田塍泥雨中，可代甲胄，极为便利，是防御倭寇重矢、长枪，掩护本队前进的。每一藤牌手尚有标枪二支，腰刀一把，敌人近前，掷标枪刺之，中与不中，敌必用枪顾拨，

---

① （明）戚继光：《纪效新书·操令篇》。
② 《明史》卷212《戚继光传》。

牌手乘势急取腰刀砍杀。狼筅用长竹制成，节密枝坚，杪加利刃，刀能刺人，枝梢茂盛，是防御、遮蔽本队的武器。长枪不但比倭刀长，且比倭寇用的长枪长。长枪先发制人，敌人兵器，不能及身。佐以短兵，长枪进刺不中，用短兵杀上救护。长短相卫，彼此相倚[1]。

鸳鸯阵的妙处在于变化无穷。这种阵法可根据敌情、地形等条件，随时变化。一队分为两伍，叫两仪阵：牌一、筅一、长枪二、短兵一；两仪阵还可以变三方阵：正中两筅两短兵（队长在正中），左右两翼各一牌、二长枪。这种变化阵形的阵法常使敌人如入虎口之中，进则不得出，必死而后已。戚继光还让不同年龄不同体格的兵士，使用不同的武器，如胆勇有气力、年少便捷的使藤牌，体壮力大者用狼筅，30岁上下者用长枪等。这样，人尽其力，物尽其用，阵法更为灵活、适用。

《纪效新书》

戚继光在创制鸳鸯阵法的同时，注重对新军的教育，尤其倡导爱威并用。他教育士兵的中心思想是保护人民。他说："沿海卫所，自初建置，本以保障生民，捍御内地。故民出膏脂，以供馈饷。今积承平二百年来，一旦被有倭患，其民社供馈军饷

① 见《纪效新书》的《牌筅篇》《长兵篇》《短兵篇》。

且如旧矣，而军伍不惟不能保障生民，无益内地，且每事急，又请民兵以为伊城守，是供军者民也，杀贼者又民也；保民者民也，保军者又民也。事体倒置如此，殊失祖宗建牙之意。"①军队腐化到要让人民来保护，这是戚继光十分慨叹的。他教导新军士说："兵是杀贼的东西，贼是杀百姓的东西，百姓们岂不是要你们杀贼？设使你们果肯杀贼，守军法，不扰害他，如何不奉承你们？"②他在教导兵士爱人民的同时，也更注重军官爱士兵，以得其心，认为这样才能上下一心，同仇敌忾，而战无不胜。他对长官作风、享乐主义式的军官极为反感，说了一段意味深长的话：

> 数十万之众，非一人可当，必赖士卒，誓同生死，奋勇当锋。兵法："爱士如婴儿，故可与之赴深溪。"古人吮士之疽，杀爱妾以飨士，投醪于河以共滋味，何等作为！如今将领，不惟不如此推恩，而且使之肩舆，使之供薪，使之厮役，死之不恤，冻馁不问，甚至科敛财物，克减月粮，到处先择好处好眠，将领已熟睡，而士卒尚有啼饥号寒于通衢者。将领夜卧美榻，甚乃伴以妓女，而士卒终夜眠人檐下，枵腹而宿者，种种不可枚举。如此而欲人共性命，人孰肯哉？

又说：

> 夫士卒虽愚，最易感动；死生虽大，有因一言一缕之恩，而甘死不辞者，却是将领头目，千思百虑，负义忘恩，何

① 《纪效新书·总论》。
② 《纪效新书·谕兵篇》。

也？愚卒心歧尚少，又有军法驱之，易就善路，故也。第士卒之众，吾岂能人人而惠之？惟我真有是心，自然人相观感，故不必其人人及之，人人爱千金之惠，再生之德，而后谓之爱，而后得其感耳。爱行恩竭，力齐气奋，万人一心，何敌不克！功成名立，捷如影响。①

戚继光自幼学习兵法，又深受其父影响，对古代名将立功之道，研习颇精，认识到爱其士卒，才能功成名就。继光正是靠着这支纪律严明、作风过硬的队伍，打了许多胜仗。嘉靖四十年四月，海盗数千人大掠台州附近，继光闻警率精锐新军赶往宁海，在龙山大败海盗。海盗退至雁门岭，戚家军紧追不舍。另一股海盗得知戚家军大部开赴前方，袭击兵力空虚的台州，继光回师救援，将海盗驱至瓜陵江，全部歼灭。台州之战是运用鸳鸯阵法、由新军首次迎敌获得的大胜利，这也是浙江人民保卫家乡的一次战役。戚家军凯旋，台州百姓倾城出动，前迎20里，欢声雷动。台州大捷后，继光以军功升都指挥使。他又增募义乌民兵2 000人，新军此时已达6 000人。这时，福建海盗又猖獗起来，"自福宁至漳、泉，千里尽贼窟"②，宁德城外险要地点一横屿，竟成为海盗四出焚掠的大本营。福建地方官只好向中央告急，明廷令浙军援闽，胡宗宪檄调戚继光入闽剿倭。

次年七月，戚继光率军由温州航行到平阳，又斩荆棘，冒毒雾，陆行300里间道入闽。继光的战略是，先破横屿，乘胜破牛田，最后歼灭兴化海盗。然而横屿地势十分险要，它四面临海，

① （明）戚继光：《练兵实纪》，中华书局2001年版，第187页。
② 《明史》卷222《谭纶传》。

离岸10里，潮来成海，潮退成泥，陆军跋涉进攻，极为困难；若调海船进攻，又时有搁浅之患。海盗们正是凭借这一特殊的地势环境四世摽掠而无所忌惮的。继光经认真勘查，决定陆攻。他命军队列鸳鸯阵，负草填泥，匍匐前进，海盗万没想到戚家军涉海作战，等到反应过来时，继光先遣军已着横屿岛。戚家军奋勇冲杀，斩首2 600余级，克复闽北倭寇大本营——横屿。

横屿收复后，戚家军南进开到福清，人民夹道欢迎。继光知道百姓中有海盗探子，便放风说："我兵远来，须养锐待时而坐，非朝暮可计也。"父老拿出好酒犒赏将士，继光与士兵席地而坐，开怀畅饮。探子归报，海盗不作准备。天色已黑时，继光督促全军快速行程数10里，至黎明时已收复牛田，那里的海盗几乎没有逃出去的，大部被歼。这时福清百姓尚在梦乡，全然不知继光已出兵并收复牛田。戚家军稍事休整后，行军至兴化城南20里的林墩，再破海盗60余营垒，斩杀、俘获近万人，福建海盗基本肃清。兴化百姓扶老携幼，备彩帐郊迎十余里，道路充塞，杀牛载酒，慰劳戚家军。从此，戚家军名震天下，敌人闻之丧胆。浙江不但结束了调客兵的历史，还有余力支援邻近省份。

戚继光班师回浙不久，新的海盗势力又纠集在一起，劫掠福建，并于嘉靖四十一年十一月攻陷兴化府城。朝廷命俞大猷为总兵，升戚继光为副总兵，驰赴福建救援。戚继光感到兵单力薄，请示世宗同意，于次年春又亲自到义乌募兵万余人，在赴援福建的路上加紧训练。俞大猷先到，并和总兵刘显会师，等候戚家军。四月份，戚继光率军赶到，巡抚谭纶调遣各路援军，先攻平海卫（兴化府城东，临海），继光担任中军，俞总兵率左翼，刘显将右翼。击鼓开战后，戚家军英勇奋战，首登敌垒，两翼相继入，海盗大败，斩首2 000余级，救还被掳男女3 000余人。随后又收复兴化城。盘踞闽北府和寿宁等县的海盗，本想南下与平海卫海盗会合，但中途平海卫被明兵收复，遂向北逃窜，戚继光又在连江的马鼻、宁德的肖石岭等地对海盗发起歼灭战，斩杀近2 000人，焚溺死者万余人。明廷升继光为总兵，镇守福建及浙江金、温二府。是年冬，海盗各股残余纠合成一万余人的队伍，围攻兴化西南的仙游。戚家军再次出战，在素有绝壁不可攀之称的蔡丕岭全歼海盗，至此，浙、闽延续了十余年的海盗之乱全部肃清。嘉靖四十三年至四十四年，继光与大猷再次联手，将广东海盗一举全歼。东南沿海倭患，全部解除。

　　嘉靖末年海盗之乱的平定，固然与戚家军的英勇善战有直接关系，同时，日本政局的变化也是因素之一。日本永录十一年（1568），织田信长在国内战争中逐渐消灭对手，攻入京都，日本出现统一的曙光。因此，大小武士大都被这场统一全国的战争所吸引，竭尽全力参加这场战争，从而减少浪人武士游离出来的机会。海盗中的日本武士失掉自己的补充来源，而中国沿海又被戚继光等新军所控制，这样，肆意劫掠中国沿海达十几年的倭寇失去了存在的条件，除零星小股继续活动到万历中期外，大规模的劫掠活动基本停止。

VOLUME 5

卷五　蒙骑践京华

一、边关危机

"秦时明月汉时关，万里长征人未还。但使龙城飞将在，不教胡马度阴山。"长城是两种文化——游牧文化与农耕文化对立的产物。秦始皇统一中国后，为防御西北匈奴族铁骑的南下，于始皇三十三年（前214），西起临洮，东至辽海，筑万里长城，并派大将蒙恬率三十万大军进击匈奴。汉武帝时期，国力强盛，李广、韩安国、霍去病等一代名将，皆能立功塞外。武帝还四次大规模修筑长城，"欲以击胡"。此后历朝统治者，只要条件允许，无不效法秦皇汉武故事，固险长城，对抗北方少数民族的南下侵扰。

长城，绵延万里，像一位历史老人，诉说着一个民族刚毅雄壮、英勇不屈的故事。"十里一走马，五里一扬鞭。都护军书至，匈奴围酒泉。关山正飞雪，烽戍断无烟。"今天，当我们诵吟唐代诗人王维这首《陇西行》时，仿佛看到了前方将士挥舞战刀、纵马飞奔，与敌军厮杀的场面。"汉下白登道，胡窥青海湾。由来征战地，不见有人还。"英雄的鲜血染红了大漠荒原，正是他们的捐躯为国，才换来万家百姓的安宁和团圆。

明朝建立后，元顺帝被迫退回塞北。元王朝虽被推翻，但其军事实力依然很强，并占有东至呼伦贝尔湖，西至天山，北抵额尔齐斯河及叶尼塞河上游，南至现在长城一线的广阔领土。在陕西、甘肃有扩廓帖木儿的十八万人马，在辽东有纳哈出指挥下的二十万大军。顺帝掌握着完整的政治机构，以辽东和陕甘为左、右翼，居中调度，时刻都在想收复失地，重主中原。正因如此，朱元璋在《皇明祖训》中把蒙古列为首要的敌对势力，令后世子孙时刻谨备之。洪武五年，明军十五万，兵分三路进击漠北，但大败而归。这次出击，使明廷认识到，就当时的军事力量还不足以彻底消灭蒙古族军事力量。次年，太祖命大将军徐达等备兵山西、北平，并批准了淮安侯华云龙提出的建议，即"自永平、蓟州、密云迤西二千余里，关隘百二十有九，皆置戍守"①，修筑了从北京东北和西北部燕山山脉，到军都山山脉上的关塞隘口。经过二十余年的经营，纳哈出部归降，北元势力瓦解，分裂为兀良哈、鞑靼、瓦剌三部。

朱棣夺取帝位后，"思继志之所先，惟都邑之为重"②，群臣上疏：北京"北枕居庸，西峙太行，东连山海，南俯中原，沃壤千里，山川形胜，足以控四夷，制天下，诚帝王万世之都也"③。于是迁都北京。然而，北京距离长城太近，"一墙之外，逼近大虏"④。当国盛兵强时，足以控御四方，便于进攻；但国势不振时，又置国都于敌视之中，铁骑南下，瞬息千里，明廷防不胜防。《明史·兵志三》总结说："永乐迁都北平，三面近塞。正统以后，敌患日多。故终明之世，边防甚重。"明末思想家黄宗羲进而认为，明之灭亡，原因虽多，"而建都失算，所以不可救也……上下精神弊于寇至，日以失天下为事，而礼乐政教犹足观乎！江南之民命竭于输挽，大府之金钱靡于河道，皆都燕之为害也"⑤。为从根本上解决问题，朱棣以帝王之尊，五次亲征漠北，并在最后一次亲征

---

① 《明史》卷91《兵志三》。
② （明）杨荣：《杨文敏集·皇都大一统赋》。
③ 《明太宗实录》卷182。
④ 《明神宗实录》卷32。
⑤ （清）黄宗羲：《明夷待访录·建都》。

中病死榆木川，谱写了天子守边、殉边的壮烈篇章。

　　成祖在大事征讨的同时，重视建立长城防御体系："自宣府迤西迄山西，缘边皆峻垣深濠，烽堠相接。隘口通车骑者百户守之。通樵牧者甲士十人守之。武安侯郑亨充总兵官，其敕书云：'各处烟墩，务增筑高厚，上贮五月粮及柴薪药弩，墩傍开井，井外围墙与墩平，外望如一。'"①成祖死后，明王朝再也无力对蒙古各部进行大规模的进攻，北部边防处于守势，而修建长城防御体系便日益重要。

　　秦汉之际在北部设防，修筑长城，始终是凭借阴山和黄河天险来构筑防御线。但到明代，这些天险已非其属，永乐以后又先后放弃了大宁卫、东胜卫，明代整个防御线被迫南移数百里，至山西大同、陕西榆林一带。而大同、榆林地区则基本上无险可依，明政府只好靠多修长城，广建城堡，加固险段，以补充地利之不足，这些都集中体现在九边重镇的设置上。

　　九边是明朝将长城沿线划分的九个防御区，分别驻有重兵，称为九边或九镇，每镇设有总兵官领辖。它"东起鸭绿，西抵嘉峪，绵亘万里，分地守御。初设辽东、宣府、大同、延绥四镇，继设宁夏、甘肃、蓟州三镇，而太原总兵治偏头，三边制府驻固原，亦称二镇，是为九边"。②九边皆驻重兵，合计约一百万③，占明朝总兵力的三分之一强④。庞大的军队必然导致庞大的军费支出。有鉴于此，明初实行"寓兵于农"的军屯制度，即边地卫所军以

①　《明史》卷91《兵志三》。

②　同上。

③　据《明会典》卷129—130各镇统计。

④　参见吴晗：《明代的军兵》，载《读史札记》，生活·读书·新知三联书店1979年版，第101页。

三分守城，七分屯种，农时耕种，闲时训练，有事出征。军屯外，又实行召商开中法，让商人输粟塞下，按引支盐。商人又因道远输粟，费用过大，就自己募人耕种边上闲田，将所获供给边军，换取盐引，到盐场取盐贩卖营利，因此"边储以足"①。军屯和商屯的实施，极大地减轻了国家和人民的负担，这也是卫所制度得以维持、边关兵多粮足的重要条件。

　　然而，军屯和商屯很快遭到了破坏。在边远地区开荒种地本就所获不多，军丁是迫于强制手段（军籍制度等）才从事耕种，没有多少积极性可言。随着荒地被开垦多年，国家承平日久，这些用士兵血汗换来的良田又多被军官将校、豪强所兼并。宣德六年陕西参政陈琰报告说，宁夏、甘肃"二处膏腴之地皆为镇守官及各卫豪横官旗所占"，而将无法耕种的"卑下瘠地"，分给屯军，让他们承纳屯粮②。这种弊端到孝宗时已相当严重，明政府欲求治理，但也无能为力③。隆庆初年，庞尚鹏奉命清查九边屯田状况，他在清查后提交的报告中指出：官豪兼并屯田，屯军包赔虚粮，北边九镇，"所至皆然"，甚至屯田典变，十易其姓，这种状况由来已久④。商屯于弘治时开始崩坏。弘治四年，叶淇为户部尚书，变开中法：盐商可以用银买盐，不必再在边境（雇人）屯田，政府的财政收入虽然增加了，但盐商徙家内迁，商屯废止，"边储由此萧然矣"⑤。军屯、商屯一破坏，军丁生活没有保证，其家属就更悲惨。成化末年黄绂巡抚延绥，见士卒妻小皆衣不蔽体，他很

① 《明史》卷150《郁新传》。
② 《明宣宗实录》卷76。
③ 《明孝宗实录》卷106。
④ 参见《明经世文编》第5册，第3855—3866页。
⑤ 《明史》卷185《叶淇传》。

感慨地说:"健儿家贫至是,何面目临其上。"①甚至病无医药,死无棺敛②。这种状况具有普遍性。

保家卫国的士兵,其崇高的职责与其待遇正好相反,他们只有走逃亡的道路,正德时甚至达到十名军士中有八九人逃亡③。军官将校对于逃亡缺额,不但不过问,而且引为利薮,因为一方面他们可以私吞逃亡者的月粮,一方面又可以向逃亡者需索贿赂。政府查得紧时,往往清军勾补,这时官校四出,扰得闾里不宁,百姓备受其苦,勾补毫无效果可言。

这种种弊端使维护国家秩序与安定的边军,成为国家秩序与稳定的破坏者,政府与军士由合作向对立转化。此伏彼起、接连不断的军士"叛逃"就说明了这一点。王文禄在《庭闻述略》中指出边关危机的三种原因,他说:

> 边备大坏,胡虏长驱者,一由东胜、河套、黑山营之不复;二由盐商纳银,不在边种,引致屯田抛荒;三由武宗巡边带进边将,俱以不法诛,失此干城。且边军窥见内军无勇,遂生骄心,由是大同、甘肃、辽阳相效倡乱,诸边效之。军骄将寡,奈之何哉!④

王文禄所分析的三个原因不是一夕形成的,而是累朝相积的结果,但他讲的边备大坏的现象却是在嘉靖时期,或者说累积的

---

① 《明史》卷185《黄绂传》。
② 《明史》卷160《张鹏传》。
③ 有关详细材料,请参阅吴晗《明代的军兵》(载《读史札记》等著中)、王毓铨《明代的军屯》(中华书局1965年版)等著作。
④ 王文禄:《庭闻述略》,丛书集成本。

（明）《宣大山西三镇图说·三镇总图》

矛盾至嘉靖朝较充分地暴露出来了。

嘉靖元年正月，给事中杨秉义奉敕行边，目睹宣府、大同二镇村堡丘墟，公私匮乏，请发库银输边，"无事则以给官军月粮，有急则以应客兵支用"。章上后，恰逢二镇告急，世宗令发太仓库银二万两买谷入边①。同月，陕西甘州五卫军大乱，总兵李隆为泄私愤，嗾使部卒杀巡抚都御史许铭，并焚其尸。李隆上报兵部时谎称许铭"酷克，激变军士"。②明廷立即擢升陕西按察使陈九畴为右佥都御史，巡抚甘肃③。同年底，御史张鹏上

---

① 传抄本《世宗实录》，载邓士龙辑《国朝典故》卷35，北京大学出版社1993年点校本。按：该实录共4卷，载《典故》卷35—38，为与《明世宗实录》区别，以下只注《典故》卷、页数。

② 同上。

③ 《明史》卷204《陈九畴传》。

疏，指陈边政大坏各种弊端：近来西北士卒以乏粮之故，率众而攘，而将官罔利营私，军储半入其家。如报纳粮草，则占窝转卖而令贫卒包贩；开支帑藏，则任意侵渔而以空文出纳；召商中盐，则通同克免而斗库官攒得以上下其手。甚至逃卒之口粮，死马之草粮，皆寄名见在之籍而干没入己，边政大坏。户部复议："令各该抚、按、守、巡，严禁诸弊。将官有犯，追赃、揭黄、停袭；文官纵容者，一体治罪。"世宗下诏，令按部议施行①。但积重难返，非一纸号令所能改，终于酿成持续十余年的大同兵变。

早在嘉靖元年七月，大同军士因粮饷多亏，率众哗噪，将酿大乱。提督臧凤、巡按张钦将倡乱者张的祥等逮捕，并上请中央严惩。兵部认为，粮饷久缺，军士嗷嗷待哺，其争噪情有可原，应抚恤妥善安置。世宗命刑部等法司议处。法司认为："顷年将弱兵骄，在福建则犯守臣，在陕西则犯巡抚。若非重惩，恐益长乱，宜如凤、钦奏议。"世宗亲下诏令，令将为首五人处死，其次调极边守哨，余者安抚。明廷企图杀一儆百，但众军士皆愤愤不平②。两年后遂有五堡之变。

大同，古称云中。汉高祖七年（前200），刘邦亲率大军32万迎战冒顿单于，被困于今大同东北的白登山七天七夜，后用计重赂冒顿的皇后始得突围，史称"白登之围"。此后大同作为军事重地，为历代兵家所重视。明朝建立后，更视大同地区为关系其兴衰安危的边塞要地。顾祖禹在其《读史方舆纪要》中，称大同镇为"东连上谷，南达并恒，西界黄河，北控沙漠，居

---

① 《国朝典故》卷35，第611、608页。
② 同上。

边隅之要害，归京师之藩屏"。从洪武朝开始，不断加强大同防务，永乐七年，设置镇守总兵官，大同始称镇。成化年间，余子俊以户部尚书总督大同、宣府军务，修筑1 300余里长城线大同防区。

嘉靖三年七月，大同巡抚张文锦因镇城无险可据，令在城北九十里处修筑五堡城，作为大同镇的前方屏障。负责修筑工程的是参将贾鉴，他为早日完工，视军丁如役人，并杖打队长，引起众怒。五堡修完后，张文锦欲迁徙大同镇卒2 500家前往驻守，其中有500家原住大同城外20里处，经常遭受蒙古骑兵的杀掠，从未过上一天安宁日子。如果迁往五堡，首当其冲，无异于被送入虎口。因此，他们坚决拒绝迁徙。贾鉴不做安抚工作，反而强行驱赶。郭鉴、柳忠等兵士被激怒，杀贾鉴并焚其尸。随后，众兵士聚到塞下焦山。文锦怕兵士与蒙古联合，命令大同知县前去劝谕，让众军士入城，并许诺既往不咎。众军士入城后，文锦将倡乱者关入狱中。军士都有被欺骗之感。郭鉴、柳忠率众焚烧大同府门，将狱囚劫出，又烧了都察院门。文锦闻变后翻墙而逃，藏到宗室博野王的家中。乱兵逼迫博野王将文锦交出，随即杀了文锦。又打开府库，为每人发了兵仗。全副武装的乱兵追杀镇守总兵官，将总兵官朱振从狱中劫出，迫使他作乱军首领。

世宗得到大同兵变的情报后，召开廷臣会议，决定剿、抚双管齐下，命蔡天祐代为巡抚，前去安抚；同时派户部侍郎胡瓒率军讨伐。蔡天祐到大同后，将倡乱的五十余人诛杀，又杖打郭鉴、柳忠等人。一时民情汹汹，相传朝廷要杀尽大同人。这时，胡瓒的京兵已抵达大同附近，乱军再度四出劫杀，知县王文昌被杀，代王倾家潜出宣府。十一月，胡瓒将郭鉴、柳忠等11人诛杀。郭鉴的父亲郭疤子又纠集数百人，声称为子报仇，包围总兵桂勇家，杀其家人数十名，并将桂勇搜获，蔡天祐及太监武忠立即前往劝谕，乱军稍定。胡瓒率兵追击西逃的郭疤子等人。城中士大夫皆请胡瓒班师回朝，以缓事态，胡瓒不听。蔡巡抚上疏，请速令胡瓒班师，否则将成大乱。世宗下令胡瓒班师。次年二月，蔡天祐又劝兵民各安生业，交出劫走的军器，又重金用间，将郭疤子等四十人抓获斩首，大同兵变始告一段落。

天祐"有才智"，任大同巡抚七年，抚士卒，固险垒，"威德大著，父老为立安辑祠"。嘉靖十年调升兵部侍郎，两年后大同再次发生兵变[①]。

河套被蒙古占据后，大同首当其冲，几乎年年有"套寇"入边侵扰。兵部尚书王宪说："非添总制、提督不可。"并提名报世宗。嘉靖十二年，刘源清以兵部左侍郎总制宣府、大同、山西、保定诸镇军务。源清到任后，与大同总兵官李瑾商议御房之策。李瑾建议在天城左孤店掘壕四十里，以遏制蒙古骑兵，源清认可，令三天内完工。李瑾平时驭下过严，军法外创立拦马、缠腰等刑，失将士心。这次督工又急，士卒不堪苦楚。夜里，季当子、王宝等士卒举火倡乱，杀李瑾、围巡抚潘仿。潘仿立即驰报京师，言镇将用法苛刻，激成兵乱，请置勿问。源清也上报中央，说"兵悉变，法不可废，请讨"。廷臣在讨论处置大同兵变问题上，议论纷纷，意见不一。王宪认为："兵未必悉变，协从罔治，渠魁必歼。"世宗采纳，令潘仿捕获首犯，又降敕令源清"相机随宜"。总制、巡抚意见本来不同，中央的指示更助长了这种分歧[②]。源清

---

① 《明史》卷200《蔡天祐传》。

② （明）孙允中：《云中纪变》，《国朝典故》卷101，第1984页。

有"相机随宜"敕令在手，决意剿杀众士卒，并贴出告示说："五堡之变，朝廷姑从宽处，乃复怙恶不悛，以戕杀主帅，天讨所宜加者。"这一告示等于宣战书，尤为失策的是，将这次兵变与五堡之变联系起来，因而与五堡兵变有牵连的兵士益不自安，纷纷加入兵变的队伍中[1]。

这时，佥事孙允中已将倡乱者10余人逮捕，带入总制府。允中认为首恶已得，可罢兵，力劝源清。源清鉴于嘉靖三年兵变，胡瓒兵不临城后被弹劾罢官之事，锐意用兵。次日清晨，刘源清率兵攻城，"大肆杀掠，城外横尸枕藉"[2]。财产劫掠一空。城中士兵紧闭城门，并奉指挥马升、杨麟为帅坚守。双方僵持不下时，郤永率京兵赶到，陈兵城下，一场攻城与守城之战已不可避免。激战中，双方互有伤亡。源清令允中前往城中劝谕士兵不要守城，并说朝廷来兵是为剿杀首犯，胁从不问。士兵不听。允中连写五六份奏章，间道达京师，因沿途各兵把守，只有两份送达，大意是说："首恶已擒，似不宜再讨，总制将士贪功，害及良善，使血洗大同城之讹传转而为真，兵连祸结，患生意外，非万全之计。"刘源清驻兵聚落驿，也上疏说："叛卒怙恶，拒王师，抚镇、郎中、佥事皆首恶，抚镇关防在叛贼手。"[3]

刘源清、潘仿及李允中的奏疏相继送达京师，兵部会同有关部门召开紧急廷臣会议。王宪认为应发大兵讨平，大学士张璁深表赞成，并力主发兵。礼部侍郎顾鼎臣、黄绾等不赞成用兵，黄绾尤力争。武定侯郭勋、内阁大学士张璁以黄绾阻挠用兵，将其排挤出为云南参政，又指使言官弹劾潘仿，潘被罢官，樊继祖代

---

① 《云中纪变》，《国朝典故》卷101，第1986页。
② 《明史纪事本末》卷57《大同叛卒》。
③ 《云中纪变》，《国朝典故》卷101，第1987页。

其为大同巡抚。继祖单骑驰到阳和卫，了解情况后也不赞成用兵，他上疏用兵之非，指出如果乱军北走胡虏，与之相合，后果不堪设想。张璁等留疏不报。

事态的发展正如樊继祖预料的那样。该年底，刘源清上疏，称驻大同的宗室、文武皆已从贼，"负朝廷，实天欲厌此城矣"。在取得兵部同意后，掘水灌城。城内兵士、百姓虽全力坚守，但实力不抵。为对抗刘源清等攻城兵，开城门诱蒙古小王子等万余人入城助战，郤永率军阻击，大败。小王子部下数十人入城，乱军指代王府说："兵退，以此谢。"小王子留精兵数千帮助守城，其余数万人分掠浑、应、朔、怀等州县乡村，数日乃去。

小王子的几万兵马四出劫掠，使事态相当严重，各边告急的奏文像雪片一样飞达京师，世宗命紧闭京城九门，并派重兵把守，一时中外汹汹，廷议在紧急状态下召开，讨论的问题已不仅是大同兵变，而且包括京城防卫力量如何加强。讨论的结果是派科道官前往九边募兵。

大同兵变的逐步升级，使世宗忧心如焚，他频望西北，"为之旰食不视朝累日"。刘源清及兵部请再添设总制，内阁拟定三人上请世宗裁择。世宗大为不满，亲降御札，谴责诸臣：

> 哑，不可用也，夫大同叛军先因杀李瑾，此谋杀主将之罪，法不可赦，原非举城所为，亦未敢逆朝廷。止是郤永不谋，信从刘源清贪功嗜杀之计，辄便有洗城之讹传吓城中，致使逆军劫囚勾虏，抗拒朝廷。既说专剿逆徒，胁从不问，却又专攻城之计，又引水灌城，看来玉石亦不可得而分也。朕惟宣、大为京师北门要地，皆不可坏，人而无臂，何以卫头目乎？况此地此民皆祖宗所遗，今源清必欲城破人诛，果

忠乎？否乎？前日将二人调置，别命将以专讨渠魁，岂有今
日之患？今又不可轻听伊说，卿等亦不可不虑将来事，纵源
清幸成功，不知北地何以兴复？今只可罪去二臣，撤还诸路
人马，别遣文武大臣果能晓事者，使专意备虏，密令多方计
擒逆贼之魁者，庶免师老财伤。源清既能了事，如何又请添
官，岂非官多事扰乎？①

世宗御札发下后，中外始知朝廷并不想用兵。世宗站在最高
统治者的立场，他所看到的确实高出臣下许多，因为城破人亡，
谁为朝廷守北方门户？士卒杀总兵官，情有可原，非全大同城人
所为，源清掘壕灌城，又用"毒烟熏死者相藉"②，视全城人为敌，
是忠是邪，从效果上看确实值得怀疑。而且，胡虏寇塞，这是真
正的敌人，必须全力以赴，源清不御虏寇而以大同全城为敌，有
本末倒置之嫌。世宗的忧虑是有理由的。当时明兵在城下"暴露
日久，蹂躏之余，东西两关已不守，南北倚草场关墙自全，粮道
绝数日，食且尽，往往谋溃散，重镇危在旦夕"。③如果继续相战，
大同重镇将拱手让与胡虏，其后果十分严重。源清见御札后，仍
掘城灌水，"穴者悉死"。后知事不可为，上疏说："臣两目昏花，
双足肿痛，请避位。"世宗见疏大怒，立即罢斥，命兵部侍郎张瓒
接替总制之职。

世宗在关键时刻换总制其人，使局面发生转机。张瓒星夜赶
赴大同，下令诸将停止攻城，又令孙允中进城开导。最初，廷议
定：降抚者给票免死，但刘源清不发一人。张瓒到任后，令降者

① 《云中纪变》，《国朝典故》卷101，第1988页。
② 《明史》卷200《刘源清传》。
③ 《云中纪变》，《国朝典故》卷101，第1989页。

给票，全城人争相索票，"合城望阙呼万岁，声闻数里"。又将首恶黄镇等24人斩首。但提督郤永百计阻挠，并散播谣言，城中兵民疑惧不安。张瓒、樊继祖多次劝谕，并开仓赈济，才又转危为安。小王子的部下见无机可乘，立即逃走。张瓒等入城，又采取各项安抚措施，大同兵变始告平息。

刘源清，朝中有很多支持他的人，他被罢官后有人为其鸣"不平"，郤永还重兵在握。这些潜在的动向都可能使大同重新陷入危机中。礼部尚书夏言上疏说："大同功罪未明，赏罚未当，未免人心疑惧，请差忠说大臣前去招安赈济，查勘功罪。"张璁此时已是最后一次（第四次）入阁，已失去世宗宠信，廷举二人，世宗派黄绾前去调查功罪详情。黄绾到大同，首先请示世宗，将阻挠入城勘查功罪的郤永罢职，随后开始详细调查。调查中，许多人揭发刘源清、郤永滥杀无辜的事实：除杀良民已报功外，"尚余二瓮瘵民家，俟城破冒功"；胡虏入寇时，与明兵大战，明兵大败，死伤甚多，郤永命将死者尸体聚到一起焚烧，"骨约三数车，请验之"。经过四个多月的调查，黄绾上疏陈奏刘源清、郤永之罪，并奏潘仿、樊继祖、张瓒等人功。世宗下旨，令将刘源清、郤永逮捕入狱，张瓒等人各有赏赐。

明廷在定刘、郤之罪时，陷入两难境地。一方面，两人杀良冒功等罪，可处死刑；另一方面，刘、郤是奉旨讨叛，杀两人会助长边关骄兵悍卒犯上谋叛之举，将帅更难统驭部属。因此，案子拖了三四年没有审定。由于明廷主要从稳定边关着眼，世宗最后下旨说："刘源清、郤永奉命讨乱，不得随宜区处，乃固执攻城，以致师老财费，伤残众多，损威负任，法当处死。你每（们）（指内阁大学士等）既说为边防远虑，请从末减，且事权本出总制，刘源清着为民，不许朦胧起用。郤永降三级，着在宣府沿边杀贼以赎前罪。"①

　　大同兵变前后两次，历时四年，它为明朝边关危机敲响了警钟。其起因虽是用非其人，将骄激变，但根本原因却是卫所制度赖以存在的基本条件发生变化，明政府已经没有足够的财力整饬边防，振兴武备。加之从上到下的腐败之风，即使锐意振饬者也只能抱憾而去，甚至传首九边，死于非命。功罪颠倒，是非混淆时，将帅立功也难。议复河套之事更是如此。

---

① 《云中纪变》，《国朝典故》卷101，第1995页。

二、议复河套

蒙古骑兵的多次南下侵掠，以及甘州、大同兵变的接连发生，暴露了北部边防的危急事态。为此，世宗选任名臣宿将整饬边备。

嘉靖三年四月，兵科给事中陈时明上疏指出："宣、大、甘州相继告变，内地岁凶民困，设有不逞者跳梁于其间，一呼成群，此土崩之势也。宜及今选将练兵，教之射艺。"御史卢焕上疏说，宣、大、洮、岷，虏患并起，此是"咽喉之深忧者"，请提早筹划边防。同年十二月，世宗命陕西设提督军务大臣一员，令兵部"议才优望重者往"。兵部提出三个候选人，即致仕大学士杨一清、兵部尚书彭泽、南京兵部尚书王守仁，这三人皆久历行伍，著绩边关，以南北两京兵部尚书及大学士上请裁择，显示出明廷对边关形势的重视程度①。世宗为世子时，其父献王曾多次说湖广有三杰：刘大夏、李东阳、杨一清。三人名字在其心中早有烙印。世宗即位后，廷臣争相举荐杨一清，世宗派遣官员赐金币存问，并请一清出仕新朝，一清上书陈谢，世宗特予一清一子中书舍人之职。兵部送上三人名单，世宗立即下诏，命杨一清以少傅、太子太傅改兵部尚书、左都御史，总制陕西三边军务。一清是武宗朝的内阁大学士，有宰相之称。此次竟以"故相行边"，这在明代历史上是从未有过的事②。世宗在诏令中还特别褒美这位湖广老乡一

① 《国朝典故》卷35，第620、622、624页。
② 《明史》卷198《杨一清传》。

番，把他比之为唐代名将郭子仪。

一清不负重托，以71岁高龄，昼夜兼程，第三次赶赴西北这片贫瘠而备受胡虏蹂躏的黄土地。途经洛阳时，一清拜访孝宗朝名相刘健。刘健对一清这位武宗朝的内阁大学士虽很爱重，但对他以故相出边，却很不以为然。他见一清来访，只在堂室揖了一下，并说："汝不能甘澹薄而猥为时所饵，今日戴兜鍪，异日何以复簪冠乎？令主上轻吾辈，自汝始！"说完拂袖而去，不再看他一眼。[1]一清被弄得十分尴尬，无颜面对这位"事业光明俊伟，明世辅臣鲜有比者"[2]的老前辈，惭愧而去。

杨一清像

一清的祖先是云南安宁人，父亲杨景时迁居巴陵。一清幼年能文，地方官以奇童荐为翰林秀才，宪宗令内阁择天下名师教育他。成化八年，年仅18岁的一清中了进士，从此开始了有声有色的仕宦人生。

一清为官一生，似乎与陕西有难解之缘。孝宗初年，他以副使督学陕西，一干就是八年。一清相貌不扬，但天资警敏，他创立正学书院，选拔英才，躬亲教诲。在他

---

① 《嘉靖以来首辅传》卷1《杨一清传》。
② 《明史》卷181《刘健传》。

所识拔的人才中，有以文学名天下的李梦阳，有状元康海、吕柟，还有名士马理、张璪等数10人。一清诗文写得极好，宗法韩愈、苏轼，有汉唐风骨；但他不以此自娱，平生喜谈王霸经世大略。陕西八年，虽是教育官长，而一清"以其暇究边事甚悉"，这为他以后立功边关、三为总制奠定了基础。

弘治十五年，因刘大夏举荐，一清擢升都察院左副都御史，督理陕西马政。一清力除积弊，使"屯牧之政修，军用亦渐足"。不久，改一清为陕西巡抚，兼经略边务。一清选精兵操练，创平虏、红古二城以援固原，又沿河岸修筑城垣，军纪肃然，敌不敢犯。正德初年，一清总制延绥、宁夏、甘肃三镇军务，擢升右都御史。一清认识到：若要北部边关安宁，必须收复河套。河套周围三面有黄河之险，土质肥沃，水草丰富，耕牧皆宜。原先，鞑靼部落侵扰内地时，或在辽东、宣府、大同，或在宁夏、甘肃等地，"去来无常，为患不久"[1]。成化初年始，蒙古势力占领河套，并在当地驻扎下来，从此河套成为其侵掠内地的一个主要基地，"套寇"也就成为明中叶的主要边患。一清在上疏中指出：

> 今河套即周朔方、汉定襄，赫连勃勃统万城也。唐张仁愿筑三受降城，置烽堠千八百所，突厥不敢逾山牧马。古之举大事者，未尝不劳于先，逸于后。夫受降据三面险，当千里之蔽。国初舍受降而卫东胜，已失一面之险。其后又辍东胜以就延绥，则以一面而遮千余里之冲，遂使河套沃壤为寇巢穴。深山大河，势乃在彼，而宁夏外险反南备河。此边患所以相寻而不可解也。诚宜复守东胜，因河为固，东接大同，

---

① 《明史》卷327《鞑靼传》。

西属宁夏，使河套方千里之地，归我耕牧，屯田数百万亩，省内地转输，策之上也。如或不能，及今增筑防边，敌来有以待之，犹愈无策。[①]

杨一清还具体提出：延绥安边营石涝池至横城三百里，宜设墩台900座，暖谯900间，守军4 500人；石涝池至定边营163里间，平衍处宜置墙的131里，险崖峻阜可铲削的32里，设墩台，连接宁夏东路；花马池无险，敌至则需客兵来援，宜置卫，兴武营守御所兵不足，宜召募；自环庆以西至宁州，宜增兵备一人；横池以北，黄河南岸有墩36，宜修复。武宗认为收复河套虽为上策，但不易成功，令一清筑边修城，并发国库银数十万两。正当一清全力修边时，太监刘瑾因向其索贿不应，遂向武宗进谗言，说一清冒破边费，一清遂被逮入锦衣诏狱。内阁首辅李东阳与大学士王鏊力救，一清出狱，致仕家居。不但复河套成为泡影，而且边墙也仅修了40里。安化王朱寘镭反叛后，一清再被起为总制军务，奉命平叛，他与宦官张永定计，除掉刘瑾，以功加太子少保，任吏部尚书。一清通练时政，胸襟宽广，对正直有才识的知识分子极为爱惜，凡为刘瑾所陷害的，皆重新录用。朝有所知，夕必登荐，门生遍天下。第二次出任陕西三边总制时，举荐贤能，从偏裨小将升大将封侯的人，不胜枚举。此回一清已是第三次出任总制，至陕西后，"将士皆自饬励，旌旗壁垒，色彩为新"，"有所条请，无不报许"边政有所改观[②]。嘉靖五年六月，世宗在平台召见当时已是大学士的杨一清，并赐诗一首[③]，盛赞一清在边关的

① 《明史》卷198《杨一清传》。

② 《嘉靖以来首辅传》卷1《杨一清传》。

③ （明）余继登：《典故纪闻》卷17，中华书局1981年版。

贡献：

> 迩年西陲扰，起卿督边方。
>
> 宽朕西顾忧，威名满华羌。
>
> 予承祖宗绪，志欲宣重光。
>
> 卿展平生猷，佐朕张皇纲。

　　嘉靖七年二月，兵科给事中陆粲上疏，请按杨一清正德初年原议，重新修复宁夏花马池至灵州一带城垒，世宗下令："如一清初议，速发帑储佐之，勿靳费。"[1]当时王琼为陕西三边总制，他遵世宗之令，着重修复了榆林、宁夏、固原三镇。榆林镇修复东、中二路大边310里，用兵卒1 800人，费帑金10万两。[2]在宁夏将兴武营以东的长城南移，并在墙外挖挑壕堑，称之为"深沟高垒"，工程直到嘉靖十四年才告一段落。[3]固原镇兴修更为投入：自固原镇环县萌城响石沟至下马房旧堑长30里间，加深二丈，阔二丈五尺，南面堑上筑墙；又修复下马房西接平房、镇戎，经古城、海刺都、西安州、五堡坍塌边墙125里，随山就崖，铲削陡峻；又于干盐池铲崖挑沟长40里，深险壮固以绝蒙骑西入临、固之路，又修干盐池以西栅塞崖堑29里。[4]陕西三边的重新加固，虽暂时遏止了蒙骑入掠的势头，但虏患不绝，边关警报，频频而至。嘉靖十七年，山西巡按御史何赞上疏，指陈河

---

① 《国朝典故》卷35，第642页。
② 《榆林府志》卷21，道光二十一年刻本，第7页。
③ 嘉靖《宁夏新志》卷3，宁夏人民出版社1982年版，第249页。
④ （明）王琼：《北虏事迹》，载《金声玉振集》第11册，中国书店1955年影印本，第40页。

套为蒙古吉囊所据，外连西海，内构大同，其策有二：一是以计破之，二是以势驱走，而关键在于久任抚臣以责成效，兴复屯法以裕边储。但未能实施，边患日重[1]。嘉靖二十三年，蒙骑三犯山西，甘肃等处同时告急，次年初山西巡按御史陈豪痛陈边患危害，他指出：北虏三犯山西，杀掠百万，此不可以寻常之寇视之。二三年间，发内帑金六百万助边，但战则不能击敌以退，守则不能防其再来，不知这六百万国帑用于何处？现今诸臣建议，不过说选将练兵、屯守险要而已，不知蒙骑之来，不从各关口而入，而攀崖附壁，沿边墙垣而有何用？并且，各镇放哨的兵卒，多献媚胡虏，为其通风报信，胡虏深入后才发炮报警。而我亡命之民，又充当敌人向导，通晓星术机械、文字技艺的各种人，都为敌谋划，所以近几年来敌入我地，如入无人之境。臣恐从今以后，其患无穷。请下廷臣集议万全之策，期于必战，尽复套地，方可慑敌内扰之志，而边境方安。[2]世宗允准其奏，下兵部议行。

二十四年七月，"套寇" 2 万余骑侵入榆林，因延绥兵力征赴宣大防秋，敌骑如入无人之境，杀掠人畜数 10 万。八月间，敌骑入掠大同，生灵再遭涂炭。世宗为此将陕西三边总督张珩及巡抚王子立逮捕，谪配于边。[3]在大臣的提醒下，世宗又将元世祖忽必烈的神主从历代帝王庙中撤出，陪祭木华黎等 5 人的牌名一并撤出，世宗还气急败坏地下令：将宋讷所撰的庙碑毁掉，"南京庙祀胡像" 一并撤出，以示对蒙骑多次侵掠的 "惩罚"。

---

[1] 《明史纪事本末》卷 58 《议复河套》。
[2] 《皇明肃皇外史》卷 25。此疏议行结果，《明实录》等书均未载，似未曾讨论。
[3] 《皇明肃皇外史》卷 35。

　　正当世宗一筹莫展时，陕西三边总督曾铣提出收复河套之议。曾铣是江都人，嘉靖八年进士，授长乐知县。嘉靖十四年，出任辽东巡按御史，时辽阳、抚顺发生兵变，曾铣以其大智大勇平定兵变，"全辽大定"。后以金都御史巡抚山东，俺答多以侵掠内地，曾铣请筑临清外城，敌不敢入。改任山西巡抚后，蒙骑多年不敢犯边，因功进兵部侍郎。嘉靖二十五年四月，曾铣接替张珩任陕西三边总督。同年七月，敌骑10余万由宁塞营入，大肆掠杀延安、庆阳两府，曾铣率几千兵追斩，蒙骑逃走。当时"套寇"在明边塞附近放牧，并派零散轻骑不时扰边，当地居民不敢出外采种，十分困顿。曾铣修边筑塞的同时，派精兵强将追击敌人，"套寇"稍向北移，曾铣又率诸军驱之远徙。边塞稍安，居民赖以耕种。这件事使曾铣认识到：如果假朝廷之威，选兵择将，备足粮草，是可以收复河套的，这也是一劳永逸之举，遂上《议收复河套疏》。曾铣在该疏的后面，具体开列了八项议策，第一是定庙谟。曾铣认为，"圣明先定此志"这是最重要的，皇上决心下定后，乃可令大臣详议，"不以同异之说而疑，不以浩繁之费而止，不以重难之事而惮"，"惟求底定不急近功，则国是定而神人协我"。其他七项为立纲纪、审机宜、选将才、足粮饷、明赏罚、备长技、任贤能等，皆条分缕析，极具操作性[①]。在此前后，曾铣还与延绥、宁夏两巡抚商定，欲在西自定边营，东至黄甫川1 500里间，修筑边墙抵御敌骑，请发国库银数10万两，三年内完成。

　　收复河套、修筑边墙的奏疏送呈中央兵部。兵部经过很长时间的讨论，基本否决了曾铣的建议，认为"筑边、复套，两俱不

---

① 《明经世文编》卷237，第2477—2479页。

易。二者相较，复套尤难"。世宗对兵部讨论的结果很不满意，对曾铣复套之议表示赞赏，他批示说："虏据河套，为中国患久矣。连岁关陕横被荼毒，朕宵旰念之，而边臣无分主忧者。今铣能倡逐虏复套之谋，厥猷甚壮。本兵乃久之始复，迄无定见，何也？其令铣更与诸边臣悉心图议，务求长算。嗣上方略，第此边境，千里沙漠，与宣大地异，只可就要害修筑。兵部其发银 20 万两予铣，听其修边饷兵造器，便宜调度支用，备明年防御计。"[1]世宗的这一批示无疑从最高决策上支持了曾铣的建议，这也是对曾铣的莫大鼓舞。

正在这时，延绥巡抚张问行以有病为名，请求休致。世宗对此大为愤怒，立即将张罢为民。陕西巡抚谢兰、宁夏巡抚王邦瑞及巡按御史盛唐都不赞成兴复河套。曾铣遵照世宗旨意召集他们详细讨论复套的具体方案，但他们怕一旦不成功，必将大祸临头，因此迟迟不会同上奏，世宗下诏一一予以谴责。杨守谦接任延绥巡抚后，赞成曾铣的意见，二人会同其他抚按官，加紧讨论复套方案。二十六年五月，曾铣上疏，请不拘年格，选有真才实学者任边关守令。世宗对此也给予支持，他对吏部说："近年西北边方，防虏多事，任用要在得人，尔部内须留心选用总督抚按官，不时刺举，以凭黜陟。西南蛮夷边方亦用此例，其别立选用升迁资格奏闻。"[2]吏部提出："边方守令，通将应选者量酌地势远近，取年力相应者除补，毋以告就边方者概授。各巡守边境者，务择才选用，毋以才力不及官改调。其平时巡抚有方、遇变建立奇功者，不拘守令，两司不时荐举。本部破格超擢。"[3]这项规定世宗予

---

① 《明世宗实录》卷318。
② 《皇明肃皇外史》卷27。
③ 《国朝典故》卷36，第740页。

以批准，它对提高边远地区官员的素质，加强有效治理，减少隐患，起到了积极作用。

俺答部因明廷加强边关治理，以及施行积极的修边、复套战略，请求与明廷和好，实行通贡，宣大总督翁万达上疏请朝廷讨论。世宗不准。数日后，曾铣亲统明兵，出塞击败敌骑，斩首数十人。世宗对曾铣大加赞赏，上谕"其增禄俸一级，赏白金四十两，纻币三袭"。[①]

曾铣感世宗知遇之恩，益思报效。二十六年十一月，他同抚按官疏陈边务十八事，即恢复河套、修筑边墙、选择将才、选练士卒、买补马赢、进兵机宜、转运粮饷、申明赏罚、兼备舟车、多置火器、招降用间、审度时势、防守河套、营田储蓄、明职守、息讹言、宽文法、处孳畜。这十八事可以说是收复河套的具体方案，它从战略战术到每一细节技巧，皆有论述[②]。世宗读过此疏后，坚定了收复河套的决心。数日后，曾铣又上《营阵图》八卷，即《立营总图》《遇虏驻战图》《选锋车战图》《骑兵迎战图》《步兵搏战图》《行营进攻图》《变营长驱图》《获功收兵图》，为世宗具体描绘了从战到胜的全过程。世宗御览后十分高兴，令兵部会同有关方面尽早拿出决策方案。同年底，世宗令将不听曾铣调遣、贪纵不法的甘肃总兵官仇鸾逮入诏狱。本年的最后一天，御史饶天民、张登高二人就收复河套事上疏。饶天民上疏中说，应当预防套虏奔突，各边应严加防备；会议条格不宜刊布，恐泄军机。张登高上六事：蓄财赋，养士马，久将任，忌先声，防他患，速犒赏。世宗阅读后说："各边防御，所言得策。奏议刊播无碍，且王

---

① 《皇明肃皇外史》卷27。
② 参见《明经世文编》卷239《曾襄愍公复套条议疏》，第2483—2503页。

师乌用掩袭为也？"①

以上种种，从世宗裁决的结果看，他是坚定地站在收复河套一边的，并没有丝毫动摇的征兆。然而，令人惑解的是，次年一月形势急转而下，发生了戏剧性变化。

嘉靖二十七年正月初一，是农历新年的第一天。世宗与往年一样，仍不上朝，文武百官在奉天门行五拜三叩头礼，算是遥拜圣天子，世宗令罢百官宴，百官们悻悻退出。盛大节日毫无喜庆之意，反而多了许多不安。第二天，陕西澄城山崩的奏报送达世宗手中。一周以前还出现了风沙大作的现象。世宗将这两件事联系起来，认为是上天示警，他对首辅夏言等人说："陕西奏灾异，云山崩移。且昨辛未日风沙大作，占曰主兵火，有边警。朕惟气数固莫能逃，然亦不可坐视。况上天示象，儆戒昭然，而防备消弭，当尽人事。朕居君位，总理于上，无视事之理，本兵等皆各有专责，卿等其宣示朕意，俾皆悉心经画，朕乃仰叩玄慈，冀转灾为福云。"②世宗的这番话，实际是个信号，说明他对兴武复套之举已发生动摇。兵部上疏请修省，世宗谕兵部说："戒饬各边，益慎防守，用答上天仁爱之意。"主持兵部事务的尚书王以旂并不知世宗的主意已变，仍于三天后，奉世宗去年底的诏令，会同府部九卿詹翰科道等中央各衙门讨论兴复河套事宜，其结果是这样的："虏据套为西边患久，诚宜亟为攘除，第事体重大，钱粮兵马非旬月可办集，请先命大臣督饷，量带司属，趁时籴买；添设宪臣，预处月粮，俟有次第，然后遣科道纪功，钦遵行事，其曾铣奏讨山东抢手、河南水夫及神机营火药，偏老甘肃各边兵马，悉

---

① 《明世宗实录》卷331。
② 《明世宗实录》卷332。

听圣断裁定给发。"①廷议的这一结果实际是遵照世宗旨意，做出的收复河套决策。如果没有意外的话，世宗下诏认可后就可以付诸实施了。然而，世宗在关键时刻发生明显的动摇，他接到奏报后对夏言等内阁大学士透露了他的意图，他说："套虏之患久矣。今以征逐为名，不知出师果有名否？及兵果有余力？食果有余积？预见成功可以否？昨王三平未论功赏，臣下有怏怏心，今欲行此大事，一铣何足言？只恐百姓受无罪之杀。我欲不言此，非他欺罔，比与害几家几民之命者不同，我内居上处，下情何知可否。卿等职任辅弼，果真知真见，当行拟行之。"②兴复河套，牵一发而动全身，需要足够的兵力、财力、物力，确非寻常事可比，世宗表示的怀疑，从最高决策者角度看，是属情理之中，表现了世宗的谨慎，本无可厚非。

　　然而，大臣们对世宗的性格太了解了：出尔反尔，诿过臣僚，以示自己的高明，是世宗一贯的做法。世宗举棋不定，臣下畏首畏尾，不敢承担大责，就使决策迟迟不下。夏言"不敢决"，请世宗圣裁，球又踢给了世宗。世宗决定让群臣公开讨论议决，他指示司礼监把上次的谕旨（即怀疑成功与否的谕旨）刊印一百余份，交给兵部，令兵部交给每一位参加会议的人，几天后讨论上报。

　　可是，严嵩以次辅之位，抢先一步，上疏诋毁曾铣复套是狂妄之举，他说：

　　　　套虏为患日久，祖宗时力岂不能取之？而卒不果复者，盖深有意。今兵力不逮祖宗时远甚，且中外府藏殚竭，一旦

---

① 《明世宗实录》卷332。
② 同上。

议出无名之师，横挑弹虏，诚有如圣心所虑者。臣闻曾铣所奏，征讨必用三年，每年必用兵十二万，银必百五十两。铣又云，此特大略，其临时请给者不在此数，则师未出而经费已不支矣，民将何以堪之？铣以好大喜功之心，而为穷兵黩武之举，在廷诸臣皆知其不可，第有所畏，不敢明言，以致该部和同附会上奏。幸赖圣心远览，特降明谕，活全陕百万生灵之命，诚宗社无疆之福，臣备员辅职，如此举措，关系国家安危大计，不能先事匡正，至廑圣虑，同官夏言于他政效劳为多，臣独分毫无补，有负委任，请从显黜。[①]

　　严嵩的上疏可谓绵里藏针，一箭多雕，用心极为险恶。他先以"兵力不逮""府库殚竭"给世宗一个定心丸；随后笔锋一转，指斥曾铣"穷兵黩武""好大喜功"；再后说大臣皆知不可，但不敢明说，这里打了一个埋伏，实际是说夏言一人力主复套，别人无可奈何；最后说自己没有预先阻止，因而请世宗处罚。在最后一层意思里，严嵩提到"夏言于他政效劳为多，臣独分毫无补"，这句话的真正意思是说：夏言在其他方面有功劳，但在"关系国家安危大计"上，他有不可推卸的责任，而且是一人独当，严嵩自己则"分毫无补"，实际是推托之词。严嵩的奏疏，有许多经不起推敲之处。他说复套须用兵三年，每年需兵12万人，银饷150万两，实际与曾铣所请相差甚多。又用"活全陕百万生灵之命"蛊惑世宗，使世宗入其彀中。世宗正是按照严嵩的思路走下去的，他对严嵩说："卿既知未可，何不力止？言于铣疏初至时，乃密疏

----

① 《明世宗实录》卷332。

称人臣未有如铣之忠者，朕已烛见其私，但知肆其所为，不顾国安危、民生死，惟徇曾铣残欲耳。朕故一言未答，以示不可之意，后见卿等每拟夸许，朕思夏言既以为可，卿必谓朕知而主之，未宜剧沮其谋，昨部疏会奏，是果行之说，岂可真从之？朕方言不可耳。卿宜尽心供职，不允辞。"①世宗的这段话，实际与严嵩一样，把全部责任推到夏言身上，严嵩与夏言之争已演化为夏言与世宗的对立。

夏言十分惶恐，在上疏中着重谈了三层意思：一是说自己见识浅短，以为曾铣能成复套之任；二是说此事与严嵩多次商议，严嵩都无异词，现在先行上疏，名虽自劾，实际是推诿；三是说现在军旅尚未兴，没有造成损失，"否则臣将不知死所矣"。②世宗对夏言的上疏大为不满，令吏、礼二部会同都察院表态。严嵩有世宗撑腰，更加有恃无恐，上疏的措词一次比一次严厉，指责曾铣开边启衅，误国大计；夏言表里雷同，淆乱国事。世宗也越来越愤怒，将参加讨论复套的大臣全部罚俸一个月，兵部侍郎及该管司罚俸一年，令锦衣卫将曾铣逮捕入狱，兵部尚书王以旗接任三边总督，所有科道官全部逮捕，廷杖后各罚俸四个月。首辅夏言被罢官。

以后的数十天里，陕西三边敌骑入寇的警报不时传来，兵部在上报中说是因曾铣开边，敌欲报复而来。世宗派给事中申价等人前往陕西调查曾铣各项事情，实际是搜集"罪证"。严嵩代为关押在狱的甘肃总兵官仇鸾上疏，揭发曾铣各项不法"罪状"，曾铣的同乡人、夏言的岳父苏纲也被揭发出收受曾铣贿赂，苏纲被捕

---

① 《明世宗实录》卷332。
② 同上。

入狱。

同年三月，锦衣卫将曾铣案情移交司法部门审结。法司在拟定曾铣罪名时，"律无正条"，即不知所犯为何罪，认为应该比照守边将帅失陷城案律处斩。世宗十分虚伪，不愿落下杀无罪之臣的名，令法司一定拟定正律，于是拟以《交结近侍官员律》，斩于西市。参将李珍、指挥田世威、郭震被劾为曾铣爪牙，打入诏狱。严嵩指使法司，强行对苏纲、曾铣之子曾淳勒赃。用严刑拷问李珍，令其招供曾铣克饷行赂事，李珍几次昏死过去，终不屈招。李珍被处死，田世威、郭震谪戍极边；巡抚谢兰、张问行，御史盛唐，副总兵李琦等人，皆斥罚。

《明史》说曾铣"有胆略，长于用兵"，并举诸多事例。据与曾铣相识的人说，"襄愍色有冰霜，言笑甚寡，长不过中人，其忠勇特立，沉毅善谋"[1]。严从简说："刘天和一振兵威，而敌皆避出境，河套寇巢遂空，则此地无不可复者。……曾铣恢复之议，亦为有见，且闻其所制火车地炮等攻具数万，皆可用，惜事机中迫耳。"[2]茅坤认为，曾铣"规画措置，种种次第，公非寡谋而轻发者也"[3]。嘉靖十九年，曾铣为山东巡抚，即有复套之念，每当谈及蒙骑践踏中原，曾铣皆"怒发裂眦而中夜不寝"。后为三边总督，志在复套，"当是时，中外士无不人人指公为壮猷而倚席以待之者"[4]。

中国有句古话："权臣在内，未有大将立功于外者。"曾铣以其大智大勇，足以承担复套大业，但严嵩、仇鸾奸贪相济，竟使

---

① 《皇明辅世编》卷6《曾铣传》，第928页。
② 《国榷》卷59，第3711页。
③ 《国榷》卷59，第3715页。
④ 《国榷》卷59，第3716页。

一代功业葬送在数人之手。并且，复套仅在议间，尚未付诸实施，世宗"圣旨"可止之于先，法律犹可宽宥于后，罢斥、流放已足以"绳其罪"，何以定要首辅、能臣身首异处？曾铣临刑前，非常感叹地说："袁公本为百年计，晁错翻罹七国冤。"①其哀叹之情，胜于秦人之歌黄岛。世宗反复无常的性格，对谶纬天变的笃信，以及严嵩等权奸的蛊惑，终于铸成了曾铣弃市这一历史悲剧。

---

① 《国榷》卷59，第3716页。

三、京师被围

世宗颠倒功罪，他也因此而饱食恶果。谋勇之臣，皆以曾铣为鉴，不敢担当大责。世宗富有天下，关键时无人为他建一策、谋一划，他几成孤家寡人。京师被围时就是如此。

当吉囊盘踞河套，随时率领鞑靼骑士向陕西出击的时候，他的兄弟俺答也正在北部和东北部不断发起攻击。嘉靖二十八年二月，俺答大举入侵，进掠大同，直抵怀来。总兵周尚文率兵万人，和俺答大战；宣大总督翁万达也向敌人进攻，斩杀蒙骑数十骑，取得了多年少有的小胜利。世宗下诏，升万达为兵部尚书，加尚文太保衔。以后的数月间，蒙骑多次进掠宣府、大同各处，世宗在紧张与不安中度过了一年。

嘉靖二十九年是农历庚戌年。这一年是世宗统治四十四年间最不平静的一年。新年的钟声刚刚敲响，就不断传来蒙骑入掠的奏报。仅五月的一天就收到数十封告急书，他们包括：西海蒙古窥视甘、凉；"套寇"进犯延绥、固原；俺答、小王子部据威宁海子及开平边外，数次侵扰宣、大诸镇；朵颜三卫引导北虏进犯广宁、辽阳，觊觎白马关及黄花镇，等等。兵部在紧急中拟定十条对策：饬营关以严内治，饬边镇以固藩篱，务实政以严边防，广储蓄以实边塞，时饷馈以安募卒，重犒赏以激将士，开使过以策奇功，开受降以杀虏势，激抚按以固人心，正军法以正纪纲。世宗下诏，令按兵部所议施行。①

　　六月间，俺答进犯大同，总兵张达和副总兵林椿皆战死。世宗令逮捕总督郭宗皋、巡抚陈耀下狱，陈耀被杖死阙下，宗皋谪戍辽左。这时，因贿赂严嵩，仇鸾已从狱中放出，摇身一变，或为宣府大同总兵。八月，俺答再犯大同，仇鸾束手无策，他豢养的狗党时义、侯荣为其主子出主意说："主勿忧，吾为主解之！"遂以重金贿赂俺答，令其移掠别塞，不要犯大同。俺答于是向东进犯，蓟州告急。近几个月来，世宗闭目塞听，对边关告急的消息已十分厌倦，多次对奏报者大发雷霆。兵部尚书丁汝夔有鉴于此，将蓟州奏报压下不上奏，只是申饬蓟州严加防范。但蓟州近在京师密迩，告急书一份接一份报来，丁汝夔发边兵12 000骑，京营兵24 000骑，赴宣府、蓟州防守。边兵因取符验期会，没有及时赶到；京兵虽及时赶到，但皆是市井无赖，"识者知其必败"。八月十四日，俺答率兵攻击古北口，同时从黄榆沟毁边墙入境，京兵大惊，溃不成军，争弃铠甲、战骑，窜入山谷林莽中，敌骑进入怀柔、顺义，大肆杀掠，官民死伤甚多。顺天巡按御史王忬出驻通州，调兵死守，一面向北京告急，请速集廷臣商议战守。

　　明廷得到王忬的报告，十分惶恐，世宗下诏，北京实行紧急戒严，令兵部部署防守事宜，这时京军已无兵可用。成祖时设京卫七十二，仅京兵有40万，加以畿内八府军28万，中部大宁、山东、河南班军16万，共有80余万军队，因此蒙古势力虽然强大，但仍能率兵亲征，明廷在军事上处于攻势。其后京军在"土木之变"中遭到沉重打击，改三大营为十二团营，再改为东西官厅，额军由38万再减为14万。世宗初年，京军册籍上有10.7万人，实

————————

① 《国朝典故》卷37，第762页。

际存者只有一半。嘉靖十五年，都御史王廷相提督团营，指陈京军有三大弊端：一是军士多去杂派，终年劳作，没有时间操练，名义上是团营听征，实际上"与田夫无异"；二是军士替代时，吏胥需索重贿，贫穷军士不能应差，老弱者苟且应役，而精壮子弟不得收练；三是富家军士惮于营操征调，竞相贿赂将帅，使之"老家"本营，免于操练，贫家军士虽老疲不堪，也常操练。王廷相深悉京军之弊，世宗认为也很有道理，但积习难改。此后，世宗大建太庙、玄坛、离宫、兴都，役使京军更多。兵部请求分二番，一半操练，一半放旧，而用其月饷雇工兴建工程，但只实行了一年。此后京军多疲惫之士，老弱病残，焉能与战！即使如此，仍不免营帅、宦官私役。

俺答到通州时，兵部尚书丁汝夔急忙清点京军营伍，结果不足五六万人。丁尚书下令出城驻扎，但这是一群残兵，一个个愁眉苦脸，痛哭流涕，不敢出城，各位将领也相顾失色，似乎大难临头。[1]丁汝夔又令给这些残兵发甲仗，但守护武库的宦官又按往常做法，需交银配发，这样拖延了几天，京军始终不能开赴城外。丁汝夔将实情上报，世宗听后大为惊慌，下诏令文武大臣13人把守京城九门，以吏部左侍郎王邦瑞、定西侯蒋傅为提督；又以锦衣卫都督陆炳、礼部侍郎王用宾及给事中、御史各4人，巡视皇城四门；在京大小文官，如有知兵者，悉听丁汝夔委用；檄诸镇兵入京勤王。丁汝夔又上八事，请列正兵四营于城外四隅，奇兵九营于九门外近郊。正兵营各1万，奇兵营各6 000。立即派大臣2人经略通州、涿州，释放罪废诸将使立功赎罪。世宗"皆允行"，又诏城中居民以及四方入京应试武举官生，全部发给乘骑，昼夜

---

① 《明史》卷89《兵志一》。

防守京城，由都御史商大节统领。

在皇宫乱作一团时，只有礼部尚书徐阶镇静沉稳，他上书世宗，指出京师之兵多不习战，统领皆是勋贵，又不知兵，难以与敌战，在狱将官及辽东、陕西等地边将，多历久战阵，应破格录用；京郊百姓闻敌警，必然争相入城，应令兵部及五城御史加意安插，其中有骁健可用之人，立即招募为兵，既可以充实行伍，又可防止民中出乱；又闻兵部欲发兵驻扎城外，虽为捍卫京郊百姓，但恐京军见敌则逃走，反而动摇民心，而京郊关厢之地又不能保，应急召总兵仇鸾入卫。世宗深表赞同，令仇鸾率兵入京①。

仇鸾自贿赂俺答令其勿犯大同后，虽暂时度过危机，但俺答直逼京师，他也脱不了干系。时义、侯荣为他出主意说："贼骑东，公宜自请入，可以为功，而上结于天子。"仇鸾十分高兴，立即上书，说他已侦察到胡虏东犯蓟镇，诚恐京师震惊，请以便宜应援，或追击敌骑，或直赴居庸关防守。世宗对这个民族败类十分欣赏，下诏令仇鸾留驻居庸关，闻警报后入援。此后，俺答果然由蓟镇攻古北口，入犯京师，世宗不识其奸，更加信任他，诏其入援。

八月十九日，俺答扎营于京城外三十里的白河东面，开始派散骑四出掠杀。同一天，仇鸾率副总兵徐珏、游击张腾等自居庸关进至通州，扎营河西，保定巡抚杨守谦、副将朱楫等驻扎东直门外。随后，河间、宣府、山西、辽阳等地兵相继赶到，加仇鸾军20 000人，杨守谦、朱楫8 000人，七镇兵共五万余人。在京郊招募的苍头义军接近四万人，天下应试武举生1 000余人，总计明廷在京郊有兵10万余人。有十几万军作后盾，世宗松了一口气，京城人心也逐渐稳定下来。

---

① 《明世宗实录》卷364。

明廷虽有十几万军队，但其构成复杂，有边军，有京兵，有临时招募，互不统属，矛盾重重。有人建议说：城外有边军，足以抵御蒙骑；而京师内十分空虚，万一有变，何以应付？兵部侍郎王邦瑞觉得有道理，请以巡捕官军驻扎东、西长安街，尚书丁汝夔也请求酌量撤城外京兵，移驻十王府、庆寿寺等处，世宗批准。这样，刚刚驻扎城外的京师禁旅又移入城内，士兵为此奔走不息，疲惫不堪，怨气十足。驻扎在城外的边兵都是轻骑而入，仓促勤王，没带粮草。世宗为稳定军心，决定以牛、酒犒赏，但经费不知所出，户部发文，往复三天，每个军士才得到几个稻饼充饥；世宗令开京仓放粟，但又没有炊具、薪火，士卒疲劳之余，又受饥饿之苦，因此毫无战斗力可言。世宗为此大动肝火，将户部官员严加处分。

边兵中饱食终日的，也有例外，这就是仇鸾的军队。仇鸾入兵勤王，陆炳在世宗面前盛赞仇鸾"忠胆照人"，世宗拜封仇鸾为平虏大将军，统领各道边兵，又赐袭衣、玉带，"上尊及千金"，还特赐封记，其文是："朕所重，唯卿一人，得密启奏进。"仇鸾有世宗的皇牌，更加放肆，令士卒四出劫掠，百姓受边兵之害，甚于胡虏[1]。京兵抓获仇鸾部下，尚书丁汝夔上报世宗，世宗却说："大同兵首先入援，纵有所犯，出于饥疲耳，付大将军抚驭。"仇鸾不加禁止，大同兵横行无忌[2]，有时讹称辽阳军，有时梳辫发，作蒙骑状出入。不但大失民心，而且使边军与边军、边军与京军矛盾顿生，人们议论纷纷。仇鸾受世宗重托，但对俺答并不开战，往往派部卒劫杀之余，将百姓首级假称胡虏，骗取世宗对他的信任。

[1] 《明史纪事本末》卷59《庚戌之变》。
[2] 《明书》卷155《仇鸾传》。

八月二十一日，俺答率兵逼近京城，开始在西山、黄村、沙河、大小榆河杀掠，京师震惊。京郊百姓遭受百年未有之洗劫，死伤甚多，房舍几被烧尽，生者争先集聚城门下，但京城各门紧闭不开，百姓号痛之声震动大内。世宗采纳徐阶的建议，令京城九门开启，接纳百姓；又用重金悬赏，斩敌首级十颗，升世袭都指挥使，赏银1 000两，斩首一颗，升一级，赏银百两；又令兵部清查兵数，速与敌战。同日晚，俺答在演武堂上

徐阶像

举行大宴，数千京郊女子倍受蹂躏，又率游骑往返六门外。仇鸾统领各边勤王军，不敢与敌一拼，却多次派部下与之通，"许贡市以自安"。次日，俺答部众在东直门抓获御厩宦官八人，献给俺答。俺答踞坐毡帐中，对八人说："若归见天子，好为我致书！"八人归见世宗，献上俺答求贡书信，世宗见书信语言粗暴不恭，是战是和，没了主意，决定召见大臣商议。

第二天，世宗在西苑召见内阁首辅严嵩、大学士李本、礼部尚书徐阶三人。世宗待三位大臣叩头后，发问说："今事势如此，奈何？"

"此抢食贼，不足患！"严嵩是首辅，先回答道。

"今虏在城下杀人放火，岂可言是抢食？正须议所以御敌之策！"徐阶表示不同意见。

世宗看看徐阶，说："卿言是！"又问道："虏中求贡书安在？"严嵩立即从衣袖中将求贡书拿出。

"此事当何以应之？"世宗问。

"此礼部事。"严嵩以首辅之尊，竟推托这是礼部的事。徐阶有所不满，说道："事虽在臣，然关系国体重大，须乞皇上主张。"

世宗听两位大臣这样说，很不高兴，面露怒色，说道："正须大家商量，何得专推给朕！"

徐阶觉得无论如何，也不能放弃今天这样难得而又十分关键的机会，一定力挽狂澜，便说道："今虏驻兵近郊，而我战守之备一无所有，此事宜权许款虏，第恐将来要求无厌耳。"

"苟利社稷，皮币珠玉非所爱！"世宗接着徐阶的话说。

徐阶又说道："止于皮币珠玉则可矣，万一有不能从者，将奈何？"

世宗知道徐阶所说的意思，对于割疆划土，自开国皇帝朱元璋以来还没有过。英宗在土木之变时被蒙骑虏获，成为阶下囚一年有余，但江山寸土没丢。他知道割疆让土，将成为朱家不肖子孙，想到这，面露难色，说道："卿可谓虑远。然则当何如？"

徐阶说："今只可以计款之。虏来求贡书，皆汉文，朝廷疑而不信，且无临城胁贡之理。若有诚意，当退出大边外，另派使赍番文，通过大同守臣转呈，乃可从。如此往返之间，四方援兵皆至，我战守有备矣。"

世宗很赞同徐阶的缓兵之计，点了点头，说："卿言是。还出与百官议之。"①

　　世宗自从移驻西苑，每天斋醮不停，数年没有回乾清宫视朝。蒙骑兵临京师城下，局势异常紧张，群臣多次请世宗御朝理事。吏部尚书夏邦谟说："今人心汹汹之时，非上躬诣正朝，延见群臣，不足以系属众望，振扬威武。"侍读敖铣上书指出："今倥偬之际，诸司章奏浩繁，恐传达不时，因而误事。"乞请回大内。世宗一概不听。几天后吏科都给事中张秉壶上奏道："今虏势渐逼，中外戒严，两苑宫垣偏浅，喧哗之声易达圣听，非所以防奸讹养威重也。乞早还大内，如太阳中天，群阴自息，且使人心安辑，士气奋扬，而丑虏不足平矣。"世宗不但不听劝谏，反而认为张给事中乘时恐动上下，因而对他大加谴责②。

　　世宗召见严嵩、李本、徐阶，讨论俺答求贡书将结束时，严嵩说道："今中外臣民，咸望皇上一出视朝，拨乱反正！"

　　世宗笑了笑，说道："今亦未至于乱。朕不难一出，但嫌骤耳！"世宗自己也觉得，多年不上朝听政，现在兵临城下，出见群臣，有些突然。

　　徐阶立即劝道："中外望此举已久，今一出，如久旱得雨，何嫌于骤！"世宗答应明天视朝，命严嵩等三人退下。

　　徐阶从西苑回去后，奉世宗之命于当日中午召集廷臣会议，讨论俺答求贡书之事。徐阶将俺答求贡书传阅与会者，见上面有如此字样："欲以三千人入贡，许之则缓兵；否则，益兵破京师。"群臣面面相觑，一言不敢发。徐阶无奈，只好每人发给笔墨，令各位在笔札上发表见解，然后奏请世宗裁决。这时，国子监司业

---

①　《明世宗实录》卷364。
②　同上。

赵贞吉站起身来，高声道："此不必问，间则奸邪之臣必有以和说进者。万一许贡，则彼必入城，三千之众，恐鸟蛮驿中莫之客也。且彼肆深入，内外夹攻，何以御之，不几震惊宫阙乎？不务驱逐，而畏其恐喝，迫而许之，何异城下盟！"检讨毛起表达了不同看法，说："时事孔棘，宜暂许之。邀使出塞，而后拒之。"赵贞吉立即反对，群臣也多认为许贡不宜。廷议前，世宗已派宦官秘密监视会场。宦官回去后，将廷议情景一一说给世宗，世宗认为赵贞吉忠勇可嘉，派使臣召其入对。当时已是夜晚，只见皇宫四周，火光烛天，德胜门、安定门等地居民房屋全被烧成灰烬，世宗在西苑望见城外火光，十分害怕。赵贞吉到后，在笔札上陈述了自己的意见，大致内容是：

> 陛下宜御奉天门，下诏罪己；追奖故都督周尚文之功，以励边帅；释给事中沈束于狱，以开言路。轻损军之令，重赏功之格。饬文武百司共为城守。遣官宣谕诸营兵，使力战。且士不力战，以主将多冒首功，今诚得首功一，即予金百，捐金不十万，贼且尽矣。[1]

世宗御览赵贞吉的笔札，更见其忠勇，立即擢升为左春坊左谕德兼河南道监察御史，称诏赉五万两白银，宣谕各营将士。

在廷议结束、世宗召对前的几个小时里，赵贞吉还盛气冲冲，前去西苑直房拜谒严嵩，欲指责其国难当头而无一良策的卑劣行径，并想献策以动之。严嵩知来者不善，拒不接见。贞吉以为自

---

[1] 《明史纪事本末》卷59《庚戌之变》。

己是为国家，非为个人而来，严嵩拒之门外，毫无道理。因此，贞吉对守门者大声喝叱，言有不逊。这时，正巧通政赵文华入见严嵩，守门者笑脸相迎，奴才相十足。贞吉又与守门者争吵，赵文华劝道："公休矣！天下事当徐图之！"赵贞吉本来对严嵩这个义子恨之入骨，当今国势危疑，还说慢慢想办法，便怒不可遏，骂道："汝权门犬，何知天下事！"拂袖而去。严嵩闻听此言，怀恨在心。当晚世宗召见后，严嵩名义上荐举赵贞吉行军犒赏，实际是欲行加害，世宗、贞吉皆不知严嵩之计。当时胡虏遍城，道路阻隔，征发旁午，而明廷各军分屯城外，要能各处宣谕，其危险可想而知。贞吉有豪言壮语，更有豪情壮志，明知生命难保，但心里装着国家，便不假思索，前往各营。当时户工二部官员都已得罪，连部车子也没有，贞吉只好找到一辆民车，前往各处。

八月二十三日清晨，文武百官穿着整齐的官服，很早就来到奉天殿，等待世宗的召见。为了这一天，许多官员冒世宗之大不韪，强颜进谏，几乎丢了性命。在和平时期，君逸臣劳，倒也无妨大局，况且世宗要斋醮，要静摄，要秘练阴阳，十几年过去了，朝臣换了一批又一批，许多大臣连世宗的天颜还没见过，人们无法理解，但又无可奈何。今天，胡骑数万，包围皇宫，百姓受其荼毒，人心十分不稳。世宗在这特殊的情况下答应见群臣一面，算是例外中的不例外。可是，从早晨到中午，文武百官各列一队，等啊等，仍然不见世宗的身影。许多人起了大早，连饭也没有吃，加之天气炎热，早已疲惫不堪。然而，世宗随时都可能出现在他们的面前，又有谁敢稍有怠忽呢！这些可怜的官员动也不敢动，看也不敢看，都低着头想自己的心事。

直到午后三时，世宗仍没有出现，百官们不觉心慌起来。世宗的脾气性格大家了如指掌，每逢国家有事，他只有一个办法：

杀、杀、杀！眼下胡骑践京华，江山将动摇，世宗说不定又拿谁做替死鬼。世宗越不出现，百官就越害怕，都在想自己近来有无过失，是否会祸降己身。在众多官员中，兵部尚书丁汝夔的心律最快，不知是因为后怕，还是天气热，或者是久未进米粒，从额头上浸出的汗湿透了大半身，他想到自己的一生，很可能就快要画个句号。丁是霑化人，正德十六年中进士，改庶吉士。嘉靖初年任礼部主事，两年后他与群臣伏阙争"大礼"，被廷杖，调吏部。历任山西布政使，甘肃、保定、应天、河南巡抚，吏部侍郎等职。嘉靖二十八年十月，在"疆事大坏"的危机时期，丁汝夔出任兵部尚书，兼督团营。上任伊始，首上边务十事，欲整饬边备，有所振作，但世宗整日斋醮，"厌兵事"，加之"严嵩窃权"，军政每况愈下，俺答进逼京畿，汝夔全力筹措，无奈积弊太深，他也无力回天。俺答围困京师，他清点军额，有意与敌开战。行前咨询严嵩，严嵩说："塞上败或可掩也，失利辇下，帝无不知，谁执其咎？寇饱自飏去矣。"严嵩是内阁首辅，又是世宗的宠臣，他的话汝夔不能不听，因此"不敢主战，诸将亦益闭营"，故胡骑肆掠无忌[1]。

午后四时，群臣既怕又盼的时刻终于来到：世宗在宦官的簇拥下来到奉天殿，群臣三呼万岁，行叩拜大礼，世宗端坐御席，面容有些憔悴，略带愠色，一词不发。百官跪在地上，不敢出声。这种紧张得令人窒息的气氛持续了几分钟，太监宣谕旨："命礼部尚书奉敕谕。"世宗随即退出。百官们又齐聚午门，跪毕，鸿胪官宣读世宗谕旨：

---

[1] 《明史》卷204《丁汝夔传》。

> 今虏酋听我背叛，逆贼入侵畿地，诸当事之臣全不委身任事，曰："上不视朝，我亦不任事。"夫以平日云君逸臣劳，窃圣言以济己，期怀不忠，至此尤甚，何有主忧臣辱之实，敢为上行下效之肆！朕中夜之分，亦亲处分；辅赞大臣，日夕左右，未顷刻有滞于军机，而朝堂一坐，亦何益？欺天背主之物，科道官通不一劾，且胁我正朝大内，恐吓朕躬，沽名市美，非党即畏奸臣，敢欺君父！各惧事大小诸臣，便一一指名着实，参劾定罪；其余各同寅，协恭悉心国事，凡有见闻可以助天破逆贼虏寇者，人人尽言，再如昔玩视，并以军法行刑！①

世宗的谕旨，大失臣民所望。强虏跳梁，国家危急，世宗丝毫无"罪己"意味，对自己数年来养痈贻患不思悔疚，反将全部责任推到臣下身上，谓其顽庸透顶，一点也不过分。值得注意的是，谕旨中将辅臣之责也推得干干净净，称其"未顷刻有滞于军机"，这不能不使人怀疑，首辅严嵩在拟定谕旨时，怕引火烧身，故用金蝉脱壳之计。无论作何解说，嘉靖君臣于国难当头，不思退敌良策，反而谴责下臣，确实无以服众。

可怜的臣子们，望君如雨露，两眼皆欲穿，到头来却战战兢兢，受了一天大责罚！当日晚五时许，文武大臣经受了一天的"苦其心志""劳其筋骨"，总算平安回家。离开皇宫时，宫门已经上锁了。②当天晚上，世宗下令将驻守通州都御史王仪、巡抚蓟辽都御史王汝孝、蓟州总兵罗希韩逮捕入京，王仪以畏懦不战，被

---

① 《明世宗实录》卷364。
② 《明史纪事本末》卷364。

罢官削籍。同时采纳吏部的建议，诏起原任总督陕西三边军务尚书杨守礼、总督宣大侍郎刘源清、兵部侍郎史道、右副都御史许论等人于家，令速赴京听用。国难思良将，难道不是太晚了吗！

世宗还传谕，诘责丁汝夔。吏部认为：欲图安攘，须用经历边方、夙娴兵略之大臣，并推杨守礼堪任其职。丁汝夔十分不安，请求亲自率领诸将，出城抗敌，并请以兵部侍郎谢兰暂时置理兵部事务。可是，世宗不给丁汝夔一个立功折罪的机会，谴责其推诿，令其仍旧居中调度。世宗还采纳给事中王德的建议，令打开城门，听任京郊百姓入城。

八月二十四日，礼部尚书徐阶召集廷臣会议，讨论俺答求贡一事。与会者绝大多数都反对求和封贡，决心与敌战斗到底。徐阶将结果上报世宗。世宗对廷议结果表示赞同，下谕旨道："虏酋入犯，神人共愤，如议集兵剿杀，不得轻信伪书，致堕虏计。"[①]

明廷虽在战和问题上达成共识，但仍缺乏必胜的信心。通政使樊深上疏指责"仇鸾与虏相持日久，不闻一战，此非士不用命，即系主将养寇要功，乞密遣近臣承制诘之，令具以状对"。世宗认为樊深有意攻击仇鸾，立即将其罢黜为民。

同一天，俺答见各部掳获男女及金银财物已大满其志，便下令撤军。蒙骑欲夺白羊口出塞，因明兵把守要塞，只好往东南。当时天降暴雨，泥泞路滑，兼之俺答各部载重而行，行走十分缓慢。仇鸾统十几万大军，占据天时、地利，却不敢发一矢、放一枪。九月初一，俺答从古北口、张家口等处从容出塞。围困京城八日之久、京畿遭受数百年少有之杀掠的"庚戌之变"才告结束。

俺答一撤，世宗怒不可遏，开始惩罚臣下。户部尚书李士翱

---

① 《明世宗实录》卷364"嘉靖二十九年八月甲申"条。

被革职，工部尚书胡松停俸等候处分，工部侍郎骆颙、孙裓被夺俸五个月。兵部尚书丁汝夔、侍郎杨守谦被逮捕，并于俺答撤走的当天在午门前接受审讯。汝夔向严嵩求救，严嵩肯定地说："我在，必不令公死。"但见世宗愤恨已极，严嵩竟不敢言。法司因汝夔犯《守备不设律》，犯守谦《失误军机律》，拟定秋后处决。世宗说："汝夔罔上毒民，守谦党同坐视，皆死有余辜。"令法司速行刑，八月二十六日，丁汝夔、杨守谦被斩于西市，汝夔被枭首示众，妻子被流放三千里，子戍铁岭。兵部尚书受讯，兵部的参谋长官——职方司郎中王尚学例当连坐，汝夔说："罪在尚书，郎中无预。"因此尚学免死戍边。行刑时，汝夔不知尚学是否免死，便关切地问左右道："王郎中免乎？"尚学的儿子王化正好在身边，跪下谢道："荷公恩，免矣。"汝夔叹了一声道："汝父劝我速战，我为政府悮。汝父免，我死无恨。"闻者皆为之流泪，天下人知其冤，隆庆初年复官①。

　　与汝夔同日被斩的杨守谦，是徐州人，中嘉靖八年进士，为官二十余年，多在边方，"驭下有恩"，为官清廉，虽位至巡抚，但饮食起居一如寒士。嘉靖二十九年，由山西调任保定巡抚，离镇之日，"倾城号泣，有追送数百里外者"。不久，俺答入寇，守谦得勤王诏书，率5 000精兵兼程行进，第一个到达京郊。世宗听到学谦到来，十分高兴，令其扎营崇文门外。俺答围京城，仇鸾为大将军，守谦升任兵部右侍郎，协同提督内外诸军事。守谦扎营，离俺答近，他几次率兵逼近敌营，因无后援，不敢战，世宗听后颇为不满。汝夔得严嵩意，怕丧师，也劝守谦不要轻易开战。其他边军离城较远，见守谦不战，也坚守不出，并以汝夔、守谦

---

① 《明史》卷204《丁汝夔传》。

为辞，世宗转恨守谦。敌骑抵达安定门时，世宗令守谦与副总兵朱楫合击，守谦以无部檄为由不战，俺答遂焚烧城外庐舍，京城西北处，多是宦官园宅，受害更烈，宦官累积的资产被焚掠，十分痛心，在世宗面前哭泣，并说将帅为文臣制，所以胡虏才能得逞，世宗大怒。俺答退，守谦与汝夔同日弃市，临刑时感慨地说："臣以勤王反获罪，谗贼之口实蔽圣聪。皇天后土，知臣此心，死何恨！"边陲吏士闻听守谦死，无不为之落泪。隆庆初年，赠兵部尚书，谥恪愍。①

除丁汝夔、杨守谦被斩外，顺天巡抚王汝孝、总兵官罗希韩、卢钺也按律论死，但因道路阻梗，直到九月中旬三人才被逮至京，此时世宗怒气已消了大半，三人减死戍边，算是拣了条性命。此外，被世宗称为"忠勇可嘉"的赵贞吉，因得罪严嵩，以"狂诞欺上"之名，廷杖五十，谪为荔浦县典史。都御史屠侨、刑部侍郎彭黯、大理卿沈良才等三人，因奏请丁汝夔缓刑，各廷杖四十，降俸五等；刑科张侃等循故事复奏，各杖五十，张侃被斥为民。②

在"庚戌之变"中唯一一个捞到大好处的是仇鸾。尽管此人置国家民族大义于不顾，引狼入室，助寇为虐，但仍加太保，赏赐逾常。九月，世宗改十二团营为三大营旧制，设戎政府，最高统领称提督京营戎政，以咸宁侯仇鸾任之；协理京营戎政位居其下，以兵部尚书王邦瑞任之。世宗还一改祖宗旧制，破天荒般给戎政府颁印章，10余万京师劲旅统于仇鸾一人之手。仇鸾凭借世宗的宠信，招权纳贿，"诸边将及户部遗以万计"③。他还选各边兵6.8万人，分番入卫，与京军杂练，又令京营将领分练边兵，于是

① 《明史》卷204《杨守谦传》。
② 《明史》卷204《丁汝夔传》。
③ 《明书》卷155《仇鸾传》。

边军又全部隶属京师。塞上有警，边将不得征集，"边事益坏"①。
仇鸾又托言整饬兵政，大举进攻俺答，以报围困京师之仇，世宗
下诏施行：兵部主调遣，户部主粮饷，工部主器械，三部各出侍
郎1人，隶属仇鸾幕府，大江南北，黄河上下，横征暴敛，几无
宁日。经略商大节上疏，指出九卿重臣不当受仇鸾节制，恐坏祖
制，生弊端，仇鸾上疏力诬大节。法司迎合世宗之意，提出依律
当斩首。严嵩认为法司引律失当，请"减死戍边"，世宗不听，大
节竟死于狱中②。从此后无人敢言及仇鸾，仇鸾大作威福，一时人
心汹汹，恐仇鸾图谋不轨。仇鸾乱政达二年之久，嘉靖三十一年
八月病死，其部下欲勾结俺答谋叛，为明兵抓获，陆炳告之世宗。
法司在审理中，仇鸾部下将其通边纳贿等各种罪状全数供出，世
宗有被欺弄之感，令公仇鸾罪于天下，并剖棺戮尸，枭首示众，
其妻子，部下时义、侯荣、姚江等全部处死，家产籍没。③仇鸾多
行不义，这也是他早应得到的下场。

　　"庚戌之变"是明中叶政治腐败、军政废弛、财政危机等各
种矛盾、弊端累积的结果，作为一国之主，荣登九五之位达30年
之久的明世宗，有无可推卸的责任。当时人高岱评价说："庚戌之
变，予所目睹其事者。大抵人狃于晏安，吏牵于文法，事怠于诿
避，兵习于惰游。俺答已入古北，缙绅尚为长夜之饮，承平之弊，
盖至此极矣。"④隆庆、万历之际，首辅徐阶、张居正相继主修《明
世宗实录》，俩人皆目睹"庚戌之变"，前者还曾参预决策，他们
在总结这段耻辱的历史时，写下这样一段话，颇发人深思：

①　《明史》卷89《兵志一》。
②　《明史》卷204《商大节传》。
③　《明书》卷155《仇鸾传》。
④　《国榷》卷59，第3760页。

按虏自壬寅（嘉靖二十一年）以来，无岁不求贡市，其欲罢兵息民，意颇诚恳。当时边臣，通古今、知大计如总督翁万达辈，亦计以为宜，因其款顺而纳之，以为制御之策，乃庙堂不为之主议，既大言闭关以绝其意，又不修明战守之实而为之备，反戮其使以挑之。至于戎马饮于郊圻，腥膻闻于城阙，乃诏廷臣议其许否，则彼以兵胁而求，我以计穷而应，城下之盟岂不辱哉！自此之后，议募兵、议增饷，辎轩使者，旁午于道，又调各镇之卒以戍蓟镇，而兵愈弱，为一切苟且之政，以敛财供费而民愈困，乃执政者不深维主辱臣死之义，犹泄泄沓沓，益恣其私，政以贿成，士由幸进，十余年间，海内骚动；愁叹之声，盈于闾里，犹赖主上威明，总揽乾纲，未至失坠，祖宗德泽，固结民心，幸靡有他。不然，天下之祸，可胜讳哉！语曰："安危在出令，存亡在所任。"非虚言也。[1]

这段措词委婉而不失其实的话，实际道出了国家兴亡的症结所在。最后引用经典中的"安危在出令，存亡在所任"，更含蓄地批评了世宗在整个事件发展中所起的消极作用及任用匪人等责任，是实事求是的。

清代史学家谷应泰说得更为直接、明确，他说："守谦无兵而使战，仇鸾不战而陈俘。赏加元恶，戮出无名。当时俺答实无志中国，纵掠而归。不然，幸则奉天、梁州，变且晋愍、宋钦矣！……百官明知其（仇鸾）诈，谬为陈请，以迨上谴。盖世宗所恶者直言，而不必其忠；所喜者杀戮，而不必其当。朝有直言，

[1]《明世宗实录》卷364。

则损其明；朝有杀戮，则损其武。究之，嵩本贿败当褫；鸾已家居失职，必欲强予将相之位，成其乱贼之名，身诛族灭，为世指笑。吾故曰：严嵩、仇鸾，亦无死道，其死也，世宗杀之也。"①

谷应泰写《明史纪事本末》时，明朝已经灭亡，因而没有"为尊者讳"的必要，他的话就可以放开讲。而这位顺治四年的进士，其见解确又不凡，他把"庚戌之变"的主要原因以及严嵩专权、仇鸾乱政的责任归结到世宗身上，的确入木三分，不同凡说，可谓透过历史表象而触及了事物的实质。

---

① 《明史纪事本末》卷59《庚戌之变》。

VOLUME 6

卷六　操术与臣争

一、政归内阁

　　明朝开国皇帝朱元璋是个权力欲极强、猜疑心重、统治经验又十分丰富的君主。洪武十三年，他以丞相胡惟庸"谋反案"为借口，大开杀戒的同时，宣布废除历代相沿达1 500余年的丞相制度。十五年后，即洪武二十八年六月，朱元璋再一次发布谕令，为废除中书省制寻找历史依据。他说："自古三公论道，六卿分职。自秦始置丞相，不旋踵而亡。汉唐宋因之，虽有贤相，然其间所用者多有小人，专权乱政。我朝罢相，设五府、六部、都察院、通政司、大理寺等衙门，分理天下庶务，彼此颉颃，不敢相压，事皆朝廷总之，所以稳当。以后嗣君，并不许立丞相，臣不敢有奏请设立者，文武群臣即时劾奏，处以重刑。"[1]朱元璋虽然在表面上以历史教训为鉴，实际上是要达到两个目的：一是各衙门互不统属，彼此颉颃，达到分而治之的目的；二是"事皆朝廷总之"，即大权操在皇帝手中，"所以稳当"，朱元璋还担心他的话不能即时广布流传，于是下令："五府、六部等衙门，以朕言刊梓，揭示官署，永为遵守！"同年九月，太祖颁布《皇明祖训》，将后世不许立丞相的话，列为第一章的首条，令后世子孙永为遵守，如有言更改，即以奸臣论处，将犯人凌迟，全家处死。[2]

　　朱元璋有丰富的统治经验，用他自己的话说，就是"起自侧

---

① 《明太祖实录》卷239。
② 《明太祖实录》卷242。

微，备历世故艰难，周知人情善恶"。另一方面，朱元璋精力充沛，在他当皇帝的30余年间，每天天不亮就起床办公，批阅公文，一直到深夜，没有休息，没有假期，也从不讲究调剂精神的文化娱乐。废除丞相后，六部府院直接对皇帝负责，朱元璋更加繁忙，以洪武十七年九月间的收文为例，从十四日到二十一日，八天内，内外诸司奏札共1660件，计3391件事①。平均他每天要看或听200多件报告，要处理400多件事。

朱元璋日理万机，活得很累。而且以皇帝之尊，兼理百官庶务，终不是久远之计。为此，朱元璋常常有"不能无辅臣"之叹，并于洪武十五年底，设置了殿阁大学士，令其"侍奉左右，备顾问"，做好皇帝的参谋。

成祖朱棣以"靖难"兴师夺取帝位。面对一部分建文朝臣的坚决反抗，他除了采取残酷镇压的手段外，还选拔一些政治上可靠的"有识之士"，协助他处理紧张而又繁剧的政务。解缙、黄淮、杨荣等率先迎附，并在召对中表现出卓越才识，遂被选入直内阁"专典密务"。这些人当时都以翰林侍讲、侍读一类的六品小官入阁。其职务是随侍皇帝左右，"进呈文字，商机务，承顾问"②，类似唐代的北门学士与翰林承旨。永乐五年，成祖命吏部：内阁成员"继今考满勿改外任"，为阁臣专职和久任开了先例，从而提高了阁臣在参与机务中的作用，这是和洪武时期相区别的。但终永乐之世，阁臣官不过五品，且"不置官属，不得专制诸司，诸司奏事亦不得相关白"。③内阁仍是翰林院的附属机构。

从洪熙、宣德两朝至正德末年的一百年间，统治上层先后

---

① 《明太祖实录》卷165。
② （明）黄佐：《翰林记》卷2《内阁亲擢》，商务印书馆丛书集成本。
③ 《明史》卷72《职官志一》。

出现了高煦争储、景泰监国、天顺复辟，以及王振、刘瑾两次宦官专权等剧烈动荡，阁权也经历了一个迂回曲折，同时却不断扩大的过程。这一时期内阁出现了三个主要变化。第一是阁臣品秩的提高。仁宗即位后，黄淮、杨士奇、杨荣、金幼孜等人，均因东宫旧臣，护持有功，先后晋三孤官（从一品）与尚书职（正二品），而以大学士为兼官。仁宗在谕旨中指定这些阁臣"俱掌内制，不预所升职务"。①这样，阁臣在"参预机务"的同时，改变了卑秩的情况，取得与尚书并列的公开地位。此后以翰林官入阁者，均循序晋任某部尚书、侍郎，以至于加三孤官，成为定制。第二是内阁有了掾属。"永乐初，命内阁学士典机务，诏册、制诰皆属之。而誊副、缮正皆中书舍人入办，事竣辄出。"②宣德年间，内阁置诰敕、制敕两房，皆设中书舍人。从此，内阁作为国家机构的形态逐步完备。第三是内阁事权比永乐时期进一步扩大，突出表现在票拟的制度化。永乐、洪熙时，阁臣经常被召参预密议，但臣下的奏章概由皇帝亲笔批答。宣德时，开始命阁臣"于凡中外奏章，许用小票墨书贴名疏面以进，谓之条旨"③，皇帝审阅后用朱笔批出。但遇重大政事，仍命大臣面议。到正统时，英宗年幼，实际主政的太皇太后不便与大臣面议，遂专令内阁条旨。从此票拟成为内阁的日常职务，由资深望重的内阁首辅担任票拟主笔④。景泰二年九月，陈循在正朝仪的奏章中说："内阁系掌制诰机密重要衙门。近侍之职，莫先于此。"但近来皇上视朝时，阁臣的"班列失次"，应该有所改变。朱祁钰下诏说："今后常朝，内阁学士

① 《明仁宗实录》卷1。
② 《明史》卷74《职官志三》。
③ 《殿阁词林记》卷9《拟旨》。
④ 《明会要》卷29《职官一》。

与锦衣官，东西对立如永乐时；如直经筵日，官序于尚书、都御史上。午朝（时），翰林院先奏事。"[①]天启朝的大学士朱国桢在概述明代内阁建置时认为："若阁中规制，至景泰中陈芳洲（陈循）始备。"[②]这是很有道理的。弘治四年，丘浚以礼部尚书入阁，与吏部尚书王恕俱加官太子太保，都是从一品。但按例，六部以吏部尚书为长，王恕长六卿，地位自然在丘浚之上。弘治六年，宫中举行宴会，丘浚位在王恕之上，王恕怒而相争。孝宗谕令，王恕才转争为和[③]。这是内阁阁臣班列六部之上的开始，表明内阁的地位已在形式上超越六部了。

嘉靖初年，首辅杨廷和主政，对几度惑乱朝政的宦官势力，打击不遗余力：清还田产，惩处首恶，革传升官，等等，使宦官集团受到明显的重挫。同时，世宗以年幼的藩王入承大统，其"求治锐甚"，以及成就"嘉靖新政"的最初信念，使世宗必须凭借内阁以成中兴大业。这一切为"政归内阁"局面的出现创造了契机。这也是内阁制度进入鼎盛时期的开始，其最明显的标志是内阁首辅地位更加突出，成为势倾内外的权臣。内阁一般由5至7人组成，多时达9人，少时2或3人，1人独在内阁的情况极为少见，且被臣僚视为不正常现象。内阁大臣，弘治以前多由皇帝特简。丘浚死后，内阁缺员，孝宗令吏部会同六部、通政司、都察院、大理寺和科道官推举行止端方、学术纯正者6人以闻。廷臣会议推举吏部尚书耿裕等6人可任阁臣。朱祐樘从中选定了李东阳、谢迁两个翰林学士进入内阁，参预机务。这是内阁大臣廷推的开始，是一个前所未有的创例。自此后，廷推是选用阁臣的

---

① 《明英宗实录》卷208，第1页。
② 《涌幢小品》，第184页。
③ 《明史》卷181《丘浚传》。

主要形式①。如果皇帝对廷推的人选不满意，可命再议，或索性特简，即直接任命。但无论特简还是廷推，阁臣候选人均须反映朝臣大多数人的意向，要孚众望；皇帝在圈定人选时更要慎重考虑，使其能表率群臣。阁臣多由廷推产生，在很大程度上减少了以皇帝个人好恶取舍的用人弊端。从实际情况看，即使昏庸的皇帝，在选任阁臣时也十分慎重。内阁多人，必有1人主持阁务，这就形成了首辅制。明代首辅本无明文规定，是由事实演变而来。宣德、正统年间，杨士奇领阁务，尚未有首辅之称。天顺时，才有首辅的提法。《明史》卷176《李贤传》记载："天顺之世，李贤为首辅，吕原、彭时佐之，然贤委用最专。"一般说来，首辅人选以入阁先后、资历深浅，以及皇帝宠信程度来确定。内阁地位提高，首辅的地位也随之更高。弘治、正德以后，只有首辅才能秉笔票拟，地望与次辅、群辅有很大区别。嘉靖朝开始，首辅专票拟之权，其他阁臣不敢望其项背，先后出现了杨廷和、张璁、夏言、严嵩等权臣。

这一时期内阁制度的另一个显著变化是，内阁对六部政务的干预日益加强。秦汉以来，宰相的职掌是佐天子、总百官、平庶政，所以，分理庶务的各部尚书自然是宰相的属官。其中对掌握用人权的吏部的支配，尤为宰相的实权所在。明朝废除丞相制后，法定的最高行政长官是六部尚书，直接对皇帝负责，内阁不得挟制。但是这一体制自正统以后开始发生变化。如天顺时首辅李贤经常向英宗推荐大臣的人选。他"有所荐，必先与吏、兵二部论定之。及入对，帝访文臣，请问王翱；武臣，请问马昂。两人相

---

① 王天有：《明代国家机构研究》，北京大学出版社1992年版，第47页。

左右，故言无不行，而人不病其专"①。王翱是当时的吏部尚书，马昂是兵部尚书。李贤是英宗十分信任的首辅，明史称为"自三杨以来，得君无如贤者"；但是李贤深知吏兵两部是朝廷的文武"二柄"，是要害部门。为避免违制与专断的罪嫌，他采取了迂回的办法来达到干预用人权的目的。嘉靖朝开始，阁臣干预部权形成惯例。张璁入阁后兼署都察院，桂萼、方献夫入阁后也兼掌吏部。这就打破了阁臣不得兼领铨选或兼掌都察院的旧例，为此后由内阁首辅直接控制部院打开了缺口②。《明史》卷225《杨巍传》说："明制，六部分莅天下事，内阁不得侵。至严嵩，始阴挠部权。迨张居正时，部权尽归内阁，迨巡请事如属吏。"如考察官吏，本属吏部、都察院的职责，但自嘉靖以来，"中外大计，铨部必先关白，谓之请教"。③

嘉靖十六年四月，世宗下令修造内阁房舍，据王其榘研究，这是《明实录》中第一次对内阁的建置记录④。记载说世宗"以内阁规制未备，命太监高忠率官匠诣阁，相计修造事宜。乃与大学士李时等议，以文渊阁中之一间，恭设御座，旁四间各相隔，而开户于南，以为阁臣办事之所。阁东诰敕房内装为小楼，以贮书籍，阁西制敕房南面隙地，添造卷棚三间，以容各官书办，于是阁规制视前称完美矣"。⑤增修内阁房舍，表明朱厚熜对内阁的重视超过了以前诸帝。在增修内阁房舍的九年前，即嘉靖七年，世宗采纳张璁的建议，下令不再在内阁设置典诰敕的专官，规定

① 《明史》卷176《李贤传》。
② 《万历野获编》卷7《内阁》。
③ （明）伍袁萃：《林居漫录》前集卷1。
④ 王其榘：《明代内阁制度史》，中华书局1989年版，第200页。
⑤ 《明世宗实录》卷199，第6—7页。

"今后一应制诏、诰敕着翰林撰，卿等看润而行"。并且指明专管撰稿的翰林学士，不必在诰敕房撰写。因诰敕房"在内阁禁地，恐泄事机"。[①]这说明内阁成为重地，连撰写诰敕的翰林学士也禁止入内了。清人阮葵生甚至说："嘉靖朝则大柄全归政府（内阁），君若赘旒。"[②]此话虽有夸张色彩，但也说明内阁权重的事实。

然而，终有明一代，内阁始终在名与实、祖制与现实的矛盾中左右徘徊，其发展趋势向"真宰相"过渡。从名义上讲，明代废丞相制后，不曾有丞相一职，换言之，丞相已成为历史的陈迹，然而，阁臣在实际权力的运作中，又确曾起过丞相的作用，有丞相之实。按照祝总斌先生的意见，"宰相必须具备两个条件，缺一不可。即必须拥有议政权和必须拥有监督百官执行权[③]，用这两个条件衡量明代内阁大学士，其第一个条件即议政权主要表现为票拟权。票拟是代皇帝草拟各种文书，大量是关于六部、百司各类政务奏请文书的批答。它可以是先与皇帝共同讨论，作出决定后再草拟成文字[④]，更多的情况是内阁先拟好批答文字，连同原奏请文书一同送皇帝审批。祝总斌先生认为：票拟制度比以往各朝辅佐君主处理政务的制度更加细致、周到，这就给大多数君主单纯倚靠内阁票拟，自己可以不怎么关心政事，提供了极大方便。其结果便是：表面上宰相废去，皇帝直接指挥六部、百司政务；实际上多半依靠"票拟"定夺，皇帝的意志和权力受到内阁诸臣极大的左右和限制。如果说儒家的"君逸臣劳"要找一种理想形式

① 《明世宗宝训》卷6，第26页。
② （清）阮葵生：《茶余客话》卷1《论明代之相权》。
③ 祝总斌：《两汉魏晋南北朝宰相制度研究》，中国社会科学出版社1990年版，第5页。
④ 参见《明史》卷181《徐溥传》。

的话，那么明代内阁票拟便是这种形式[①]。当然，内阁主票拟受到两重限制，第一是来自皇帝，这主要有三种情况：一是皇帝对内阁票拟认为不合意的，可以另行批答，即改票；二是可以将奏章与票拟扣下不发，谓之留中；三是可以不经过内阁票拟而径行传旨，谓之中旨。正统以后的皇帝，多用留中与中旨否定内阁的票拟，而内阁对此进行针锋相对的斗争，予以拒绝。从法律上讲，内阁对皇帝的中旨或手诏一类，可以奉行，也可以拒绝，二者都属合法；而内阁从维护国家制度及决策的正规化角度出发，对不经内阁票拟的中旨是抵制的。世宗初年，杨廷和"先后封还御批者四，执奏几三十疏"[②]；毛纪说："国家政事，商榷可否，然后施行，此诚内阁职业也。"[③]夏言说："圣意所予夺，亦必下内阁议而后行。"[④]讲的或做的都是按制度办事，用规制约束皇帝的个人专断。万历末年，皇帝派内使到工部侍郎林如楚家中宣布敕旨，修筑咸安宫殿。大学士说："明旨传宣，定例必由内阁下科臣，然后发钞。若不由内阁，不由科发，不经会极门（紫禁城南部通往内阁之门），不由接本官，突以二竖传宣（中旨）于部臣之私寓，则从来未有之事。向来（如君主）建议诸臣，以旨从中出，犹且虑之，况臣等竟不与闻乎？"[⑤]这也是依据制度限制皇帝个人意志的例子。对内阁票拟权进行限制的另一方面是司礼太监的"批红"权。实际上，太监"批红"只能按照内阁"票（拟）来字样，用

---

① 祝总斌：《试论我国封建君主专制权力发展的总趋势》，《北京大学学报》1988年第2期。
② 《明史》卷190《杨廷和传》。
③ 《明史》卷190《毛纪传》。
④ 《明史》卷196《夏言传》。
⑤ 《明会要》卷30《职官二》。

朱笔楷书批之"①，执笔者等于一个誊录人，并不允许掺杂个人意见。只有极少数的宦官，如武宗时刘瑾、熹宗时的魏忠贤等，因为有皇帝特殊宠信，才对票拟的审批发生一定影响。不能把个别的历史时期的个别现象当成常规去认识，这往往会造成只见树木、不见森林的结果，看不到内阁在明代200余年间所真正发挥的作用与职能。

就内阁大学士的监察百官执行权而言，从发展上看有这种趋势，如嘉靖年间的张璁、万历时的张居正都是这样，吏兵二部的"关白"、"请教"、考成法的实施，已明显把阁权渗透到六部、都察院。正因为内阁在较大程度上起到了中书省的作用，故有明一代称阁臣为宰相者不乏其人，甚至大学士也直言不讳，说"今之内阁，宰相职也"②。

从根本上讲，明代的社会政治、经济基础与以往并没有质的差别，只要君主专制这种政体存在，就必然会有与之相配合的辅佐君主统治的制度存在，离开了后者，前者是无法进行统治的。宰相的名称没有了，它的实际功能仍在发生作用。这就是明代内阁大学士越往后越与以前的宰相接近的原因所在。但朱元璋的子孙们不敢越《祖训》中的有关规定，臣子即使是权臣也不敢担当丞相之名，这与其说是固守祖制，安于名分，不如说是利用它进行权力斗争更合适些。"祖训"是皇权的保护伞，是进行清除权臣的一种需要，是一种统治术，正因如此，明代许多有作为的权臣都成为皇权宰割的对象、高层斗争的牺牲品；而另一些大学士则碌碌无为，以避"宰相"之名而推卸其担当军国大任之责。黄

① 《酌中志》卷16《内府衙门职掌》。
② 《国朝典故》卷34，第638页。

宗羲说：“有明之无善政，自高皇帝罢丞相始也。”①细细品味，这句话的意蕴十分深远。万历时阁臣叶向高深有感触地说：“祖宗设立阁臣，不过文学侍从，而其重也止于票拟，其委任权力与前代之宰相绝不相同。夫以无权之官，而欲强作有权之事，则势固必败；以有权之事，而必责于无权之官，其望更难酬。此从来阁臣之所以无完名也。”②《天府广记》卷10引明朝人何良俊的话说：“夫威权日盛，则谤议日积，谤议日积，则祸患日深，故自世宗以来，宰相未有能保全身名而去者。”名实不副，权责不抵，这正是明代阁臣尤其是有作为的大学士的悲剧所在。嘉靖朝的大学士也概莫能外。

① 《明夷待访录·原相》。
② 《明神宗实录》卷511“万历四十一年八月庚寅”条。

二、议礼贵人

在权力金字塔中，越往高层，其争斗越残酷，手段也更加狡诈。随着内阁权力的加强，尤其是首辅专票拟权的形成，使内阁首辅成为豪杰俊士争夺的对象，首辅与次辅、首辅与群辅、首辅与皇帝的矛盾也日益尖锐。

嘉靖一朝的内阁首辅，杨廷和等元老旧臣派于嘉靖三年告老回乡，其后大约可分为两期，前期多因"议大礼"赞成世宗而入阁，明人称他们为"议礼贵人"，代表人物是张璁。张璁因世宗下"中旨"，任翰林学士。翰林学士有"储相"之称，这样一个重要职位，张璁没有经过内阁讨论而就职，有"来路不正"之嫌。嘉靖三年六月，朝臣伏阙争礼，杖死、谪戍者很多，因而举朝士大夫切齿痛恨张璁等人。嘉靖四年冬，《大礼集议》修成，张璁官晋詹事，兼翰林学士，又因议世庙神道、庙乐、武舞及太后谒庙等事，甚合世宗意，故世宗对其宠爱有加。张璁有世宗宠信，觊觎内阁首辅一职，每日攻击大学士费宏不已。费宏是江西铅山人，少年时代意气风发，很有才识，又写得一手好文章，20岁时高中进士第一名。武宗正德年间，曾任大学士，参预机务。宁王朱宸濠通过佞臣钱宁向费宏行贿，金币、珍玩，价值连城，费宏严词拒之。费宏有个叔伯兄弟，名费案，当时任编修，他的妻子与朱宸濠的妻子是姐妹，宁王又通过费案向费宏做说项，请增加宁王的护卫。费宏已料定宸濠意在加强力量、举兵反叛，武宗不知，同意增加护卫兵力，费宏力谏，武宗仍增宁王护卫。不久，朱宸濠勾结钱宁，诋毁费宏，费宏不得已致仕家归。随后，朱宸濠称兵谋叛。

费宏修养极好，虽才识卓远，但性情宽和，不与人争，又以引荐贤才为己任，因此深得士人拥戴，几乎众口皆碑。世宗即位后，费宏立即被起用，入京辅政。他"持重识大体，明习国家故事"，与杨廷和、蒋冕等同心辅佐，多次劝谏世宗革除先朝弊政。在举朝大臣都卷入大礼议这场政治风暴中的时候，费宏固守中庸之道，没有单独上疏劝世宗考孝宗、伯兴献，只是在杨廷和等人的上疏中署名而已，因此世宗对他有了更多的好感。毛纪致仕后，费宏晋为内阁首辅，不久又加少师兼太子太师、吏部尚书，委任甚隆。

费宏在任首辅的二年时间里，辅佐世宗，实行了一些惠政。如户部请征收正德年间拖欠钱粮，费宏与同官石珤、贾咏上疏，请征收正德十年以后逋赋，减轻了百姓赋役之苦。又上书请裁撤畿内庄田，停止土木工程，赦免议礼得罪诸臣，大开言路，节省财政支出，等等；皆关系国家大政。大同兵变发生后，张璁请派兵征讨，费宏力持不可，不久兵变平息[1]。

费宏诗文写得好，世宗对此也很有雅兴，经常御平台召对内阁大臣，赋诗唱和，其乐融融。世宗的许多诗作多经费宏润色，不失原意，又美妙增辉，世宗为有这样一个臣子而高兴。嘉靖五年六月甲子日，世宗御平台，召见费宏、石珤、贾咏三位大学士，对他们说："卿等前日恭贺朕，制诗章。朕亦偶作一诗，以赐卿等，其用心辅导！"世宗还将自己的诗作一一赐给阁臣，赐给费宏的诗是这样写的：

---

① 《明史》卷193《费宏传》。

古昔明王勤圣学，必资贤哲为股肱。
君臣上下俱一德，庶政惟和洪业成。
顾余眇末德寡昧，钦承眷命历数膺。
宵旰兢兢勉图治，日御经幄延儒英。
每从古训寻治理，歌咏研磨陶性情。
诗成朕意或未惬，中侍传宣出紫清。
补衮命卿作山甫，为朕藻润皆精明。

赐给石珤的是首五言诗：

黄阁古政府，辅导须才良。
朕自即祚始，求贤日遑遑。
卿以廷荐入，性资持刚方。
在木类松柏，在玉如珪璋。
可否每献替，忠实无他肠。
圣学朕所勉，焕乎慕尧章。
机暇有荐作，忠怀庶宣扬。
赖卿善补衮，绘绣衣与裳。
竭诚乃赓载，彩凤鸣高岗。
化成在人文，熙暤期虞唐。
地天既交泰，民物咸平康。
述此酬卿劳，盛事传无疆。

赐给贾咏的也是一首五言诗：

殿廷暑气薄，薰风洒然生。

> 万机有清暇，书史陶吾情。
>
> 日与圣贤伍，外诱难相婴。
>
> 对时或感物，兴到句还成。
>
> 豁然融心性，岂止谐音声。
>
> 资卿为藻润，朕志益开明。
>
> 卿本中州俊，简在登台衡。
>
> 君臣际良难，所贵德业并。
>
> 诗章本余事，治理须持平。

君臣唱和，诗赋往还中更有一种期许，一种希冀，一种对嘉靖之治的憧憬。然而，议礼诸臣对此不以为然，桂萼对世宗说："诗文小技，不足劳圣心，且使宏等凭宠灵，凌压朝士。"世宗看了看桂萼，摇摇头。

举朝士大夫厌恶张璁、桂萼，费宏对俩人也"每示裁抑"，站在朝中士大夫一边。张、桂因此大恨费宏，上书诬毁费宏接受陈九川所盗贡玉，又曾接受别人贿赂，居乡时有不法行为。费宏上书乞休，并说：张璁、桂萼挟私攻击臣下已多次，俩人怀疑内阁事由臣操纵，岂知臣下采物望，上禀圣裁，非可专擅。"萼、璁日攘袂扼掔，觊觎臣位。臣安能与小人相龃龉，祈赐骸骨。"[1]朱厚熜批答说："所奏事情已经分明，不必深辩，宜即出视事，以副重托。"[2]五年十一月，张璁已升任兵部右侍郎，他对费宏的攻击也升级了，弹劾这位首辅"专擅威福，大肆奸贪"。因世宗没有表态，又上一疏论劾，费宏再次乞休。朱厚熜不准费宏辞职，并诚谕张

---

[1] 《明史》卷193《费宏传》。

[2] 《明世宗实录》卷63。

璁等人说:"尔等其各修乃职，毋以公事修私郄。"①

张璁连上五疏，仍未将费宏逐出内阁。于是自己上疏请归，他说:"臣等既不能积诚以感动圣听，又不能屈志以阿附权臣，有此二罪，难复居官。"表示了与费宏势不两立的决心。而世宗仍旧批复:"各修乃职，共图治理，以副简任，无再渎奏。"②次年二月，首辅费宏、次辅石珤两人因经不起张璁等人无休止的攻讦，于是力请辞职。世宗仅给费宏驰驿，阁臣离职时应享有的其他待遇则全没有。石珤为人廉洁端正，孜孜奉国，多次上疏劝谏世宗力行王道，清心省事，辨别忠邪，务求宽大，毋效急功近利，世宗反认为他"迂阔"，产生恶感。大礼议时世宗欲援以自助，石珤却据礼力谏，世宗大为不满。张璁等人加官晋爵后，攻击费宏、石珤为杨廷和遗党，石珤上疏稍露不满，世宗责备他归怨朝廷，因而一切恩典皆没有给予。嘉靖六年八月，石珤离京回乡，随行所带只有铺盖一车而已，京师人见状，十分感慨，说从来宰臣离国，没有像石珤这样的。嘉靖七年冬，石珤病逝，世宗亲定，谥文隐以贬之。隆庆初年改谥文介③。

杨廷和、费宏任首辅的几任内阁，即正德十六年至嘉靖六年七年间，大臣多"清忠鲠亮"，公忠体国，有所作为，此后"政府日以权势相倾，或脂韦诿涩，持禄自固"。像他们这样的内阁大臣，已不可多得。④

费宏离阁后，杨一清递补为内阁首辅。同年冬天，张璁拜礼部尚书兼文渊阁大学士，入参机务，此时距他中进士仅六年，超

① 《明世宗实录》卷70。
② 《明世宗实录》卷71。
③ 《明史》卷190《石珤传》。
④ 《明史》卷190《赞》。

升之快，明代宰臣无人可比。世宗对一清最初也颇信任，每天都派宦官送去自己的诗赋新作，并赐给金币、牢礼，优礼有加。一清熟谙国家掌故，对边防、兵事尤为擅长，他多次上疏，整顿边防，裁汰冗兵，世宗多有采纳，还赐给一清两个银印，名"耆德忠正"和"绳愆纠缪"。一清在议礼问题上，赞同张璁的主张，世宗因此将其重新起用。费宏离职后，张璁以为杨一清一定会与他结援，但一清上疏世宗，请召八十岁的谢迁入阁，张璁对此深表不满。谢迁入京时，张璁已入阁，并变更旧法，而一清以祖制阻止，桂萼等人十分气愤。锦衣卫聂能迁攻讦张璁，张璁欲置之死地，杨一清不答应，张璁大怒，上疏诋毁一清，一清上疏辩解，世宗为之调解，但并无效果。

世宗自嘉靖六年冬至以来，身体不佳，多日不能康复，十二月壬申日，"上不豫"。杨一清等辅臣上疏问安，一清还引用《黄帝内经》，请世宗保养身体。除夕这一天，世宗病情有所缓和，派中官转达对一清的谢意，并赋诗一首赐给一清：

三冬寒已去，九阳春又来。
辞残省往过，迓岁善增培。
伊传真耆硕，辅弼信英才。
专赖交修道，承之尚钦哉。

一清上疏谢恩，并率内阁大臣以次韵和，多赞颂之词。世宗十分高兴，命名为"辅臣赞和诗集"，并亲自为之写序："去年除夕日，朕以残冬已尽，阳和回春，遂赋五言律一首。"又言："（一清、张璁、翟銮、谢迁）颂朕太过，愧受之。呜呼！虞周之道，君臣惟一。予非虞周之圣，但喜得忠良，遂取为集，以道虞周之意。诗之所关大矣，非吟咏者比，寔以求道望治，不觉形斯言也欤！"①表达了君臣和气，以成嘉靖之治的良好愿望。嘉靖七年正月，祭拜太庙结束后，世宗又赐张璁诗一首，表达了同样的愿望：

> 戊子新正吉，春享祖庙亲。
> 祀礼忻已成，肃驾回宫宸。
> 登辇偶回顾，舆南一辅臣。
> 貌奇真才杰，形端志气伸。
> 外焉秉贞一，内则抱忠纯。
> 诚正辅吾躬，精白饬乃身。
> 予喜荷天眷，赉贤作邦珍。
> 庶几皋夔辈，望以康斯民。

然而，世宗的良好愿望并没能打动臣下的心，张璁等人仍在攻击一清。桂萼入内阁后，议礼派势力大增，一清多次上疏乞休，并说："今持论者尚纷更，臣独主安静；尚刻核，臣独主宽平。用是多龃龉，愿避贤者路。"嘉靖八年九月，一清致仕归乡。次年，张璁构陷朱继宗狱，揭发一清接受太监张永贿赂，又为张永之弟张容营求"世锦衣指挥"之职，后张容又行贿一清，求其为张永"志墓"。一清因此被革职闲住。仕宦一生，晚节有亏，一清大恨张璁，说："老矣，乃为孺子所卖！"疽发背而死。遗疏说自己被污蔑，死且不瞑，世宗令释赃罪不问。

一清致仕后，张璁终于实现了平生的最大愿望，爬上了首辅之位。他适逢其会，以议礼而受宠，前此有掌权之实，而无首辅

---

① 《明世宗宝训》卷7《优礼大臣》。

之名，老资格的大臣一个个被搞掉，才有了他四次沉浮、三任首辅，充分施展其政治抱负的"几度夕阳红"。

张璁入阁时，杨一清虽位居首辅，但世宗对张璁更加信任，密问往还，每月达十余次，"称字及号而不名"①。嘉靖六年十一月，世宗特别叮嘱张璁说："朕有密谕，卿勿令他（人）测知，以泄事机。"又说："朕与卿帖皆亲书，虽不甚楷正，恐代写有泄事情。"张璁对世宗的特别信任深表谢意，并举先朝杨士奇故事，请给印章，密封奏事，世宗认为这一建议很好，便分别赐给一清、翟銮、张璁、桂萼四人各二枚银章，赐给张璁的是"忠良贞一"和"绳愆弼违"，桂萼的是"忠诚静慎"和"绳愆匡违"②。朱厚熜对议礼派确实寄予了无限期望，桂萼当时还未入阁，就享受了阁臣才有的密奏权。张璁也约会桂萼、方献夫、霍韬、黄绾、熊浃等五人于东阁，说："吾辈居此要职，若不能平其心思；公其好恶，各修本职，以收治平之成，是负吾君，获罪于天也。"③可见张璁等议礼派，主观上也确实要遵守祖宗法度，辅佐皇帝，干一番事业的。张璁还深刻地意识到：自己以一介书生，因片言合主意，此之相位由君主特授，非顺取之；如欲久居相位，必须要有一番作为，才足以孚众望、收人心。据王世贞所说，张璁的作为"大要以破人臣之私交而离其党，一意奉公守法，不复恤讥怨"④。嘉靖七年正月，世宗手诏加张璁为少保兼太子太保，桂萼为太子太保，二人班列于兵部尚书李承勋之上。⑤

---

① 《嘉靖以来首辅传》卷2《张孚敬传》。
② 《明世宗宝训》卷6《信任大臣》。
③ 《明世宗实录》卷82。
④ 《嘉靖以来首辅传》卷2《张孚敬传》。
⑤ 《明世宗实录》卷84。

　　嘉靖八年二月，桂萼以吏部尚书入阁参预机务，议礼派在内阁中居主导地位。桂萼好猜忌，阴毒心狠，又排斥异己。他入阁后不但与元老旧臣闹矛盾，就是同根相生的张璁也不放过，内阁更无宁日，一清、张璁、桂萼"三人鼎而相诋谖"，世宗对三人都感厌烦①。张、桂俩人更不相下，"各为恶语，交关帝前"②。同年秋，给事中孙应奎上疏，指出内阁大臣形如水火，必致废事：杨一清虽称练达，但私故旧，此人可与咨谋，不能独任；张璁博学有识，但性格褊狭，自恃尤甚，可抑其过而任之；桂萼则枭鸩之资，桀骜之性，作威福，援党羽，政以贿成，事多阻挠，使天下之人敢怒而不敢言，不可留用。③随后，礼科给事中陆粲上疏弹劾张、桂两人，说张璁"虽狠愎自用，执拗多私，而其术犹疏，为害犹浅。（桂）萼外若宽迂，中实阴刻。忮忍之毒，一发于心，如蝮蛇猛兽，犯者必死。宜速加诛窜"。④张、桂见弹章来势凶猛，不得不乞求休致。世宗在桂萼的乞休疏上指示说："卿行事须勉徇公议，庶不负前日忠。"给事中王准又弹劾桂萼举用私人李梦鹤为御医，世宗对此十分敏感，立即令吏部查核。当时吏部尚书方献夫也是议礼派人物，世宗对吏部"考选无私"的结论表示怀疑，命太医院再次查核。言官上疏说李梦鹤与桂萼家人吴从周、序班桂林居间行贿。世宗见奏疏，"大悟"，立即夺桂萼官，令以尚书致仕，张璁也同时被罢官。⑤世宗还将二人罪状诏示廷臣："璁等自居官以来，不思图终之难，顿忘谨始之志，自用自恣，负君负

①　《嘉靖以来首辅传》卷2《张孚敬传》。
②　《皇明肃皇外史》卷9，第8页。
③　《皇明辅世编》卷4《张孚敬传》。
④　《国朝典故》卷35，第647页。
⑤　《明史》卷196《桂萼传》。

国，所为事端，昭然众见。而桂萼尤甚，近以言官屡劾，朕不敢私，论法本当置诸重典，特从宽贷。"命将李梦鹤送法司审理，具服不辩。这是议礼派的第一次罢官。

张、桂罢官时，世宗担心引起朝政动荡，人心不稳，因而在宣布两人罪状的同时，特别声明张璁"功尤不可泯，内外大小官员，军民人等，毋辄乘此挟私奏扰，敢有违者重治不宥"。但"凡近日所行事有未当者，俱许条奏更正"。[①]张、桂离京后，世宗担心的局面仍然出现了：朝中掀起了一场声势浩大的反张、桂，清除议礼党人的运动。言官首先发难。陆粲奏内列张、桂党羽20人，岳伦奏列8人，王化奏列21人，六科会奏28人，十三道会奏33人，总计100余人。吏部尚书方献夫上疏认为，各臣所奏列，虽有奸恶，但全以张、桂党羽视之，概加惩处，"岂不至空人之国乎？且昔年攻璁、萼者，既以为党而去之，今之附璁、萼者又以为党而去之，缙绅之祸，何时而已"？他建议世宗敕令吏部，博采公论，甄别善恶，"不问党与不党"，只看其平日表现及政绩，果真险恶之人，证据确凿，立即罢黜；对于无有大过，只是怀疑其人，宜照旧任职，以安人心，以全国体。而方献夫自己"同为议礼之臣，理宜引避"，请特令吏部左侍郎董玘等会同九卿从公考察[②]。

方献夫在议礼诸臣中，是个正人君子，他虽赞成议礼，但又不完全附会张、桂之说。其为人宽和，遇事也时有执持，当张、桂大肆更张之时，他对正人多有保全，因此世宗对他很信任，令其不必回避，从公考核。献夫奏留黄绾等23人，罢黜储良才等12

---

① 《明世宗实录》卷104。
② 同上。

人。储良才初为御史，因考察罢官，后上疏诋毁杨廷和，指吏部侍郎何孟春等人为"奸党"，桂萼因此请复其职。至此罢斥，人心称快，舆论称直①。

世宗虽是一国之君，但也有情感，而且情感极为强烈，凡在关键时刻帮助他，对他有"大恩大德"者，他总是"知恩图报"。对张璁就是这样。嘉靖七年十二月，张璁与一清形如水火，一边是赞成大礼的第一功臣，另一边是功盖四朝的旧臣，两人都上疏求去，世宗都不允，并为之几次调解，大讲和衷共济、君臣一体的道理。同月壬子这一天，张璁请假省亲，世宗一开始想从其请，但反复考虑之后觉"甚有未安"，世宗所不安的就是自己欠张的情太多，他对张说："朕昔未尊崇皇考、圣母之时，抱痛苦心，不知何日得遂此愿。皇天鉴我，命卿言之。今时也，孝情既伸，素志亦遂，非朕所自能，实卿之力也；非朕私誉卿也，酬其所赖予耳。"②这番话确是世宗的肺腑之言，他不能也不愿做"忘恩负义"的君主。

世宗宣布张璁罪状的第三天，密谕一清，说："璁可还内阁否？"一清回答说：圣上刚扬其罪于廷臣，如立即召还，非取信天下。稍迟几日，等张璁回到家，再召其可也。世宗认为有道理。数日后，詹事霍韬上疏力攻一清。当时张璁已行到天津，世宗派人以玺书召还，复职。桂萼也于同月被召回。一清于数日后离职休致。

张璁第二次入阁并居首辅之位，颇有些作为。谏外戚世封，仅及终身；止南京派宗室留守，遵高祖法度；多次上疏言镇守官

① 《明史》卷196《方献夫传》。
② 《明世宗宝训》卷6《信任大臣》。

不便，世宗悉罢之；查核勋戚庄田，归民过半；犯颜强谏，不杀张延龄，全张太后体面；等等。多关系国家大政，其罢镇守、清庄田尤为一代善政，影响及于后世。又上书审几微、专委任、惜人才、求民隐等事，世宗"悉嘉纳"。当时世宗日御经筵，讲求先王圣学，张璁谆谆善导，启沃称佳。张璁以原籍姚溪书院，请世宗赐名，世宗命重新修缮，并加拓展，赐名"贞义堂"，并且御制《敬一箴》《宋儒五箴注》奉藏于此，对先王圣学阐发弘扬，无所不至，一时"天下欣然望太平"，"上以明圣述作为任，事取乎敬裁决。"①

嘉靖十年二月，张璁请世宗为他改名字以避讳，世宗亲书"孚敬""茂恭"（字）四个大字赐之。不久，张璁在京城的西宅建成，世宗以献皇帝遗墨匾其堂，又赐白金等物。张璁的腰带旧了，世宗赐玉带一条，请其更换，关怀可谓备至。张璁对世宗，无论庙堂之上，还是宫中苑所，皆恭谨事之。世宗不以为然，对张璁说："君臣之际，在朝当慎，他则犹家人礼然，且汉文帝召见贾生，语久前席，至今称美。朕冲昧，世事未经，卿之于朕，无异周公爱成王，首以孝训，他特余事耳。卿夙夜在公，敬君尽礼，昨见退逊太过，恐非辅臣所宜。夫辅臣与他诸臣不同，故曰导之教训，傅以德义，保其身体，此则不可以在朝之制相与，明矣。今后卿有入奏，无拘时而来，面相计处，俟朕之性志有定，方可广接他人，酌别贤否。"②世宗的话，道尽了他与张璁之间的亲密关系，对张璁寄予了无限期望。

可是，万般佳景，只在皇家。嘉靖十年七月，张璁因薛侃一

---

① 《嘉靖以来首辅传》卷2《张孚敬传》。
② 《明世宗宝训》卷6《勤晋接》。

案受牵连，第二次罢官。此次家居约半年，直到次年三月，第三次入阁，但此时物故人非，今非昔比。桂萼已于十年八月病卒家中，李时、方献夫相继入阁，张璁再不能像过去那样意气发舒，有所作为了。十一年八月，彗星见于东井，按星象家解释，这是大臣专权，使君不明。言官论劾，世宗第三次罢了张璁的官。此次入阁，前后不足半年。嘉靖十二年正月，紫禁城的节日气氛还没有散去，世宗立即派鸿胪寺官员前往浙江，召张璁回京入阁。为让张璁安心而来，也为自己三番五次罢而复召、召而复罢作一说明，世宗给张璁写了个很长的敕书，他说：

> 朕惟君臣相得，自古为难。惟卿自中甲第，奋志为忠，不以身为顾，继是历居数任，持一不回，匡主爱君，未或少懈。前者小人构为陷阱，朕即时令卿回已；昨又自不审慎几微，又命卿回已。适来星异，众疑之曰："信哉，君不明也。使之去而复来，致变甚速。"朕亦应之曰："孚敬适到，此异又见，试且令自陈。"吁！朕意卿却不会，又云去数语，朕亦未放过，三命回已。夫朕所以用卿去卿，其意不待自述，自有公论。但卿何其自误哉？今自卿归，星芒未见速退，应欤？否欤？他不必费笔札矣。今朕三召卿复任，卿若能识朕意，则作速前来，期使功名不自昧，用全君臣之道。卿若不能此者，则暂来作贺朕得嗣之喜，亦或慰朕思卿之至怀。惟卿思之图之。①

四月乙亥日，张璁随同鸿胪寺少卿陈璋回到了阔别八个月之

---

① 《明世宗宝训》卷7《优礼大臣》。

久的京城。世宗闻报后于当日免朝，并派人送去酒饭，算是为张璁洗尘。当天晚上，世宗又写了一道谕文，对张璁说："朕闻卿至，甚喜。但二日未视事见卿，盖以文华（殿）致斋，恐空室寒，故厚衣，不意伤热，遂病目，须三四日可愈，卿其先诣阁视事。"[①]十余天后，世宗身体康复，召张璁、李时、方献夫、翟銮四位阁臣同游西苑宝月亭，世宗对张璁说："此亭去年讫工，时卿孚敬不在，今与卿等同游。"随后又到清馥殿游览。世宗那天兴致很高，指着清馥殿的几处美景道："前是锦芳亭修旧耳，因荒落，故建此殿。去年讫工时亦因卿孚敬（张璁）不在，故与卿等同观。"游览中间，世宗还设宴款待这几位内阁大臣，又赐给他们精制扇子、芍药花等物。随后，世宗又拿出游览时所作的七言绝句、五言绝句，请张璁等韵和。世宗的诗写道：

> 斗柄指巳四月中，群物长养正冲冲。
> 愿得早施三日雨，免此贫农抱苦惊。

> 嫩麦三分秀，时当四月终。
> 但得甘霖降，欣然慰老农。

　　世宗写诗时，四月将尽，正是春雨贵如油的季节，因而二诗都写雨，表达祈盼丰收之愿。

　　三天后，世宗在南城骑马演练，张璁等随同在环碧亭观看。世宗身体一向欠佳，此次乘马演练，张璁等异常高兴，世宗也为自己的身体康健兴奋不已。中午，在重华殿设宴款待张璁等人后，

---

① 《明世宗宝训》卷7《优礼大臣》。

世宗诗兴大发，令张璁等四位阁臣以演马出游为主题，每人作七言绝句二首，古乐府诗二首。张璁等人领命而去，这边世宗已先成乐府诗一章：

> 朱夏才入四月中，乘闲试马出深宫，
> 惟兹七马壮且雄。登霄未可拟，
> 跳涧或峥嵘。爰因演步至环碧，
> 命诸左右来辅弼。同游同游兮祖训昭，
> 赞襄赞襄兮须竭力。朕非商高宗，
> 诸辅勿我弃。早为霖兮羹作梅，
> 启心务明沃朕心，俾令汤孙继祖烈，
> 庶几政化维日新。

又作七言律一首：

> 几暇余清演骏驹，闻来野步到行居。
> 既不盘游忘禹训，亦非好武废汤谟。
> 适因凉暖供观眺，还是春秋奉寿舆。
> 驰驱须教思往事，袁盎之忠不我违。

第二天，张璁等人的韵和诗才送呈御前，世宗阅览后龙心大悦，命刊刻传布，并命名为"春游咏和集"①。此后，世宗又与张璁等人多次诗赋唱和，关系十分融洽。

正当世宗的身体日渐强健时，张璁却于嘉靖十四年春染上重

---

① 《明世宗宝训》卷6《勤晋接》。

病，世宗将自己服用的药送张璁服用，但仍不见好转。同年四月，世宗派御医护送张璁归浙江。张璁回到浙江老家后，身体稍有好转，世宗对他思念不已，次年五月，派锦衣官赍手敕视疾，督促张璁入京辅政。张璁行至金华，旧病复发，不得已而归。嘉靖十八年二月病逝，享年65岁。世宗得知张璁去世，痛悼不已，令有关部门厚葬，又取危身奉上之义，特谥文忠，赠太师。

《明史》评价张璁"刚明果敢，不避嫌怨。既遇主，亦时进谠言"。说明他敢作敢为，勇于任事，并非阿谀顺旨之辈。"他若清勋戚庄田，罢天下镇守内臣，先后殆尽，皆其力也。"可谓见识卓远，惠泽长流。明代士子，书生气浓，张璁在阁时多遭攻击。殁后，人益思其惠政善行。王世贞说："公相而中涓（宦官）之势绌。至于今垂五十年，士大夫得信其志于朝，而黔首得安寝于里者，谁力也？"[1]李维桢在比较张璁与张居正时说："继公而兴，阁臣有江陵，与公姓同，谥同，元辅相少主同，锐意任事同。公得君诚专，为众所侧目，阢陧不安。身后七十余年，名乃愈彰。其以危身奉上称忠，与江陵又同。江陵没而构祸，近渐有讼言其功者。人情薄，公论晦，较嘉靖时悬殊。要之两张文忠，易地则皆然也。"[2]

---

[1] 《国榷》卷57，第3568页。

[2] 同上。

三、夏言之死

嘉靖十四年四月，张璁致仕家居的同时，世宗派人带着玺书重新起用老臣费宏。七月，费宏星夜兼驰，来到了阔别八年已久的京城，世宗立即派宦官送去御馔。数日后，世宗召见费宏，说："别卿久矣，喜再见卿，卿犹康健，宜尽心辅导，以称塞朕心。"随后赐银制图书一颗，曰"旧辅元臣"①。这次阁臣的一进一退，表明世宗对"议礼贵人"特殊宠信的终结。

八月的一天，世宗在西苑无逸殿东室召见费宏、李时，并说："今日闲暇，朕出游。召卿等来，庶几君臣同游之意。"费宏、李时随同观览，见东壁书《无逸篇》，北壁是兴献帝所作的《农家忙诗》，世宗在诗后面写了简短的跋，阐述王业以农功为重的道理。豳风亭的东壁书写着《七月》，北壁又是世宗所咏的《豳风图长句》。东、西二小亭各有一碑，皆刻世宗自制文章，叙述建殿亭之由，其自儆尤切。费宏二人读其文，深有感慨地说："恭诵皇考诗及御制（文），深得《豳风·无逸》之旨，忧勤一念，实万世太平之基。石碑敬天恤民，亲贤讲学，尤治道至要。"世宗略微沉思，想到近几年兴作工程较多，有劳民力，便自我检讨似的说："朕志在恤民，即今工作，亦非得已。如四郊七庙，奉天、奉祖、两宫等，皆当营建，过此即无事矣。"费宏、李时二臣称善②。费宏

---

① 《嘉靖以来首辅传》卷1《费宏传》。
② 《明世宗实录》卷178。

此次入阁，世宗"眷遇益厚"，数次咨问朝廷大政，与之讨论群臣贤否，费宏都竭诚无隐。"承璁、萼操切之后，易以宽和，朝士皆慕乐之。"①不幸的是，两个月后费宏于一天夜里暴病身亡，享年68岁。

费宏死后，李时独相内阁一年有余。其后夏言入阁，李时仍居首辅位，直至病故。李时是任丘人，30余岁成进士，曾任世宗经筵日讲官，为人宽厚、平和，有长者之风，士大夫皆愿与之交往。嘉靖十年以礼部尚书入阁参预机务。当时张璁居首辅，"上与少师（张璁）孚敬务以刻核严切为急"，李时多用宽大之政加以调和，保全诸多善类，廷臣皆以为贤相。早在礼部时，世宗赐其银章，曰"忠敏安慎"，入阁后丢失，上疏请罪，世宗不问，并令补铸赐之。单独为相的一年多时间里，几次陪同世宗巡游，皆称上意。其后夏言入阁，李时不与争，每事推让。《明史》说他对时政"虽无大匡救"，但议论一本忠厚，不失为正直君子。李时个子不高，身体肥胖，不胜劳累。十七年底卒于官，终年68岁，谥文康②。

嘉靖十八年，世宗率群臣巡幸承天，即他的生长地湖广安陆。途中行宫起火，世宗差点送命。因长途跋涉，加之哀毁过度，回到皇宫后身体一直不好，对玄修格外迷恋。二年后，即嘉靖二十一年，世宗多行不义，差点被宫女勒死，从此后移居西苑，日事斋醮，再不回乾清宫视事。因此，以后的内阁大臣多因写得一手好青词而被皇帝特简入值，夏言、顾鼎臣、严嵩、徐阶、严讷、袁炜、李春芳等人都是如此，他们被称为"青词宰相"，这也

---

① 《明史》卷193《费宏传》。
② 《明史》卷193《李时传》，《嘉靖以来首辅传》卷2《李时传》。

是嘉靖后期宰臣的一大共性。

夏言字公谨，江西贵溪人。天性警敏，异常聪明，擅长写文章、笔札。正德十二年中进士，授行人司行人，不久升兵科给事中，以直言敢谏著称。世宗初年，奉诏查核禁卫亲军，裁汰冗滥3 200余人，"辇下为肃清"。又按核畿辅皇庄，将侵占民产2万余顷悉数还予百姓。上疏弹劾勋戚，皆谔谔称直，"为人传诵"。嘉靖七年调吏科都给事中。当时，世宗日以礼文为事，夏言倡南北郊分祭之说，世宗龙颜大悦，亲降玺书，赐四品服俸。张璁时在内阁，颐指百官，无人与之抗衡。夏言因受世宗眷遇，独不为下。这在满朝士大夫切齿张璁的气氛中，夏言为自己树立了更高大的公众形象。

嘉靖十年夏言擢升詹事府少詹事，兼翰林学士，并任经筵日讲官。夏言眉目疏朗，炯炯有神，腮边长着整齐的胡须，颇有阳刚之美。声音洪亮，又没有一点乡音。世宗最愿听这位讲官授课。夏言一举手一投足，又具儒者风采，世宗时而以目视之，时而点头称是。每次进讲完毕，世宗必赐茶饭，"欲大用之"。同年秋天，对夏言受宠十分忌恨的张璁与太常卿彭泽预谋，利用司正薛侃上疏构兴大狱，将夏言牵连入狱。数日后世宗察知真相，立即罢了张璁的职，并升夏言为礼部尚书。夏言以其聪敏为世宗所知，同时又折节下士。御史喻希礼、石金上疏，请宽宥"大礼""大狱"得罪诸臣，世宗大怒，令夏言弹劾二人。夏言上疏认为，二人所论只是常情，并无他意，请帝宽恕。世宗阅夏言上疏后更加愤怒不已，下旨说二人仇君怨上，意在报复，奸巧欺悖，罪在不赦，并谴责夏言"专务徇私""肆怠不恭"，令其对状。法司阿顺世宗旨意，判喻希礼、石金谪戍边远。夏言再次上疏，将责任归咎于己，又曲意劝解，世宗为之动容，令释放二位言官。夏言因此"大得公卿间声"。世宗也对之越加信任，每次作诗，都赐给夏言，令其唱和。夏言发挥其聪颖才智，"奏对应制，倚待立办"，多次召见，咨询政事，夏言都侃侃而谈，又不失帝意。不久，得赐"学博才优"银章，获得密封言事权。

嘉靖十五年底，夏言以武英殿大学士入阁参预机务。当时议礼贵人或已谢世，或在家休致，仅有霍韬在任。霍韬为人气量太小，所任之处，与人纷争，同年，因顺天府尹刘淑相赃私案，攻讦夏言；夏言也上疏攻击霍韬，二人不相水火，"几于讼师巷口"，世宗为此将霍韬降职一级，以安夏言。嘉靖十七年冬，李时病卒，夏言进为首辅。次年，因祭天有功，加少师、特进光禄大夫、上柱国。有明一代，人臣无加上柱国者，夏言可谓空前绝后。

人往往在逆境中会日思进取，谨慎从事，以全力改变自己的境况。一旦功成名就，又极易改变初衷，甚至忘乎所以。泰极否来，喜剧酿成悲剧，也往往发生在这时。夏言就是这样的人。从充经筵日讲官始，夏言服侍世宗左右，深得宠信，从未出现一点差错。做了礼部尚书后，也谦恭谨戒，时刻不忘进取，急世宗之所急，想世宗之所想，世宗也常赐给金银、缎布等物，以示鼓励。入阁之初，世宗仍对他恩眷不减。但以后接连发生的几件事，改变了世宗的看法，也从而改变了夏言的命运。一次是嘉靖十七年清明节前，夏言陪同世宗前往祭祀明帝陵寝，驻在沙河离宫。晚上，劳累一天的夏言已先行就寝，不一会，厨房火起，武定侯郭勋、大学士李时的行帐全被焚毁，夏言居处烧毁尤为严重，包括世宗单独交给他的有关廷臣的六份疏草也没能抢救出来。次日清晨，三位臣子一同向世宗请罪，世宗置郭勋、李时二人不问，而对夏言声色俱厉，说："此事当特疏（请罪），而今者不特疏，为属不敬！"夏言惶恐请罪，乞求休致，世宗虽未令其休致，但心中不悦。

　　大凡人的处境如日中天时，周围的人总是曲意奉承、巴结；一旦转入逆境，人们又会落井下石。郭勋因擅房中术，深得世宗宠爱。夏言日益受宠，他感到这是对自己的最大威胁，于是与霍韬合作，想报复夏言，但未成功。此次世宗面责夏言，郭勋看在眼里，计从中来。次年二月，世宗率百官巡幸承天，郭勋、夏言、礼部尚书严嵩陪同。夏言为承天的景色所迷，每天与自己亲近的大臣在一起宴游，放松了对郭勋的警惕。世宗喜作词赋，每当要找"夏爱卿"唱和时，夏言均不在侧，有时宣谕诏，也找不到夏言。而郭勋虽不能作词赋诗，但从不离开世宗一刻。世宗见不到夏言，郭勋就趁机讲坏话，世宗觉得郭勋可靠，给他的赏赐非常优厚。谒陵完毕，严嵩请率群臣贺表，世宗征询夏言的意见，夏言认为应回京后举行，世宗想到夏言在承天的前后所为，十分不满，但仍压住火没有说什么。严嵩揣摩世宗旨意，坚持在承天举行群臣上表仪式，世宗说："礼乐自天子出，贺亦可！"夏言十分被动，只好听从。一周后表贺礼如期举行，听着如珠如泉的阿谀之词，看着文武百官的朝贺，世宗神采飞扬。

　　一个多月后，世宗回京途中住在大峪山，年近六旬的夏言经过70余天的旅途劳累，早已疲惫不堪，他草拟《居守敕稿》稍迟，世宗责怪，夏言惶恐中下跪的姿势又不对，世宗旧恨未去，又添新恨，大怒道："言自卑官，因孚敬（张璁）议郊礼进，乃怠慢不恭，进密疏不用赐章，原赐印记并历年谕帖可即进缴御前，宜痛自省改，以供职业！"夏言上疏，词语十分哀痛，说自己一介凡夫受圣上恩宠，不次擢升，臣非犬马草木，敢不思感恩图报？昨因有病昏迷，故疏草上呈迟缓并有差错，请圣上赐臣别罪，或加罚治，只望将所赐谕帖留藏，以为子孙百世之宝。世宗怀疑夏

言将谕帖毁坏、丢失，令礼部即日收缴。同时命夏言以尚书衔致
仕。夏言翻检谕帖，泪如泉涌，将嘉靖九年起至十八年共400余
道装成12匣，以及银印一颗，全数呈缴。世宗见夏言将自己的谕
帖全部珍藏，并无毁坏丢失，心中原谅了几分。几天后，夏言赴
阙辞行，世宗念其劳顿十余年，日侍左右，并无大过失，令司礼
官传谕，请夏言不必回江西，只在京城寓所等候新令。随后，世
宗下谕旨一道，令夏言恢复原职、入阁办事，并嘱咐其"省思尽
忠，未可怨尤君上"。夏言得世宗之令，当日赴阁，并呈疏以表谢
意，世宗又谕曰："卿宜益励初忠，尽心辅政，秉公持正，不惟副
朕简任，亦免众怒也。"夏言心里明白，所谓众怒无非是郭勋、霍
韬等人，于是又来了倔意，上疏说："自处不敢后于他人，唯一志
孤立，为众所忌。"世宗很不高兴。[①]

　　回到京城后，郭勋将夏言在承天的表现向霍韬尽述，俩人
认为这是攻击夏言的好时机。数日后，霍韬上疏大颂郭勋功劳，
说："六飞南狩时，臣下多纳贿不法。文官惟袁宗儒，武官惟郭勋
不受馈。"因为霍韬攻击面太大，一时群情激愤，世宗不得不亲自
出面，下诏安定群情，并指责霍韬说："朕昨南巡，卿不在行，受
贿事得自何人？据实以奏。"霍韬上疏说，请问郭勋便知。夏、霍
矛盾由来已久，世宗知道霍韬的用意所在，迫于舆论的压力，令
霍韬据实指明。霍韬见世宗要求真凭实据，十分窘迫，说："扈从
诸臣无不受馈遗、折取夫隶直者，第问之夏言，令自述。至各官
取贿实迹，（郭）勋具悉始末，当不欺。如必欲臣言，请假臣风
宪职，循途按之，当备列以奏。"世宗将霍韬的上疏交有关部门处
理。霍韬惧怕世宗翻脸不认人，立即从南京赶赴北京，并将沿途

---

① 《明世宗实录》卷224。

所见宦官贪横情况上报世宗，以逃脱责任。世宗也不了了之。不久，雷震奉先殿，世宗召内阁大臣前去察看受震情况，夏言没能按时赶到，世宗很不高兴，说："朕所数宽言，非为言，为左右谊重也。言乃滋情成性，蔑不知警，何以表率百僚？"夏言十分惶恐，上疏请求休致，并说："位高则怨尤易集，官久则过失自多，咎积而不悟，则谤日闻；身危而不避，则祸将大。臣今年近六旬，精力衰谢，宗支零落，孑然一身，不能朝夕自存，凡世人所利者，臣复何心恋慕？"世宗勉励他"勿负朕心"，并归还所赐银印及谕札。

夏言近日屡出差错，与他的"心病"有关。夏言年近六旬，但膝下尚无子息，这对位极人臣的老人来说，是个莫大的遗憾。因此，在京城寓所，广蓄姬妾，一有空闲便溜回去与"诸姬妾为欢"。60岁的老人，精力毕竟不比以前。每次从寓所来到西苑，夏言总有神志恍惚之感。世宗的多次责备，言官们无休止的弹劾，政敌们的攘臂相加，已使夏言心灰意冷。然而，他又不愿放弃自己为之奋斗一生才得到的权力，他还要建立一番功业。在这样一种矛盾心理的支使下，夏言接连上了几道疏，请求退休，但语气又不坚决。世宗对此也态度暧昧。

正巧，郭勋也因言官弹劾，引病不入值。世宗对郭、夏二位宠臣同时乞休，感到自己无法再在二人间取得平衡，便找新近宠臣、京山侯崔元商量此事，他说："言、勋皆朕股肱，相妒何也？"崔元是位武臣，感到郭勋是自己最大的威胁，有意想借机直接揭穿郭勋，但又摸不透世宗的意图，因此摇头装作不知。世宗又问夏言乞休回江西一事，崔元回答说："俟圣诞后，始敢请。"又问郭勋有何病，答说："勋无疾，言归即出耳。"世宗点点头，不再问下去。数日后，言官知道世宗眷恋夏言，就一起上疏弹劾郭勋不领敕书、作奸植党等不法事。郭勋在上疏为自己辩解时说："臣奸何事？党何人？又有何必更劳赐敕？"语言不逊。世宗大怒，削其同事官以示儆戒。夏言又指使给事中高时上疏列郭勋贪纵不法十余事，世宗将郭勋下诏狱。三法司经过复审，判郭勋斩首，夺封爵、诰券。案件审结后上报世宗，世宗唯恐夏言从中构陷，故将案件留中不下。嘉靖二十年九月，郭勋死于狱中。夏言官复原职，又到内阁去做首辅①。政治是不流血的战争，官场上高层权力的角逐往往非生即死。从嘉靖十年始，夏言已先后击败了张璁、顾鼎臣、霍韬、郭勋数人。然而，在家天下的时代里，只有不败的皇帝，没有不败的臣子。嘉靖二十年后，夏言遇到了比他更强的敌手，他就是后来入"奸臣传"的严嵩。

严嵩出生在人文荟萃的江西分宜县，字惟中，号介溪。自宋代以后，江西历任地方官对科举十分重视，为国家培养了许多高级人才。在明代洪武朝所录的六科881名进士中，有147人来自江西，居全国第二，仅次于浙江。永乐以后盛况空前，在建文二年（1400）至天顺八年（1464）六朝22科所录的百分之五十的进士中，江西人有1001名，占全国进士录取总额的百分之二十左右，高出同期的浙江。②乡里前辈在科场上的成功，对后来人是一种莫大的激励。严氏在分宜虽属望族，但为官者不多，严嵩直系祖先中只有两人，即宋代户部员外郎严钧，明永乐时四川右布政使严孟衡。严嵩的父亲严淮，曾为藩司的吏员；母亲晏灵秀是新余城人，娘家为当地富户。严嵩有二姐一弟，大姐嫁与源州同知罗忠，二姐配与平民李熵为妻，小弟名严岳，是邑庠生，一生未入宦海。

① 以上未注明者，均取材《明史》卷196《夏言传》，《嘉靖以来首辅传》卷3《夏言传》。
② 光绪《江西通志》卷25—31；光绪《浙江通志》卷130—132。

严氏家境并不宽裕，世代传承的祖业只有十几亩地，到严嵩祖辈时，兄弟四人分产拆家，生计相当窘迫。其父更为节俭，操持生计，略有好转。父、祖两代虽是业儒（以读经史、参加科考为主）的子弟，但均无所成，连个秀才都未考中。光宗耀祖的希望自然落在了"少老大"严嵩的头上。严嵩五岁入家塾，八岁时县令莫立之闻其才名，破格将他

严嵩像

补为博士弟子，但因家境贫寒，严淮以无力供其上学相辞。莫立之慷慨解囊，承担了严嵩的所有学费，严嵩得入县学，开始了正规化的学习，这对他的一生是个重要的转折。莫立之后任四川副使，入《分宜县志·名宦传》。旧时代里有一个风气：对其他人都可以看不起，唯一不能看不起的是读书人。各地方官、缙绅（致仕家居的官员等）也都以助学荐才为美德，代代相传，蔚然成风。后任县令曹忠也很重视教育，让自己的儿子曹宏与严嵩结为学友，切磋学问，严嵩的生活费用也全部由县学负担。

贫穷有时是一种动力，生活上的窘迫往往催人上进，作一个有志向的富有者。严嵩十分珍视自己来之不易的学习机会，至弘治八年已苦读寒窗整八载，成为少年郎了。正当严嵩准备应乡试时，父亲撒手尘世，临终前嘱咐道："凡学不日进则日退，业无隳

于垂成，志罔画于自足，既汝他日获成吾志者，吾目瞑矣！"[1]父亲生死离别前的这番话，严嵩铭刻在心，终生不忘。父死，严嵩在家守孝。19岁那年，严嵩中举，实现了全家几代人的梦想。这时的严嵩个子很高，身体瘦削如杆，眉目疏朗，嗓音颇大。弘治十八年，高中进士第五名，赐进士出身。与其同年有同科状元顾鼎臣、二甲第十名翟銮以及湛若水、张经、张翀、张翰等影响颇大的人物。正德三年，其祖父去世，次年其母病故，严嵩离开翰林院回家守丧，一守就是八年。这一期间，严家生活仍没有大的改变，"其治家，纤啬近小慧，时人莫之重也"。[2]这主要是因为没有施舍的资本。严嵩也时有"一官系智逢多病，数口携家食旧贫""薄禄深悲不逮亲"的感叹。[3]一次，严嵩去拜见老师、乡人李遂。李遂搜索记忆，好容易才想他当年主持省试时，严嵩也荣登金榜。发榜的第二天，按例要设鹿鸣宴，宴请考官及中试举人。许多举人都到李遂席前祝寿，以表达喜悦、感激之情。唯有严嵩容颜憔悴，穿着破烂不堪、满身打着补丁的衣服，像幽灵一样站立一旁，不敢上前。李遂只看一眼，就有厌恶之感。弹指之间，十年已逾，李遂看着严嵩的名帖，对其请求修门人之礼的事感到不知所措，最后只说了句模棱两可的话。次日，严嵩带着银两、布帛登门而拜，并说："某非敢薄公也，以公向厌之，恐终弃之耳。"[4]李遂始以礼待之。因贫穷而产生的自卑感于此可见。

正德十一年，严嵩结束了八年隐居般的生活，重新回到官场。在直到嘉靖二十一年前的26年间，虽多次受到言官弹劾，但在江

---

① （明）严嵩：《钤山堂集》卷33。
② 《嘉靖以来首辅传》卷4《严嵩传》。
③ 《钤山堂集》卷2。
④ 《嘉靖以来首辅传》卷4《严嵩传》。

西籍官员费宏、桂萼、夏言等人的关照、提携下，多能化险为夷，按序而迁。在此期间，他一改过去"颇著清誉"之美[1]，成为柔顺奸佞而又多占贪墨的官员。而严嵩政治人格的这种转变，又是与世宗的"导引"有密切关系的。嘉靖元年严嵩任南京翰林院侍读，掌院事，四年升任国子监祭酒。这一期间，他居官南京，远离权力中心，尤其是没有卷入"大礼议"的政治斗争中，这使其较易为人接受，成为各种政治势力都争取的中性人物。杨廷和是他中进士榜的考试官，有师生之谊；桂萼是乡友，其子曾就学于严嵩。杨、蒋之退与张、桂之进，他是看得最清楚的，新皇帝需要什么样的人他心里有了数。嘉靖七年他奉世宗之命去祭告显陵，他不会错过向皇帝表明心迹的时机，回去向嘉靖帝汇报说："祭祀的当天，开始细雨蒙蒙，待到恭上宝册奉安神床时，忽然云开日朗。在枣阳采碑石时，群鹤集绕，碑入汉江，河流骤涨。请命辅臣撰文刻石，以纪天眷。"世宗览奏，肝舒脾泰，龙颜大悦。初次相识，对严嵩印象极好。但当时议礼贵人地位日升，大好事自然轮不到他这个南官人。嘉靖十年，因桂萼之保荐，严嵩改任吏部左侍郎，次年升任南京礼部尚书，再到养闲之地的留都任职。一任就是五年。严嵩耐着性子等待时机。嘉靖十五年八月十日，是嘉靖帝的30岁寿辰，照例要大庆一番。严嵩提前数日，来到京师，四下活动，以便留在北京。万寿节之后，严嵩也没有回南京，而是待在夏言的家中（寓所），请这位同乡、皇帝的宠臣为自己在北京谋个位置。夏言看着这位形如骨削、眉毛已经稀落，比自己大十几岁的江西老乡，顿生恻隐之心，答应鼎力相助。第二天，夏言面见圣上，请留严嵩在京任职。世宗原本对严嵩印象不错，于

---

① 《明史》卷308《严嵩传》。

是答应由夏言一手去办。当时朝中正开局重修《宋史》，夏言在礼部，每日的祀典已使他应接不暇；侍郎顾鼎臣正教习庶吉士，二人皆兼职修史，进展极慢。夏言奏请，由严嵩暂时总理修史之事，世宗准奏，严嵩总算在京城找了个位置。该年底，夏言进了内阁，又奏请世宗由严嵩接替他的礼部尚书之职。嘉靖帝日以礼乐为事，内阁大臣多由礼部尚书迁晋，因此六卿之中吏部为重的局面至世宗朝改为礼部为重。按正常程序，顾鼎臣应接掌礼部大印，但因夏言的关系，严嵩如愿以偿[①]，时年57岁。

最初的两年，夏、严关系不错。二人外貌有许多相似之处：高个子、大眼睛、大声音。他们的性格却极不同：夏言刚直、倔强，是个心直口快的烈性男儿；严嵩柔顺、谦恭，委曲求全，能忍他人所不能忍。就表象而言，前者为人洒脱，活得潇洒；后者处事拘谨，活得很沉重。官场上讲究论资排辈，严嵩是弘治朝进士，资格很老，又比夏言大十余岁，但夏言进了内阁，严嵩反而靠其谋得礼部长官，因此"事言甚谨"。几次邀请夏言到家中饮酒，夏言皆不许。一次夏言勉强答应数日晚上赴宴，严嵩乐不可支，早已备下红羊鹿栈之类，待到赴宴的前一天，夏言又借故推托，严嵩不但不气恼，反而到夏言寓所前，跪着高声朗读请柬。夏言觉得严嵩尊重自己，几个月后的一天晚上，终于如约赴宴，但也"三勺一汤"，一言不发。[②]此事对严嵩的自尊心有很大伤害，从此后恨夏言入骨。夏言却不知觉，仍然傲气十足，"以门客畜之"。

嘉靖十七年，世宗令礼部讨论在明堂祭祀皇考朱祐杬之事。朱祐杬没当过皇帝，按理不能称宗入庙。严嵩综合众臣意见提出了折

① 《嘉靖以来首辅传》卷4《严嵩传》。
② （清）赵翼：《廿二史札记》卷33引《玉堂丛语》，中华书局1984年版，第767页。

中方案：明堂秋享，可以在大祀殿举行，或太宗（朱棣）或献皇帝参与配享；称宗则不敢妄议。世宗大为不满，著《明堂或问》让大臣传阅。严嵩十分惶惧，"尽改前说"，还出谋划策，备详祭祀之事，又请改太宗皇帝为成祖，腾出位子来"奉皇考献皇帝为睿宗，配上帝"。九月，朱祐杬的神主进入太庙，严嵩受到许多赏赐。这件事使严嵩深切体会到"伴君如伴虎"的道理，对世宗不可违拗的性格有了更深一层的认识，从此后，"益务为佞悦"。世宗上皇天上帝尊号、宝册，又加上太祖高皇帝尊谥圣号以配，严嵩就奏天见庆云，请接受群臣朝贺；又撰写《庆云颂》《大礼告成颂》上奏世宗，世宗最愿听奉承话，看到这些十分高兴，命宣付史馆，加严嵩太子太保衔。次年，严嵩陪同世宗前往安陆巡游，在外几个月间，严嵩将其柔顺的伎俩发挥得淋漓尽致，将世宗服侍得十分妥帖。与此同时，夏言屡出差错。回到北京时，世宗"心爱嵩甚于言"。夏言几次受世宗训斥，开始多从自身寻找原因，并呼严嵩与之商量对策，不想严嵩早已与世宗宠幸的陶真人勾结在一起，正预谋代己之位。夏言察觉严嵩欲排挤自己后，唆使言官揭发严嵩父子贪污纳贿之情，严嵩上疏为自己辩解，其中说道："人臣于人主，将必使孤立自劳，而身观望祸福，乃为得计。"世宗对这几句话大加赞赏，言官多次指实弹劾，世宗全然不理。

世宗每天在西苑斋宫修道，特许入值诸贵幸乘马而来。夏言时为首辅，为表示与诸人有所区别，独制一个小腰舆，每天乘坐而来，世宗知道后很不满意。世宗对皇帝宝服不甚喜欢，搬入西苑后常戴道士冠。一日，世宗忽生一念，令尚方仿照道士冠做了五顶帽子，并加沉水香料，精雕细琢。做好后赏赐给夏言、成国公朱希忠、京山侯崔元、大学士翟銮及尚书严嵩五人。对这种不伦不类的做法，夏言很不以为然，但当着皇帝及四人的面，又不好说什么。

回朝后，单独上一疏，说此"非人臣法服，不敢当"，世宗异常愤怒，大骂了夏言一通。数日后，严嵩头戴香叶道冠，外边又特意罩上轻纱，以为珍视，前往斋宫面圣。世宗见严嵩这身穿戴，点头称赞不已。谁知严嵩却痛哭流涕，说夏言如何专权，欺辱臣下，又列举其反对建大享殿、对"修玄"毫无热情等事。嘉靖帝听完，大发雷霆，深觉像严嵩这样的"老实人"尚且受到夏言如此压制，其他人可想而知。立即手敕于都察院，历数夏言三大罪状，并说："郭勋既以不领敕下狱矣，犹复千罗百织不已，与太监高某交关共谋。朕不早朝，言亦不入阁，军国重事，私家裁之，王言要密，视等戏具。且言官为朝廷耳目，一犬不如，专一听受主使，逆君沽誉，倾人取位，以奉所悦，戕人一家，以代报复。卿等其布此谕，俾中外知之。"世宗的这个上谕，意思是让言官弹劾夏言，但言官不知底里，皆不发一言。嘉靖二十一年六月十六日，世宗又宣夏言入拜兴献帝讳忌，并在西苑等候世宗寿辰礼。夏言又上疏乞求休致，世宗将疏留中七日不下。第八天时正巧有日食出现，世宗令夏言革职闲住，并将言官十余人谪戍边远，其余言官也罚俸半年。数日后，严嵩官拜大学士，入值文渊阁，成为排挤夏言的最大受益者。

夏言久居要职，积累了无数家私。罢官后在江西老家广植田宅，苑囿曲池胜景，皆雕梁画壁；侍媵成群，日拥姬妾为欢；衣饰饮食，馔如王公。最初，海内缙绅都认为夏言将再起用，故门前车水马龙，问遗接踵。一二年后，门庭渐次冷落，只有极少数人偶通问候。三年以后，人们皆断定夏言将老死乡间，故深宅高院，门可罗雀，甚至地方官吏也不尽应酬。夏言痛感世态炎凉，人情险恶，整日愁眉苦脸，郁郁寡欢。稍感慰藉的是，花甲之年，其妾怀有身孕，但妻子不顾夏家香火，竟然背着他将她赶出家门，逼迫妾改嫁。夏言更加沮丧。元旦将至，夏言写了封长信，贺世宗新年大吉大利，述自己思念圣上之至情，落款小写"草土臣"
三个字。他等待，等待世宗温起旧梦。可是，几个月过去了，宫
中的人影也不见。八月到了，夏言上表为世宗祝寿，祝天子健康
长寿，与日月同辉，落款仍是"草土臣"。世宗最愿听的话，是
别人说他能长生不老，寿比南山。读着夏言感人肺腑的祝寿表，
勾起对往昔与之相处的回忆，人非草木，其情可怜。十天以后，
世宗下诏：夏言以礼部尚书、武英殿大学士致仕。世宗的诏谕，
等于为夏言正了名，这也是对他宦海一生的评价。

　　可是，朝中政局却在此时发生了微妙的变化。夏言罢官后，
按资序翟銮升任首辅，严嵩为次。二人为同年进士，有同学之谊。
翟銮为人谦和，与人不争，早在嘉靖七年就已入阁，十二年底，
其母病故，回家守丧，期满后朝廷久不召用。翟銮廉洁自持，生
活困顿，几不能给。嘉靖帝南巡，夏言力荐其充行边使，携50万
两国帑犒赏边军，各边文武将吏全受其节制。翟銮东西往返三万
余里，边塞为安，文武大吏争相馈遗。使命完成后，他将官将所
送财物，装塞千辆大车，潜输京师，重贿贵近，因而再入内阁，
声誉也扫地以尽。严嵩虽为次辅，但权力远出其上，翟銮忍让，
严嵩仍不能容，唆使言官弹劾其不法事，世宗不问。嘉靖二十三
年春，翟銮的两个儿子汝俭、汝孝，以及二子的老师崔奇勋的亲
信焦清一同举中进士，严嵩又令言官弹劾翟銮科场舞弊。在封建
时代，为保证科举考试的公正无私，对舞弊者皆予严惩。世宗见
弹章后大怒，下吏部、都察院审核。翟銮上疏争辩，世宗益加发
怒，将其父子、崔奇勋、焦清及分考官编修彭凤、欧阳晚革职为
民，主考官全被廷杖六十，革职[①]。严嵩升为首辅。同年九月，严

---

① 《明史》卷193《翟銮传》。

嵩以吏部尚书许赞、礼部尚书张璧均柔和易制，荐入内阁，而政事一决于己。几个月后，许赞看不惯严嵩专权纳贿，自己虽只充位，但又担当重责，因而多次上疏乞休，次年十一月被革职闲住。在此之前的八月，张璧病故，内阁只有严嵩一人。

世宗对贪官、昏官都能容忍，而对独断专行者决不宽容。严嵩的贪、昏，他早有耳闻，但就是不问。其后，言官弹劾严嵩专权，世宗再也不能安枕，立即召复夏言。嘉靖二十四年十月，夏言得世宗手诏，亲友劝夏言不要再出仕，并说如再出，将有大祸凶。夏言耐不住寂寞，更经受不住荣华富贵的诱惑，决意前往，并于同年底抵达京师。世宗虽无他能，但搞权术却很在行，他将夏言各种官阶衔全部恢复，使其重入内阁，复登首辅之位。夏言没有变，恃才自傲之余，又多了一层复仇心，他将严嵩出于私心引荐的人全部斥逐，凡有批答，"略不顾嵩"，严嵩大气不敢出，噤若寒蝉。内阁供饭食酒馔，按旧例大臣应同桌共餐，二人已成水火，虽对案而食，但从不交谈一语。夏言不食官供酒菜，每日都从自家带来山珍海味，细嚼慢咽，津津有味，旁若无人；严嵩埋头伏首，不敢正视夏言一眼。

夏言清除严嵩私人后，又指使言官据实弹劾严嵩。当时士大夫皆对严嵩父子贪污纳贿恨之入骨，弹章多如雪片，严嵩处于危机中。在关键时刻，严嵩又拾起昔日的看家本领，带着儿子严世蕃前往夏言寓所请罪。夏言对严嵩之人早有领教，拒不相见。严嵩父子在堂室间长跪不起，泪如雨下，向夏言的家人哭诉自己如何忠诚。夏言怕影响不好，出来相见，父子俩叩头如捣蒜，口喊"救命恩人"。夏言是个血性男儿，受不了这种"感情"碰撞，答应旧事不提，嘱咐严氏父子今后好自为之。严嵩是个很入戏的政治演员，他这一哭一跪，就使自己度过了危机。

　　夏言久离机密之地，重返内阁后务张其权，文选郎高简谪戍，唐龙、许成名、崔桐、王用宾、黄佐等人罢黜，王杲、王晔、孙继鲁之狱，都是夏言一手促成。其中有的是严嵩引用的亲信，也有的无辜受累，一时朝士仄目。最后，御史陈其学以盐法事弹劾崔元及锦衣都督陆炳，夏言拟旨令二人交代罪行。二人亲往夏言寓所，厚贿请免罪，夏言仍不答允，陆炳效法严嵩，长跪不起，最后才得饶恕。三人同病相怜，极恨夏言，日谋报复，苦无时机。世宗自召用夏言后，常派小太监去收集关于夏言、严嵩二人的情报。小太监每到夏言寓所，夏言皆以奴仆视之，不待之以礼。到了严嵩家里，情况截然相反：严嵩亲自让座、倒茶，待之如上宾，临送行时还要拿出金银宝物，塞入其袖中。因此，小太监们在世宗面前异口同声，称赞严嵩，谈到夏言，都是些坏话。世宗还常派贴身侍卫夜里偷看严、夏二人干些什么。夏言多已酣睡；严嵩因得到情报，故作辛劳之态，举灯而坐，面对青词草稿沉思推敲。世宗因此得出了严嵩忠勤、夏言怠慢的结论。嘉靖二十六年，曾铣上疏请收复河套，夏言极力赞成，欲以此建盖世功勋，并作《渔家傲曲》，遍令公卿唱和，认为复套必能成功。同年七月二十一日，陕西澄城发生移山大变，十二月二十八日入奏[①]，至次年正月初二日，世宗下诏，讲什么"天象示儆，朕居君位，化灾免祸"之类的话（参见卷五第二节）。世宗的这番话是讲给内阁大臣的，故外廷仍不知。三天后兵部集议讨论复套事，一切均按原计划进行。世宗接到兵部集议结果后，又讲了"成功与否"的话，形势已大变。同一天，严嵩先行一步，上疏痛诋复套之非，夏言疏辩，世宗令都察院等参审。随后，世宗令夏言以尚

---

① 《万历野获编》卷8《计陷》。

书衔致仕。在一天之间，发生如此多的大变，确实值得怀疑，而严嵩抢先一步，是否预谋在先，也大有疑处。综合诸多材料看，严嵩等借机预谋陷害夏言，是成立的。第一，二人有仇结在先，严嵩与陆炳、崔元日谋报复。此载诸各史，勿赘言。第二，《明世宗实录》卷341"嘉靖二十七年十月癸卯日"载："或曰，蜚语亦嵩所播。或曰，嵩以灾异密疏，引汉诛翟方进故事，上意遂决。然其事秘，世莫知也。"这说明，至迟在隆庆、万历之交，徐阶、张居正修《世宗实录》时，已有严嵩秘疏杀夏言的说法，只是不能肯定而已。明末，沈德符写《万历野获编》，卷8《计陷》中明确说：严嵩授真人陶仲文密计，令谮夏于上，"谓山崩应在圣躬，可如周太史答楚昭王故事，移于将相。又私语大珰：汉世灾异，赐三公死，以应天变。又密疏引翟方进事，而夏遂不免矣。上元旦即下圣谕，谓气数固莫逃，亦不可坐视者是也"。这段记载，如对照《明世宗实录》卷332"嘉靖二十七年正月乙卯日"中世宗对辅臣所讲的话，以及癸未日世宗第二次讲给辅臣的话，是可信的。癸未日上谕中特别说道："我欲不言，此非他欺罔比，与害几家几民之命者不同。"这句话的潜台词实际是说：此是大祸，非平常百姓之命可比。沈德符生于万历六年，自幼生长在京师。《野获编》一书，多是其早年从父祖听来的朝章故事。他著此书时，《世宗实录》已刊行半个多世纪。如果他没有可靠的依据，是不会记载得这样详细的。另外，谈迁在叙述夏言被害时也转述《世宗实录》中的话，说："或曰：'嵩因灾异，引汉诛翟方进事，上意遂决。'其事秘，世莫知也。"[①]《国榷》以信史著称，是谈迁花了几十年考订的著作，他引述这句话，说明也对夏言之死有疑问。第三，

---

① 《国榷》卷59，第3724页。

夏言在上疏辩解时，几次提醒世宗：严嵩必欲于此置臣于死地。这至少说明他对严嵩要加害于己有了清醒的认识。这与他在此事发生前对严嵩放松警惕，认为"嵩屈服我也"①是一个大转变。第四，夏言已出国门，致仕家居，这时又有蜚语流传到宫中，说夏言走时怨望。大造夏言怨谤世宗的谣言，这无疑会起到激怒世宗的作用。这件事谈迁等人明确指出是严嵩所为。②第五，在定曾铣的罪名时，大有可疑之处。法司在拟定罪名时，比照《守边将帅失陷城寨律》处斩，世宗认为律无正条，杀之无名，令再议。实际上这也是严嵩所为。《皇明肃皇外史》卷28载：刑部侍郎詹瀚、都察院左都御史屠侨、吏部尚书闻渊、锦衣卫都督陆炳等"阿嵩指，会论铣隐匿边情，行万金贿通夏言，当交结近侍官，符同奏启者，律论斩，妻孥流放编管三千里"，世宗从之。在这一过程中，严嵩、陆炳等采取刑讯逼供等令人发指的手段，强令夏言的岳父苏纲、曾铣之子曾淳从中串线，又拷问曾铣的部将李珍致死，崔元还"行金于中贵人，实其事"。夏言见到仇鸾"弹劾"曾铣之文后，上疏指出："彼方就逮，发疏时上下谕不两日，何以知上语而敷演为文？又何知嵩疏而附丽若此？"③其词十分明晰，指出仇鸾上疏是严嵩代笔，有意构陷。但世宗此时已被严嵩激怒，对夏言的辩解根本听不进去。最后，逮捕夏言的囚车到京时，夏言方知曾铣已弃市，所犯律条是《交结近侍律》，遂大惊失色，从车上掉了下来，说："噫！吾死矣。"④四月，法司在审理夏言案时，皆认为其在"议贵议能"之列，应宽赦，严嵩拟旨对法司严厉训

①　《皇明肃皇外史》卷28。
②　《国榷》卷59，第3724页。
③　《嘉靖以来首辅传》卷3《夏言传》。
④　《明史》卷196《夏言传》。

责，夏言最后"当曾铣所犯符同律"①。七月，夏言的继妻苏氏，即苏纲之女，上疏请代夏言服死刑，世宗下旨说："苏氏系流放人，安得代死？命原籍巡按官即行遣发，勿得畏纵。"②至此，夏言之死已无可挽回。八月，京师几次发生地震，世宗下诏求言，只有给事中姜良翰上奏请禁风俗之侈，根本不敢提及夏言事。③与此同时，因万寿节，命陶仲文支伯爵俸，成国公朱希忠、驸马都督崔元加禄百石，严嵩食正一品俸。④名为万寿节赏恩，是否对构陷夏言之狱的慰劳，不得而知。九月，即离行刑的数日前，严嵩对世宗说："虏以言、铣收河套，故报复至此。""帝于是怒言不解矣。"⑤十月，一代名相夏言被斩于市。《嘉靖奏对录》（卷3）等书收录了严嵩的几篇奏疏，请世宗勿杀夏言，包括《请乞容宥辅臣夏言》《请乞宥免夏言提问》《论救夏言》《再论救夏言》等篇。有人据此认为，杀夏言出自世宗之意，严嵩并未忘恩负义和落井下石。⑥实则不然。政治恰似冰山，许多真相掩盖在其下面，仅据表象难以窥其实质。笔者综上认为：严嵩是夏言之死的直接导演者。

《明史》卷196《夏言传》评价说："言豪迈有俊才，纵横辨博，人莫能屈。……然卒为严嵩所挤。言死，嵩祸及天下，久乃多惜言者。"

① 《皇明肃皇外史》卷28。
② 同上。
③ 《国朝典故》卷36，第747页。
④ 《国榷》卷59，第3721页。
⑤ 《皇明肃皇外史》卷28。
⑥ 曹国庆等著：《严嵩评传》，上海社科院出版社1989年版，第77页。

四、严嵩久相

　　夏言罢官后，严嵩稳稳当当坐上了首辅的位置。为掩人耳目，他请求世宗增派大臣入阁，世宗批示道："姑少待！"自此，严嵩在内阁独相一年有余。嘉靖二十八年二月，他再次提出前项请求，世宗命吏部廷推五六人以供选择。吏部提出的六个人选是：吏部尚书闻渊、南京吏部尚书张治、吏部左侍郎兼翰林院掌院学士徐阶、南京兵部尚书韩邦奇、礼部右侍郎欧阳德、国子监祭酒李本。严嵩十分乖巧，当世宗让他酌用时，装出谦恭的样子说："古者论相之命自天子出。今制，每以付之廷推，而简用悉由宸断，非臣所敢拟议！"话虽说得漂亮，但又在世宗面前夸赞张治、李本两人如何可用。于是，张治改为礼部尚书兼文渊阁大学士，李本升为少詹事兼翰林学士入阁[1]。张治是南官，与朝中较少牵扯，李本也远离政治权力的核心，因此被选入。二人与严"共事，不敢与可否"，经过较长时间后，才"始得入直"[2]。张治是湖南茶陵人，博闻强识，性格亢爽，有气节，言论侃侃，临事不阿。他对严嵩父子招权纳贿多露不满，对世宗一意玄修尤不理解，遂郁郁成疾，入阁不足二年便死去。因其不愿撰青词，死后世宗也不放过，只给了个中谥（谥文隐），隆庆改元后更谥文毅[3]。张治是嘉靖中叶第一个不愿撰写青词的阁臣，因而也只能郁郁而终。

---

① 《明世宗实录》卷345。
② 《嘉靖以来首辅传》卷4《严嵩传》。
③ 《明世宗实录》卷366。

　　世宗对严嵩眷宠有加。他到西苑斋宫后，开始只有一两个宰辅相随。其后不返大内，随侍人员也增加。入值的人员中，既有内阁大臣，也有勋爵缇帅，既有学士，也有方士，可谓鱼龙混杂，衣饰斑驳。夏言死后，有严嵩、李本、张治、陆炳、朱希忠、崔元、李春芳、董份等数人在西苑入值，主要任务是撰写青词。因为人数较多，值房有限，故显得很狭小。而且，房间都是东西向，白天太阳光直射入内，室内如同蒸笼。只有严嵩受到了特殊照顾，世宗令在南面另建一房，十分宽敞、洁净，又赐白银镶嵌饮食器皿，在空地栽种各种花木。①世宗还时常将御膳赏赐严嵩。严嵩则用自己的精勤报答主恩。严入阁时已过花甲之年，但精神爽溢，不异少壮。初始朝夕入值板房，从未离开过一天。新值房建成后，严嵩已是70岁的老人了，但仍入值如初。世宗喜观经史，常以诗赋自娱，偶有所作，即书于片纸，令内侍持示严嵩，立等回话。严嵩有较深厚的文学功底，加之态度认真，故所作青词世宗非常满意。早年世宗曾赠严嵩"忠勤敏达"银印，也是励其忠勤。

　　人是环境的创造者，同时环境也创造了人。首辅之权本就较重，一直是豪杰必争之位，也是惹人注目的是非之地。有的人做了首辅后，不改夙志，做了许多有益于国家有益于人民的事；有的人一改初衷，甚至走到了自己的反面，为了保持已有的权力不惜大张挞伐，成为残害忠良的权奸。严嵩就属于后者。严氏父子通过卖官鬻爵、贪污受贿，积累起惊人的财富。严嵩父子的贪婪是很有名的，几乎每一个上疏的言官都弹劾及此。据载，严世蕃聪明过人，熟知中外官缺丰饶瘠险，逼令贿送多少，毫发不差。②

① 《万历野获编》卷8《直庐》。
② 《明史》卷308《严嵩传》。

嘉靖二十九年，俺答围京师，严嵩无一善策，任其杀掠，敌退后仇鸾贿二万金，再得统兵，边关将帅也争相贿遗。是时，世宗欲发兵雪耻，又下诏令廷臣陈制敌之策。刑部主事徐学诗愤然上疏，痛陈："大奸柄国，敌之本也。乱本不除，能攘外患哉？"其弹劾严嵩贪贿之状，尤为骇异。

世宗览学诗奏章，颇为所动。方士陶仲文密言严嵩孤立尽忠，世宗将学诗削籍。学诗，上虞人，在此前弹劾严嵩的叶经、谢瑜、陈绍与学诗同乡，时称"上虞四谏"，一时街衢传诵[1]。嘉靖三十一年，南京御史王宗茂上疏揭发严嵩贪贿数十事，每事皆有实据。其中说道："如吏、兵二部，每选请属二人，人索贿数百金，任自择善地，致文武将吏尽出其门。""往岁遭人论劾，潜输家资南返，辇载珍宝，不可胜计，金银人物，多高二三尺者，下至溺器，亦金银为之。""往岁寇迫京畿，正上下忧惧之日，而嵩贪肆益甚。致民俗歌谣，遍于京师，达于沙漠。"宗茂疏上呈后，通政司赵文华密示于嵩，留数日才送到世宗手，而严嵩在这几天里已预作准备。宗茂上疏后料定必被严嵩加害，但因所言皆实，世宗将其谪为平阳县丞。到任不足半年，即因母亲病故回家守丧。严嵩没有机会治其大罪，夺宗茂父王桥官，王桥不久愤悒而死[2]。严氏父子以行贿多少定官缺，使许多官吏纷纷向其靠拢，当时称文武郎中万寀、职方郎中方祥是严嵩的文武管家，两部尚书"皆惴惴事嵩"[3]。

严嵩专权纳贿，引起朝野正直之士极大愤慨，他们置身家性命于不顾，个人安危荣辱于不惜，用无数血的代价揭露严嵩种种

---

① 《明史》卷210《徐学诗传》。
② 《明史》卷210《王宗茂传》。
③ 《明史》卷308《严嵩传》。

罪行，以期唤醒玄修中的世宗。严嵩揣摩世宗旨意，掌握其虚荣心强、爱护己短的个性，常以事激怒之，达到"戕害人以成其私"的目的。前后弹劾严氏父子的，谢瑜、叶经、童汉臣、赵锦、王宗茂、何维柏、王晔、厉汝进、沈炼、徐学诗、杨继盛、周铁、吴时来、张翀、董传策等十数人，或被谪戍，或长系狱中，或被置于死地。其中，沈炼、杨继盛之死，尤为壮烈。

沈炼是会稽人，嘉靖十七年进士。为人刚直，疾恶如仇，性格豪放，喜与人交往，与锦衣都督陆炳关系很好。陆炳因夏言之事与严氏父子交往密切。沈炼好饮酒，由于陆炳的关系，也多次与严世蕃一同饮过酒。世蕃身材矮小，过于肥胖，又是"独眼龙"，外貌丑陋，但人很精明，酒量过盛，常因客人不能多饮而虐之，沈炼好打抱不平，遇到这种场合往往替客饮酒，世蕃也不敢计较。俺答侵犯北京时，廷臣讨论战和，因严嵩已定下"和解"的调子，故无人敢言战。司业赵贞吉慷慨陈词，大讲"城下之盟"的耻辱，但无一人应和，只有沈炼站起来称是。吏部尚书夏邦谟问："若何官？"有轻蔑之意。沈炼高声应道："锦衣卫经历沈炼也。大臣不言，故小吏言之。"与会者皆佩服他是条好汉，和议因此而罢。俺答离开京师后，边将争贿严嵩以谋高就，边关危机益加严重。沈炼忧虑国家危难，时时扼腕叹息。一天，沈炼与尚宝丞张逊业对饮，酒过数巡，谈及严嵩奸贪事，沈炼大骂严嵩，又及国家前途，涕泪交流，当日上疏劾严嵩乱国败政十大罪，指出：严嵩"贪婪之性疾入膏肓，愚鄙之心顽于铁石"。"陛下奋扬神武，欲乘时北伐"，但"制胜必先庙算，庙算必为天下除奸邪，然后外寇可平"。[①]世宗读奏再三，意有所思，严嵩说沈炼是为其

---

① 《明史》卷209《沈炼传》。

族兄沈束报复（沈束先已因劾严嵩入狱），世宗大怒，谪黜塞外保安屯种。沈炼至保安，衣食住舍皆没有。一商人得知其因弹劾严嵩获罪，倾家以出，将房舍让给沈炼住。当地里正每天还为他送去薪米，并请沈炼教自己的子弟学习。沈炼向孩子们讲授忠义大节。塞外人原本厚直，又知道严嵩之罪恶，遂争相骂嵩以宽慰沈炼。沈炼大喜，每日与当地人骂严氏父子，还缚稻草人，做成李林甫、秦桧及严嵩的模样，豪饮后率子弟习射。沈炼还时常骑马到居庸关口，遥望京都，大骂严嵩后归来。

严氏父子得知沈炼在保安的情况后异常愤恨，想置之于死地。在此之前，许论总督宣、大，常杀良民冒功，沈炼曾写信讥讽。其严嵩党羽杨顺为总督，残杀良民甚于许论，沈炼写信严加谴责，又写悼文祭冤死兵民，杨顺大怒，入告世蕃说沈炼勾结死士击剑习射，图谋不轨。世蕃托巡按御史李凤毛加以惩治。凤毛知是加害沈炼，只是说："有之，已阴散其党矣。"凤毛不久因故调到别处，代之者为严党路楷。世蕃指使路楷与杨顺合谋害之，并许厚报。嘉靖三十六年，蔚州人阎浩入漠北欲起兵，被官军抓获，审讯时牵涉许多人。杨顺大喜，对路楷说："是足以报严公子矣。"将沈炼名字列入其中，逼令阎浩承认此事由沈指使，结案上报。这时许论已升任兵部尚书，立即复奏上报。该年九月沈炼被杀于宣府，其子沈襄戍极边。严嵩为报答杀沈之事，予杨顺一子锦衣千户之职，路楷以五品衔待升。杨顺觉得不够，说："严公薄我赏，意岂未惬乎？"立即将沈炼之子沈衮、沈褒杖杀，又派人逮捕沈襄，不料杨、路东窗事发，二人被打入大狱，沈襄幸免一死[1]。沈炼被杀前二年，杨继盛也被害。

---

[1] 《明史》卷209《沈炼传》。

杨继盛像

杨继盛，号椒山，保定容城人。7岁失母，继母妒恨，令牧牛。继盛经村中学堂，目睹室内儿童读书，极为羡慕，于是请求他的哥哥让他入堂习字，哥哥说："若幼，何学？"继盛反驳道："幼者任牧牛，乃不任学耶？"哥哥只好对父亲讲了继盛要读书的事。父亲听后，大为赞许，但穷人家的孩子哪能专心读书？于是令继盛边学边牧。13岁那年，他才开始坐下来正式读书。继盛深知自己学习机会来之不易，家中又十分贫穷，更加发愤学习。继盛没有辜负父兄的希望，举乡试后在国子监卒业，徐阶爱惜人才，对贫家子弟尤为关照，立即赏银给继盛。嘉靖二十六年考中进士，授南京吏部主事。尚书韩邦奇有通家之称，于天文、地理、术数、乐律等无所不通，他很喜爱继盛这个部下，来往甚密。继盛天赋颇好，曾想学习音律，亲手制作十二律，吹之声全和。邦奇大喜，将自己平生所学以授继盛，继盛因此名声更著。不久被召到京师任兵部员外郎。俺答蹂躏京师、退走塞外，咸宁侯仇鸾因世宗宠信，兵败之余主互市之策，继盛认为大耻未雪就行议和，有辱国家尊严，于是上疏言议和有十不可、五谬，极具说服力，世宗读后为之心动，令内阁等再议，仇鸾攘臂骂道："竖子目不睹寇，宜其易之。"大臣们又言议和之官已经派出，不宜中止，世宗仍在犹豫，仇鸾复进密疏，继盛于是被贬为狄道典史。狄道地处荒远，是少数民族杂居区，文化较为落后，继盛抵任后以振兴教育作为首务，挑选了一百多名子弟，聘请三经师为之讲解。又把自己乘的马卖掉，将妻子的嫁妆拿去变价，用所得银两买田资助学生。县里有一座煤山，为一个部族所控制，附近百姓要到200里外去拾薪，继盛召部族首领，谕以礼义，众皆佩服道："杨公即须我曹穷帐亦舍之，况煤山耶？"经几年治理，各族友好相处，齐心协力，共治生业，他们十分爱戴继盛，称为"杨父"。

仇鸾事件的真相败露后，世宗又回忆起继盛的话，于是将其迁为诸城知县。严嵩也预谋趁此机会收买继盛，以博重用直臣美名，一年之内将继盛三次升迁，为兵部武选司。继盛痛感国事日非，皆严嵩所为，故对其恨之入骨，到武选司任职不足一个月，就上疏弹劾严嵩，列出其十大罪，即：(1) 坏祖宗成法；(2) 窃君上大权；(3) 掩君上治功；(4) 纵奸子僭窃；(5) 冒朝廷军功；(6) 引背逆奸臣；(7) 误国家军机；(8) 专黜陟大柄；(9) 失天下人心；(10) 敝天下风俗。

杨继盛指出："方今外贼惟俺答，内贼惟严嵩，未有内贼不去，而可除外贼者。"继盛据实指陈严嵩十大罪状后，又揭露严嵩有五大奸：

知左右侍从之能察意旨也，厚贿结纳。凡陛下言动举措，莫不报嵩。是陛下之左右皆贼嵩之间谍也。以通政司之主出纳也，用赵文华为使。凡有疏至，先送嵩阅竟，然后入御。王宗茂劾嵩之章停五日乃上，故嵩得展转遮饰。是陛下之喉舌乃贼嵩之鹰犬也。畏厂卫之缉访也，令子世蕃结为婚姻。陛下试诘嵩诸孙之妇，皆谁氏乎？是陛下之爪牙皆贼嵩之瓜葛也。畏科道之多言也，进士非其私属，不得预中书、行人选。推官、知县非通贿，不得预给事、御史选。既选之后，入则杯酒结欢，出则馈饷相属。所有爱憎，授之论刺。历俸五六年，无所建白，即擢京卿。诸臣忍负国家，不敢忤权臣。是陛下之耳目皆贼嵩之奴隶也。科道虽入笼络，而部寺中或有如徐学诗之辈亦可惧也，令子世蕃择其有才望者，罗置门下。凡有事欲行者，先令报嵩，预为布置，连络蟠结，深根固蒂，各部堂司大半皆其羽翼。是陛下之臣工皆贼嵩之心膂也。陛下奈何爱一贼臣，而忍百万苍生陷于涂炭哉。[①]

严嵩得到继盛的奏文后，先是有所恐惧，生怕世宗罢了他的官，随后详阅弹章，发现有"召问二王语"，立即大喜，说这就是罪证。自从方士倡"二龙不相见"之说后，世宗不立太子，不见其子，这类事属大忌，因此严嵩用以激怒世宗，世宗果然中计，将杨继盛打入诏狱，"诘问何故引二王"，继盛回答道："非二王谁不慑嵩者！"审讯情况报上后，世宗怒气已消解了一半，并无重责继盛之意，严嵩却令廷杖一百，以图杖死。继盛的好友知道了严嵩的恶毒用心，偷偷给他送去蚺蛇胆，据说服了此物后，可减轻痛苦。继盛却说："椒山自有胆，何蚺蛇为！"拒绝服用。廷杖时严嵩令重打，继盛几次昏死过去，廷杖一百后，继盛早已不省人事，被拖入狱中。天将亮时，一缕寒风吹来，继盛终于从死亡线上挣扎出来，慢慢醒来，但剧烈的疼痛使他难以安歇，有的伤口

---

① 《明史》卷209《杨继盛传》。

已开始腐烂。继盛将瓷碗打碎，用手割削腐烂的肉块，肉削净后，筋已挂膜，继盛又用手截去。狱卒双手执灯，全身打颤，手中的灯摇摇欲坠，而继盛意气自如，似乎受伤的是别人。

次日，法司定罪，刑部侍郎王学益是严嵩的私党，受嵩嘱托，欲以《诈传亲王令旨律》，拟将继盛处以绞刑，郎中史朝宾力持不同意见，严嵩大怒，当即将朝宾谪之于外。刑部尚书何鳌也不敢违逆，最后竟按照严嵩的意旨定案，但世宗仍不欲杀之，在狱中一关就是三年。嘉靖三十四年九月，继盛的好友们凑足了万两白银，请严嵩释前恨，严嵩见钱眼开，犹豫不决，其私党胡植、鄢懋卿鼓动说："公不睹养虎者耶，将自贻患。"严嵩点头称是。恰好此时总督张经、巡抚李天宠因赵文华陷害，严嵩指使，二人坐大辟，又将杨继盛的名字附上，世宗不知是计，将三人裁断死刑，同年十月弃市。朝审时，观者塞衢，皆叹息而泣。继盛临终前，口吟五绝一首："浩气还太虚，丹心照千古。生平未报恩，留作忠魂补。"穆宗即位后优恤直谏得罪大臣，以继盛为首，谥忠愍，在保定建旌忠祠。[①]据《池北偶谈》记载：北京宣武门外达智桥的松筠庵，即是继盛的旧宅，清代乾隆、道光时，几次修建，成为"都门"一胜，内有沈炳垣《杨忠愍公谏草亭落成纪事》一诗，供游人凭吊继盛伟绩。

嘉靖后期，类似沈炼、杨继盛这样的故事不乏枚举。如果对照世宗朝前后期言官上书的不同境遇还会发现，前期几乎没有杀直谏者，而后期，即严嵩为首辅的近20年间，言事直谏诸臣，或死或遣，或长困于牢狱。

严嵩擅权乱政，极大地败坏了政风、士风，影响既有直接的，

---

① 《明史》卷209《杨继盛传》。

也有间接的，既有暂时的，也有久远的，既有政治的，也有经济的。其中最值得注意的是败坏了边防。严嵩掌权的时候，正是明中叶"南倭北虏"最为严重的阶段，嘉靖二十九年，俺答兵临京师城下，大肆劫掠八天而归，史称"庚戌之变"，在明代外患史上，与英宗被俘的"土木之变"相并论，此后京师还曾三次戒严。倭寇海盗的侵扰遍及东南沿海各省，时间持续近二十年。终明之世，"南倭北虏"之患以嘉靖朝最为严重，而自嘉靖二十七年夏言弃市后，十几年间几成大患。这种严重局势的形成，固然有多方面的原因，而严嵩的窃权乱政，则加剧了这种势态的严重化，他是应负相当责任的。嘉靖三十七年刑科给事中吴时来上疏中指出："今边事不振，由于军困；军困由官邪；官邪由执政之好货。若不去（严）嵩父子，陛下虽宵旰忧劳，边事终不可为也。"[1]刑部主事张翀同年就边防、财赋、人才三方面弹劾严嵩，其中讲到"财赋"时说："户部岁发边饷，本以赡军。自嵩辅政，朝出度支之门，暮入奸臣之府。输边者四，馈嵩者六。臣每过长安街，见嵩门下无非边镇使人。未见其父，先馈其子。未见其子，先馈家人。家人严年富已逾数十万，嵩家可知。私藏充溢，半属军储。边卒冻馁，不保朝夕。"[2]有识之士皆指出：权奸不除，边将不能立功塞外，外贼决不可除，这确是入木三分之见。

严嵩当政期间，言事者虽屡受重惩，但前仆后继，他们以"铁肩担道义，妙手著文章"的精神，谱写了一曲曲催人泪下、令人振奋，使怯懦者无地自容、勇直者义往直前的英雄赞歌。清代中叶，《明史》的编纂者们在探究这种奇特的历史现象时，深刻地

---

① 《明史》卷210《吴时来传》。
② 《明史》卷210《张翀传》。

指出："语有之，'君仁则臣直'。当世宗之代，何直臣多欤！重者显戮，次乃长系，最幸者得贬斥，未有苟全者。然主威愈震，而士气不衰，批鳞碎首者接踵而不可遏。观其蒙难时，处之泰然，足使顽懦知所兴起，斯百余年培养之效也。"[1]又说："世宗非庸懦主也。嵩相二十余年，贪菅盈贯。言者踵至，斥逐罪死，甘之若饴，而不能得君心之一悟。"[2]实际上，严嵩能够擅权日久，主要是他巧妙伪装，把自己打扮成世宗理想中的首辅。前引"上虞四谏"中的徐学诗，他在弹章中揭露严嵩的伪善时说："（严）嵩权力足以假手下石，机械足以先发制人，势利足以广交自固，文词便给足以掩罪饰非。而精悍警敏，揣摩巧中，足以趋利避害；弥缝缺失，私交密惠，令色脂言，又足以结人欢心，箝人口舌。故前后论嵩者，嵩虽不能显祸之于正言之时，莫不假事托人，阴中之于迁除考察之际。"[3]也就是说，严嵩对于揭发其罪行的人，多不直截了当地立即加以报复，而是事过境迁，以他事惩治，"故皆未尝有迹也"。史载："嵩父子独得帝窾要；欲有所救解，嵩必承帝意痛诋之，而婉曲解释以中帝所不忍。即欲排陷者，必先称其美，而以微言中之，或触帝所耻与讳。以是移帝喜怒，往往不失。"[4]南京御史赵锦对严嵩的伎俩揭露得更透彻，他说："嵩柔佞而机深，恶难知也。嵩窥伺逢迎之巧，似乎忠勤，谄谀侧媚之态，似乎恭顺。引植私人，布列要地，伺诸臣之动静，而先发以制之，故败露者少。厚赂左右亲信之人，凡陛下动静意向，无不先得，故称旨者多。或伺圣意所注，因而行之以成其私；或乘事机所会，从而鼓

---

① 《明史》卷209《赞》。
② 《明史》卷210《赞》。
③ 《明史》卷210《徐学诗传》。
④ 《明史》卷308《严嵩传》。

之以肆其毒。使陛下思之，则其端本发于朝廷；使天下指之，则其事不由于政府。幸而洞察于圣心，则诸司代嵩受其罚；不幸而遂传于后世，则陛下代嵩受其愆。"[1]赵锦上疏时，已到云南清军，世宗得疏大怒，亲手在其疏上批"欺天谤君"四个大字，遣使逮治。赵锦于是万里之外，枷锁囚至，"屡堕槛车，濒死者数矣"。廷杖四十，斥为民。赵锦为人很有气节，尤以公待人。万历初为南京吏部尚书，时张居正辅政，以操切为务，赵锦以为应行宽政，不久被罢。居正死后，再拜为左都御史，当时查抄居正家产，有所株连，赵锦第一个站出来讲真话，颂居正"翊戴冲圣，夙夜勤劳，中外宁谧，功亦有不容泯者"。请求"稍宽其罚"。隆庆元年，赵锦前往贵州就任巡抚，途经江西分宜，在路旁见严嵩坟墓，"恻然悯之"，嘱托地方有司善加看护[2]。明代两位权相地下有知，也会感激赵锦的。

严嵩久相，除以上所论他拥有一套比较成熟的权谋技巧外，与他外事谨慎、在政不骄也有很大关系。大凡读书人尤其是有才能的人，一旦得高官，不免志得意满，甚至恃才自傲，骄横跋扈，本卷所述及的张璁、夏言等人之不终于任，原因多在于此。严嵩则不然，他爬上了首辅之位后仍然居安思危，朝夕勤谨，从不怠懈。每遇加官晋爵，增禄添俸，总是辞让再三。每当言官弹劾他，也一定奏乞休致、罢黜，有时言辞还十分坚定。如果说严嵩善于伪装自己，那么他的伪装确很得体，使世宗相信他不是在演戏。如杨继盛上疏后，严嵩乞休，世宗谕留，并说："群邪党比，谓边衅开端，其本在卿，盖指摘赞直玄修不阻朕耳。朕非内色外禽者，

崇事上玄，又与宋徽（宗）、梁武（帝）不同，人臣邀誉卖直，卿以此乞休，堕邪孽计，宜安心供职，奉顺天休。"[①]在诸臣弹劾严嵩的奏章中，杨继盛的疏文最有实据，极具说服力，连继盛自己都认为"必胜"，但世宗却如此安慰严嵩，可见严嵩侍君，确有高明之处。

《明史·严嵩传》说他"无他才略，惟一意媚上，窃权罔利"，这与事实不尽相符。严嵩于嘉靖二十一年八月入阁，至四十一年五月致仕，在内阁整二十年，这在嘉靖朝众多阁臣中是唯一的一位。而且，屡仆屡起，罪谴交替，不获善终，是嘉靖阁臣的一般状况，严嵩任职时间如此之长，且中间未曾罢职，这也是独一无二的。世宗是个很难侍奉的天子，动辄用刑戮，好猜忌，又反对雷同，他欣赏的同样是有个性的大臣，如果严嵩一意媚上，恐怕他不会如此长久在位。从个性心理角度看，世宗刚果，严嵩柔顺；前者喜形于色，后者暗藏心机；世宗许多事无主见，但他认定的却始终不渝；严嵩对许多问题多有自己的看法，在"原则"方面，即世宗所认定的方面他不去触碰，使二者没有大的冲突，但在许多具体问题上自己又常占上风。前者的弱点多通过其外向的性格表现出来，容易被对方抓住；后者的柔顺满足了世宗的虚荣心——处于君位，一言九鼎。刚柔相济，二者相生相克。谷应泰说："嵩以茸阘庸材，黩货嗜利，帝号英睿，竟称鱼水，嵩遵何道哉？……嵩又真能事帝者：帝以刚，嵩以柔；帝以骄，嵩以谨；帝以英察，嵩以朴诚，帝以独断，嵩以孤立。赃婪累累，嵩即自服帝前；人言藉藉，嵩遂狼狈求归，帝且谓嵩能附我，我自当怜嵩。方且谓嵩之曲谨，有如飞鸟依人，既其好货，不过驽马恋栈，

[①]　《嘉靖以来首辅传》卷4《严嵩传》。

而诸臣攻之以无将，指之以炀灶，微特讦嵩，且似污帝。帝怒不解，嵩宠日固矣。"①这段话是对严嵩久相的最好注解。

就二者的"合作"而言，严嵩的地位几次受到动摇。仇鸾后来和严嵩闹翻，诋毁其过失，世宗"亦为心动，至宣召亦稀矣"②。这是嘉靖三十年前后的事情，但严嵩以后又做了十余年首辅。他还不止一次请世宗立太子，以安天下人心，世宗曾对他大不满，严嵩却极巧妙，说他请的是礼，不是事，也就化险为夷。欧阳必进是严嵩的表侄，几次被提拔，世宗有时也不满意。不久吏部尚书缺，严嵩商令廷推必进，但无人响应，严嵩不得已将必进名上报世宗，世宗早就对欧阳必进印象不好，见严嵩欲用尚书，当即大怒，将拟好的名帖摔在地上。严嵩只好以实相告，对世宗说："必进，内亲也。臣老矣，非必进无可以慰臣者。"世宗不但不加罪，还立即准奏，欧阳必进为吏部尚书。这件事说明，严嵩有时也将自己的内心世界向世宗袒露，因此方能求得后者的谅解。世宗还下诏，令二王在邸第成婚，严嵩"力请留内"，世宗很不高兴，严嵩无法再坚持。③其他如力谏显陵停增守员④，谏止因仇鸾之请大发银两⑤，不一而足。可见严嵩并非一意媚上。

严嵩久相的第三个原因是世宗一意修玄，需要寻找自己的代言人，而严嵩一则青词写得最称上意；二则以此为阁臣事，极为赞玄；三则恭顺柔媚，因而严嵩成为最佳人选。最能说明这一问题的是，严嵩致仕家居、世蕃谪戍后，世宗悒悒不乐，想传位太

① 《明史纪事本末》卷54《严嵩用事》。
② 《嘉靖以来首辅传》卷4《严嵩传》。
③ 同上。
④ 《明世宗实录》卷371。
⑤ 《明世宗实录》卷381。

子，专祈长生。徐阶再三劝阻，世宗最后提出两个条件："卿等不欲，必皆奉君命，同辅玄修乃可。严嵩既退，其子世蕃已伏法，敢更言者，并应龙俱斩。"①第一个条件是要求"同辅玄修"，严嵩正符合这一条件，第二个条件是不再追究严嵩，也是因为他赞玄有功。同时，严嵩夫妇都活到了八十多岁，世宗不仅要在他们身上找到一点长寿的秘诀，而且想在他们身上沾到一点灵气。严嵩少幼贫病交加，中举后仍骨瘦如柴，壮年多病，第二次出山后也常是"三日病思伏在床，药物到口不敢尝"②，但他十分注意锻炼身体，至晚年反而更好。世宗中年以前的身体状况与严嵩相似，后者益加健康是世宗所羡慕的，他试图向身边这位大臣学习些养生之道③。

然而，严嵩毕竟是八十岁的老人，精力大不如前，世宗虽特许乘舆入值，但行走不便，须人搀扶。"黄阁此身长扈圣，赤松何计许归田"，"北山梦薛虚相忆，犹是公家夙夜身"④，他写了不少欲谢职归乡的诗作给世宗看，世宗不许，他又不敢力请。也好，趁此机会可以做几件善事，以赎前罪：他一反常态，忘记了往日的恩恩怨怨，开始提拔受贬的俊杰之士，唐顺之、赵贞吉皆已释归，并登显要；士大夫有入谒者，必一一劝慰，"务得其欢心"，"因而有称之者"。他还置酒设宴，邀请次辅徐阶。酒酣人泣，严阁老涕泪交流，他让家人围在徐阶前后，全部跪下，随后举起颤抖的酒杯，声音哽咽着说："嵩旦夕且死，此曹唯公乳哺之。"徐阶连连

① 《明史》卷308《严嵩传》。
② 《钤山堂集》卷5。
③ 《明史》卷308《赵文华传》。
④ 《钤山堂集》卷17。

推辞:"不敢! 不敢!"①用心何其良苦。史书中说严嵩致仕前几年,"知天下之怨之, 间舍旧郤而收录知名士"②, 是赎罪? 还是为子孙计? 权力可以让人自以为是神, 使人沦为禽兽而毫无人格; 一旦远离它的时候, 方复归自然, 还其人之本性。

嘉靖四十年闰五月, 严嵩的结发之妻欧阳氏病故, 世宗从其请, 令严嵩之孙严鹄代理丧事, 留世蕃侍其父。严世蕃"颇通国典, 晓畅时务", 以才自负, 曾说天下人才只有他、陆炳、杨博三人。严嵩年迈后, 诸司奏事, 则说:"以质东楼。"东楼是世蕃的别号。世宗所下手诏, 多属片言支语, 严嵩读之再三, 仍不解其意, 只有世蕃一目了然, 所答皆为世宗称许。欧阳氏死后, 世蕃虽留京邸, 但因母丧不能入西苑值所, 代替父亲票拟。严嵩数次派人请世蕃代答手诏, 世蕃都因耽于女乐不能按时回答。太监督促急时, 严嵩只能自答, 世宗多不满意。所进青词, 又多假手他人, 不甚雕琢, 世宗大为不满。

嘉靖四十一年春, 世宗密封自己的疑问, 令其宠幸的方士蓝道行以乩作答。道行秘密拆封, 见世宗提的问题是:"今天下何以不治?"于是假托乩语, 回答说:"贤不竟用, 不肖不退耳。"世宗又问:"谁为贤、不肖?"答曰:"贤者辅臣(徐)阶、尚书(杨)博, 不肖者(严)嵩父子。"又问:"吾亦知严嵩父子贪, 念其奉元久。且彼诚不肖, 上真胡以不震而殛之?"答说:"上真殛之, 则益用之者咎, 故弗殛也, 而以属汝!"世宗对方士的扶鸾术极为相信, 蓝道行的答语无异于严嵩的一道催命符。③徐阶又将这件事透露给御史邹应龙, 邹应龙知嵩必败, 立即上疏劾严嵩父子乱

① 《明史》卷 308《严嵩传》。
② 《嘉靖以来首辅传》卷 4《严嵩传》。
③ 同上。

政贪贿之罪状，并说："臣言不实，乞斩臣首以谢嵩、世蕃。"世宗下诏，令严嵩致仕，逮捕世蕃。法司论世蕃及其子锦衣严鹄、严鸿、宾客罗龙文，谪戍边远。世宗从之，特宥严鸿为民，使侍奉严嵩，擢邹应龙为通政司参议。严嵩鉴于夏言之败，出重金贿世宗左右，揭发蓝道行拆密封等事，世宗大怒，以为自己又为别人所欺，立即将道行打入大牢。一时中外疑惧，皆言严嵩将复用。嘉靖四十二年七月底，严嵩在南昌别墅，使道士蓝田玉建醮铁柱宫。田玉善召鹤，严嵩又取其符箓，以及自己撰写的祈鹤文章，一并呈上，作为世宗万寿节的贺礼，世宗下诏大为称喜。严嵩得寸进尺，请赦世蕃等罪，世宗不许。世蕃不思收敛，未抵戍所雷州，中途返回江西，并大造田宅。罗龙文到浔州戍所后，也立即逃到徽州，又几次往来江西、安徽间，与严世蕃计事。嘉靖四十三年冬，南京御史林润巡视江防，查知世蕃不法事，立即上疏说："臣巡视上江，备访江洋群盗，悉审入逃军罗龙文、严世蕃家。龙文卜筑深山，乘轩衣蟒，有负险不臣之心。而世蕃日夜与龙文诽谤时政，摇惑人心。近假名治第，招集勇士至4 000余人。道路恟惧，咸谓变且不测。乞早正刑章，以绝祸本。"世宗得奏大怒，令林润将世蕃、龙文捕送京师，以谋叛罪处斩[1]。世蕃身材矮小，肥白如瓠，而无脖颈，江湖相面士说他是猪形，法当受屠[2]。世蕃死后，法司开始对严氏家庭实行总清算——查抄家产，得黄金3万余两，白银200余万两，价值几百万的各种珍宝、衣饰品、工艺品，以及南昌、北京等十余处房产。当时人认为这个数目只是严嵩实有资产的十分之几，其余大部分早已分藏各处，于是又

---

① 《明史》卷210《林润传》。
② 《万历野获编》卷8，第215页。

严加掊补，致使江西百姓，皆受其累。严家已无片瓦，严嵩只好请人在祖宗的墓地旁搭个草棚，寄食度日。嘉靖四十五年底，一代首辅在贫病交加中死去，享年87岁。临终前，他艰难坐起，写下了生平最后一行文字："平生报国惟忠赤，身死从人说是非。"[①]报国是否"惟忠赤"，只有留待后人评说了。

严嵩罢后，徐阶代之为首辅，三年后世宗寿终正寝。

---

① 《介桥严氏族谱·少师介溪公传》。

五、操权有术

世宗自从迷上斋醮后，怠于临朝听政。嘉靖二十一年，宫中之变发生，他搬出乾清宫，入西苑斋宫专意"静摄"，在以后的24年间，除"庚戌之变"迫于江山不稳，偶一召见群臣外，几乎再没有临朝听政。后代史家对大明天子几十年隐于九重深宫而社稷江山安然如故，感到大惑不解。其实，世宗并非什么超人，能洞悉朝中巨细，只是把法家所强调的君主独擅权术的理论运用得更为普遍、更为巧妙罢了。

世宗是一个极难侍候的君主，他没有太祖朱元璋、成祖朱棣那样的雄才大略、文治武功，以及对权力的极端热衷与施政上的"事必躬亲"；也不似仁宗朱高炽、宣宗朱瞻基、孝宗朱祐樘那样孜孜守成，倾心委任大臣以成治平之象；同时也迥异于乃兄武宗朱厚照那样终日荒淫取乐，不理朝政。他曾致力于"嘉靖之治"，也为君臣契合以期恢弘祖业而付出代价，但这些转瞬即逝。后来他日事斋醮，以兴革礼乐为己任，耗费了国家无数人力、物力和财力。他虽"静摄"西苑，但大权不曾失落，乾纲稳操在手，在他的面前，没有成功者，几乎都不得善终而去。这里再总结世宗的统治术，将会更理解这位君主的内心。

权力是依据一定的职位而产生的支配地位和状态，权术则是行使权力的方法以及为有效行使、控制、操纵权力而有意识创造的手段，它往往与权力的正常行使相区别，与按彼时的常规、法律、制度化行使的权力相配合，成为附着其中又游离其外的某种

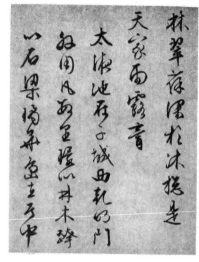

（明）文徵明《西苑诗》

特殊氛围或形式。作为政治艺术的权术，并非是帝王的专有物，它存在于涉及权力关系的所有人身上，然而，由于权术对权力的依赖关系——权术只对掌权者才有意义和价值，而且掌权者的权力越大，权力对其意义和价值也就越大，遂使帝王成为使用权术频率最高、条件最优越的人。韩非主张权术应由君主独擅，即"凡术也者，主之所以执也"。①他为"术"下了明确的定义："术者，因任而授官，循名而责实，操杀生之柄，课群臣之能者也。"②这个概括，包含了君主对臣下的考察、监督、奖惩等整个过程，涉及君主役使、控制群臣的原则、方法。这位法家的集大成者还为君主总结了"七术"："一曰众端参观，二曰必罚明威，三曰信

---

① 《韩非子·说疑》。
② 《韩非子·定法》。

赏尽能，四曰一听责下，五曰疑诏诡使，六曰挟知而问，七曰倒言反事。此七者，主之所用也。"①他用49个故事详细阐述"七术"所蕴含的道理。

就世宗而言，在他即位的前几年，需要树立一种绝对的权威，因而直接批阅百官奏章，每日召见群臣，属事必躬亲型；操纵权力，甚至不惜一切代价打击元老勋臣，将自己的意志强加于众人之上，大礼议就是集中的体现。嘉靖三年，杨廷和、蒋冕相继辞职后，毛纪也递交辞呈，他在辞呈书中这样讲：

> 昨圣谕国家政事，商榷可否，然后施行。内阁本等职业，顾臣才疏望浅，不能仰承明命。如近者大礼之议，平台召问，司礼监传谕不知其几，似乎商榷矣，而皆断自圣心。臣等所持愚见，未蒙允纳，何可否之有？至于答辱廷臣，动至数百，乃祖宗以来所未有者，亦朝廷之大事也。指出中旨，臣等不得与闻。是知宣召徒勤，而扞格如故，慰留虽切，而诘责随加。臣忝为辅佐，而可一日安乎？②

毛纪的这份辞呈，把皇帝与阁臣间的关系讲得十分明白。"皆断自圣心"，就是由少年天子来决定，内阁只是一种装饰品，所谓商榷与否，也仅是掩人耳目的官样文章。世宗在执政的45年间，"皆断自圣心"，是自始至终存在的，但在执政初期尤为明显。从嘉靖朝总体观之，世宗的统治术主要有以下几个方面。

第一，恩威莫测，间取独断。

---

① 《韩非子·内储说上七术》。
② 《明世宗实录》卷41，第18—19页。

　　申不害曾说过："一臣专君，群臣皆蔽。"最重要的是不使君主周围出现"蔽君之明，塞君之听"的权臣。为此，他为君主提供了一条反壅蔽之术："明君使其臣，并进辐凑，莫得专君。"意思是使群臣处于相同或相等的位置，不可过于突出或过于亲昵其中的任何一两个人。否则，专君的权臣就会"夺（君主）之政而专其令，有其民而取其国"①。世宗一朝，共任用了28位内阁大臣，其中除严嵩、徐阶二人外，在任没有超过10年的，首辅共18人次，平均任期不超过3年，更迭十分频繁。这与嘉靖以前形成鲜明对比。据赵翼统计，永乐以后大臣久于其位的：杨士奇在内阁43年，历仕四朝，后加至公、孤，始终在枢地，不出内阁一步，古来所未有；同时值内阁者，金幼孜30年，杨荣37年，杨溥22年；六卿中蹇义任吏部尚书34年，夏原吉为户部尚书29年，胡淡为礼部尚书32年。一时间耆艾满朝，"庞眉白首，辉映朝列，中外翕然称名臣无异词"，诸臣皆福履康强，身名俱泰。与三杨同时在内阁的，又有黄淮、胡广，各16年，其后的李东阳18年。蹇、夏后又有吕震为礼部尚书19年，马文升历各部尚书22年，王直、王翺为吏部尚书各15年，皆久于其位，名实相称。②这种久任大臣的状况至嘉靖朝已不复存在。论者认为，这表明一种趋势：明初盛世，阁臣多能久任，到明中叶后，阁臣频繁更迭，难安于位。③世宗任用的阁臣主要有两种出身：一是在议礼中尊崇世宗生身父母的，二是写青词赞玄的。世宗登极不久，就以"大礼议"为借口清除元老派，树立起张、桂等"新贵"。然而，正当张璁踌躇满志时，世宗却于嘉靖八年罢了他的职，距其

① 《群书治要·申子·大体》。
② 《廿二史札记》，中华书局1984年版，第765页。
③ 王其榘：《明代内阁制度史》，中华书局1989年版，第377页。

入阁尚不足二年。嘉靖十年，彗星见于东井，世宗怀疑大臣擅权，再次令其致仕。张璁的"二进宫"，锐气已消了大半，"颇愧沮"，"不能专恣如曩时矣"。及至第三次入阁，"以议不用"，多次上疏乞休，果敢任事的作风已荡然无存。第四次入阁后，"请益力"①。嘉靖十三年六月，世宗谕之曰："卿前以累疏乞退，今日又复为词，想无甚疾，或疑朕耳。夫疑朕有二：去来进退，四三作矣。我必终不以礼待，不如早求去，一也。方献夫年力尚未及我而去之，此必信一等人，以勿用我辈，不如早去，二也。"世宗确实道出了张璁乞休的苦衷，然而世宗不从自身找原因，反而责备张璁道："大臣居丞弼之任一，尽诚以事其君，道之宜也。谋身计祸，此是何如臣耶？"令其一定将真实原因告之。②张璁已认识了世宗的真面目，仍上疏乞休不止，这次世宗的语气大为不满："今正内阁缺人，不顾朝廷，必求自遂，是辅臣之谋乎？"张璁不敢再争下去，只好入阁视事，但他的心情可想而知。不久终染沉疴而归。值得玩味的是，张璁三次罢归，但每次罢归的时间都很短，多者几个月，少则不足一个月。这说明世宗并非不用张璁，而是有意识地用一进一退杀其势、挫其锐，达到使其疑惧不安的目的。

　　桂萼、方献夫的境遇还不如张璁。桂萼是嘉靖八年二月入阁的，不足半年就出了问题，以尚书致仕。九月官复原职，但不足一个月又致仕而归。世宗还用威言震慑桂萼，使其"益惧"。史书说他入阁"初锐意功名，勇任事，不恤物议，骤被摧抑，气为之慑，不敢复放恣。居位数月，屡引疾"，嘉靖十年正月致仕，

① 《明史》卷190《张璁传》。
② 《明世宗宝训》卷6《戒谕群臣》。

几个月后病故。^①方献夫于嘉靖十一年五月入阁，十月彗星见东井，献夫引疾乞休。当时他兼任吏部尚书，"虽执大政，气厌厌不振。……张璁最宠，罢相者屡矣。霍韬、黄宗明言事一不当，辄下之吏。献夫见帝恩威不测，居职二岁，三疏引疾。"嘉靖十三年四月致仕，家居10年卒^②。

"议礼派"帮了世宗的大忙，用世宗自己的话说，是使"吾父子获全矣"。甚至世宗的母亲都很感激，听到她的儿子罢免张璁，颇为不满，令其将张璁召回。然而，世宗几个月后又将张璁罢归，目的是使对方不能久安于位，自己的大权也就不会旁落了。

"恩威莫测"这一术，他一生都在用。以后对夏言、严嵩、徐阶，用的也是这一权术。这些人多由礼部尚书进入内阁。在入阁前已结主知，侍奉数年无有差错，但一旦进入机密要地，就会有"怠慢不恭""不似前日忠"之类问题。欲加之罪，何患无辞！

西苑斋醮后，世宗不再临朝听政，但他从没有忘记乾纲独揽。严嵩、徐阶是嘉靖朝后期两个任职时间较长的内阁大臣。但世宗用"示疑术"（或称忠诚考察术）背后操纵二人。庚戌之变后，仇鸾入京练军，世宗对他十分宠信，仇多次在世宗面前讲严嵩的坏话，世宗有意疏远严嵩，不再召他到西苑撰青词。严嵩脸皮很厚，一次随徐阶去入值，但到西华门时，被守门的拦在外面，因为诏旨未召严嵩。严氏父子相顾对泣。情况缓和后，世宗宠信如旧，"然帝虽甚亲礼嵩，亦不尽信其言，间一取独断，或故示异同，欲以杀离其势"^③。严嵩当政期间，做了不少祸国殃民的事，但几乎每

---

① 《明史》卷196《桂萼传》。
② 《明史》卷196《方献夫传》。
③ 《明史》卷308《严嵩传》。

一件都是经世宗最后裁决的，换言之，严氏父子所为是在世宗允许的范围内，与后者所担心的事相去甚远。世蕃后以谋叛罪被斩，当时人及后世史家已明知世蕃所犯不至于此，即使这样，严嵩也仅被罢为民，这从反面印证了找不到能置后者于死地的证据。

除残害忠良外，徐阶的许多做法与严嵩并无二致。一次，世宗将地方进献的五色芝授给严嵩等一本（属单位名称），同时把方剂交给严嵩，令其炼药以进。徐阶对世宗饵丹药早不以为然，世宗认为这是不忠，因而没有将这重要使命交付徐阶，并讥讽说："卿阶政本所关，不相溷也。"徐阶听后十分惶恐，立即表白说："人臣之义，孰有过于保天子万年者，且非政本而何？"世宗这才交徐阶炼药。从此后，"阶益精专于上所向往，不复持矣"。[①] 还有一次，世宗单独召见严嵩，谈及徐阶，严嵩听了世宗的不满后，说："阶所乏非才，但多二心耳。"徐阶"危甚"，"乃谨事嵩，而益精治斋词迎帝意"[②]，对世宗派来的小太监也极尽笼络。这些事用"一意媚上"形容也无不可。道理十分简单：世宗心中的"忠"，是对他的绝对顺从，并非对国家民族之大忠。严、徐之所以能久居要职，根本原因是二人对世宗的绝对服从，这与张璁、夏言等勇于任事、敢抗圣旨，形成了鲜明的对比。徐阶多次上疏乞休，并说："曩时阁臣居首者，以不时请骸骨，人主亦以不时去留，故不得攘此位为私物，而恩威常出于上，此例也。"世宗回答说："而亦徇例耶夫？而自为计美矣。非所以为君为国之义也。今惟有增置二员，同汝辅政，足矣。"徐阶再表心迹："臣虽庸，宁不知天恩之与圣知若此而忍负之？所以不欲久用首臣者，窃为主权国

---

①　《嘉靖以来首辅传》卷5《徐阶传》。
②　《明史》卷213《徐阶传》。

政计，俾恩威常在上，而纪纲法度不至为久而专者所攘耳。"①徐阶
请进吏部尚书严讷、礼部尚书李春芳入阁，内阁成为名副其实的
"青词宰相"。徐阶所讲的"例"，是成祖时的做法，但仁、宣以
后多不守此例，官则久任，事则责成，遂有"仁宣之治""弘治中
兴"。世宗不信任大臣，所以才恢复朱棣时制度。徐阶还说，内阁
重地，必用三四人，有事互相商量，"自夏言暴戾，嵩复继之，始
专权独断"②。有鉴于此，严嵩一倒，他接任首辅做的第一件事就是
在值庐中高高悬挂三条巨幅："以威福还主上，以政务还诸司，以
用舍刑赏还公论。"③

　　世宗的操权术，范守己亲眼所见留下的记载最有说服力，
他说：

> 　　守己于徐少师阶处，盖见世庙谕札及改定旨草云，人曾
> 谓辅臣拟旨，几于擅国柄，乃大不然。见其所拟，帝一一省
> 览，审定之，有不留数字者；虽全当帝心，亦必更易十数字，
> 示明断；有不符意则驳使再拟，再不符意，则别札谯让，或
> 诘责之矣。故阁臣无不惴惴惧者，自古英明之主，亡不受成
> 事，相臣衔上裁声名而已，揽乾断如帝者，几何人哉！国朝
> 中亦惟高、文及帝数君尔，以故大张弛、大封拜、大诛赏，
> 皆出独断，至不可测度。辅臣欲有所与，亦从臾之，或揣摩
> 捭阖之耳，而能代有天工哉！④

---

① 《嘉靖以来首辅传》卷5《徐阶传》。
② 《明世宗实录》卷544，第3—4页。
③ 《明史》卷230《徐阶传》。
④ 《皇明肃皇外史》卷46，第6页。

范守己的这段话，将世宗大权独操的实情描绘得十分具体，如果与毛纪辞呈相对照，可见"皆断自圣心"并未随着岁月的流逝而有所改变，只是独断专制的味道更浓罢了。间取独断的特征是通过一定方式表达自己并不完全相信对方，使对方警觉并从而有所收敛。值得注意的是，张璁、桂萼、夏言等人几次罢相，世宗有意识将其"罪过"公之于天下，实际是降低其威信、抬高自己的一种把戏。随后又加以任用，用意在于"使功不如使过"，运用的是把柄术。如果按正常做法，皇帝对自己亲信的大臣有"过失"，应当暗中善言劝诫，不能公开曝光，一曝光，等于将其置于所有臣僚的监督下，无法放手做事，用意何其恶毒。

侍值世宗左右的人，包括勋戚将帅在内，无不感到一种强烈的压抑感，恩威不测，人人自危。最初对这些人甜言蜜语，好话讲尽，但一入其彀中，就成为网中之鱼，在劫难逃。内阁大臣如此，郭勋、仇鸾等人也是如此。所以说世宗没有真正的朋友，更没有知己，他的所作所为令任何人都不能相信他，能够找到一个好台阶，就势而下，保持晚节就已是幸运者了。韩非讲了一个很生动的故事：卫君宠臣弥子瑕因母病"矫驾君车以出"，还将自己吃剩下的蜜桃给卫君吃，卫君当时很赞赏这种做法，但后来同样是这两件事，却成为惩治弥子瑕了。这是为什么？韩非说是"爱憎之变也"[①]。君主有爱于臣下，臣下即使有所不当也是好的；君主有恶于臣下，臣下即使没有过失也要获罪，甚至"有功见疑""有罪益信"。爱憎的变化就是心理上的变化，这是最难把握的。故韩非《说难》开篇就大讲"难"字：在这里说的难，不是我们一般所说的难，是说被说者之难，不是说者说不清、被说者听不清的

[①] 《韩非子·说难》。

难，也不是说者不放胆讲以致问题没有阐述清楚的难，而难就难在不容易知被说者的"心"①。做臣子，要想辅佐君王建功立业又能免于杀身之祸，就要善于揣摩君王的心理。君王的心理与普通人不同的地方，在于有"两多"：多疑和多变。韩非列举了君主对臣下的猜疑种种，这种种猜疑决定了君王的心理复杂多变，而每一次变化都可能置臣子于死地。笔者没有对明代每个帝王都深入研究，故不敢妄加评断。但可以肯定：世宗多疑多变的性格是十分突出的，而严、徐可以说是揣摩世宗心理变化的行家里手。尤其是严嵩能"移帝喜怒，往往不失"，真可谓"道高一尺，魔高一丈"了。

第二，特务诡探，互相牵制。

韩非反复强调这样一个道理："君臣之利异。"②也就是说二者的目标是不一致的。因为"人臣太贵，必易主位"，"诸侯之博大，天子之害也；群臣之太富，君主之败也"③。总之，大臣是最重要的也是最危险的，所谓"万乘之患，大臣太重"④。防范的办法就是使其互相牵制："必反与其所不任者备之，此其说必与其所任者为仇，而主反制于其所不任者。今所与备人者，且曩之所备也。"⑤也就是说为了君王不受臣下的控制，要有意挑起不在任者与任者之间的矛盾，以不任者牵制任者。任用甲而用乙来提防，任用乙而用丙来提防。今天以丙来提防乙，就如同昨天以乙来提防甲一样。臣下互相监视，可以"以十得一"，对于君主来说达到"以一得

---

① 《韩非子·说难》。

② 《韩非子·内储说下》。

③ 《韩非子·爱臣》。

④ 《韩非子·孤愤》。

⑤ 《韩非子·内储说上》。

十"的效果，从而"奸无所失"，一切都在君主的视线内，大权当然不会旁落。世宗对韩非子这套理论，运用得极为烂熟。办法之一是每当一个亲近大臣将"鹤立鸡群"的时候，一定会有另一人即将取而代之。张璁、方献夫相继入阁，夏言这时仅是个礼部尚书，但二人"知帝眷言厚，亦不敢与较"，夏言"既受特眷，揣帝意不欲臣下党比，遂日与诸议礼贵人抗。帝以为不党，遇益厚"①，这是用下官牵制上司（官位上平等，此指实际状态）的典型事例。其后用严嵩牵制夏言，用徐阶牵制严嵩，都是一样的办法。所以，每当一个干练的首辅形象即将形成时，世宗就会重新树立一个形象来打倒前者，这也是嘉靖朝内阁纷争不已的一个重要原因。严嵩请求成国公朱希忠、京山侯崔元与他一同入值，世宗"心益喜嵩"，但发现严嵩"握权久"后，"帝亦浸厌之，而渐亲徐阶"②。徐阶当上首辅后，一再请求多人入值，并说："事同众则公，公则百美基；专则私，私则百弊生。"世宗点头称是③。严、徐揣摩世宗的心理，可以说是很在行的。

世宗还仿效仁、宣故事，用赐印密奏使大臣互相牵制。嘉靖六年十一月，张璁入阁不久，世宗很神秘地对他说："朕有密谕，卿勿令他人测知，以泄事机。"又说："朕与卿帖皆亲书，虽不甚楷正，恐代写有泄事情。"④这很符合术的隐秘性这一基本特征。韩非说："术者，藏之于胸中，以偶众端而潜御群臣者也。"又说："用术，则亲爱近习莫之得闻也。"⑤世宗在准备颁赐阁臣银印时，对首

---

① 《明史》卷196《夏言传》。
② 《明史》卷308《严嵩传》。
③ 《明史》卷213《徐阶传》。
④ 《明世宗宝训》卷6《信任大臣》。
⑤ 《韩非子·难三》。

辅杨一清说："凡朕与卿等可议事情，除军国重务，卿等同官三人议奏外，或有密访事机，欲法祖宗故事，各赐印记一，以封所来帖子。又朕所送下文书，亦不可无封记，令制一套，正面画一云龙，上批谕某官，中用政事文札验记一颗，背封口，上用御封二字，庶出纳有验，不致有漏事机。朕无可谋者，用与卿预计可否，通议来闻，并赐印记记字样，也劳撰用密之。"这项建议是张璁提出的，世宗却与一清商量，在小环节上世宗也搞名堂。一清表示赞同，并提出印文不能"过为褒美，又当因人而施，不可太滥"。世宗得奏后，只想赐给一清、张璁及桂萼三人，桂萼当时是吏部尚书，而内阁大学士翟銮却不给，可见其用意。一清觉得这样不妥，说翟銮"小心慎密，况在阁同事，乞并赐銮，以安其心"。世宗不得已，赐给四人每位两颗银印，对一清说："兹今所赐卿等四人封疏印记，又欠征验其真，凡所上密疏，可以幅后小书某字号，自一至若干，庶上下方如亲见。朕虑时人猾诈，倘一失之，我君相必被他人相间也。……今编四字，仍劳卿密说他三臣以朕意：卿用持字，璁用忠字，萼用秉字，銮用正字。"四位大臣上疏言谢。世宗专门发给桂萼一道谕，说他忠诚体国，才赐给印记，其后有所见闻，即宜告朕，勿有所忌。[1]可以断定的是，世宗用这一办法加剧了大臣之间的矛盾和冲突，此后杨一清、张璁、桂萼互相攻击，互相牵制，成鼎足之势，一清多次乞休，世宗只讲些无关痛痒的客套话，实际上是坐山观虎斗。四人中，只有翟銮不用银章密封言事，世宗对他没有加入这场斗争大为不满。据载："孚敬（即张璁）、萼皆以所赐银章密封言事，銮独无所言。诘之，则

---

① 《明世宗宝训》卷6《信任大臣》。

顿首谢曰:'陛下明圣,臣将顺不暇,何献替之有'。"①银记图章成为大臣间斗争的工具了。以后世宗仍用此法,挑起大臣间的对抗。值得注意的是,内阁大臣不一定全被赐印,而非内阁大臣却能有此赐,其用意十分明显:使阁臣之间、阁臣与部臣之间互相牵制、互相监督。

世宗用特务侦视,也是无所不在、无时不有的。锦衣卫是特务的大本营,世宗刚愎暴戾,疑心极重,故任用锦衣卫官员,如朱宸、骆安、王佐、陈寅等人,皆是兴王府旧人,其后又任用奶妈之子陆炳,封为都督同知,并于嘉靖三十三年特许陆炳入值西苑。陆炳自幼服侍世宗,至此倾心效力,"任豪恶吏为爪牙,悉知民间铢两奸。富人有小过辄收捕,没其家","三公无兼三孤者,仅于炳见之"。②世宗对大臣多存疑心,日派心腹窥视严嵩、夏言、徐阶等人动静,使人人自危。嘉靖二十一年,文选郎中王与龄罢官归去,"锦衣遣使侦其装,袱被外无长物,称叹而去"③。世宗又鼓励告密,于嘉靖八年下诏许六部历事监生发廷臣奸弊,于是,市井无赖"率持朝士阴事,索赀财,妄构事端入奏,诸司为惕息"。④世宗宠信的郭勋,任用族叔郭宪理刑东厂,肆虐无辜⑤,宦官刚聪诬称漕运兵丁掠夺御服,使2 000人无辜受累⑥。在外奉使者也成为侦缉对象。郑王朱厚烷因言事废徙凤阳。瞿景淳奉敕封厚烷子朱载垍为世子,摄国事。世子十分恐惧,出重金行贿,景

① 《明世宗宝训》卷6《信任大臣》。
② 《明史》卷307《陆炳传》。
③ 《明史》卷207《王与龄传》。
④ 《明史》卷186《许进传》。
⑤ 《明史》卷130《郭英传》。
⑥ 《明史》卷199《胡世宁传》。

淳坚拒不收。时恭顺侯吴继爵为正使，已纳其贿，见景淳不收，也偷偷将金币返还载埻。过了几天，吴继爵对景淳说："上遣使密诇状，微公，吾几中法。"①朝中有大事或廷议讨论，世宗也常派内臣去窥听。如庚戌之变时，廷议战和，世宗派太监"晌廷臣，日中莫发一语，闻（赵）贞吉言，心壮之"②。言官，号称天子喉舌，世宗对其更不放心，廷杖之余，关入大狱长久囚之，又"日令狱卒奏其语言食息，谓之监帖。或无所得，虽谐语亦以闻"。一天，喜鹊在沈束的狱前鸣叫，关了近20年大牢的沈束说："岂有喜及罪人耶？"侦者告世宗，世宗心动，数日后将其放还田间③。世宗晚年，利用特务侦缉臣民，无所不用其极，"侦伺校卒，猛若乳虎。一旦不如意，所夷灭不可胜道，京师为之重足"④。可以说，上至首辅大臣，中至言官，下至平民百姓，皆在世宗特务网的监视之下。

第三，惩抑言官，屡兴大狱。

韩非曾讲过这样一番道理：龙也是一种虫，可以驯而骑之，但其喉下有一尺长的逆鳞，倘尚有人不慎，一旦碰到逆鳞必定会被咬死。他提醒说："人主亦有逆鳞。"⑤然而，聪明的人主是不会轻易杀害敢谏之臣的。因为"人主以一国目视，故视莫明焉；以一国耳听，故听莫聪焉"⑥。少了群臣的耳目，君主就会闭目塞听，国政就会治理不好，天下将会大乱。法家同儒家从社会稳定出发，

---

① 《明史》卷216《瞿景淳传》。
② 《明史》卷193《赵贞吉传》。
③ 《明史》卷209《沈束传》。
④ 《张文忠公全集》文集四《朱忠僖公神道碑》。
⑤ 《韩非子·说难》。
⑥ 《韩非子·定法》。

强调君主要纳谏从善。韩非说，古时扁鹊治病，"以刀刺骨"；君主治危国，以忠言"拂耳"。"刺骨，故小痛在体而长利在身；拂耳，故小逆在心而久福在国。"假如殷人都像比干那样冒死进谏，则殷不会亡国。[①]西周末年，司徒郑桓公问太史伯周朝命运如何，史伯认为周王室末日已到，原因是幽王"去和而取同"，"和"是指不同事物互相补充与有机配合关系，"同"是指事物的单一性。幽王听不进不同意见，专喜逢迎阿谀。事隔一百多年，齐大夫晏婴劝齐景公纳谏，用的也是"和同"论。其后孔子明确提出："君子和而不同，小人同而不和。"将其作为区分小人与君子的标准之一。《吕氏春秋·自知》提出君主在能力与认识方面皆有局限性，为维持统治，必须用贤纳谏，用君子之智慧补己之不足。

古代还有"君明臣直"的说法。并说裴矩在隋朝末年为佞臣，但仕唐后极忠勇谏，这并非其本性有什么变化，而是君恶闻过，则忠化为佞，君乐闻直言，则佞化为忠，因此说君是表，臣是影，表动则影随。《资治通鉴》总结君臣之情不通有九弊，此九弊上有其六而下有其三：好胜人、耻闻过、骋辩给、眩聪明、后威严、恣强愎，这六者是人君之弊；谄谀、顾望、畏懦这三者，是臣下之弊。并指出君臣不洽，上下相疑，则悖逆将生，朝与之密，夕与之仇，则天下不安。

世宗即位之初，曾提倡"言路大开"，时有杨廷和主政，如张翀谏止世宗纵欲求欢，刘济谏止告密之风，安磐谏斋醮，余翱等谏"议礼"，皆关乎帝德与世宗所忌讳之事，但未有重谴[②]。杨廷和罢归后，君臣伏阙争大礼，世宗露出狰狞面目，以严刑重责进

---

① 《韩非子·安危》。
② 参见《明史》卷192。

谏诸臣，此后"厌薄言官，废黜相继，纳谏之风微矣"①。嘉靖三年底，御史郭楠正巡按云南，得悉群臣争礼有被杖死者，立即上疏说："人臣事君，阿意者未必忠，犯颜者未必悖。今群臣伏阙呼号，或榜掠殒身，或间关谪戍，不意圣明之朝，而忠良获罪如此。乞复生者之职，恤死者之家，庶以收纳人心，全君臣之义。"世宗得疏大怒，派缇骑逮治，言官论救皆不听。万里之外，郭楠负刑枷入京，世宗又命廷杖数十，将其削籍。②次年三月，御史王懋上疏，指出"廷臣以议礼死杖下者十有七人，其父母妻子颠沛可悯，乞赐优恤，赠官录荫"。世宗大怒，立谪四川高县典史。③

嘉靖三年春，世宗生母兴国太后生辰，世宗设宴大庆，朝廷命妇也前来祝寿。数日后，昭圣皇太后生辰，世宗令免去一切礼仪，福建莆田两位御史朱淛、马明衡上疏力争，言世宗对两宫太后不处以公心，世宗大怒，立将二人捕至内廷，声嘶力竭地说二人离间宫闱，大臣及言官皆上疏论救，世宗不听劝谏，反越发愤恨，"必欲杀二人，变色谓阁臣蒋冕曰：'此曹诬朕不孝，罪当死。'冕膝行顿首请曰：'陛下方兴尧、舜之治，奈何有杀谏臣名。'"过了好一会儿，世宗怒气稍解，蒋冕再请，又以泪相谏，世宗才放二人一条生路，廷杖八十后除籍为民。④

世宗重用议礼派后，以察为明，行刻责之政。大礼议后，满朝臣子皆有怨屈之气不得伸，此时又受刻责之术，故人人自危。嘉靖八年御史刘安痛感时政艰难，上疏说：

① 《明史》卷207《邓继曾传》。
② 《明史》卷192《郭楠传》。
③ 《明史》卷192《王懋传》。
④ 《明史》卷207《朱淛传》。

　　人君贵明不贵察，察，非明也。人君以察为明，天下始多事矣。陛下临御八年而治理未臻，识者谓陛下文治功损于明察。夫治，可以缓图，不可以急取；可以休养致，不可以督责成。以急切之心，行督责之政，于是躬亲有司之事，指摘臣下之失，令出而复返，方信而忽疑。大小臣工救过不暇，多有不安其位者。孰能为陛下建长久之策，以图平治哉。且朝廷者，四方之极也。内之君臣，习尚如此，则外而抚按守令之官，风从响应。上以苛察绳，下以苛察应，恐民穷为起盗之源，食寡无强兵之理。今明天子综核于上，百执事振刷于下，丛蠹之弊十去其九，所少者元气耳。伏望大包荒之量，重根本之图，略繁文而先急务，简细故而弘远猷，不以一人之毁誉为喜怒，不以一言之顺逆为行止，久任志成，伏容言官，则君臣上下一德一心，人人各安其位，事事各尽其才，雍熙太和之治不难见矣。

　　刘安的上疏，对时弊揭露十分深刻，世宗不但不采纳，反而将其逮入大狱拷讯。给事中胡尧时论救，也一并逮治。最后，胡尧时谪为攸县主簿，刘安谪为余干典史[①]。

　　世宗愿听顺耳之言，愿做悦心之事，因而进谏者多遭罪遣，而谄谀阿顺者封官进阶，久之，阿谀成风。嘉靖十三年，南京兵部主事刘世龙应诏上疏陈奏三事，第一件事即是"杜谄谀以正风俗"，他指出："天下风俗之不正，由于人心之坏。人心之坏，患得患失使然也。今天下刻薄相尚，变诈相高，谄媚相师，阿比相倚。仕者日坏于上，学者日坏于下，彼倡此和，靡然成风。惟陛下赫

---

① 《明史》卷207《刘安传》。

然矫正，勿以诡随阿比者为贤，勿以正直骨鲠者为不肖，勿以私好有所赏，勿以私恶有所罚，虚心以防邪佞，谦受以来忠说，更敕大小臣工，协恭图治，无权势相轧，朋党相倾，则风俗正矣。"第二件事是："广容纳以开言路。陛下临御之初，犯颜敢谏之臣比先朝为盛，所言或伤于激切，而放逐既久，悔悟日深。当宥其既往，以次录用，死者则恤之。仍令大小臣工直言时政，以作忠义之气。"世龙上疏前，南京太庙发生大火，故世龙是应诏上疏，但世宗仍不容他，廷杖八十后削籍为民。①

《明史》说："世宗晚年，进言者多得重谴。"②又说："帝深疾言官，以廷杖遣戍未足遏其言，乃长系以困之。"③嘉靖二十九年，俺答逼近京师，通政使樊深陈奏御敌七事，并劾仇鸾养寇要功，世宗立斥为民。四十二年正月，御史凌儒请重贪墨之罚，世宗杖其六十，斥为民。四十五年御史王时举劾刑部尚书黄光昇拟订刑狱，一意顺旨，执法不公，乞斥罢，世宗立斥王时举"编氓口外"④。类似事例，不胜枚举。

世宗对上疏谏诤的言官多予重惩，但对言官弹劾大臣，却极力怂恿。嘉靖朝无一阁臣或六部堂官未遭弹劾，此中原因固然很多，但与世宗不时挟制言路有极大关系。每当世宗认为有"权臣"出现时，一定重责言官缄默不言，或加上"党同"之类罪责加以惩处，目的是让言官揭发大臣隐私，使大臣们终日心惊胆战，如履薄冰，随时都有遭处分、罢归的可能。言官们时常言之有罪，不言也有罪；言之早也获罪，言之晚也要受罚。这使言官进退维

① 《明史》卷207《刘世龙传》。
② 同上。
③ 《明史》卷209《沈束传》。
④ 《明史》卷207《杨思忠传》。

谷、左右为难。嘉靖朝科道官可以互相纠劾，这也是个创例，目的是加强反监督，更好地为主子服务，并且，言官集体被治罪的事件也层出不穷。

世宗在惩抑言官的同时，还屡兴大狱，打击他认为的异己势力。《明史》说他"自杖诸争大礼者，遂痛折廷臣"，嘉靖六年命张璁、桂萼、方献夫等议礼贵人摄三法司，利用李福达之狱铲除异己，一时受牵连者40余人。嘉靖八年又借张福杀母案大作文章，打击武宗皇后家的势力。"其后，猜忌日甚，冤滥者多，虽间命宽恤，而意主苛刻"，"中年益肆诛戮"，制造了无数冤案和人间悲剧。①本来，刑部、都察院和大理寺这三法司是国家的最高司法机关，在执行法律时按律行事，不受皇帝左右。世宗为了确立自己的绝对权威，镇压以各种形式制约皇权的官僚，必须严密控制司法权，这就侵夺了三法司的正常职权。正直的三法司官员不愿徇情坏法，时有执争，但紧随其后的是罢黜、惩治。嘉靖二十七年曾铣、夏言之狱，二十九年丁汝夔、杨守谦之狱，世宗置法律于不顾，完全将司法部门抛在一边，独断专行以成死案。此后，"法司率徇法徇上意，稍执正，谴责随至"②。嘉靖三十年四月，副都御史商大节经略京城内外，因被仇鸾掣肘，上疏请世宗接受城下临兵的教训，调整京师防务。世宗得疏大怒，法司希指，以大节失误军机处斩。次年，仇鸾奸相毕露，大节的部曲数百人伏阙诉冤，兵部侍郎张时彻等言："大节为逆鸾掣肘以抵于法，乞顺群情宥之。"世宗大怒，非但不予平反，还处罚张时彻，致使商大节死于狱中。③

---

① 《明史》卷94《刑法志二》。
② 《明通鉴》卷59。
③ 《明通鉴》卷60。

嘉靖三十四年二月，吏部尚书李默因与严嵩在任用官员上意见相左，严嵩党羽通政使赵文华寻章摘句，搜罗其罪状，说李默在策士选人中，有"汉武、唐宪宗晚节为任用匪人所败"之语，指为谤讪。世宗怒，令礼部三法司议，因不称旨，严词斥责王用宾等，皆夺俸。世宗干脆把法司抛在一边，将李默转交镇抚司拷讯。刑部尚书迎合上意，加重处罚，世宗仍不满意，再下诏加等处斩，李默死于狱中①。世宗以聪明自诩，从不承认他做了什么错事，甚至在国家危亡关头，也只是让臣下承担罪责，他自己永远是伟大、正确的。

韩非说："爱多者则法不立；威寡者则下侵上。是以刑罚不必，则禁令不行。"因此主张君主用"必罚明威"之术②。但韩非所讲的是惩罚违法者。世宗却不然，为树立自己的绝对权威，为证明自己的一贯正确，他将司法机关作为自己的驯服工具，妄害人命，滥兴大狱，成为一个"喜怒无常"的暴君。在这样一个政治氛围中生活，臣下有莫大的压抑感、屈辱感，所谓"君臣共治"只是一种自欺欺人的空话，而"嘉靖之治"也只能是一种政治幻想。

---

① 《明通鉴》卷61。
② 《韩非子·内储说上七术》。

VOLUME 7

卷七　家庭少欢情

一、后妃厄运

一位大文学家说过：幸福的家庭几乎都是相同的，而不幸的家庭却千差万别。

> 七月七日长生殿，夜半无人私语时。
> 在天愿作比翼鸟，在地愿为连理枝。

当我们诵吟唐代诗人白居易这首《长恨歌》时，的确没有理由怀疑帝王与后妃之间也有纯真的爱情。然而，皇帝的家庭是个特殊的家庭，拥有极权的天子日理万机，政治化的人格已使帝王的家庭观念十分淡薄，帝王的婚姻也蒙上了浓重的政治色彩。

世宗入宫时是15岁，按照封建时代的习俗，男15岁，女13岁便可成婚，因而世宗入宫的次年即嘉靖元年，挑选皇后的事，已在秘密进行。按照《皇明祖训》的规定，明代帝王的后妃皆取自民间，旨在使宫廷与民间保持联系，以示君民一家，其真正的用意是避免帝后卷入复杂的宫廷斗争中。

正德十六年底，慈寿张太后等人派近臣前往各处访察，京畿之地由司礼监太监萧敬负责。镇抚刘政有一女正值妙龄，年方13岁，人长得也很出众，刘政想到能与皇上结亲，几辈的荣华富贵自然享不尽，于是行重金贿赂萧敬。萧敬掌司礼监，有"批红"大权，当时老一辈的太监，以及正德年间多行不义的宦官，受到很大打击，而且，世宗要尊崇生身父母，常出中旨，由司礼太监转呈内阁大臣，因此萧敬的势力一时高涨。萧司礼得重金后，果真将刘政之女列为首选。但宫中密迩之地，消息仍不胫而走，一时外议纷纷。有人说，刘政的先人是已故太监永诚的家仆，也就是说根不正。然而，萧敬地位宠异，没有敢公开揭露者。首辅杨廷和心急如焚，暗示礼部揭发。尚书毛澄犹豫不决。碰巧，有与刘氏竞争者，到诸王馆前散布刘家如何不清白，事情终于闹到宫中。世宗也很快知道了这件事的来龙去脉，立即召府、部、科道官至左顺门商议此事，毛澄于是将外边的种种议论全盘托出，萧敬不以为然，从袖中拿出一个揭帖，让众大臣看，并说："此东厂访察之奏也，故与永诚无干！"礼部又站出来讲话，说："曾查兵部贴黄，实如外议！"双方你来我往，争持不下。杨廷和说："内臣以朝廷为家，果然，则朝廷自家人也，何用选邪！"世宗也不愿娶"来路不正"的刘氏女为妻，此次选后也就告罢。[1]至于刘政的先人是否做过太监的仆从，史无明文，已不可考。

世宗虽富有天下，但刻薄寡恩。初次选后失败的一个月后，即嘉靖元年正月初，清宁宫后三宫发生火灾，世宗命司礼监传谕："宫眷居住稠密，欲奉迁武宗皇后居西城仁寿宫，贤、德二妃居永安等宫；宪庙皇妃之居清宁后宫者，亦并西移。"西城仁寿宫是先朝幽闭废黜宫人的地方，世宗此举是要发泄不满，还是另有原因，不得而知。杨廷和再三劝谏，世宗才罢休。

即位伊始，世宗就将自己的母亲接到宫中，称蒋氏兴国太后。同时有孝宗的慈寿张太后。当时因兴献王的尊号尚未议定，蒋太后虽是皇帝之母，但地位不如后者。张太后因策立有功，对蒋太后仍待以藩妃之礼，这使世宗母子很难堪。选后的事也最后由张

---

[1] 《杨文忠三录》卷4。

太后定夺。张太后听观象者说，大名府有佳气，因此那里的女子入选的特别多。嘉靖元年的头几个月，被选的女子三人一组，一正二副，依次传见。太后座位前挂一青纱幕，以防民女窥见自己的尊容。被选中的女子，太后取一赤金镶玉手镯，命宫女套在其手臂上作为记号。未选入的，将其生辰八字包以银币，放入该女袖中，然后遣返原籍。相比之下，她们要比那些被选中者幸运得多，因为后宫佳丽少则数百，多则几千，生活单调乏味，毫无人身自由，她们像花瓶一样，是一种摆设，只有皇帝需要的时候，才能发现自身的存在价值，而大多数人甚至连见皇帝一面都很困难，更谈不上同床共枕、朝夕与共了。"玉容寂寞泪阑干，梨花一枝春带雨。"古代帝王不知摧残了多少少女的青春和生命。嘉靖选妃时，他的祖母邵太后曾感慨地说："女子入宫，饮食起居，一切都不得自由，动辄得罪，有如长系之囚，全无人生乐趣。我是江南人，这次选妃不许江南女子入选。"邵太后认为这是对江南女子最大的恩典。

经张太后作主，最终选中元城（今河北大名县东北）县学教授陈万言之女为皇后。陈女出自书香门第，比世宗小一岁，年方十五，长得端庄秀丽，温文尔雅。八月初，世宗令钦天监择黄道吉日，举行册立大典。他还令司礼监传谕杨廷和等人，欲旨

孝洁肃皇后陈氏

出寿安皇太后之命，以贬抑张太后的作用。杨廷和几次上疏，世宗均坚持由其母作主，廷和与内阁大臣力谏，世宗"乃得允"，"臣等仰窥圣意，盖亦有不得已者存焉耳"。[①]这个"不得已"，杨廷和没有明确交代，但联系当时情境，可以断定是兴国太后为争地位，令世宗所为，以后两太后交怨、世宗与张太后交恶，都与兴国太后的推波助澜有极大关系。

八月夏末的一天，世宗与陈皇后举行结婚大典。成婚的当天，世宗携佳人先拜见了蒋太后和邵太后，然后以侄礼拜见慈寿张太后。慈寿太后大为不满，但世宗已皇权在握，她也无可奈何。新婚的陈皇后，身材颀长，容颜姣美，皓齿如玉，目若秋水，格外有神。新婚之夜，洞房花烛，16岁的世宗按宫中规矩与新人共饮交杯酒。陈皇后身穿绣满金凤的大红礼服，头戴凤冠，手捧如意，坐在绣墩上。由宫女用金杯斟上一杯香甜醇美的葡萄酒，名为"龙凤酒"，将杯交陈后献给世宗。世宗饮一口，陈后接杯一饮而尽。宫女用同一金杯再斟满一杯交世宗，世宗敬陈后，皇后饮一口，世宗一饮而尽。宫女们击掌欢唱："龙凤交杯，喜庆连连，儿孙满堂，福寿绵绵。"各自领赏后一一叩头告退。

新婚后的世宗与陈后十分恩爱。陈后通晓诗文，能写会画，世宗平时喜作诗赋，二人常相唱和，或同游御苑，或互吐衷肠，着实过了几年和睦甜美的生活。世宗爱屋及乌，授皇后的父亲陈万言为都督同知，并令工部出资为他在西安门外建造府邸。工部上疏说："其地逼近宸居，弘广逾制，宜裁其半。"时世宗未下旨，陈万言恐不全给，佯具疏辞，并说："丈量规画，皆营缮司郎中叶宽、员外翟璘主之。"世宗怒，立下叶、翟二位于诏狱。工部尚书

---

① 《杨文忠三录》卷4。

赵璜引罪，论救二人，世宗将二人放出，而营造如故。[①]陈万言的家奴何玺，殴打人致死，有司按法律程序将何逮捕，世宗又出面，令将何释放。刑科都给事中刘济上疏说："万言纵奴杀人，得不坐为幸。今并释玺等，是法不行于戚畹奴也。"世宗不听[②]。嘉靖三年，陈万言乞武清、东安地各千顷为庄田，世宗令户部查勘闲地给之。时朝廷上下，禁革庄田，不遗余力，万言此请立即引起物议。联想到其造府邸，花费工部银几十万两，这次又得寸进尺，给事中张汉卿上疏痛斥其非："万言拔迹儒素，联婚天室，当躬自检饬，为戚里倡，而僭冒陈乞，违越法度。去岁深冬冱雪，急起大第，徒役疲劳，怨咨载道。方今灾沴相继，江、淮饿死之人，掘穴掩埋，动以万计。万言曾不动念，益请庄田。小民一廛一亩，终岁力作，犹不足于食，若又割而畀之贵戚，欲无流亡，不可得也。伏望割恩以义，杜渐以法，一切裁抑，令保延爵禄。"世宗不听，竟夺民田800顷赐予万言。巡抚刘麟、御史任洛又上疏述百姓失业，流离困苦状，世宗仍置若罔闻，又封万言泰和伯，陈皇后兄弟陈绍祖尚宝司丞[③]。

可是，好景不长。世宗在许多重大事情上都是一个极不负责任的人，又值少年，性情不定，喜新厌旧也就在所难免了。世宗自迷上道教后，陈皇后备受冷落。除重要的典礼外，她平常很少能看到嘉靖帝的影子。后来，她行重金，贿赂邵元节，使嘉靖帝重新回到了自己身边。陈后喜不自胜，施展浑身解数，极情笼络，讨皇帝欢心。嘉靖七年，陈皇后喜得龙种。为弄清自己的孩子是男是女，世宗在天箓宫特意虔诚地占了一卦，随后到寝宫讲给陈

---

① 《明通鉴》卷50。
② 同上。
③ 《明史》卷300《陈万言传》。

皇后听，他说此次占卜的结果是"亢龙有悔"，依卦象"亢龙"是男象，怀的孩子当是男孩，但"有悔"看起来不太吉利。陈皇后讲了一番"尽信卦不如无卦"的道理，劝慰世宗放宽心。一天，帝后二人正在谈论，张、方二妃端着白玉茶具，一个拿壶，一个捧杯，前来敬茶。世宗见捧杯的张妃，年方十七八岁，一双小手，雪白如玉，十指尖尖，光滑柔润，心中顿生爱意，忍不住伸手去抚摸张妃的玉手。张妃见皇后在场，进退两难。陈后本来就有妒意，见此情景更加气恨，猛推了张妃一下，这一推竟铸成了她的终生大错：张妃本来站立不稳，经此一推，顺势撞在了世宗的身上，滚烫的热水倒了世宗一身。世宗深感皇帝的尊严受损，不由得怒火陡升，盛怒之下，他照陈后的身上猛踢一脚，随后头也不回走出寝宫。陈皇后对世宗这一脚毫无防备，也许是世宗用力过大，皇后当即昏厥过去，并血流不止，出现流产。御医急救，病情稍有缓和。陈皇后醒来时，因失血过多，已不成样子。她知道自己不行了，临终前唯一的愿望是能看望母亲一眼，侍从颇解其意，立即将皇后病情告之家中。万言夫妇闻听女儿生命垂危，相抱痛哭。陈万言立即奔告世宗，请允许其妻冀氏入宫见上皇后一面。世宗不允，万言跪地泣求，世宗灭绝人性，转头便走。当天午后，世宗将陈万言上疏交内阁大臣看，并故作姿态地说："万言意，朕知久矣。彼数以此令内官付宫人乞奏，云中宫不安，也不要我每（们）进去看看，以未得遂，故有此奏。彼以为朕无仁义耳。朕惟外戚自古未有入宫禁。假以视病为言，多有窥伺朝廷者，在彼为得计，在君为堕计。朕奉天命，嗣守祖宗鸿基，惟亲其贤图善耳。皇亲戚里未曾宠爱，以致彼之如此也。皇后作配朕宫，良医妙药岂无治病之具，何谓不见亲人不能得好！况妇人以夫家为家，又我圣母慈爱，皇后未见多也，今疾虽未可，岂缘此也？

内禁是祖宗宫掖之地，朕不敢徇私以纵外戚深入，盖不如是，恐无以范后世也。"①随即降旨对陈万言说："宫禁严密，非外人所得出入。朕虽笃念亲亲，实不敢违背祖宗典制。皇后患病，已令医用心调治，岂必得见亲人方可痊愈？所奏不允，毋复烦扰！"②此话听来令人义愤难平，讲话者似乎不是圣明天子，而是豺狼禽兽。世宗不念夫妻情分，皇后更加绝望。十月丁未日，可怜的陈皇后带着遗憾离开了人世。皇后流产在九月辛卯日，其后病情肯定有稳定的时期。况且，流产当时不死者，日后多能康复。自流产日至皇后死日，中间有17天时间，世宗阻止皇后家人探视，并以为"得计"，皇后之死是否为世宗所害，值得怀疑。观世宗对待以后两个皇后的方式，便知他是什么都能干得出来的。

陈皇后人已死了，世宗仍不放过。大杀其丧礼，几不成仪，张璁强谏，才勉强成礼，世宗还亲定其谥为悼灵皇后，以损抑之，并声称自己"千秋万岁后，勿得与其同穴也"。出葬当天，梓官自王门出，罢辞祖礼，百官一日临。③嘉靖十五年夏言上请，改谥孝洁。明穆宗即位，迁葬永陵。

对陈皇后的死，世宗毫无忏悔之意，反而因"亢龙有悔"卦的巧应，更加迷信，更加荒淫。每天按时到天策宫上香祷祀。那个曾使这位好色之主怦然心动并做出失态之举的张妃，日后受到世宗的宠幸。

张妃生性柔顺，对嘉靖帝迷信道教、日事斋醮的举动深表赞成，这也是她博得皇帝欢心的一个重要原因。张妃对邵元节也很尊敬，称他为太师。邵元节为巩固自身的地位，也有意利用她，

① 《明世宗实录》卷92。
② 《明世宗宝训》卷4《裁恩泽》。
③ 《罪惟录·列传》卷2《陈皇后》。

并几次在世宗面前夸赞张妃有宜男之相，劝皇帝立她为后。中宫之位不能久虚，两宫太后及大臣们也劝世宗在妃嫔中择善而立。嘉靖七年闰十月的一天，大学士张璁再请，世宗回答说："卿昨以所问事宜为对，足见忠切。夫朕德无一线而动多愆违，身承祖宗之位，遂使嫡妃遽丧，储嗣延违未立，每思至此，实切忧惶。今之事则甚难为也，若待之岁月，亦不为迟，未知可否。上虽有圣母之至训，朕敢不从？然恐而继为弗祥。夫何谓也？凡人之为善为恶，出自性中来，间有迁恶为善者，今则难获斯人也。况君子所配，必求淑女，而人之君长之配，不可不慎择也。前者初婚之期，皆是宫中久恶之妇所专主，而为日夜言圣母，圣母未之察耳。今若又使与此事则不如不继立也。朕所爱者，德与贤耳，非有偏宠尚色之私，此人岂知？"令张璁等详议。[1]世宗把自己第一次婚姻的不幸归咎于张太后，并称其为"宫中久恶之妇"，足见他对张太后的怨恨之情，这也是世宗对陈皇后感情冷淡的一个原因。世宗还表白自己所爱只是贤与德，这也是欺人之谈。十一月初，世宗谕礼部说："朕承宗祀，须赖内襄命，顺妃张氏往奉圣母所简册以为妃，侍朕以来，克尽礼道，性资端慎、淑德允谐，可册立为皇后。"十一月二十八日，举行了隆重的册立大典。[2]

张皇后为人小心谨慎，举止言行循规蹈矩，对世宗的一切行为尽量迁就。嘉靖帝当时以制作礼乐为己任，他要廷臣考证古礼，从服饰到仪节，每一小节都力求隆重。他下令扩建了京城郊区的天坛地坛，还听从邵元节的建议，在京城四郊分建风云雷雨坛。坛成之日，他亲率文武百官用奢华的典礼跪拜祭祷。从嘉靖八年

---

① 《明世宗宝训》卷4。
② 同上。

到十二年，五年间大规模的祭祀几乎没有中断过。每逢节日大祭，张皇后须着礼服陪祭。嘉靖九年，给事中夏言上疏，请皇后行亲蚕礼，世宗深表赞成，并发挥说："今日言之奏甚好，朕每在宫中恒言及此，亦曾谕皇后曰：'汝但知玉食绣服之充口饰体，却不知成此者辛苦万状也。'又朕每以服上进圣母，请尚用。圣母谕朕曰：'吾何德，获今日之奉养？但吾纵服一素衣亦甚爱惜，这等黄色锦采，须有时服之，岂可轻用？'朕对奏：'此袍服慈亲正当尚用，何至久服之者，不一易之？'圣母又曰：'且只说昔日岂有此等衣服，固皇帝尊奉，亦不敢过用了。'……皇后恐不可不使之知农桑勤苦，故朕纳夏言所奏。"[1]世宗倡导俭朴之风本是件好事，只是处处抬高其母，令人难以置信。世宗立即命礼臣考证古礼，制定祭蚕神的礼仪，并特意修建了蚕神庙，五里以内，遍植桑树。祭祀日期一到，张皇后亲率内外命妇及妃嫔数百人，穿着特制的礼服，从京城浩浩荡荡开往东郊。祭蚕礼毕，每人还要掘土栽植桑树。可怜的张皇后，一个弱女子每年都要四出行祭，身体日渐疲累。一次，亲蚕礼尚未结束，倾盆大雨从天而降，仪式照常进行，张后因感风寒，回到宫中得了一场大病，许久才得康复。即使这样，她也没有怨言。

嘉靖九年十月，世宗将其母蒋太后在藩邸所著《女训》一书出示辅臣及日讲官，内阁大臣心领神会，上言说可颁之皇后及天下，令普天之下女子习教诵读，世宗龙心大悦，于十月十七日亲自颁给皇后，并告于祖考、列圣。几天后，蒋太后将《女训》正式授予张皇后，此后，"皇后日率妃夫人听讲太后前"[2]。世宗又征

---

① 《明世宗宝训》卷4。
② 《罪惟录·列传》卷2《张废后》。

询其母的意见，是否刊刻流传后世？蒋太后自然愿意，当时《女训》开篇已有兴献帝作序，蒋太后亲序其下，但为广传，太后对世宗说："汝其序之，庶可为传。"世宗遵命，盛称其父母"不让唐虞""不独成周"，并说其入主天下，"实由皇考、圣母圣功懿德之所来也"，读之令人作呕。为夺人"口实"，还将《孝慈高皇后传》《仁圣文皇后内训》附上，不伦不类，使人啼笑皆非①。

世宗不放弃任何一个机会，抬高其父母的尊崇地位。张皇后深知世宗的为人，也从不抱怨他。可以想见，张后按时率妃嫔听讲的情景，是多么无聊、无奈又无味。但为了不失夫君欢心，她还是忍了。

然而，令人大惑不解的是，嘉靖十三年正月世宗突然宣布废掉张后。世宗谕礼部说："朕惟阴所以相阳，若地之承天者也。夫为妻纲，妇道曰敬顺而已矣。朕元配既早失，乃因助祀不可无人，列御不可无统，遂进张氏为皇后，恩礼之所加遇特甚，近乃多不思顺，不敬不逊屡者，朕以恩待，昨又侮肆不悛，视朕若何？如此之妇，焉克承乾？令退闲别所，收其皇后册宝，天下并停笺奉行。"②张后突然被废，为明史一大疑案，其真实原因难以弄清，因为未有大臣谏诤等记载。台湾史学家高阳先生认为：张后被废可能是失德而致。他说："皇后母仪天下，立与废皆为大事，无故而废，大臣必争；大臣不争则小臣争，以明朝言路的嚣张，竟看不到为此而争的记载，可知张后确有被废之道，而叙原因，则此原因必为天下臣民所讳。按世宗是个性低能者，而其时宫禁，又非常不谨，如今北平中南海一带的明朝西苑，当时建醮建宫殿，空

---

① 《明世宗宝训》卷4。
② 《明世宗实录》卷158。

地又奉旨都种稻子，工匠、农夫以及供奔走的杂役，川流不息进宫当差，是不是因此而造成了张后的失德，是件颇可玩味的事。"①高阳所论世宗为性低能者，并不确切，纵观其所为，更像性变态者，有关论述详后。高阳所言张后可能失德，更不可能。张后是世宗自己选定的皇后，以柔顺著称，即使世宗是个性低能者，她也断不敢为此，况且后者不是性低能者。再者，当时宫禁尚不紊乱，相对嘉靖后期而言，还是有章法的。世宗讲张后多次不逊不敬，可能与其谏止不杀张延龄有关。沈德符说："十三年（原作十二，据实录改）之正月初六日，忽下诏废（张后）为庶人。时首揆张永嘉（璁），新从里居起，再位首揆，亦不能力诤，而夏文愍（言）为宗伯，最得上眷，寂不闻一言，即台谏亦无一人出疏谏止，亦不以废后罪状告宗庙示天下，但云不敬不逊，侮肆不悛而已。至今后学不解其故。王弇州（世贞）于本朝事极博，独于此事略之。前辈如郑端简（晓）、雷丰城（礼），时俱已立朝，负史才，所著书，并不记涯略。说者谓建昌侯张延龄坐罪当死，昭圣太后乞哀于废后，后乘新正侍上宴，微及其事，上震怒，立褫冠服鞭挞之，斥遣以去。本月初八日即下诏册封德妃方氏为皇后，盖圣心先定久矣。废后事属之建昌侯者，其说似为近之。"②

朱国桢也认为张后被废与张延龄案有关。他说："中宫之废，非小事也，史不著一字，野史亦无及者。童子时，一老儒为言，张后实为延龄兄弟，延龄下狱，昭圣托张后为言，后方有盛宠，乘夜宴，述太后意，上大怒，即褫冠服，予杖，明日下令废斥，延龄竟坐死。考史录日月正相值，老儒之言，其亦齐东野人之类

---

① 高阳：《明朝的皇帝》（下），台湾学生书局1993年版，第484页。
② 《万历野获编》卷3《世宗废后》。

耶！"①朱国桢生于嘉靖三十七年（1558），万历十七年进士，天启时入内阁，著有《大政记》等书。其童子时当是嘉靖末年，可见嘉靖时有张后因延龄被废一说。谈迁说："宣宗废胡氏，宪宗废王氏，俱元后就闲，身后追复，当日幽抑之惊，彤史失详，大抵蛾眉见嫉，绿衣贾怨。至于张后，其迹益讳，如朱文懿（国桢）所云，则修昭圣之嫌，迁其怒也。意此时永嘉（张璁）、分宜（严嵩）、贵溪（夏言）为上所重，引义固争，冀挽万一，而终明之世，俱唯唯，亡谔谔，柱石鲜遂良之强，台谏少道辅之节，顺父斥母，所由来矣。"②认为张、夏等不争，也是惧世宗翻脸而祸及己身。

嘉靖十五年，张皇后抑郁而亡，丧礼视同宣宗胡废后。四年后复皇后原称。

方皇后是世宗的第三位皇后，也是唯一一个江南人，出生江宁。世宗即位将近十年，仍未有子，中外议论纷纷。大学士张璁说："古者天子立后，并建六宫、三夫人、九嫔、二十七世妇、八十一御妻，所以广嗣也。陛下春秋鼎盛，宜博求淑女，为子嗣计。"世宗首肯。十年三月，方氏与郑氏、王氏、阎氏、韦氏、沈氏、卢氏、沈氏、杜氏同册为九嫔，"冠九翟冠，大彩鞠衣，圭用次玉，穀文，册黄金涂，视皇后杀五分之一"。至期，世宗身着衮冕，告太庙，还服皮弁，御文华殿，遣大臣行册礼。册封后，九嫔随皇后朝奉先殿。礼成，帝服皮弁，受百官贺，此为创礼。方嫔端慎不怠，甚称帝意。张皇后被废的第三天，世宗御奉天殿，遣太傅武定侯郭勋为正使，少傅张璁为副使，持节册立嫔方氏为

① 《国榷》卷56，第3495页。
② 同上。

皇后，进封沈氏为宸妃，阎氏为丽妃。按照旧制，立皇后只谒内庙，世宗为隆重其礼，令礼部议定庙见礼仪。群臣不敢持异，考据《礼经》及《大明集礼》，拟定仪注上呈。至期，世宗率方皇后谒太庙及世庙。三天后，颁诏天下，盛赞方氏"出自庆门，首膺贤选，禀资端懿淳良之性，允著德容庄静之美，属当贞淑之求，克应媛仪之简，位先九御，名冠六宫，侍朕既已二载之余，贤实若在一日之谨，不骄不侈，益慎益钦，式立中宫，允符上选"。[①]随后，世宗与方皇后在未央宫受命妇朝贺。

世宗对方后宠眷有加，嘉靖十八年，封其父方锐为左都督，又封安平伯，不久进封侯爵。嘉靖二十一年，方皇后在宫婢之变中救世宗于危难，并乘其昏迷不省时将曹端妃、王宁嫔同宫女一同凌迟处死。事后，世宗了解到自己的宠妃曹氏冤死，遂将仇恨转移到对他有救命之恩的方皇后身上。嘉靖二十六年十一月，方后居住的坤宁宫夜间突然起火，宫门被大火封住。嘉靖帝住在坤宁宫左侧的万寿宫，眼见火势越来越猛，却一言不发。宫人跪请嘉靖帝下令救火，他竟迟迟不发号令。可怜的方后就这样活活被火烧死。据推测，这场火很可能是世宗授意放的，这也是明宫一桩疑案[②]。

方后驾崩，世宗假仁假义，大发慈悲，下诏说："皇后比救朕危，奉天济难，其以元后礼葬。"并将尚未完工的陵寝预名为永陵，谥孝烈，亲定谥礼，比以往更加隆重。礼成，颁诏天下。及大祥，礼臣请安主奉先殿东夹室，世宗不同意，说："奉先殿夹室，非正也，可即祔太庙。"按明朝习惯做法，皇后先死，当葬别

---

①　《明世宗宝训》卷4。

②　（清）陈梦雷编：《古今图书集成·宫闱典·世宗方皇后传》。

处，至皇帝死后入陵寝，再将皇后灵柩附葬其下。当时世宗的第一任皇后孝洁皇后的灵位尚在别处，世宗即欲孝烈祔太庙，"尤亘古所无"。因此，廷臣讨论良久未决。严嵩请设位于太庙东，皇妣睿皇后之次，后寝藏主则设幄于宪庙皇祖妣之右，以从祔于祖姑之义。世宗大怒，责备严嵩说："祔礼至重，岂可权就。后非帝，乃配帝者，自有一定之序，安有享从此而主藏彼之礼。其祧仁宗，祔以新序，即朕位次，勿得乱礼。"严嵩说："祔新序，非臣下所敢言，且阴不可当阳位。"世宗不得已，乃命暂且藏主睿皇后侧。①

　　二十九年十月，世宗令礼部再议孝烈祔太庙事。尚书徐阶、给事中杨思忠二人言不可，其余无人敢言。世宗已预先令内臣侦知廷议之状。徐阶上疏说："后正位中宫，礼宜祔享，但遽及庙次，则臣子之情，不唯不敢，实不忍也。宜设位奉先殿。"②世宗大发雷霆，徐阶只好改口，会同廷臣上祔庙仪注。两年之后，杨思忠上表贺正旦，世宗故意挑剔，将杨廷杖一百，黜为民。世宗如此为孝烈在太庙中争牌位，并非是对孝烈之爱意，实际是借此为睿皇帝入太庙做永固之策。查继佐说："盖是时帝以睿考入太庙，非臣子公论，恐千秋万岁后所祧主或非仁宗，而在睿考，故欲后先祔。"③沈德符认为，世宗如此过举，在于厌弃孝洁，恐他日孝洁居元配之位，"故预为之谋，其心苦矣"。④孝烈祔庙之议，距大礼议之争已二十余年，廷臣无有死谏者，可见士风日下，以保禄位相尚，其去嘉靖之初甚远。隆庆初年，穆宗从礼部请，将孝烈神

①　《明史》卷114《孝烈方皇后传》。
②　同上。
③　《罪惟录·列传》卷2《方皇后》。
④　《万历野获编》卷3《皇后祔庙之礼》。

主移至弘孝殿。

三位皇后都没有给世宗留下子息，一个被踢死，一个被废，一个被烧死，皆不得善终。世宗暴戾异常，像魔王一样摧残人的生命。皇后是与其最为亲近之人，但世宗或把她们视为生儿育女的工具，或作为羔羊，毫不尊重他人的人格。三位皇后皆柔顺、谨慎，但都罹祸而终，可见世宗是个暴君。他没有爱情，也十分孤独，没有人敢于接近他，即使是他的妻子也是如此。明朝皇帝中，他的后妃最多，见于史册有封号的就有60多个，他拥有她们的肉体，但他无法在佳丽心中留下美好的印象，哪怕是短暂的一瞬。他毫无人性的诸多做法，使其注定只能是一个精神乞儿。

二、巡幸承天

世宗位居九五，但猜疑心极重。其母蒋太后病故，他怀疑是伯母张太后所为，他甚至怀疑张太后要加害于己，因此对后者采取十分非礼的手段摧残之。

早在兴邸时，世宗就对张太后很反感。这与当时流传颇广的传闻有关。成化二十三年（1487），兴济（今河北青县）人张峦的女儿被选入宫，成为太子朱祐樘的妃子。几个月后，宪宗病故，太子即位为孝宗，太子妃张氏做了皇后。张皇后出落得如出水芙蓉一般，而且很会迎合帝意。后宫妃嫔众多，但孝宗却专宠张皇后一人。张峦因贵为国丈，封为寿宁侯。可惜，张国丈福分浅，封侯几个月就一命呜呼，侯爵之位由其子，即张皇后之弟张鹤龄承袭。弘治十六年，皇后的另一弟弟张延龄也进封建昌侯。弘治年间，孝宗优礼外戚，鹤龄兄弟有其姐姐做靠山，骄横恣肆，侵夺民田，草菅人命，数次犯法，朝中官员虽有弹劾，但多获罪而去。弘治末年，张皇后擅宠，六宫不得进御，且自武宗生后，立为皇太子，孝宗无有第二子。京师遂传言说，太子非中宫（张皇后）所生。此前，有武城尉军余郑旺之女，通过高通政进献给孝宗。至此，郑旺勾结内侍刘山，散布流言，说其女名郑金莲，现在太皇太后周氏宫中，她就是东宫（武宗）的生母。孝宗闻言大怒，将郑旺、刘山逮捕论斩。不久孝宗死，武宗立，郑旺得赦免死罪。《治世余闻》记载说：据郑旺招供，他是坝上人，有女儿选入宫中，近闻生有皇子，现在太后宫中，所以自己常来西华门送些时鲜瓜果给宫中，通过黄女儿送进，宫中常将旧衣服等送出。郑旺因此向乡里夸耀，说自己已是皇亲。此事很快被缉事衙门访获，孝宗令将黄女儿送浣衣局，将郑旺发落，刘林处决。此案记录在刑部福建司。弘治十八年五月，武宗登极大赦，刑部尚书闵珪将郑旺放出。沈德符认为，《治世余闻》为当时人目击其事所纪，较国史更为确实。他认为郑旺既是罪魁，何不加刑？此其一大疑点。可能是孝宗知郑旺冤屈，闵珪尚书也意在此，故不加杀害，但又为中宫（张皇后）所制，不能不有所惩处，因而暂且拘押不决①。按此说法，张皇后是夺人之子，据为己有，并诈称己出。正德二年，闵珪罢归，屠勋代其为尚书。郑旺旧事重提，并同乡人王玺擅入东安门，声称要向武宗奏明国母（指郑金莲）被幽之状，武宗令刑部审理，再谳，郑旺仍不服。许久，始成狱，郑旺被正法。武宗非张皇后之子一案，虽以郑旺被处死结束，但此种说法传入各地藩国，一时人皆信之。正德十四年，宁王朱宸濠反逆，移檄远近，文中有"上以莒灭郑，太祖皇帝不血食"之语，也是附会郑旺的话，昭张太后之罪。至于郑金莲，编修王赞教内侍书于司礼监，"亲见其红毡裹送浣衣局，内臣皆起立迎入，待之异常"。后来的情况已不可考。②

　　明武宗生母究系何人，今已无从考稽，但传闻却有碍张太后的声誉。世宗以孝著称，因此事对张太后早有恶感③。世宗生母入京后，张太后仍以藩妃礼待之，世宗很不高兴。世宗几次朝见，张太后以定策迎立有功，待之倨傲不礼，久之，世宗以怨报德，终成嫌隙。嘉靖三年，世宗为其母蒋氏生辰大开筵席，朝廷命妇

---

① 　《万历野获编》卷3《郑旺妖言》。
② 　同上。
③ 　同上。

络绎朝见，连续三天热闹非凡。数日后，张太后寿辰，礼官请求依例照办，由皇帝率大小臣工，在云和殿摆筵为太后祝寿。世宗一口回绝，命免命妇朝贺，取消一切仪式。世宗厚亲生母而薄伯母的做法引起许多人的不满，修撰舒芬疏谏，被夺俸。御史朱淛、马明衡、陈逅、季本，员外郎林惟聪等先后上疏谏诤，皆得罪。生辰之日毫无庆贺仪式，对张太后是一次强烈的刺激，她难免会发发牢骚。世宗耳目最多，听到后益加怀恨在心。数年后，张太后居室着火，世宗将其安置于狭小房中居住，并以恤民疾苦为借口，停止重新修缮工程，张太后心有怨气，面露不平。

世宗仍不满足，他在策划着更大的报复阴谋：他要以谋反罪族诛张氏。嘉靖十二年九月，张延龄有罪下狱。早在正德十年，延龄奴仆曹祖以擅长占卜闻名，其子曹鼎又善幻术，与延龄交结颇深，外人以为曹鼎与延龄谋为不轨，为避祸自全，曹祖告发此事，武宗令东厂逮讯。然而，廷讯前一天，曹祖仰药而死，一时人言纷纷，说曹祖之死为延龄所害。曹祖死后，查无实证，谋反案不了了之。不久，指挥司聪欠延龄钱，延龄逼之甚急，司聪不得已，找到天文生董昶之子董至商议其事，二人企图重提曹祖告发谋反事，迫使延龄行贿，并作私了欠钱之事。延龄知道情况不妙，于是将司聪秘密杀害，并令司聪之子司昇焚烧父亲尸体，还将司聪所欠钱款字据当面撕毁。司昇慑于延龄威势，嗫不敢言，而常骂董至。董至怕事情败露，遂于嘉靖十二年七月上疏攻讦延龄，具陈其诅咒怨望、大逆不道、杀害良民之事，并出具佐证数条，事下刑部审理。刑部尚书聂贤以议亲论，主张减刑末罚。世宗正对张太后衔之次骨，见董至之疏，欲族诛张氏。而聂贤以议亲论，世宗大怒，说："逆谋岂有成否耶！"将延龄打入大狱，聂贤夺俸。

　　张太后见世宗要大开杀戒，且祸及自己的亲生兄弟，于是顾不得体面，以贺皇子降生之喜为名，请面见世宗，世宗知其来意，便以生子乃平常事相拒绝。张太后又派人再请，世宗仍不允。太后无奈，自己解开头发，穿上粗布衣服，坐在草席上，乞求皇帝赦免。宫中及朝廷多数人对张太后深表同情，但慑于世宗的淫威，谁也不敢替张太后辩理。另有一些人因大礼议受挫，气愤难填，希望世宗族诛张氏，以让皇帝留下杀伯母的千古骂名。

　　张氏兄弟罪恶不小，但在孝宗、武宗朝，皆经皇帝下旨宽免不问，既往不咎，张氏兄弟也有所收敛。世宗为泄私愤，一口咬定张氏兄弟图谋不轨，要加害于他，故三番五次令法司速决，并令大学士张璁草谕旨，要族诛张氏。张璁此时已是第四次入阁，对世宗恩威莫测的性格已领略多时，但出于道义、职责，置个人荣辱安危于不顾，冒死数次谏诤，世宗仍不从，并令将张太后所居仁寿宫内侍人员，全部更换，实际是变相软禁。张璁提出，更换内侍也可，但须择老成谨慎者，此也可"庶免间惑皇上，孝养之诚，日益加至，如此则两宫欢欣交通，九庙之灵无不鉴临者也"①。世宗得疏大怒，说："今之天下，皇祖之天下，天下（人）之天下，非今日君臣所能创立，朕虽弱昧，昔奉皇天命，承皇祖统绪，不得不为之保神器、正纪法，今如欲不问，亦自卿等，行之来世，必有通贼之毁，不必待朕责也。"张璁上疏指出：当武宗弥留之际，昭圣张太后操权，张氏兄弟威势盛于内外，彼时纷乱未定，太后定策迎立陛下，彼时如此，今大统已定，人心归服，安能有谋反之事？况且，今内外大小臣工，俱默默无言，虽言官亦无敢言孰是孰非，实欲昭圣皇太后不得善终，以深皇上之

────────────

① （明）张璁：《谕对录》，（明）沈节甫：《纪录汇编》卷10。

过。臣又思皇上对此等谋逆之证据，皆未知出于何人，或彼一时不思干系国家宪典，或出一时报复之私。如谋逆之狱成，则当行族诛，不知何以处昭圣皇太后？张璁辩理，于情于理皆难驳倒，世宗览疏，恨恨地说："今日又得卿等屡爱重囚烦奏，自古强臣令君一矣。夫杀了张延龄，张鹤龄必反，此朕之待也，卿（方）献夫说，不知何人导陛下为此失德之事。夫延龄以母后亲家，却要篡位，朕杀之，法也、义也，分也，何谓失德？况又引大礼人伦，莫非孛敬已悔，当初应顺从杨廷和吗？"言语中露出一股杀气。张璁仍不畏惧，力争再三，世宗不得已，暂将方献夫罢归。[①]十月辛巳日，星陨如雨，皇子卒。御史郭宗皋上疏："皇上敬天之心，无间瞬息，值此异变，不知当何如恐惧，何如筹度，思防患于未然。比见万几出入，不惩常度，知圣人之心，不滞于情，非凡近所能测识，谨冒死上言。天变之生，或兆或应，莫知其端，惟在人君反躬自责，侧身修行，为得其要耳。伏乞皇上勿以目前拂逆之事为足应而图之于远，勿以前人附会之说为足信而求之于身，益广包涵遍复之量，益降谦冲虚受之德，益崇易简宽平之政，如是而犹有傥来之患，臣未之信也。"疏上，世宗以其疑君欺上，令重处。[②]然而，皇子之死，星变之巨，世宗不能不有所警惧，令将张延龄关入狱中，将张鹤龄夺去侯爵，降南京锦衣卫指挥同知，闲住。

　　嘉靖十五年十月，时张璁已罢归，张延龄也在狱中关押三年有余。言官先后上疏，请宽宥延龄罪。世宗不听，每天派内侍昼夜窥伺延龄动静。延龄曾题《圣学心法》曰："君道不明，赏罚奸

---

① （明）张璁：《谕对录》，（明）沈节甫：《纪录汇编》卷10。
② 《皇明肃皇外史》卷13。

人。"时同狱有刘东山被押，不受刑枷，主事罗虞臣强令其戴枷。东山于是上疏，诬奏罗主事党逆，并说延龄贿赂边将王禄等人，以为外援；其妻崔氏动"引宫闱为言"，毒魇咒诅圣上，并盗内帑金宝，买通慈庆宫侍人，至相与为巫蛊。所株连者有定国公徐光祚、京山侯崔元等上百人。世宗令将所有人等逮入狱，下镇抚司拷讯；谴责法司纵囚，先后任刑部主事者，二十余人一并下狱。此时，又有奸人刘琦恫喝鹤龄，诬称张氏兄弟收买太监，通大内，并贿真人邵元节，收买边将王禄等人，酿患叵测。世宗令严加拷问，近千人无辜受刑。锦衣都指挥使王佐表面厚待刘东山，遂得东山诬陷实情，坐刘东山戍边。[1]至此，"谋为不轨"案似乎应该结案，但世宗以延龄怨望诽谤罪论辟，鹤龄自南京囚枷入京，不久死于狱中。

世宗并不罢休，再次玩弄伎俩：他不但不治刘东山诬陷罪，反将其放出，并赐给田宅，"以彰其能发奸也"。东山有世宗作靠山，更加肆无忌惮，"一时威震京师，爪牙遍都市，流毒里巷，出乘大马，旗尉前拥，从骑数十，驰道不避公卿，公卿耻遇，托径他往"[2]。御史陈让素恨东山，其巡视东城时，正巧东山与其父刘孜因争一妓女相仇，东山挽弓射父，刘孜逃到母舅沈云家中，为邻里告发，陈让将刘东山逮捕，京师人骇愕，说陈御史将有大祸。陈让无所畏惧，将刘东山送交法司。东山知自己所犯罪重，便故伎重演，诬称陈御史娶妾杜氏，是延龄戚属，与延龄交结甚密。陈让是嘉靖十年（1531）泉州解元，十一年进士，廉直有声。东山测得世宗知陈让名，故上疏只说陈御史，世宗不知是陈让，令

① 《国榷》卷56，第3534页。
② 《国榷》卷56，第3553页。

下狱。东山又怕将来真相大白，欲杀人灭口，前往狱中殴之，赖狱卒救护，陈让不死。数日后世宗问大学士李时说："几日何不见御史陈让言事也？"李时以实相告，世宗令复陈让官，籍没刘东山家产，并杖死之。延龄家产也已籍没，囚禁延龄如故。①

正当世宗对张氏兄弟大张挞伐之时，世宗生母蒋太后于嘉靖十七年十二月病死。诸书不载死因，沈德符说是服药死，并说："上疑昭圣为巫蛊，欲行大事，非李文康以死捍诏旨，几如唐宣宗之于郭太后矣。"②意思是世宗怀疑其母之死，为张太后行巫蛊为之，故欲问罪张太后。蒋太后死于十二月初四日，十二月十六日大学士李时病故，谥文康。沈德符所记李时力争事，他书未见记载。

蒋太后病逝的第二天，世宗令礼部等议大行皇太后合葬礼。在此之前，世宗在大峪山为自己兴造万寿陵，其母既死，世宗谕礼、工二部曰："大峪山在成祖长陵之西南，林木茂郁，冈阜丰衍，别在诸陵之次，实为吉壤。朕欲奉皇考山陵迁祔于此，其详议以闻。"③同一天，世宗又谕礼部说："兹事重大，不可缓。其即奏遣重臣，于天寿之大峪山建造显陵，一面南奉皇考梓宫来山合葬。"④随后，世宗命京山侯崔元为奉迎礼使，兵部尚书张瓒为知礼仪护行使，太监鲍忠为奉侍，往祭显陵。同时派太仆寺少卿蒋应奎前往仪真督采木材。二天后，又任命武定侯郭勋知山陵建造事，大学士夏言、顾鼎臣同知山陵建造事。十三日，世宗身穿素服，率群臣亲往大峪山相度山陵。迁陵之举已在紧锣密鼓的筹备中。

---

① 《国榷》卷56，第3553页。
② 《万历野获编》卷3《世宗废后》。
③ 《明通鉴》卷57。
④ 同上。

世宗车驾出京师时，直隶巡按御史陈让上疏谏诤迁陵，他说："合葬之举，出自陛下诚孝之一心。然臣谓献庙幽宫，龙穴极美，臣意其中生气含结，必有紫茜点血玉液垂珠之祥，故佑陛下以协在宥也。《礼》曰：'葬者，藏也。'今出圣考于母孕之地，如取之于其胎也，虽梓椁重封，能无疑哉！^①古人事死之礼，先庙而后坟，重魂而后魄。臣以为宜奉睿宗遗衣冠与章圣皇太后合葬于大峪山，又以章圣皇太后遗冠帔奉以合葬于显陵，如此则体魄不动，陟降有归，仁之至，义之尽也。"^②疏入，世宗以其阻挠成议，又分兴献帝、后灵体，立黜为民。但是，陈让所言动灵气之说，世宗颇为心动。^③自大峪山归来后即变前说，对辅臣说："迁陵一事，朕中夜思之，皇考奉藏体魄将二十年，一旦启露于风尘之间，撼摇于道路之远，朕心不安，即皇考亦必不宁，圣母尤大不宁也。今欲决以礼之正，情之安，莫如奉慈宫南诣，合葬穴中，其令礼臣再议以闻。"^④

世宗在迁陵一事上犹豫不决，承天方面回报说"显陵不吉"，世宗决定亲诣承天，周阅卜兆，九卿大臣许赞、吕柟等上谏，世宗答说："朕岂空行哉！为吾母耳。"给事中曾烶、御史刘贤、郎中岳伦也先后上谏。岳伦同听选岁贡陈良弼上疏中还说："陛下之孝，当在于爱养斯民，不在乎躬亲送葬之末。"世宗闻言大怒，将二人下锦衣卫逮治。同年四月，南北直隶、山东、陕西、福建、湖广数省，遇多年罕见大旱，饿死民众数10万人，流入京师的饥民也达10余万，户部上报，请令大兴、宛平二县分地查核，录

---

① 《国榷》卷56。
② 《明会要》卷17。
③ 《国榷》卷56，第3564页。
④ 《明通鉴》卷57。

名呈报，每人发太仓米3斗，强令遣返回籍。给事中曾烶等上疏说，各路俱有旱灾，顺天、永平更甚，饥民闻有大工程，匍匐就役，今饿死城隅者，每天数10人，通惠河两侧，死尸枕藉，请急发内帑救恤①。在此之前，谨身殿发生火灾，御史何维柏上疏指出，今天下之务，"则莫急于节一己之欲，以得天下之心，数年以来，灾异叠见，居者多菜色，劳者填沟壑，流离困苦，无所控诉，边储帑藏，内外告竭"②。灾荒饥馑之余，北方俺答时率蒙骑侵扰边关。世宗置国家安危于不顾，视百姓倒悬如儿戏，不惜一切代价，准备南巡。世宗念边防不靖，命兵部大臣总督戎务，并于十八年初起翟銮为行边使，带国库银50万两先行一步，沿边安抚将士。二月初，立载壑为皇太子，颁诏实行大赦，并打铸"巡狩天下之宝"等11颗御宝。又命咸宁侯仇鸾、东宁伯焦栋为左右副将军，扈行，翊国公郭勋摄中军，佩都护将军印，成国公朱希忠副之，参将任凤、赵卿为左右先锋，皆颁给印信。随从大臣有大学士夏言；各部尚书：吏部许赞，礼部严嵩，户部李廷相，兵部王廷相，刑部杨志学，工部蒋瑶。另有方皇后等后宫人员近千人。为保证经费供应，世宗命户部侍郎高韶携郎中6人，带白银30余万两，并明确指出"途中供亿，勿令缺乏"，"每同署官各一，备列供需事目，以速关发，纤悉俱备"。准备可谓十分充分③。

然而，也许是苍天有眼，世宗南巡极不顺利，不但多遇异变，而且险象环生，世宗险些丢了性命。二月十六日，浩浩荡荡的巡狩队伍从京师出发，刚出宣武门，世宗忽大发悲情，在御辇上作《述怀诗》一首，哀慕其母：

---

① 《皇明肃皇外史》卷18。
② 《皇明肃皇外史》卷17。
③ 《皇明肃皇外史》卷19。

昨岁深冬候，朕偶触寒伤。

卧病旬日间，母疾正思量。

思量何时安，已越三载长。

忽于一夕中，慈命儿来望。

我望此一见，念汝体未康。

今我度莫起，诀焉隔存亡。

朕病未尽除，闻命神魂扬。

果不见慈安，遽罹此凶殃。

心肝濡苦痛，摧裂并肺肠。

急召二三臣，大事须赞襄。

初敕迎严体，衷情甚惶惶。

再命送慈躬，此心复忙忙。

必欲亲审视，庶几万世昌。

万世获昌利，是慰二亲方。

乃严谕臣民，知我非漫行。

奏告天舆祖，旁祈神祇匡。

吉旦涓乙卯，肃驾楚南张。

神京北顾处，仰赖有穹苍。

勿谓储闱弱，天赐必元良。

此心不必忧，但愿守者藏。

世宗此诗写得颇为工整、动情，备述巡狩缘由及驾发时的心情。"神京北顾处"几句，写得尤好。当时太子仅4岁，还是一个不懂事的孩子，何能担当监国重任？但尽可以放心，有顾鼎臣等大臣辅佐。

世宗刚吟完诗，还沉浸在忧思中，忽有军卒孙堂闯入御前。

因子夜出发，此时天还未大亮，侍卫以为是有人行刺皇上，故如临大敌，将其拿获。经审问，方知是谏南巡，孙堂说沿途治行幄，劳苦吏民非便。世宗受了一场虚惊，立即下令将其打入狱中。[①]次日，车驾进入顺天境，百官候迎，治中潘璐因晚到片刻，被下锦衣卫狱。二十二日行至真定，世宗望祭北岳恒山。世宗在出发前，曾对礼部说："朕经过道途，凡有附近岳渎及古帝王圣贤祠墓，预奏遣祭。"因而到真定行祭。[②]二十四日抵岳州，世宗刚安歇，忽闻行宫外有号泣之声，撕肠裂肺，左右将其挟到御前，乃是含冤告状者，世宗怒，将其下狱。二十六日，车驾至赵州、临洺镇，行宫二次起火，知州范昕被罚俸半年，守吏被逮捕。

　　二月三十日，大队人马走到河南卫辉（今河南汲县），突有一阵旋风袭来，在御驾前旋转，仪仗侍从被吹得帽落旗飞。世宗对灾异一向信服，连日来行宫起火及御前惊扰，已使他心绪烦乱，今又有旋风卷御驾，他大惊失色，忙将随行的道士陶仲文唤来，问旋风绕驾主何灵异，陶仲文故作姿态，仰天凝视，左右察看，许久才慢悠悠地说道："此乃雷神示警，今夜必有火灾发生，陛下要加意防范。"世宗令有司严加防护，不得有误。到了夜间，劳累了一天的世宗已在行宫里安睡。突然，宫中火起，世宗大惊，左右乱窜，竟找不到门在何处。世宗眼泪直流，心想：莫非朕气数已尽？想到此，反而镇静了许多，不再乱跑。这时大火越烧越旺，宫门已被封住，锦衣陆炳奋不顾身，爬进御宫，将世宗背起冲出火海，世宗才保住性命。次日凌晨，查验灾情，宦官、宫女死十余人，法物宝玉全部烧毁。世宗命左都御史王廷相检括遗物，三

① 《国榷》卷57，第3570页。
② 《皇明肃皇外史》卷19。

日后才离开。此次大火十分蹊跷，有的记载说，是因宫人将蜡烛燃烬，烧至帏帐，宫人熟睡，没有发觉，遂延到御寝；也有人认为是陶仲文指使手下人所为，以证实其法术灵验。[①] 世宗险些丧命，自然要追究责任，因起火缘由调查不清，只好拿地方官出气：督理兵部右侍郎张衍庆、河南巡抚易瓒、巡按御史冯震、左布政使姚文清、按察使庞浩、左参政乐濩、佥事王格等全部下诏狱，廷杖后削籍。卫辉知府王聘、署汲县事侯郡二人更为不幸，被缚执御前，带上锁枷，随御驾示众，直到承天，才将二人杖戍。[②]

御驾前，二官吏戴刑枷示众，为南巡大典增添了许多不和谐音符。三月一日，世宗渡过黄河，接近湖广境，一时又诗兴大发，作《渡河赋》一首：

> 遥出神京千里余，道经河渎驾六鱼。
> 昔年绛服承先诏，今日黄袍抚四舆。

岁月如梭，遥想18年前，自己还是未满15岁的世子，身着深红色绛服，承接武宗遗诏，入即大统。18年后的今天，自己以人间至尊，衣饰黄袍，令天下臣民伏地叩头，使万国来朝。自得意满之情，溢于言表。越近故乡，世宗的心情越发激动。三月八日，车驾至承天边境，世宗令快马飞书，督促各留守官员速完大峪陵工。九日，世宗驻跸丰乐河，亲笔金书"龙飞旧邸"等24个牌额，令张佐来悬挂于旧邸及显陵门等处。十一日，车驾入阳春门，晚宿于旧邸卿云宫。十三日，世宗率群臣拜登纯德山。世宗走下

---

① 《国榷》卷57，第3571页。
② 同上。

御辇，叩头，乘玉麟宝马登陵山，在显陵周围察视许久，又亲自占卜数次，可能是显陵地势胜美，或者卦象有喜，世宗龙颜大悦，一改多日阴冷之色，亲作《纯德山喜而自得之诗》：

> 南幸湖襄地，陵寝切衷肠。
> 周视亲园内，回旋四五冈。
> 茂茂铺菌厚，森森列障长。
> 龙高生意广，虎伏世传昌。
> 抱怀罗玉砌，缭绕布金墙。
> 黝宜土色壮，允矣称玄乡。
> 拔耸戒夷险，平坦免蹉防。
> 镇静资山祇，尊安奉先皇。
> 自是神灵悦，屡致朕心量。
> 为此自得吟，庶几永不忘。

十六日，世宗在龙飞殿祭告上帝，恭奉献皇帝配享。十八日，世宗亲自规划显陵玄宫工程，敕地方官说："显陵之建有年，自朕入承统嗣，瞻望亲园，每兴感怆，比因慈驭升遐，朕心皇皇，故南比之议久焉未决。今朕躬视纯德山，皇考神寝之制置已详，当恭奉皇妣梓宫合葬于此，是为万世永永之图，所有二圣玄宫宝城，宜遵照今降图式建置，并旧邸宫殿宜加修葺，刻期完工，俾朕早襄大事。"当天，世宗又降旨，令建元祐宫。[1]二十日，世宗在龙飞殿接受文武群臣朝贺，并颁诏天下，阐述治天下以孝为本的道

---

[1] 万历《承天府志》卷2，《日本藏中国罕见地方志丛刊》，书目文献出版社1990年版。

理，免承天府田租三年，湖广免五分之二，直隶河南免三分之一，决定三月二十三日回京。朝见仪式结束后，世宗设宴群臣及地方父老。经再三挑选，承天府144人得到皇帝赏赐，每人米四升，肉三斤，酒一瓶。[1]世宗还命礼官宣谕百姓说："说与故里的众百姓每（们），我父母昔在孝宗皇帝时，封国在这里，我父母积许大的德行，生我承受天位，今日我为父母来到这里，你每（中）也有昔年的旧老，也有与我同后生者，今日一相见，但只是我全没德行，父母都上天去了，这昔情你每也见么？我今事此回京，说与你每几句言语：各要为子的尽孝道，为父的教训子孙，长者抚那幼的，幼的敬那长的，勤生理，作好人，依我此言语，况我也不能深文，这等与你每说，以便那不知文理之人，教他便省的，你每可记着。"[2]众百姓山呼万岁。当天夜里，世宗就寝于显陵。次日，作《再阅显陵小歌》：

> 茂茂兮，纯德山！
> 葱葱兮，王气接云霄！
> 卜兆允兹吉且丰，屡视慎秋毫。
> 恭惟皇隧既孔安，伊何必复嘈嘈。
> 祗有思亲独苦心，几番血泪洒黄袍。

三月二十三日，世宗拜别了安卧于纯德山中的父亲，离开了生于斯、长于斯的湖广安陆，与承天的父老乡亲告别，踏上返回京师的路程。他知道，这一别很可能是永别，故乡的土亲，人亲，

---

[1] 万历《承天府志》卷2，《日本藏中国罕见地方志丛刊》，书目文献出版社1990年版。
[2] 《明世宗宝训》卷3《圣孝四慎终》。

情更浓。回眸一望，承天已渐渐从视线中消失。世宗感慨系之，作《思恩赋》一首。二十六日渡汉江，世宗赋诗二首：

> 旧邸承天迩汉江，浪花波叶泛祥光。
> 溶浮滉漾青铜湛，喜有川灵卫故乡。
>
> 陵园南来三月初，双亲欲奠孝躬舒。
> 讫事出封凝目处，临邦迥绕汉江渡。
> 流波若叶千叠茂，滚浪如花万里疏。
> 谁道郢湘非盛地，放勋宏德自天予。

四月初二，世宗回抵荣泽。时钧州至河大饥，野殍相望。学士陆深劝巡抚都御史胡缵宗请赈济饥民，胡巡抚慑于帝威，"唯唯"不敢请。等到世宗登船济河，大学士夏言及京山侯崔元一同上请，世宗见路上啼号相续，为之动容，命发白银二万两赈饥，又问："能活万人否？"夏言奉命传示帝德。当天夜间，世宗下榻良乡琉璃河离宫。[①]四月十五日，世宗自宣武门入京，群臣 1 142 人失迎，罚俸有差。至此，历时整整两个月的南巡大典结束。

然而，事情远没有完结。谈迁说：南巡时"中原饥甚，一时供亿之苦，有郑侠所不忍绘者，乘舆甫驾，劳扰半天下。然孝思所迫，虽疲民勿恤也。或曰，上有书锦之意，非所敢出矣。"[②]南巡只解决了祔葬问题，更大规模的工程还在后面。

回到北京后，世宗决定将兴献太后梓宫南祔显陵，同时改承

---

① 《皇明肃皇外史》卷19。
② 《国榷》卷57，第3571页。

天府为兴都，设留守司统领显陵、承天二卫，令地方官加紧兴都各项工程建设。大峪山工程同时宣布停止施工。五月，由礼部尚书温仁和等人护送兴献太后梓宫，由会通河南下。七月，葬献皇后于显陵。此后，显陵工程成为最重大的工程，因经费过多，引起朝野关注。御史谢九仪上修陵五事：核实效以图久远；查帑银以充工费；专顾募以寓赈济；禁包揽以祛奸弊；稽供应以杜侵欺。世宗下诏令工部议行。[①]嘉靖十九年二月，清军御史姚虞上《流民图》，对世宗最为看重的显陵工程倾害湖广百姓之状，言之颇详。他说：

> 今承天府修建陵宫及阳春等门，其工作匠役，俱官为召募，故郧阳、襄阳及河南饥民，皆来就役，欲资口实，携妻褓子，不下万计。而匠作有额，不能容收，屯聚饥饿，积尸载途，虽有司次第掩埋，而死者相继，枕藉犹多。其尚存者，或鬻子捐妻，或剥木掘草，或相向对泣，或矫首吁天，犹可言也。及其父不顾子，夫不计妻，飘零于阴风积雪之中，匍匐于陨垣荒垄之下，臣实掩鼻酸心，抚膺流涕，有不忍言。夫承天陵寝之地，二圣妥灵之所，而流民死亡，凄号万状，二圣之心，亦必有所弗安矣。臣不能尽述其状，谨命工为图一十有二，不避斧钺之诛，敢效郑侠之献，伏望圣明垂览，从宜赈恤。

户部讨论，令开郡县预备仓，每人给米3升，强令回籍。世宗"从之"①。然而，芸芸众生的性命终究是微不足道的。世宗忧念自己父母的尸骨为风寒袭扰，可是，百姓的生命他顾念过吗？自恃血统高贵而蔑视普通大众，在他看来，其所遗一毫一发也比民众的生命宝贵。就在姚虞上《流民图》的几天后，世宗命大营兴邸。督工太监袁亨预计，仅修筑世子旧邸宫殿即需银469 087两，移文监督侍郎顾璘转咨巡抚陆杰。陆杰是地方官，不能不据实上报，他说："湖广连年水旱，民困已极，况大工重费，自非一方之所能办，乞行开纳事例，令天下郡邑，凡输纳者，俱赴璘处收贮，以备支用。"世宗颇不耐烦，交工部议行。②同时修筑的工程又有沙河离宫城池、西苑仁寿宫等近20处。三月初，言官朱宪、金灿等上疏，请停不急工程，世宗大怒，说："朝廷一小举动，则行渎扰，姑置不问，俟讫工日治罪。"据工部尚书温仁和同年五月的奏报，承天近日所请，170余万两。③可见费资之巨。钟祥县百姓至今仍流传着一首民谣：

> 皇陵显陵真豪华，琉璃耀眼雀难蹋。
> 埋了圣主仅二个，死了百姓无数家。
> 一块砖瓦一滴血，子子孙孙莫忘它。

当地人还流传说：显陵修建时，殉葬财宝无数，惧知情者盗墓，惨埋多人于坑中。所用木料，皆是纹理细密不生虫而又耐潮的楠木。烧造砖瓦遍及各地，现在陵园城墙所筑的砖，还能看到九江、安庆、荆州府县的烧砖戳记。显陵规制，极为壮观。墓地

---

① 《皇明肃皇外史》卷20。
② 同上。
③ 同上。

周围二里多，从陵园大门到陵墓宝城，有长达1 300多公尺的神道，有新红门、旧红门和碑亭等。从新红门起有五道单孔石桥，每道并排三座桥。棱恩门前，有砖砌的九曲河，八九道湾，流入莫愁湖。神道两旁耸立着石华表，高12米。还有石象生，现可看到的有石狮一对、石獬豸一对、石麒麟一对，石骆驼、石卧马、立马各一对，文武官员二对。在6柱3间石牌坊之前，紧接着为棱恩门3间，东西朝房、棱恩殿五殿。殿后为明楼。恭睿献皇帝之陵丰碑矗立入云，远可望之。附设的果园、菜园、守陵卫所，一应具备，今已呈断壁残垣之景①。兴献帝后的功德及世宗为其父母所建造的"丰碑"人们似乎已经忘记，只记得它是用数10万百姓的生命铸成的。

---

① 参见单士元:《故宫札记》，紫禁城出版社1990年版，第303页。

三、宫女缢君

世宗扰掠半天下，耗尽无数民膏民脂，始完成其南巡大典，随后合葬兴献帝后。在世宗看来，圣孝之举已襄其半，平生之愿已足，接下去便是如何尽享人生之乐了。

世宗南巡，还有一个重要目的，即登龙虎、九华等山求道。后因行宫几次大火，加之黄河水流湍急，在方皇后等劝阻下才未果。但他仍不死心，问随行的陶仲文嵩山上有什么高行道士。陶仲文派人请来一名高年道士蓝道行。世宗一见蓝道士，便惊讶不已，称慕再三，老道虽有八十多岁，却仍健步如飞，毫无老态。嘉靖帝不会放过这一机会，向他求教修炼和长寿的秘诀。蓝道士讲：修炼必须清心寡欲，皇上日理万机之余，可采用静坐方法，澄清意虑，故谓斗室之内，也可修炼。臣处深山之中，毫无牵挂，每日早起，受旭日之光华，渴饮天庭玉露，故精沛气足，肠胃清洁，胸无积滞。若说长寿秘诀，只有依此法坚持不懈。世宗觉得蓝道士的话极有道理，于是封他为纯一真人，厚赐遣返。

世宗回到京师后，情绪极不好。在南巡途中除上一节所述惩罚众人外，还有20余人或下狱、或罢官、或谪戍，如：彰德知府王旗因失朝下狱；保定巡抚陆钶、直隶巡按王应因供具不备削籍；御史桑乔因以疾辞顺天巡按职，被下诏狱，戍九江并死于戍所；前朝大学士贾咏因失朝革去散官；吏部尚书许讃因推调官不称旨，罚俸二个月，郎中以下罚俸六个月；户部尚书李廷相、礼部左侍郎张璧、詹事陆深，因失送亲王被降俸二级，科道官罚俸二个月；守制学士廖道南献《南巡江汉赋》及《景云颂》四章，世宗始悦，命行在光禄寺赐酒食，随后发现其居丧期以"绯衣朝帝"，命夺官不叙；学士张治扈从后期，镌俸二级；礼部郎中白悦、皇甫涍，因迁官不扈从，谪白悦为永平通判，皇甫涍为大名通判；湖广左布政使徐乾、按察使吴允禄因私自拜会御史胡守中，下镇抚司狱；河南参政张思聪、副使胡廷禄、陈逅，南阳知府王维垣被削籍；叶县知县李浦分迎各扈从官，因劳民削籍；回京时群臣因失迎，有1 142人被罚俸；礼科给事中戴嘉猷疏请回銮，世宗途中得之，判为忤旨，连同前南京都给事中曾埏、右给事中周琉、给事中谢廷蓝一并下镇抚司狱，谪戍。其他如户部侍郎高韶因"供亿不足"夺俸半年；夏言因不称旨罢官①；等等。许多降罪理由颇为荒诞，可谓欲加之罪，随心所欲。与此相反，查阅《万历承天府志》卷2《龙飞记》、《皇明肃皇外史》卷19、《明世宗实录》卷221—223，以及《国榷》《明通鉴》等书，均不见晋官予赏之事。这说明，世宗精神状态已极端不佳，近乎崩溃。而之所以这样，或因母亲病故，悲痛不已；或因怀疑其母被张太后害死，而无从查据，拿他人做出气筒；或因长期服用刺激性药物致神情不稳；或因黄袍回故里，刑罚以示威严；等等。更大的可能是几种因素并存。

　　世宗把悲痛与怨恨的情绪带回了京师。他还深信蓝道行等"静摄"之说，提出让太子监国，自己"专摄"几年的要求。大臣劝谏，世宗仍多时未上朝。直到嘉靖十九年正月才上朝理政，次日晋封王氏、沈氏为皇贵妃，王氏、雍氏、陈氏为肃妃，王氏为贞妃，赵氏为懿妃，王氏为册宸妃，余氏为荣嫔，徐氏为昭嫔，

①　参见《国榷》卷57，第3571—3576页。

王氏为宁嫔。同年五月，选京师淑女百人入宫①。十一月二日，"上
不豫"，病情十分严重，百官上疏问起居，世宗报闻，令供职勿
怠。八日，世宗因疾下诏，"罢冬至庆成庆贺礼，谕廷臣各忠勤任
事勿怠"。十五日，太常寺掌寺事、礼部侍郎金赟仁请于神乐殿建
金录，斋醮三昼夜以祈圣寿，世宗准行，并赏银五十两，钞五十
贯。此后，锦衣、亲军、都督、指挥等官及太常等官，各修斋醮
奏闻。陶仲文设坛祈祷。二十五日，世宗病情好转，并谕礼部说：
"朕近患疾，甚于往昔，仰赖皇天后土宗祧社稷，幸而得生。但
今体力未复，痰嗽未除，须再加静理，尔百司官员宜各服勤乃职，
庶朕得专事保爱，以期平复。又病固以医药奏效，秉一真人陶典
真（仲文）竭忠尽诚，为朕祷叩，未为无劳，其加少保、礼部尚
书、与本等服色、俸，给妻封一品夫人，礼部左侍郎许绅脉药精
良，升工部尚书，仍掌太医院事。"②从诸多迹象看，世宗此次病得
很重，几乎不能起。致病原因不详，可能因冬季来临，感染风寒，
或因宣淫过度。嘉靖二十年正月，世宗才上朝。四月，太庙发生
火灾，除仁庙及睿庙外，全部化为灰烬；世宗祭告内庙，避殿撤
乐，在西角门召见群臣，共修省，求直言。八月初八，慈寿张太
后驾崩，世宗仍追恨不已，谕礼部说："朕承天位，本遵《皇明祖
训》，昭圣虽称伯母，朕母事之，尤敬慎焉。昨自十七年秋事，不
得不自防，爱宗社，历代之迹可见，朕故不敢躬诣问安，遇事惟
遣内侍诣问。今崩，一切礼制自有定式，朝夕等奠祭令内侍代行，
朕生辰百官免贺。"③这里世宗把自己继位的事说成遵照祖训而成，
全然没有张太后的功劳。又对张太后处处防范，从不见其一面，

① 《国榷》卷57，第3588、3592页。
② 《明世宗实录》卷243。
③ 《明世宗实录》卷252。

说明他对张太后的恶感相当深。

世宗病愈后仍没有忘记静摄。最初，他还按照蓝道行所说的长生秘诀，每天早起，面对初升的旭日，接受日华，另一方面寻求取饮甘露的方法。然而，过惯了养尊处优生活的他，何以能早起？不足一个月就坚持不下去了。于是他令宫女们在御花园中采集。方法是先洁净树木枝叶，每人左手持玉杯，右手持玉簪，在早曦时宫女来到御花园，用玉簪拨掉花木树叶上的晨露，以杯承接。这是一件苦差事，宫女们天不亮就要起床，在晨雾中穿行于花木丛中，辛劳备至，手脚常被扎破，也只能采到一点点。世宗常用参汁加露水，合而饮之，自觉效果不错，精神比从前大为旺盛。但宫女们却因此病倒很多，有的人还装病逃避。半年间病倒了近百名宫女。世宗日服丹药，性情极为暴戾，稍不顺心，就拿宫女出气，致使受鞭挞的宫女怨声载道。

在嘉靖十九年正月所册封的九嫔中，排在最后的王宁嫔年龄颇小，人长得并非国色天香，但因她粗通文墨，用甜甜的嗓音将青词读得美妙悦耳，世宗因此常带她去祷祀。王宁嫔颇有心机，又能制作一种香饼，据说是用紫沉香和檀香木屑加糠末而成，置于九孔香炉中燃烧，室内便香气袭人。世宗因此一度宠幸宁嫔。但嘉靖帝情感转移极快，后又迷上了曹端妃。曹妃美貌绝伦，尤善于魅上，对房中术也很精通，世宗冷落其他妃嫔，独曹妃能沾雨露，这自然会引起众妃嫔对她的忌恨。王宁嫔就不甘示弱，与曹妃争风吃醋，而世宗尚未移情，故对王宁嫔颇为不满，并罚她去采甘露。

采甘露的宫女中，有两个年纪稍大的，名叫杨金英、邢翠莲。俩人在宫中当差多年，凭其资格老便指使其他宫女如何如何，自己却不愿多采一滴甘露，此事被人告发，世宗大怒，将二人打得滚倒在地，直呼爹娘。按常规宫女采甘露应三天轮换一次，如今却不许她二人轮休。二人对世宗心怀怨恨。王宁嫔见此情形，对二人大加笼络。随后又有杨玉香、姚淑翠、关梅秀、陈菊花等人加入。她们以王宁嫔为首，渐渐结成了一个秘密团体。

嘉靖二十一年十月二十日晚，世宗祈神设醮后，来到曹端妃宫中饮酒作乐，睡得很晚。端妃见世宗云雨睡去，便离开皇帝到别处去睡，留下世宗一人在卧室中安眠。凌晨时分，杨金莲等十几名宫女蹑手蹑脚来到世宗的卧房前，慢慢打开房门，进入室内，然后又悄悄揭去世宗所盖的被子。这时，世宗鼾声依旧，浑然不觉。十几名宫女怒视着赤条条的世宗，恨不得把它撕成碎片。这群弱不禁风的小女子竟然消除了杀人的恐惧。杨金英将预先准备好的用宫中黄绫布拧成的细绳套在世宗的脖颈上，并打了一个结。姚淑翠将一幅黄绫抹布蒙在世宗的脸上。杨金英见世宗微微动了一下，示意姐妹们快动手。于是，几个人猛拉绳套，几个人骑在世宗身上，用手捶腹，另两人拉住双脚，猛刺下身。一阵难忍的剧痛和窒息，将世宗从甜美的梦乡中唤回，但为时已晚，他既说不出话，更挣扎不得，只是翻着白眼，紫涨着脸皮，张着嘴，喉间不断发出各种响声。绳套拉得越来越紧，世宗的气息已十分弱，脸很快变成了紫肝色，眼球鼓得几乎要迸出来，浑身被打得青一块紫一块。世宗命若悬丝，眼看就要魂归西天。仇恨、恐惧，各种复杂的情感交织在一起，十几名宫女围着世宗，犹如对付一只疯狗，生怕其不能立死而再起伤人，卧室里的气氛已十分紧张。

这时，参加缢帝的宫女张金莲，被眼前这种情景吓呆了：室内一片混乱，声音不断传到外面，她预感大事不好，慌忙离开现场，去向方皇后告发。方后闻讯，大惊失色，急忙带人赶到。皇后与宫女们撕打一团。十分钟后，管事太监也赶到，宫女一一被捉拿。方后与太监们急忙去救皇帝。此时世宗直挺挺仰卧在床上，已经不成人样。开始，他们以为皇帝已经死去，但一摸胸口，仍有微弱心跳声。原来，宫女们将绳套打成了死结，故久久未能将世宗勒死。如果绳套打成活结，世宗早就没命了。

世宗虽然未死，但气息奄奄，处于昏厥状态，众人千呼万唤，始终不省人事。方后急命御医抢救。工部尚书掌太医院许绅赶到，他见皇帝的情状如此危急，十分恐惧。如果能将世宗救活，当然有功，但如救不活，后果不堪设想，很可能被当成有意谋害皇帝而治罪，甚至诛灭九族。再者，皇帝处于垂危状态，要起死回生，必用重剂方可，而此药一用，风险极高，而且这样厉害的药最易假人以口实，如果世宗死去，御医无法辩白。许绅不敢再想下去，思索片刻，方皇后一再督促，许绅将心一横，用了桃仁、红花、大黄等下血药，让人给世宗灌下。药是上午辰时灌下，三四个小时仍不见世宗醒来，后妃们哭作一团，外面传闻，说世宗已驾崩。直到下午未时，即经过了七八个小时后，僵尸似的世宗终于出现好转的迹象，忽然作声，有了活气，并吐出紫血数升。申时，世宗已能开口讲话，但声音极低，吐字相当困难。许绅又下了三四剂平气活血之药。最后，世宗竟奇迹般地活了过来。这时，许绅才长舒了一口气。

方皇后率众人赶到时，曹妃也闻报赶来。方皇后对于曹妃独沾雨露早就怀恨在心，现在皇帝于曹妃寝宫中差点儿丧命，不管她是否参预其事，都是治死她的好时机，方后岂肯放过？于是立即令人将曹妃押走。这一边，方后又严讯杨金英等人，并用重刑逼她说出主谋是王宁嫔。方后命太监张佐，将曹端妃与王宁嫔照幕后首逆罪，凌迟处死。

接着，方皇后以皇帝名义，拟了一道谕旨，交刑部惩处。刑部依旨处决刑犯。行刑的当天，大雾弥漫京师上空，"昼夜不解者凡三四日"，时人附会，谓有冤死者，即指曹端妃。但据《明世宗实录》卷267"嘉靖二十一年十月丁酉"条载，所录姓名无端妃，沈德符认为端妃"正法禁中"。数日后，又将逆犯亲属十余名处死，另有20人发功臣家为奴。许绅因用药奏效，皇帝念其救命之恩，后以功进太子太保，改任礼部尚书，封四世一品荫子。遗憾的是，许绅次年即病死，世宗赐恤颇厚，谥恭僖。

前述宫婢，在时人眼中贱如粪土，只是因为她们做出了一件亘古罕见的谋弑皇上的惊人之举而名传后世。史称这次谋逆行动为"壬寅宫变"。关于壬寅宫变的原因，众说纷纭，扑朔迷离。而最令人信服的观点是，世宗虐待宫女导致。

据杨启樵先生研究，嘉靖帝崇道，前期与后期各有其主要目的。前期主要为求祛病长寿，后期主要为房中术。而其标志是陶仲文的介入，时间当在嘉靖十八年前后①。前期世宗信奉邵元节。邵氏道教属于丹药派，他虽也迎合世宗好色的心理，但不主张纵欲。自陶仲文走入世宗的生活后，以房中术引导世宗，尤其是炼红铅等药，对少女摧残更烈。王世贞在《西城宫词》里写道：

> 两角鸦青双筋红，灵犀一点未曾通。
> 自缘身作延年药，憔悴春风雨露中。

宫词中所论"延年药"，即是指"先天丹铅"。查阅典籍，世

---

① 杨启樵：《明代诸帝之崇尚方术及其影响》，《新亚书院学术年刊》第4期，新亚书院1962年版。

宗第一次大规模选民间淑女入宫是在嘉靖十四年（1535），该年有两次，每次选百人。南巡后选女日多。《罪惟录》帝纪卷12载："帝颇信方术，（十八年八月）太仆卿杨最曰：'金石之药，冲决元气，不如端拱恭默之为长。'帝怒，逮系死狱。"同年底，镇国将军安涵进修炼丹书。次年五月，选淑女百人入宫。

明嘉靖红地黄彩海水云龙纹盖罐

十一月，世宗病情危重，"不豫"，百官为其祈寿。二十年二月，御史杨爵上疏，指陈天下危乱者六，其第五中说："方士执左道以惑众，此圣王所必诛者。乃令金紫赤绂遍于羽流，假此妖诞邪妄之术，列诸法禁森严之地。始四方之笑，取万古之讥，于圣德国体，所损不小。此信用方术，足以失人心而致危乱也。"世宗大怒，将其打入诏狱。[1]二杨上疏同时，也是陶仲文三代受封、宠异有加的时间。如果联系起来考察，就会发现这几件事有内在联系。

其次，《明世宗实录》卷267在宫变发生当天记载说："时诸婢为谋已久，圣躬几危，赖天之灵，逆谋不成。当时中外震惶，次日始知上体康豫，群心乃定。"同书卷268又记载：十一月一日，世宗因宫闱之变，遣文武大臣朱希忠等谢天地、宗庙、社稷及所有应祀之神。此前，严嵩等上疏说："群逆肆谋，变出非常，赖天

---

① 《国朝典故》卷36，第715页。

地、祖宗之灵阴佑默相及百神呵护，圣躬获安，此实宗社无疆之休，臣民莫大之幸也。礼宜诹日告谢，且事出仓卒，人心惊惑，今虽甫平，犹恐传闻未定，更宜涣发纶音以宣慰中外。"①世宗深表赞许，次日发布诏谕，主要说明两个问题：一是反复讲自操刑罚，并无滥刑之举。这无非是为自己喜怒无常、滥杀无辜作辩解。二是人心不稳，百官担心此类事再次发生，因为世宗要斋醮，要秘炼阴阳，就会有无数怨女出现，这一敕谕实质上是安民告示，是让百官放心，不要妄加论奏。

第三，宫变前，皇宫中每当日落时常有黑气上冲，宫中常发生火灾，疑神疑鬼的世宗对此十分恐惧，陶仲文大做法事，实际是用大量烧香烧纸的办法来消除笼罩宫中的阴郁之气。宫变后，世宗坚决搬出乾清宫，直到晚年在徐阶的劝说下才回大内居住（后死在大内）。世宗的这种做法原因可能有两个：一是他的确干了许多见不得人的事，常使他不能自安，残害宫女即其一。二是他为避人耳目，大事斋醮，实际是秘炼阴阳。值得注意的是，到西苑斋宫后，入值的除大学士等撰写青词的行家里手外，还增加了缇帅勋臣。嘉靖二十三年（1544）三月，诏告天下，"诹访绝力人"②。这说明加强了武力警戒。

第四，宫变时，邻国朝鲜的使者正为贺千秋来到北京，回国后他向国王汇报见闻说："臣九月（应作十月）廿二日到北京，见东西角头，将宫女十六人剐尸枭首。问之，则宫婢杨金英等十六人共谋，廿一日夜，乘皇帝醉卧，以黄绒绳用力缢项，事甚危急，宫人张芙蓉（张金莲）觇知其谋，往告方皇后，皇后奔救，则气

---

① 《明世宗实录》卷268。
② 《明书》卷14《世宗本纪二》。

息垂绝，良久复苏，命召六部尚书会议定罪。盖以皇帝虽宠宫人，若有微过，多不宽恕，辄加箠楚。因此殒命者，多至二百余人，蓄怨积苦，发此凶谋。逆婢等一族百余人，曾已拿回，时未毕推（审讯未毕）云。宫闱事秘，不得详知。"①第二年正月癸酉的记载说："皇帝为宫婢缢弑，势甚危急，至于鼻孔流血，幸赖小婢奔告，皇后走急救解，遂得复苏。"又说："皇帝好道术，炼丹服食，性寖躁急，喜怒无常。宫人等不胜怨惧，同谋构乱云。"②这两条邻国当时的记录，真实反映了壬寅宫变的原因，即世宗箠楚宫女，滥杀无辜。她们在死亡面前已别无选择，只能铤而走险。

第五，谈迁也认为宫变是世宗刑戮无常所致。他说："壬寅西宫之变，古未有也。东晋孝武，一见于贵妃张氏。而世宗何如主也，势岌岌无及矣。赖天之灵，逆而不克济。史谓诸婢为谋已久。嗟乎！深闺燕闲，不过衔昭阳日影之怨，遽危社稷，言之不胜心悸。人主举动，刑于寡妻，良有由哉！"③

世宗前后立了三个皇后，但无一寿终正寝，三后之死，皆为世宗一手造成。他对朝夕与共的皇后尚且如此，其对宫婢更可想而知。由此可见，壬寅宫变是世宗对宫女寡恩多刑，宫女积怨已久所致。

①　朝鲜《李朝中宗实录》卷99"嘉靖二十一年十一月癸亥"。
②　《李朝中宗实录》卷99"嘉靖二十一年十一月癸卯"。
③　《国榷》卷57，第3634页。

四、二龙不见

　　壬寅宫变发生两个月后，嘉靖帝的身体又恢复正常，对斋醮之事也更加迷信。因宫女谋弑时，他的一只眼睛突出，始终未能回复原状，碍于面子，世宗不愿再见外廷大臣，而是深居内宫，不复坐朝，外朝之事，皆由严嵩传旨。又因宫中常常"闹鬼"，并不时有火灾发生[①]，这使世宗感觉到：乾清宫绝非吉地，必须早日迁出。宫变次日，世宗迫不及待，迁到西苑，"自是不复还大内"。他还听信方士"二龙不相见"之说，不立太子，不见其子，整日过着暗无天日的生活。

　　嘉靖元年，16岁的世宗册立陈氏为皇后，正式组建了自己的家庭。但世宗淫欲无度，幼时身体又不佳，因此常患疾病，史书中多次出现"上不豫"的记载。更加危急的是，几年过去了，后妃仍没给世宗生下一个儿女。这对一个常罹重病的皇帝而言，意味着帝统后嗣将成为问题。大学士们已经够辛苦了，帝国的各项事务都由他们去处理，现在又要为皇家操心。嘉靖六年，杨一清几次面奏圣上，大讲夫妻恩爱，方能造端皇嗣，劝世宗不可纵欲。这位大学士十分负责，鉴于皇帝正值壮年，春宵苦短，请皇上不必早朝，以保养龙体。世宗回答说："卿开导储嗣，言造端夫妇，诚不可不重。朕与（陈皇）后与二妃（恭妃文氏、顺妃张

---

① 　嘉靖九年十一月八日，世宗《御制火警或问》，辩驳"宫中失火乃是灾异"之说，但从行文看，其心中并无底气，以后又多次发生火灾。见《敕议或问》，丛书集成本。

410

氏），皆以礼接之，以道率之，亦以正御之，而于多欲之戒，色荒之惧，每兢兢焉。合婚礼告成将近七载，深虑承传为重，恐罹不孝之罪也。"①对一清所请，按古礼以日出为度，遇风寒日暂免上朝，他则顺水推舟，说："朕之早朝，先官惰也。朕夙弱促喘，穿绕登降，实难如仪，当如卿言。"②也许是因为世宗听从了一清的劝阻，嘉靖七年陈皇后即怀上龙种，宫内外一片喜乐气氛，世宗的一块心病也放下了。可是，皇后怀胎七月之时，不意世宗一脚踢起，使母子丧生。宫内外又是紧张非常。同年十月，皇后丧事刚办完，大学士张璁就请立中宫，以能延嗣，世宗对自己的行为有所省悟，说："夫朕德无一线，而动多愆违，身承祖宗之位，遂使嫡妃遽丧，储嗣延违未立，每思至此，实切忧惶。"③立即册立顺妃张氏为皇后。然而，世宗并未限制自己的色欲，早朝尽废，郊庙不亲，大小臣工又纷纷上疏劝谏。世宗不得已，于嘉靖八年十月谕内阁说："朕闻君逸臣劳，夫逸者纵恣宴安之谓也，朕何敢尔？因自幼受病，率五七日而解，今者病深，痰火间作，故早朝多废，不视事者一月。固欲假此静养以冀消除，尤为郊祀二年不亲，心甚不宁，故专一摄养，以候大报。恐群臣不悉朕意，谓朕放恣自肆，其谕礼官播告之。"④这道谕旨实际是为自己纵欲辩白，也是警告群臣，不要为此多言。然而，武宗荒淫无嗣、短命而亡的教训太深刻了，大臣们仍劝谏不休。嘉靖九年十月，世宗谕礼部选妃嫔备侍御，遣礼部员外郎李瑜、主事屠应埈、王汝孝、吴龙等人，前往应天、河南、山东等地选妃。次年正月，各地征淑女共48人

---

① 《明世宗宝训》卷4《章阃范》。
② 《罪惟录·帝纪》卷12。
③ 《明世宗宝训》卷4《章阃范》。
④ 《明世宗宝训》卷4《慎起居》。

入宫，二十四日，"上不豫"，群臣问安①。又经过几番筛选，于三月册立九嫔：德嫔方氏、贤嫔郑氏、庄嫔王氏、丽嫔阎氏、惠嫔韦氏、安嫔卢氏、僖嫔沈氏、康嫔杜氏。这一年十一月，世宗在钦安殿设醮，举行祈嗣大典，真人邵元节亲自登坛，舞乐，为世宗祈嗣。世宗说："兹醮事非诸斋可比。"以礼部尚书夏言充祈嗣醮坛监礼使，侍郎湛若水、顾鼎臣充迎词导引官，文武大臣郭勋、李时、王宪、汪铉、翟銮轮流当班，每日一人进香行礼，世宗躬亲诣坛，荐香行礼。②

　　世宗春秋鼎盛，但婚后十载尚无皇嗣，此事已引起朝野臣民的密切关注。又兼世宗多病，一时人们议论纷纷，恐重蹈武宗覆辙。就在举行祈嗣大典的前三个月，发生了薛侃上疏请择宗藩留京师的事件。薛侃曾师从王守仁，后为行人司正。时张璁为大学士，举朝不敢与抗，独夏言因世宗眷宠，不甘其下，张璁几次欲排挤夏言，皆未成功。薛侃的同年进士太常卿彭泽曾为争都御史之职与夏言不和，而对张璁十分恭维，薛将自己草拟的奏疏让彭泽看，彭为讨好张璁，认为可利用此疏兴大狱，搞掉夏言。彭泽阅读奏疏时将底稿抄了一份，让张璁看，张璁大喜，认为可置夏言于死地。彭泽有张璁作后盾，对薛侃说："张公甚称善，此国家大事，当从中赞之。"催促薛侃奏上。张璁在看疏草时也抄了下来，并交给世宗，假称"出于（夏）言，请勿先发以待疏至"。几天后，薛侃上疏说："先朝分封各藩，必留亲王一人在京，谓之守城王，或代行礼，遇有事则膺监国抚军之任。至正德初，而逆（刘）瑾削之，尽行出封。乞查旧典，择亲藩一人为守

① 《国榷》卷55，第3436页。
② 《明世宗实录》卷132。

城王。若东宫诞生，则以为辅贰，如再生皇子，始遣出封王国。"①言词极其危疑，似乎世宗随时可能驾崩，找不到继承人一般。世宗原本就气愤已极，因张璁说还有幕后人指使，世宗才暂时压下火气。薛侃上疏当天，世宗异常震怒，将其打入大狱，用重刑逼供主使。薛侃将真相和盘托出，世宗罢张璁官，彭泽遣戍，薛侃削籍②。

　　也许是上天感其精诚，嘉靖十一年底，宫中有喜事传出：丽嫔阎氏怀了龙种。次年正月始，各种祥瑞不断出现。河南巡抚吴山进献白鹿，世宗告太庙。阁部大臣各上词赋，颂皇嗣之安，贺世宗之喜。到了三月份，灵瑞迭至，世宗应接不暇，于是下诏：非正瑞勿献。八月十九日，君臣企盼已久的皇长子降生。次日，世宗在奉天殿接受群臣朝贺。二十五日，发布大赦诏，世宗说："朕惟承祧主器，必在贤良，继位嗣难，惟宜传长，故曰君之储贰是谓，今昔咸同。朕以一人仰承皇天洪眷，缵嗣皇祖丕图，即位于今已讫一纪，大婚之后又越十年，每思传继之久虚，若履薄冰而战惧，上厪圣母伫望之深，下遗臣民引领之至，朕心震惕，朝夕匪宁。昨岁元辅建策慎选淑女，以备妃嫔之御，用广嗣绪之求，朕请慈命，闻于祖考，卜吉纳九氏以用资繁衍之祥，助蒸尝之职者，乃于今年八月十九日皇天降祉，祖宗鉴荫，朕第一子生，属丽嫔阎氏出，是皆皇考、圣母钟祥积庆而延及孙谋者也。慈用布闻中外，诞布宽恤，所有开示，并宜奉行。"③世宗宣布实行大赦，但惟有大礼议、大狱案中罪人，不在赦宥之列。

　　按照传统做法，皇长子生后，即应由皇帝命名。然而，世宗

① 《万历野获编》卷4《论建藩府》。
② 《明史》卷207《薛侃传》。
③ 《明世宗宝训》卷4《重储闱》。

好讲古礼，八月底，礼部请赐名，世宗却说："皇子命名本朝皆有敕谕。夫方未一岁，尚不知事，而赐之敕是虚文也。藉令向后识之，得以顾名思义，未如待其知事后教之。"他还说，命名当告庙，令礼部尚书夏言拟定仪注。[①]遗憾的是，十月十日，皇长子不足二月而夭亡，后谥哀冲太子，赐名朱载基。嘉靖十四年十月，世宗下诏选补嫔御，十一月，册封曹氏为端嫔，并纳延津县民李拱辰之女，又选女百人入宫。十五年三月，又册昭、敬、静三嫔[②]，五月中旬，又在京畿附近选淑女88人，自东华门入宫[③]。几天后，致仕大学士张璁疏问世宗起居及龙体是否康复，并以无皇嗣为念。世宗作答，说原选曹、王二氏，喜期将近。同年十月，昭嫔王氏为世宗生下皇次子，名载壑，世宗十分高兴，在奉天殿受群臣恭贺，并派使节颁诏朝鲜、安南，又派翰林院官员到全国各王府告喜。此后，皇宫喜事不断。十六年正月二十三日，皇三子朱载垕生，其母康妃杜氏。二月二十九日，靖妃卢氏又为世宗生下皇四子，名载圳，世宗兴奋异常，作《嘉善歌》，大臣赋和。一时喜象普照，佳音频传。同年四月，进封贵妃王氏、靖妃王氏、宜嫔王氏、淑嫔刘氏、徽嫔王氏、雍嫔陈氏。七月，肃妃江氏生皇五子，名载圾。八月，懿妃赵氏生皇六子，名载塨。十二月，雍妃陈氏生皇七子，名载㙓。十八年闰七月，赵妃荣氏生皇八子，名载㙑。至此，世宗有史可考的八子皆已降生。其中，皇长子、五子、六子、七子、八子皆不足数月而夭，只有皇次子、皇三子、皇四子长至成年。

没有皇嗣，皇家忧心如焚。如今皇子接连降生，大臣纷纷

---

① 《明世宗宝训》卷4《重储闱》。
② 《明书》卷13。
③ 《国榷》卷56，第3529页。

请求早立太子，以定帝嗣之位及长幼之序，世宗未允。南巡前夕，吏部上请，选择东宫僚属，世宗不得已从之。夏言等选定温仁和等37人，其中多不餍人望者，言官弹劾，因南巡在即，不究。十八年二月，册立皇次子载壑为皇太子，皇三子载垕为裕王，皇四子载圳为景王。几天后，命不满四岁的太子监国，以夏言为傅。南巡归来后，重新更定东宫僚属。同年秋天，南京礼部尚书霍韬、南京考功郎中邹学益，同献《东宫圣学图册》，世宗阅览，说："此册语多回隐，假借讪谤，无人臣礼，姑宥不罪。"①八月，世宗信方士段朝用静摄术，谕礼部说："东宫权命监国，重务仍奏请裁决，朕少逸一二年，静摄调养，或可亲政如初，不更取逸耳。"世宗当时因母亲去世，悲痛异常，大臣惧祸，不谏诤。太仆卿杨最上疏说："臣闻皇上之谕，始则惊而骇，继则感而悲，犬马之诚，有如周昌，期期不敢奉诏。伏望皇上端拱清穆，恭默思道，以纯心契天心，以孝念格玄念，不迩声色，保复元阳，不求倦而自倦，不期寿而万有千岁矣。黄白之术，金丹之药，不可复用，恐伤元气本性也。至于监国重事，臣不敢及。"世宗大怒，将杨最打入诏狱，杨后死于狱中。②监国之议也作罢。

太子载壑天资聪颖。嘉靖十九年底，左春坊左司谏唐顺之、左赞善罗洪先、司经局校书赵时春，因新年将至，太子已六岁，请明年元旦朝贺礼成，皇太子出御文华殿，受中外官朝贺。世宗当时有病在身，问阁臣东宫官属此请何意，内阁大臣知世宗忌讳颇多，故将此事淡化处理，压下奏疏二十六

---

① 《皇明肃皇外史》卷19。
② 同上。

日。至第二十七天时，世宗似乎有所"醒悟"，忽降谕旨道："朕疾未平，遂欲储贰临朝，是谓君父必不能起也。"三人皆被削籍。[①]

世宗对太子之事特别敏感，许多人为此获罪，因此再不敢轻言。可是，世宗出尔反尔，又责怪臣子不关心"国本"。嘉靖二十四年二月的一天，他突然发谕旨给礼部说："朕皇太子当冠并习讲读，一应合行礼仪，要照祖宗时旧例一一举行，即各拟所当，不必渎奏。"礼部尚书费寀接到圣谕，大为惊讶。不料，世宗又降一旨："东宫冠读礼，朕复思二、三子各当行，此各节次祖宗旧典俱在，卿（严）嵩会（许）赞、（张）璧、（费）寀、（孙）承恩查拟，一一奉行。"大学士们不敢怠慢，立即考证古礼及明代礼仪。他们发现，太子行冠礼或在12岁，或在15岁，而今太子刚10岁，是否世宗有意试探？于是上疏说："今日东宫殿下加冠，似为太早，乞将冠礼暂敕停止，先以童服出就讲读，则事为有序而礼不难行。"世宗见奏，颇不高兴，说："东宫冠礼，朕非不知未克行，但今庙工将成，用同堂之制。……谓居今好古，灾害必至，所以朕思弘治间东宫冠礼，皇兄（武宗）方数岁，若效之（周）文、成（王），用时又是好古了。故内而仆侍外而臣工，怀奸持禄，一事不言，朕不得不早言。方下命行礼之初，元辅物踢惊伤在理，太庙自安石座，即有火星之变。昨十九日来连辰阴晦，亦非全美。礼部所奏，必测知禁中连日习礼之意，故有暂辍之请。况东宫虽长，朕二、三子一岁而行，立坐拜言，动视听却不若之，兹行冠礼不过勉强耳。夫臣仆皆非君主，念朕今不言，将来又必曰：'君父未命，非我罪也。'且作讪谤。"令再议。严嵩等人左右为难，

---

① 《国榷》卷57，第3604页。

只好折中，说："皇太子既未便出阁，乞命司礼监慎选志成端厚、知书内侍恭伴读书习字，兼演习礼仪，俟睿性渐开、礼节日熟，然后出阁讲读。"世宗又忽然改变主意说："今将入夏，今恐难勉行，待秋爽举未迟。"①太子行冠礼又搁置一旁。到了秋天，经过五年时间、费资百万的京师太庙终于落成，礼部请示太子行冠礼事，世宗又推迟。

星移斗转，几年又过去了。嘉靖二十八年二月，世宗决定为14岁的太子行冠礼，并问严嵩可行与否，严嵩说："典礼嘉重，剧行恐未闲熟，请命内侍官同臣等先期演习。"世宗首肯，并令从该月二十五日起，每五天演习一次，直到正式举行加冠礼止。据严嵩奏报说，太子殿下演习诸仪节俱安顺，惟拜跪起伏，间有未熟，"初次如此，再演必胜矣"，世宗"大悦"②。

三月五日，礼部经数次考证，将皇太子冠礼仪注上呈世宗裁决，决定三月十五日正式举行大礼，世宗批准。三月十四日，嘉靖帝命成国公朱希忠将皇太子将加冠之事，告于太庙。次日，加冠礼如期举行，由京山侯崔元持节掌冠，大学士严嵩赞冠，礼部尚书徐阶宣敕戒。按太子出阁旧例，设座于文华殿中。但自嘉靖十五年起，该殿改换上黄瓦，成为皇帝开经筵的地方。礼官说，"此殿更饰已久，黼座所在，礼当避尊"，意即太子不当侵皇帝之位。世宗一向禁忌多端，闻报后下令说："东宫受贺位，当设文华殿之左南向，然今侍卫未备，已之。"③这一天，文武百官身着整齐的朝服，仪仗队各司其事，经过十分烦琐的礼仪，加冠礼才完成。世宗当天不御殿，并罢传制。三月十六日，文武群臣在奉天门行

①　《明世宗宝训》卷5《重储闱》。
②　《明世宗实录》卷345。
③　《明世宗实录》卷346。

五拜三叩头礼，恭贺太子加冠。

然而，令人大惑不解的是，皇太子于加冠的第三天，即三月十七日，暴病而亡。据载，三月十七日清晨，太子发病，御医连忙诊视，没能有效，太子忽然北面拜曰："儿去矣！"后"正坐而薨"。《实录》中只说："越二日晨，兴疾作，遣医诊之不治。"这一句话颇为费解，不知是医师诊治无效，还是太子患了不治之症。据《万历野获编》载，嘉靖十八年太子册立时"庄敬已有疾"①。但何以十年间安然无恙，而一朝加冠即暴病身亡，确实令人不解。《实录》又载："太子生而灵异，不善纷华靡丽，小心齐慎。曾见上叩头曰：'儿不敢时时举手，曰天在上，上奇其不凡。'"太子之死，世宗痛悼殊甚，内阁大臣及各部府、侍从诸臣各上疏劝慰世宗节哀保重。秉一真人陶仲文也具疏慰安。世宗对大臣们的劝慰并不以礼相答，唯独在陶仲文的奏疏上做了长长的批答，其文颇有意味：

> 览卿奏慰，朕复何言！早从卿劝，岂使有此！太子非常，人不识耳。然厚烷、吕时中辈诽谤朕躬，一曰久不教训我等，一曰辅臣不可谀悦，皆谓朕既不早朝，又不教习太子。朕爱天明命，承大道运，岂为小人所讪，因思太子年十四岁，可渐举储仪，故令所司如例先行冠礼，岂期太子超凡，遂尔长往。且其于人世纷华，一不好玩，动有仙气，今果乃尔。或谓何不任其素性，朕思身已受谤，又累太子，岂可久藏禁中？须如祖宗故事，一一举行，终宁为不慈，终不失正。嗟！今失矣。彼纸上空谈之物，能疗之乎？太子舍我，亦非

① 《万历野获编》卷4《太子册宝》。

背者，知朕心之不得已。但仰思当日圣母爱之甚，至今未久而归，是朕之不孝耳。①

世宗这番话，令其臣民如坠入五里雾中，似乎若听从陶真人的劝告，太子会免遭此死难，其后又说太子非人间之物，动有仙气，这或许是世宗信道已中邪说之故。太子死的第二天，礼部上太子丧礼仪注，世宗说："天子绝期，况十五岁之外，方出三殇，朕服非礼，止辍朝十日，百官如制成服，无诣门哭临之礼，可诣停柩之所行，他俱如拟。"②后谥庄敬太子，命与哀冲太子并建寝园，岁时祭祀，从诸陵后。③

皇次子朱载壑死后，世宗只有两子健在，即三子裕王朱载垕和四子景王朱载圳。景王和裕王同岁，但晚一个月出生。按封建继嗣制度，再立太子自然非裕王莫属。朝臣们也作如此打算，他们认为裕王既然年长，自然应立为太子。国本一定，人心自然安稳。可是，世宗却一直不提此事，大臣们满心狐疑，但深知世宗喜怒无常，也不敢言。

嘉靖三十年二月，裕王已15岁了，是古代太子行冠礼的下限年龄，礼部尚书徐阶上疏请册立太子，世宗征询大学士严嵩的意见，严嵩极为赞成。世宗批示道："卿等如此逼迫，己酉春事可思。"即说皇太子立后会暴亡。严嵩解释说："己酉春事，盖久婴宿疾，行坐为难，天授元良，自有定数，此不可以概同也。"世宗仍不同意。④

① 《明世宗实录》卷346。
② 同上。
③ 《明史》卷120《诸王五》。
④ 《明世宗实录》卷370。

隆庆帝像

　　世宗如此固执，是听信陶仲文之言所致。世宗崇道，对陶真人更是言听计从。在立载壑为太子前，陶仲文即倡"二龙不相见"之说，意思是说：皇帝是真龙天子，是大龙，太子是皇位合法继承人，是小龙，二龙同时出现，必有一伤。为保各自相安无事，就必须"二龙不见"，也就是不立太子。世宗对陶真人平时很信从，但这件事他仍半信半疑，在大臣们的多次督促下，他立了太子，果然不出陶真人所料，太子一命呜呼！此后，世宗非常信服此说，甚至多年不见两个儿子。

　　世宗不立太子，使裕王和景王的名分无法确定，朝野上下议论纷纷。嘉靖三十一年正月，徐阶两次上疏，敦请世宗尽快为已年满16岁的裕王和景王举行选婚讲学之事，并婉转地提出典礼应以长幼为序，先裕王，后景王，裕王婚后暂居宫内。世宗很不高兴，说："二子各以本礼举行，冠婚何舍？今乃逼君不已，谓何？"徐阶一再解释，世宗对严嵩说："出府成婚，倒也，岂宜暂居宫内？"严嵩说此一时彼一时，现今伦序已定，应从礼官之请。世宗颇为不满，批示道："二王同体，如何又欲分别？其以三月行冠礼，选婚候敕行，府第即修，二王不许违慢。"①同年二月，裕王府和景王府开始建造。三月，二王同时举行冠礼。八月，二人又同时出阁讲读。十月，二王开始选妃。十一月，二王妃入宫，礼部请按累朝旧制，在宫内举行成婚礼，随后出外府，世宗不允，令在王府举行婚礼。三十二年正月，严嵩上疏请于该年春为二王举行婚礼，世宗表示同意。严嵩又说："昨岁奉旨于各府行礼，此固先年亲王旧例，但臣等思各府第浅窄，出府未免与外人易于相接，在亲王则可，今日事体不同，臣等再三计之，实有未安。目今二王殿下合无暂且俱留在内成婚，亦于保护为便。"严嵩的考虑是周全的，因为二王成婚，实际上与将来皇帝无异，在外与平民百姓相混亲，有失尊严。可是世宗不同意，"谓嵩摇于外议"，命举册立事。严嵩说："此举天下臣民，久所仰望，但今婚期已近，伏望皇上俯从臣等所请，且于宫内成婚，其册立大礼，另候钦示举行。"世宗仍抱住"二龙不相见"之说不放，说道："出府之不可，是害及二王，是害及朕，卿等明说来。"严嵩答道："储贰名分未正，而又出居于外，虽应得者亦怀危疑，府第连接，仅隔一墙，从人众多，情各为主，易生嫌隙，此在二王不可不虑者也。先朝有太后在上，有中宫、东宫体数增重，主上尊安。今烈后不在，至亲

---

① 《明世宗实录》卷381。

惟有二王，却俱出外，此在圣躬不可不虑者也。"严嵩的话已经说得十分透彻了，但世宗仍对"二龙"之说顾忌重重，说道："（卿言）皆不足恤，人无能胜天者，二子只依本分，待朕命处分方可，勿再渎。"①大臣们的最后努力也失败了。数日后，礼部呈上二王婚礼仪注，内有"留京所以承宗、封国所以承家"及"东宫不回门、亲王回门"之语，世宗览后颇不高兴，说："既云王礼，自当依典制行，又何不同之有？必今不必欺扰，第速降敕，册立太子，分别成婚，任尔等为之，勿烦朕。"礼部只好遵旨行事，将择日立太子事上呈，世宗问严嵩："此是为何？"严嵩答道："昨御批部疏，命举册立，所司岂敢不遵？！但前奉圣谕，俟有明命处分，臣等不敢复请。"世宗又将责任推到臣下身上，说："岂有朝更暮改之理！其遵朕初谕，二王一体行礼，勿复违扰。"②

　　同年二月，裕王先在自己的府邸举行婚礼，两天后景王也在其王府成婚。这种安排也是遵照长幼之序进行的。世宗在为二王选择辅导官员时，也有所区别：裕王讲官为翰林编修高拱，而景王的辅导官是地位较低的翰林侍读。按明制，只有皇太子的讲官才能是翰林编修，亲王的讲官则一般为侍读。这实际是一种暗示。另外，世宗在上年九月颁发的谕旨中，明示裕王成婚后留居京师，景王则到湖广德安府就藩。这也是在宣告裕王的唯一皇储地位，示意群臣不要在名分上争论不休。从诸多迹象看，世宗并无废长立幼之意，他所以不立太子，完全是出于"二龙不相见"的考虑，也即他所认为的：只有这样，才能使其父子平安。

　　然而，二王却不完全明白父亲的用意和苦心。以裕王而论，

---

① 《明世宗实录》卷393。
② 同上。

他身居皇嗣之位，却无太子之名，这在他的心灵上蒙上了厚厚的阴影，故整日郁郁寡欢。正在他的处境很艰难之时，母亲康妃杜氏于次年正月，撒手而去，这无异于雪上加霜。欧阳德等礼部官员在议康妃丧仪时，查阅旧典，竟找不到与之相同者，他不知是按皇太子之母礼安葬，还是按一般妃子定仪。他征询内阁的意见，拟按前项定仪。世宗又不高兴，命考贤妃郑氏例以闻，礼部只好遵行，世宗册谥杜氏为荣淑康妃。按旧仪，司礼监官拜上酒，跪读祝，但因世宗之命，平立不拜。[①]自己的母亲没能厚葬，裕王悲痛欲绝。但他别无选择，他不敢与父亲理论，甚至连见一眼都十分困难。"二龙不相见"，道士发明的这种"论说"像一道鸿沟，横亘在他们父子之间。欲说不敢，欲哭无声，他只有等待，只有忍耐，岁月会冲刷掉一切不幸的。此后，裕王异常小心，从不敢提及父亲，甚至一些正当的按定制应有的要求他都不敢提出来。他连续三年没有得到应有的赏赐，王府的生活十分拮据。左右官员不忍心如此下去，便贿赂严世蕃。世蕃示意户部，裕王才得到了三年来未有的赏赐。嘉靖三十四年十月，裕王长子（朱翊铖）降生，这本是件大喜事：皇家香火不断。但世宗不以为然，下旨停止贺喜，不颁诏。[②]

室漏又逢连雨天，三年后裕王的结发之妻李氏因病去世，礼部上疏称"薨"，世宗大为不满，手定丧仪，按寿定王继妃吴氏例，并痛责礼部称薨非礼，令改称"故"。此事对裕王打击颇大，他怀疑父亲是否要另有所立。[③]三十八年四月，已近五岁的裕王长子病逝。直到此时，世宗仍没给皇长孙赐个名字。礼部上疏，请

① 《国榷》卷61，第3826页。
② 《国榷》卷61，第3860页。
③ 《国榷》卷62，第3906页。

世宗赐名，并改称世子，世宗赐名翊铖，丧礼减半行。[1]

世宗笃信"二龙不相见"之说，"于是召二王膝见有年"[2]。嘉靖三十八年正月一日，严嵩见世宗今日兴致不错，便请其父子团圆，于是密奏说："元旦赐假，子孙罗膝，捧觞宴乐，皆高厚所庇。"人非草木，岂能无情？帝王也是人，也需要家庭温暖，亲人的团聚。严嵩想以此唤醒世宗那泯灭已久的父子情谊。岂料世宗转喜为怒，责备道："观卿所奏，似为劝我之意。父子至情，朕岂有异于人？往岁宫变，赖上天恩赦，我已世外人矣。故别居西内，奉玄修。令其母子自为欢聚耳！"[3]世宗要斋醮，要长生，一切都要服从于此。

世宗对裕王如此冷落，使景王产生了夺嫡的欲望。景王之母卢妃，与世宗的关系，诸书记载各不同。《罪惟录·列传》卷4说："妃素不喜上，上常笞责之。"《国榷》卷63说其"日侍上"，颇受宠。景王仅比裕王小一个月，左右之人利用他年轻气盛、涉世不深的弱点，极力怂恿煽动。尽管其母亲并非受宠世宗，但他是两位皇子中唯一一位母亲仍健在的，这也是一种优势。另外，严世蕃考虑到其父年迈，做了许多大坏人心的事，一旦离位或老死，情况将会大不利己，因此"多行金左右，谋立景王，庶几异日代嵩执政"[4]。而景王"左右之人，妄有窥觊，形迹相拟，直宿或及裕王寝次"[5]。一时间中外不安。然而，嘉靖三十九年二月发生的一件事，却使局势有了改观。前任左春坊左中允郭希颜失职家居，

---

① 《国榷》卷62，第3922页。
② 《罪惟录·列传》卷4。
③ 《国榷》卷62，第3918页。
④ 《嘉靖以来首辅传》卷四《严嵩传》。
⑤ 《罪惟录·列传》卷4。

颇为失意。他总想有个惊人之举，以掠取高位。他见立储已成天下瞩目之事，遂于该年岁首密使人入京，当城门开门时将匿名帖揭于通衢，大意是说：严嵩要谋害裕王。此事引起很大震动，京城臣民议论纷纷，裕王更不自安。严嵩想追究主使人，也无从查起，便不了了之。到了二月，郭希颜以为自己很得计，便上疏言建帝立储，他说：

> 　往岁圣谕欲建帝立储，皇上诚欲立储，莫若安储。何者？君相相信则储安，兄弟相保则储安，父子相体则储安。相信有道，释疑是也；相保有道，分封是也；相体有道，总揽是也。何谓释疑？皇上至爱莫若二王，至重莫如元辅，其初何嫌何疑也？自言者倡为二王面陈严嵩之说，恐二王与嵩皆疑而不自安。皇上何不降德音，谕元辅以盖加忠谨，不必疑于王；谕二王以毋忘恭敬，不必疑于嵩，则君相相信而储可得安也。何谓分封？二王同处京府，智与年长，则崇高所共欲，防不预设，则逭隙所由萌，圣明早断，及时敕景王就国，周其卫翼，殊其宠数，于制于情，似为两尽，则兄弟相保而储可得安也。何谓总揽？今时四郊多垒，一日万机，天意人心，莫不愿大圣人万年垂拱，若曰储官即京府独处，尤宜亲就儒贤，涵养冲资，切劘于仁孝之途，分封既定，留京已明，愿皇上端拱以顺天人，从容而议建立，则父子相体而储可得安也。内外各守屏翰，彼此永无猜防，宫中问省之笺，不时而进，麾下富贵之想，奚自而生，此安储之上计而今日之先急也。①

---

① 《国榷》卷63，第3934页。

希颜的上疏，实际上揭露了宫内外的矛盾，以及诸多不安定之因素。严嵩虽恨郭希颜，但不知世宗的意向，于是票拟下礼部看详。世宗颇不高兴，质问道："汝等拟下部看，欲以何为？若用其言，只管郊庙告行何如？"严嵩一再解释，此疏之意十分可疑，当令礼部会同三法司议。世宗又说："汝昨一见彼疏，岂不愤怒？但以疑字一端，却未见彼怀逆之意在本内？建帝立储四字，夫立子为储，帝谁可建者？其再同二辅票来。"当天，世宗越想越不是味，他自己虽已厌政，早想退让，专意静摄，但天下竟有如此胆大妄为之臣，请皇帝退位，由太子主政者，却大出所料。不想自己主宰天下近四十年之久，有如此之事。于是又降手谕说："细邪必无可赦之理，今不忠之臣、不义之民，皆恶不速行新政，以君相久位，不攻君即攻辅相，概可见矣。部众皆大臣，又谓阿谀，可问之耳目官。"并摘疏中建帝之说，命礼部会同科道官集议以闻。给事中蓝璧等奏：郭希颜怨望倾险，大逆不道。法司拟《妖言惑众律》处斩。世宗下旨，令江西抚按官就地处决，传首四方。[1]当时希颜正在家中延宾客，为子娶妻，衣绯待之。有金臬某也穿上绯衣而至，希颜以为是贺喜者，迎之坐下，未及说话，即令左右将希颜拿下。希颜大祸临头，喜事成了丧事，未及与妻子诀别，就缚赴市曹，枭首示众[2]。谈迁说，希颜上疏，有立储而无建帝之说，是严世蕃从中藻饰，以激世宗之怒。[3]也有人说，是祖宗列圣神灵，借希颜之口而降之罚，使世宗不得不下令景王就藩，故希颜也是有功于社稷、有功于裕王者。

果然，世宗迫于各种压力，于同年十月谕严嵩等说："景王邸

① 《明世宗实录》卷481。
② 《皇明肃皇外史》卷40。
③ 《国榷》卷63，第3935页。

成已数年，当令之国。"大臣闻诏，欢欣鼓舞，吏部立即将景王府官员一一备齐，兵部也上请选护卫。世宗表示赞成。据载，当时世宗"春秋高，景王母妃日侍上，中外疑二王，并夜半旨下"，可见形势十分紧张。严世蕃横加阻挠，说："上意未必尔，或以试物情。"礼部尚书吴山不可，严嵩亲自出马，召仪制郎中白启常止吴山不要上呈就藩仪注。吴山颇有感慨地说："天下属望久矣，今奉谕而止，脱国本不定，孰任其咎？！"是的，没有任何人能承担动摇国本的罪责。严嵩也只好罢休。^①十一月，礼部呈上景王之国仪注，世宗升殿，目送于承天门外，说："此祖宗时以兄封弟礼，父封子亦当如是耶？"仍恋恋不舍。严嵩劝吴山上疏留景王，吴山执意不从，并急请就藩。^②嘉靖四十年二月，景王离开了他生活了二十四年之久的京师，远离了生身父母，到千里之遥的湖广就藩。经过近三个月的旅程，于五月到达德安府。景王的心情很不平静，论天资智慧，他并不逊色于自己的哥哥，可命运就是如此，即使只晚生一天，皇位也与他无缘。这就是制度的力量，几千年流传下来的典制，岂是一个藩王所能改变的！四十多年前，他的父亲在同是湖广的安陆府创造了一个奇迹，若干年后，他也能追寻父亲的足迹，再创一个奇迹吗？他要试一试，试一试自己的运气。

显然，景王就藩并没有最终解决皇嗣问题。裕王还是裕王，他仍没有太子的名分。笔者查阅诸多典籍，无法证实世宗确实属意裕王为他的继承人，而相反的材料却不少。那位急请就藩的吴山是一个例证。当初他上景王之藩仪注时，司礼监黄锦私下对他说："公他日得为编氓幸矣；王之藩，非帝意也。"可是国本不定，

① 《国榷》卷63，第3948页。
② 《国榷》卷63，第3950页。

天下不宁，为臣者就应担当国家大责，何惧他日祸福，吴山仍执意上呈仪注。果不出黄锦所料，次年二月初一，日当食，微阴，或见或不见，天文官说："日食不见，即同不食。"严嵩认为这是上天眷佑，趣令礼部上表恭贺，礼部侍郎袁炜也如此说。吴山仰首望天，说："日方亏，将谁欺耶？"拒不上表，并按常仪救护。世宗大怒，责吴山卖直沽名，令停其薪俸。给事中梁梦龙"见帝怒山甚，又恶专劾山"，乃并吏部尚书吴鹏劾之。世宗下诏，令吴鹏致仕，吴山冠带闲住。"时皆惜山而深快鹏之去。"[①]此时景王尚未抵达湖广藩国。

景王就藩后，世宗常抑郁不乐。一日，不知听信何人挑唆，竟无端怀疑起裕王来，他命礼部官员讲述当年明成祖立太子的曲折过程，意有所变。世宗自即位后，即对成祖非常崇仰，一些做法也相效仿，在太子之位所属上也游移不定。成祖立太子时，征询阁臣解缙的意见，解缙对以"皇长子仁孝，天下归心"，成祖不应。解缙又称"好圣孙"，意指宣宗，成祖果为所动。但成祖属意次子高煦，后者封汉王后密谋夺嫡，成祖也几次要废长立幼，对汉王夺嫡实际上持怂恿态度，而最终因爱仁宗高炽之子朱瞻基，未有废立之举。《明史·宣宗纪》赞曰："仁宗为太子，失爱于成祖。其危而复安，太孙盖有力焉。"现在，世宗重提一百余年前的成祖故事，表明他对裕王很不满意。他问徐阶："（裕王）得无以久待为恨乎？"徐阶力辩，世宗又说："成祖之注意在孙而弗及子。贤孝难必，吾言不甚妄。"徐阶答道："成祖之在位久，仁宗之在位促，皆天命也，继承之际，史册甚明。上道德隆备，天命所归，而今之太子贤孝，又中外所共闻，万万无可疑者。"世宗仍

---

① 《明史》卷216《吴山传》。

不释疑。一个月后，景王自德安上书，请亲自到京师玄宫为世宗祈祷，世宗令徐阶拟旨。一时形势极为危急。徐阶知是宦官将世宗之意泄漏于外，故景王才有此请。正考虑如何安置时，忽传景王病故的消息，倒悬之心才放下。[①]据载，景王到湖广后，屡次请乞庄田，户部"以天子爱子，悉复给"。荆州沙市，商贾辐辏，景王请赋归己，知府徐学谟坚执不与，世宗下旨令与之，百姓闻后皆逃遁四处。官司一直打到中央，有赖徐阶周旋，景王才未得沙市，而徐学谟坐调归，荆民感知府恩义，改称沙市为徐市。类似请乞颇多。"其他楚中田土湖陂可数万顷，（载）圳皆侵入，委赋于民，官不敢问。"嘉靖四十四年正月，景王暴病而亡。世宗闻丧报，对徐阶说："此子素谋夺嫡，今死矣。"景王无子女，由长史报讣，世宗不知儿子家庭状况，问徐阶："无误乎？"徐阶说："误恐复大，请遣一信臣，往护王丧。"徐阶又将景王所侵湖广田土尽归荆民[②]。

景王死后，裕王成为世宗唯一健在的儿子，皇嗣问题也就不复存在。

世宗八子外，尚有五个女儿。嘉靖二十八年七月，即庄敬太子病逝四个月后，未曾下嫁的世宗长女也病逝，追封常安公主。两个月后，年仅12岁的皇次女也仙去，追封思柔公主。皇三女宁安公主于三十四年下嫁李和，皇五女嘉善公主于三十六年下嫁许从诚，四十三年病逝。皇四女归善公主于二十三年死。[③]

---

① 《嘉靖以来首辅传》卷6《高拱传》。
② 《罪惟录·列传》卷4。
③ 《明史》卷121《公主传》。

五、辞世前后

从常人的角度看，世宗的家庭是很不幸的。他坐拥天下，位尊已极，但并没有赢得任何家庭成员的欢心和快乐。宫中佳丽数千，有封号的嫔妃近百人，然而她们只能满足皇帝的肉欲，世宗对其毫无情感可言。他没有真诚地爱过谁，包括三位皇后和四位成年皇子。相反，亲人一个个离他而去。在权力争斗中他始终占据上风，在家庭生活中他也依然位居阳位。他虽对亲人的过早谢世应负不可推卸的责任，甚至许多悲剧不该发生，但他并不感到孤独和残忍，他从没有反省过自己，也极少下"罪己诏"，他相信自己的所作所为都是正确的，他从不怀疑自己有什么缺欠，这是他与许多帝王的重要区别。他认定的，就义无反顾，从不计较代价，这就是世宗的性格。

他追求生命的永恒，并把它视为至高无上的目标。他尝试过多种方法，采阴补阳，服红铅丸，着太极衣。他积累了很丰富的医学知识，有时为他宠信的大臣"医病"配药；还时而配伍方剂，救施疫民。京师流行疫情，或酷暑难捱，他还将自己制作的方剂调成药粥，解民倒悬。最高权力的拥有与对最高目标的追求，二者结合形成了极具特色的嘉靖其人及嘉靖政治。他喜怒无常，性情极为暴躁，常无缘无故地发怒，时有近乎痴呆的举止，这些都是长饵丹药的中毒反应。现代科学证实，古代春药中微量元素较多，偶尔服之，并不会对人体造成大的危害，但长期服用，这些铅和砷的毒性就会发作，从而导致慢性中毒，直至死亡。人人都希望留住青春，贵为天子的世宗对这方面的追求甚至超过宋徽宗等前代帝王。然而，无可奈何花落去，人无法改变新陈代谢和生老病死的自然规律，只能延缓这一过程。世宗也不例外。嘉靖三十九年底，世宗异常宠信的真人陶仲文病逝，世宗悲痛异常，如丧考妣。四十一年，世宗最为得意的首辅严嵩致仕，他思之不已。这二位都是赞玄有"大功"的人，二人的一死一去对世宗的精神损伤极大。此后他几次下旨，并派官员到全国各地寻访异人，意即找到一个可以填补陶真人位置的人。谈迁说，世宗明知寻访到的皆非超人，但一律封官拜爵，赏赐有加，真实目的是找到真正的超异之人。严嵩致仕后，他更感到空虚，常忽忽不乐，欲传位其子，专意修斋。徐阶劝谏，世宗的条件是"必皆仰奉上命，阐玄修仙乃可"①。在他看来，修玄就是长生，失去了它生命就会终结。四十二年九月的一天，世宗偶然派人去醮坛，道士龚中佩擅离职守，在刑部员外郎邵畯家饮酒。世宗认为这是大不敬，立将龚中佩杖死，邵畯削籍。②对无应验的药饵，他并不轻易服用。一次，他密谕徐阶："刘文彬进药，可服否？"徐阶答道："文彬素不知医，其药不宜服，自古人君惑于方士甚多，愿勿进也。"世宗点头称是③。方士胡大顺先供事灵济宫，后被斥回。胡希图再用，改名以宁，伪作万寿金书，诡称吕祖亲笔，又授神丹三丸，通过世宗新宠蓝田玉及太监赵楹献上，世宗问以宁是否安在，蓝田玉假传上旨将其召至，世宗一见，乃是胡大顺，很不高兴，令其扶鸾，大顺答道仙未降。又问宫中缘何有怪异之气，大顺答是二十一年宫变枉死者为之。世宗察知有诈，将大顺、蓝田玉、赵楹皆处

---

① 《国榷》卷63，第3978页。
② 《国榷》卷64，第3993页。
③ 《国榷》卷64，第4021页。

死。^①说明世宗直到病逝前，仍未失去理智。

世宗还很关注边疆危机，对蒙古骑兵的侵扰尤为重视。嘉靖四十四年九月，世宗已重病在身，仍与徐阶商议御敌之策。他对徐阶说："昔我谕（严）嵩习武，（严）嵩云佳兵不祥。古北口果欺犯，兹事（兵部尚书杨）博何不预防之？"徐阶答道："保边固圉，莫过于预防。（杨）博自知利害切身，不敢不预防也。且任兵部甚难。理边在总督巡抚兵备，而用舍则由吏部，论劾则由科道，而用钱粮则户部每称缺乏，其能自主张者惟数将官。而将官又无权。近明旨重将权，而文官党结不奉诏，此望圣明一处也。"世宗略有所思，问道："将官执权甚难，且无出类之才，卿谓何以处之？"徐阶对曰："将官无权，非谓令将官执权也。今各镇将动有掣肘，如把总等官，兵部题奉钦依，许自辟用，今仍听于巡抚兵备，凡选练便宜，俱书生之谈，强之必行，兵马策应钱粮不时至。且总兵为大将，而守令得抗礼，参将领敕，而巡抚至加鞭笞。其他如跽拜称呼，或卑屈太甚。至于总督巡抚兵备，亦内相矛盾。边事如此，其何能整理。"^②世宗深表赞同。看来，整顿边防，从根本上着眼，应从体制入手。明代正统以来形成文压于武、权力分割，以及总督巡抚、巡按文官间的矛盾，以及其与总兵、参将间的相互掣肘，是军威不振、边疆危机的体制上的原因^③。世宗对北部边患殚精竭虑，深为其苦。据载，世宗晚年"每写夷狄字必极小，凡诏旨及章疏皆然"。^④这表明他对侵扰者的痛恨。甚至他

---

① 《国榷》卷64，第4021页。

② 《国榷》卷64，第4017页。

③ 参见林乾：《明代总督巡抚制度述论》，《社会科学辑刊》1988年第2期。

④ 《万历野获编》卷2《触忌》。

不愿见到这两个字。四十四年会试，第一题为"绥之斯来"二句，下文则"其死也哀"，第三题孟子，又有两夷字，世宗时病重，忌讳"死"之类的话，而"夷"字尤不愿见，故欲加罪礼部尚书高拱，经徐阶等多方辩护，世宗才消气。①

明中叶边疆危机，终世宗朝未能改变。但世宗也做了一定努力，尤其不惜财力。嘉靖末年财政问题最为严重，而造成财政危机的首要原因是边费支出过大。早在嘉靖二十八年户部就报告说，嘉靖十年（1531）前各边额用主兵年例银41万两，各卫所折粮银23万两，但近年以来，每年各边加募舍银近60万两，防秋、摆边、设伏，客兵银110万余两，仅此二项合计，占财政总支出347万两的一半以上，此项尚不包括正常的军费支出②。嘉靖三十三年户部报称：各边修边银，自嘉靖十九年起，每年节发将近80万两；客兵银自二十九年后，每年增加200余万两③。又据《实录》载，三十七年天下财赋岁入太仓者，计200万两。"及庚戌虏变后，周章备御，每岁调兵遣戍，中外所增兵马数多，饷额增倍。及乙卯（嘉靖三十四年）、丙辰（三十五年）间，而宣大虏警益急，一切募军、赈恤等费，咸取给内帑，岁无纪极。"故嘉靖三十年所发京边岁用之数达595万两，三十一年531万两，三十二年573万两，三十三年455万两，三十四年429万两，三十五年386万两，三十六年302万两。太仓入银不能充岁出之半④。可见庞大的军用支出是造成嘉靖后期财政危机的主要原因。

造成嘉靖末年财政危机的另外两个重要原因是大兴土木和

---

① 《万历野获编》卷2《触忌》。
② 《明世宗实录》卷351。
③ 《明世宗实录》卷414。
④ 《明世宗实录》卷456。

宗支费用加大。嘉靖初年，在杨廷和任首辅的两年多时间里，通过裁汰传升官、革庄田等办法，政府财力大增。八年以前，内库和外库共积银达500余万两。但世宗随即大兴土木，至嘉靖十九年已用去白银近700万两，当年全国大的工程有二十余项，每项仅用工折银，多者40余万两（慈庆宫），少者10余万两（皇穹宇），平均按15万两计之，完成这些工程，仅用工银就需300余万两，用料、运费按五倍计算，需1 500万两，两项合计1 800万两。这个估计并不过高。按沙河离宫，历时二年建成，工部起初计算需费用700万两，建成后不止如此[1]。其后世宗又令修沙河离宫城池，计费100余万两[2]。据御史何维柏于嘉靖十六年讲，"功德之役（永陵），不下二百万两"[3]，两宫（慈庆宫、慈宁宫，奉两太后）、山陵之建，约500万两；营建兴献王邸，仅工价银即近50万两；良乡离宫近百万两。嘉靖十九年后，修显陵200万两，西苑、仁寿宫二项不下500万两。[4]此仅就其重大工程而言，其他尚未计算，即达2 000多万两。《明史·食货志》说："世宗营建最繁，十五年以前，名为汰省，而经费已六七百万两。其后增十数倍，斋宫、秘殿同时而兴。工场二三十处，役匠数万人，军称之，岁费二三百万两。其时宗庙、万寿宫灾，帝不之省，营缮益急，经费不敷，乃令臣民献助；献助不已，复行开纳。劳民耗财，视武宗过之。"《明史·世宗纪》评价说："百余年富庶治平之业，因以渐替。"[5]

---

[1] 《皇明肃皇外史》卷17。
[2] 《皇明肃皇外史》卷20。
[3] 《皇明肃皇外史》卷17。
[4] 《皇明肃皇外史》卷20。
[5] 《明史》卷18。

　　宗支繁衍，支出加大，也是财政危机的一个原因。嘉靖二年御史黎贯上疏财政问题时，将"宗室之蕃"列为财政支出的第一项。① 嘉靖八年，以善于理财著称的户部尚书梁材，奉世宗之命讨论财政收支，其上报的讨论结果第一项即是"议王府禄米"②。30多年后，因宗支繁衍导致支出加大的问题更加突出。嘉靖四十一年十月，监察御史林润上疏指出：嘉靖初，议者言河南只有一个周府，今郡王有39个，将军500余名，中尉仪宾不可胜计，举一府而天下可知。今距嘉靖初又40余年，所增可推知。天下岁赋粮供京师400万石，各王府禄852万石，一倍以上。如山西存留米152万石，而禄米312万石；河南存留米84万石有余，而禄米192万石。二省之粮，即使全输，仍不足供禄米之半，况且吏禄、军饷皆出其中。故自郡王以上，犹得厚享，将军以下，至不能自存，饥寒困辱，势所必至。此种状况不但有辱祖宗盛德，且恐发生变乱。③

　　财政问题的日趋严重，使"度支为一切之法，箕敛财赇，题增派、括赃赎、算税契、折民壮、提编均徭、推广事例兴焉"。最初这些办法还能起点作用，后来则"诸所灌输益少"④。其中对后世影响较大者为加派。嘉靖三十年，因财政困难，户部尚书孙应奎没有办法解决，"乃建议加派，自北方诸府暨广西、贵州外，其他量地贫富，骤增银一百一十五万有奇"⑤。这无异于竭泽而渔了。

　　财政危机必然要转嫁到人民头上。嘉靖一朝，灾荒饥馑连

---

① 《明世宗实录》卷27。
② 《明世宗实录》卷100。
③ 《国榷》卷63，第3983页。
④ 《明世宗实录》卷456。
⑤ 《明史》卷202《孙应奎传》。

年不断，土木繁兴，役累百姓，加之地方横征暴敛，人民嗷嗷待哺。嘉靖三十年以后，规模数千至几万人的起义即有7次之多。三十二年河南师尚诏起义，攻克一府、二州、八县，震动三省。①三十五年广东陈以明起义，众至1万余人②。四十年福建张琏起义，历时近一年，参加者数万人，明廷调两广狼兵10万，与闽、赣官军合力镇压③。嘉靖四十五年，四川蔡伯贯、浙赣矿工、广东李亚元、广东与江西赖清规等四支义军几乎同时而起。仅赖清规一支，地方官上奏说，要平此事，"兵非三十万、银非百万两不可。"④纵观整个嘉靖朝，三十二年以前，同等规模的人民反抗只有3次，即嘉靖元年2次，嘉靖七年1次⑤，这反映出嘉靖末年社会矛盾逐步激化的发展趋向。值得注意的是，南、北两京出现乱象，并成为起义者活动的地点。嘉靖三十九年，因减少月粮，发饷又逾期，南京振武营发生兵变，杀死督储侍郎黄懋官，有司拿出10万两银子作犒赏，事乃稍定。其后南京兵部侍郎李遂为稳定局势，不得不恢复月粮原额。⑥嘉靖四十三年三月，京师吕某，以白社法联系部众，结纳数千人，并授职官、给告身，约定于同年八月世宗万寿节时起事，北连丘富蒙骑，并图大举。河南、山东、宣大、真顺等处部众数万人同时响应。在河南的部众由李应乾领导，此人一目微眇，两手涅成日月字，怀卫之间拥其为盟主，私铸印章数百，置太白旗数十面分付各领队，以作会兵符验。因事机不密，

---

① 《明史》卷18《世宗纪二》。
② 《明通鉴》卷61。
③ 《明通鉴》卷62。
④ 《明通鉴》卷63。
⑤ 参见《明通鉴》卷50—54。
⑥ 《明通鉴》卷56。

吕某在京师先被逮捕，政府急发兵搜捕河南等各处部众，李逃往山西，数年被逮①。此次起义虽未成功，但震动京畿，首辅徐阶、兵部尚书杨博等直接部署剿平事宜，世宗为此寝食不安。

朝中也矛盾重重。嘉靖四十二年底，徐阶上疏二事，第一是"尊主权"。他指出："臣每见旨意之下，内外多不尊奉。如勘功罪不惟公私难知，而且动至经年之久；征钱粮不惟期限屡违，而且寂无一字之报。禁私馈则潜行于昏夜以售欺，劾贪肆则聊及于孤寒以塞责。敢于抗违明旨，是主权未尊也。"第二是"定国是"。他说："士大夫以虚文巧饰为有才，而诚悫者则诋以为拙；以怙势作威为风力，而敬慎者则笑以为懦；以怠安泄沓为得体，而勤励者则鄙以为俗流，以容奸庇恶为长厚，而明作者则谤以为生事。甚至以谋国为过计，以恤民为迂谈；以持法为苛刻，以秉公为乖僻。是国是未定也。"世宗认为深切时弊②。

在内外交困、乱象纷呈的局势下，世宗病情加重，并多次欲禅位裕王。嘉靖四十三年，世宗居住的西苑恩成宫常有黑气出扰。世宗疑心"冤鬼作怪"，意志极为消沉。一天，他忽然下谕说："郊庙弗躬，早朝久废，且病弱弗任，卦数向周，宜卷身奉玄，传继不可缓，不然，恐或后丑耳。"且令在值诸臣从速密议。徐阶接到谕旨，颇感疑惑，按世宗之意，似乎有人要加害他，或欲夺取皇位。以当时情况而论，除景、裕二王之间可能发生争斗外，并不存在皇位之险，这主要是世宗疑心太重所致。徐阶于是上疏说："此岂可与诸臣计！夫所谓后丑者，必有非常悖逆之人，而又有大奸恶左右之，以有此叵测，今何足疑也？"又再三劝解，世宗仍耿

① 《皇明肃皇外史》卷44。
② 《国榷》卷64，第3996页。

耿于怀。①次年正月，景王病逝，世宗病情加重。数日后，恩成宫连续多天黑气上升，并有木棉数团忽然出现在披檐藻井上，世宗心情阴郁，将徐阶召至，对他说："内火当慎。天佑无象，惟逆邪作祟，不可不为之防。"世宗还告诉徐阶，说自己圣体违和，中气不足，面颊作痛。徐阶一再劝慰世宗善养龙体②。并请太医院使徐伟为皇上察脉。世宗时坐小榻，衮衣曳地，徐伟深知世宗忌讳很多，见龙衣被地，避而不前。世宗不解其故，问为何不前，徐伟答道："皇上龙袍在地上，臣不敢进。"世宗始引衣出腕。诊视结束后，世宗手诏在值阁臣说："（徐）伟顷呼地上，具见忠爱。地上，人也；地下，鬼也。"徐伟当时并未考虑及此，只是不敢触及龙袍。经内阁大臣一说，才悟出道理，"喜惧若再生"③。经徐伟悉心治疗，二月初世宗病情大为好转。为答谢徐伟，世宗特加其为右通政使，并在大玄都殿举行吉庆大典七天。④到了四月份，黑气更为浓重，恩成宫几乎见不到天日，世宗更加不安，再次召见徐阶，欲禅位裕王，或行摄政体制。徐阶劝慰说："皇上百神之主也，妖何敢干?！或左右事有过误，委诸邪逆以幸免罪责，故证伪为真耳。圣明察之，当自见耳。我朝原无禅例，前代亦非美谈，所不必言。若摄行政事，与禅无异，亦所不当言也。惟有举行册立，为本朝彝典，此必断自圣心，使恩出自上乃可耳。"世宗不许⑤。

同年十月，户部主事海瑞上疏，痛陈天下已极之弊，这就是

① 《嘉靖以来首辅传》卷6《高拱传》。
② 《皇明肃皇外史》卷45。
③ 《万历野获编》卷2《触忌》。
④ 《国榷》卷64，第4009页。
⑤ 《皇明肃皇外史》卷45。

名传中外的"海瑞骂皇帝"：

陛下天资英断，过汉文（帝）远甚。然文帝能充其仁恕之性，节用爱人，使天下贯朽粟陈，几致刑措。陛下则锐精未久，妄念牵之而去，反刚明之质而误用之。至谓遐举可得，一意修真，竭民脂膏，滥兴土木，二十余年不视朝，法纪弛矣。数年推广事例，名器滥矣。二王不相见，人以为薄于父子。以猜疑诽谤戮辱臣下，人以为薄于君臣。乐西苑而不返，人以为薄于夫妇。吏贪官横，民不聊生，水旱无时，盗贼滋炽。陛下试思今日天下，为何如乎？

迩者严嵩罢相，世蕃极刑，一时差快人意。然嵩罢之后犹嵩未相之前而已，世非甚清明也，不及汉文帝远甚。盖天下之人不直陛下久矣。古者人君有过，赖臣工匡弼，今乃修斋建醮，相率进香，仙桃天药，同辞表贺。建宫筑室，则将作竭力经营；购香市宝，则度支差求四出。陛下误举之，而诸臣误顺之，无一人肯为陛下正言者，谀之甚也。然愧心馁气，退有后言，欺君之罪何如！

夫天下者，陛下之家。人未有不顾其家者，内外臣工皆所以奠陛下之家而磐石之者也。一意修真，是陛下之心惑。过于苛断，是陛下之情偏。而谓陛下不顾其家，人情乎？诸臣徇私废公，得一官多以欺败，多以不事事败，实有不足当陛下意者。其不然者，君心臣心偶不相值也，而遂谓陛下厌薄臣工，是以拒谏。执一二之不当，疑千百之皆然，陷陛下于过举，而恬不知怪，诸臣之罪大矣。《记》曰"上人疑则百姓惑，下难知则君长劳"，此之谓也。

且陛下之误多矣，其大端在于斋醮。斋醮所以求长生也。

自古圣贤垂训，修身立命曰"顺受其正"矣，未闻有所谓长生之说。尧、舜、禹、汤、文、武，圣之盛也，未能久世，下之亦未见方外士自汉、唐、宋至今存者。陛下受术于陶仲文，以师称之。仲文则既死矣，彼不长生，而陛下何独求之。至于仙桃天药，怪妄尤甚。昔宋真宗得天书于乾佑山，孙奭曰"天何言哉？岂有书也"。桃必采而后得，药必制而后成。今无故获此二物，是有足而行耶？曰"天赐者"，有手执而付之耶？此左右奸人，造为妄诞以欺陛下，而陛下误信之，以为实然，过矣。

陛下又将谓悬刑赏以督责臣下，则分理有人，天下无不可治，而修真为无害已乎？太甲曰："有言逆于汝心，必求诸道；有言逊于汝志，必求诸非道。"用人而必欲其唯言莫违，此陛下之计左也。既观严嵩，有一不顺陛下者乎？昔为同心，今为戮首矣。梁材守道守官，陛下以为逆者也，历任有声，官户部者至今首称之。然诸臣宁为嵩之顺，不为材之逆，得非有以窥陛下之微，而潜为趋避乎？即陛下亦何利于是。①

海瑞的这份奏疏，是对嘉靖朝时政的总体评价与全面批评，也是对世宗四十五年统治的一个评价。"天下人不直陛下久矣"，这句话尤令世宗心灵震颤。包括杨爵、杨最在内，还没有人敢于如此谏诤世宗，世宗也从未见过如此诤直之臣。他览疏后异常愤怒，将奏疏掷于地，对身边的侍从说："趣执之，无使得遁。"宦官黄锦在一旁说："此人素有痴名。闻其上疏时，自知触忤当死，市一棺，诀妻子，待罪于朝，僮仆亦奔散无留者，是不遁也。"世

---

① 《明史》卷226《海瑞传》。

宗默然称是。少顷，又拾起奏疏读之，一日三次，颇为感动叹息，说："此人可方比干，第朕非纣耳。"①将奏疏留中数月，海瑞也被打入诏狱。数日后，世宗又读海瑞疏，颇有感慨，对徐阶说："今人心恨不新其政，瑞可见也。疏言俱是，朕今病久，不如甲午前矣，安能视事！惟传继为第一计，卿等拟旨行之。"徐阶对曰："瑞诚狂妄，然未曾一言及于传继，臣等不敢闻命。"世宗又说："朕仰承天眷，不自谨惜，致此病弱，如能出御政，岂受此人诟詈也。此不可并处，别行计议耳。"海瑞的奏疏确实给世宗带来了极大震撼，他承认自己有过失。徐阶又说："臣闻主圣则臣直，瑞诚不可与并处，惟圣度如天地，无所不容，况能容所难容，然后见所容之大也。"世宗见徐阶没有理解自己所说"不能并处"的意思，便对徐阶说："朕谓不可并处者，乃以既新其政，其君御此，如忌尊无二上，别于南京建一宫宇，居朕何贬？岂谓海瑞耶！"徐阶劝阻说："此天下古今必无之理，必不可行之事，臣等万万不敢闻命。"世宗也不再说什么。②世宗要禅位，客观视之，他是真诚的。一个行将就木的人，恋结权力已没有意义，他对自己也失去信心，或者已反省到自己数年来所作所为之不得人心，所以他多次讲"新政"。人们希望"新政"早日到来，但在那种传统环境下，只有老皇帝过世，新主即位，才有可能实行新政。世宗不希望人们为早行新政而怨其不速死，这是世宗多次欲禅位的重要原因。皇帝可以不做，但生命可以延续；继续做皇帝，人们厌弃自己，望己速亡，这是世宗不愿意的。矛盾的解决只有禅位这一种方法，这是世宗的认识，也是一种无奈的选择。

---

① 《明史》卷226《海瑞传》。
② 《皇明肃皇外史》卷45。

嘉靖四十五年正月，世宗病情加重。二月，《承天大志》修成，世宗览阅后产生了再度南巡的念头，他对徐阶说："我疾阅十四月，久不瘥，兹《大志》成，欲一视承天，拜显陵，取药服气。"徐阶劝道："圣躬至重，宜加静摄，南途辽远，辇行劳顿。且取药何躬劳之有！"①世宗仍不甘心，多次与徐阶及司礼太监黄锦议南巡事。数日后，承天遭受水灾，守备太监张方、湖广巡抚谷中虚上奏说，显陵低处墙垣倾倒不整。世宗为此十分忧虑，决意南巡，暗中令有关方面准备车辇及行在用物，并对徐阶说："朕疾十四月矣，不见愈，当南幸承天，此原受生地，必奏效。诸王不必朝迎，用卧辇，至七月返京矣。"徐阶对曰："圣躬未复，宜加意静摄。而乃欲南幸承天，此岂崇护之道！亦岂所以慰二祖之心也！其取药一事，未知皇上欲取何药？宜开品味谕抚按官取进，则圣躬不劳而坐致上药矣。"世宗又说："自朕取龙飞诸殿图阅视，已旬余矣，远近皆闻科取小民宁免也，顺天下佑一行必获万康，但先理途居为要耳。"徐阶说："前奉谕南幸，不敢仰赞者，第一为圣躬计，第二为国事计。盖己亥至今二十七年矣，皇上自度精力较彼时何如？虽皇穹下佑，必获万康，然辇行不及宫居之安，途次不及殿庭之适。皇上崇护之道，自当避劳而就逸也。且己亥以前，边陲无事，彼日且命大臣行边，及增内外城关守御之备，今之边警时闻，官兵未壮，而六飞远狩，京师空虚，狡逆之谋，傥或窃发，圣驾在外，能无忧惊！此为所当计虑者。至于有司科取小民，诚如圣兹之所轸念，而湖广兵荒，抚按官节次奏陈，犹未暇及，伏乞圣明俯亮下悃，毋致轻举，以贻后悔。"徐阶从利

---

① 《国榷》卷64，第4023页。

害角度，详细分析当时的形势，世宗不得不顺从。①但到了七月，世宗又提出南巡，徐阶再次劝阻。②

十月底，世宗病情垂危，已不能视事，"宸札不复出"③。十一月，进入弥留状态。裕王讲官、大学士高拱已将西苑值所的私物，偷偷运回家中，言官弹劾其事，世宗已不知。徐阶与侍讲学士张居正正在紧张策划世宗遗诏的笔法。十二月十四日上午，已不省人事的世宗乘辇回到乾清宫。④世宗告别了居住24年的西苑，极不情愿地来到充满恐怖和肃杀之气的大内乾清宫。下午午时，世宗告别了寒风凌厉的冬天，割舍了世间的一切恩怨，舍弃了六十年的岁月，寿终正寝。由裕王主理丧事。

世宗病逝后，第一件事是发表遗诏。在明朝，遗诏通常是大臣们的手笔。遗诏草成时，皇帝早已一瞑不视，故实际上皇帝在其中没有什么交代。在皇位承袭的封建时代里，往往在鼎革之际以遗诏的名义清算前朝的一切弊端，又借由新君即位诏书发表"新政"，这也是缓和社会危机的一种相沿成俗的办法。因此，遗诏及即位诏会对政局发生重大影响。武宗病逝时，杨廷和起草遗诏，达一万数千言，对武宗弊政全部清算。45年过去了，现在又给首辅徐阶提供了这样一个机会。斋醮是一件，大兴土木又是一件，大礼议是一件，大狱案还是一件，言官平反也是一件。这些弊政都在世宗病逝次日发表的遗诏中了。遗诏是这样写的：

① 《皇明肃皇外史》卷46。
② 《国榷》卷64，第4026页。
③ 《国榷》卷64，第4034页。
④ 《皇明肃皇外史》卷45载，世宗于嘉靖四十四年五月回到乾清宫，并有"群臣表贺"，查《实录》等书，均无此记载。

朕以宗人，入继大统，获奉宗庙四十五年，深惟享国久长，累朝未有，乃兹弗起，夫复何憾！惟念朕远奉列圣之家法，近承皇考之身教，一念惓惓，本惟敬天勤民是务，祇缘多病，过求长生，遂致奸人乘机诳惑。祷祀日举，土木岁兴，郊庙之祀不亲，朝讲之仪久废，既违成宪，亦负初心。迩者天启朕衷，方图改辙，而遽婴疾病，补过无由，每一追思，惟增愧恨。皇子裕王可即帝位，勉修大德，勿过毁伤，丧礼如旧，以日易月，祭用素馐，毋禁民间音乐嫁娶。宗室亲郡王，藩屏为重，不可擅离封域；各处总督、镇、巡、三司官，地方攸系，不可擅去职守。郊社等礼及朕祔葬祔享，各稽祖宗旧典，斟酌改正。自即位至今，建言得罪诸臣，存者召用，殁者恤录，见监者即先释放复职。方士人等，查照情罪，各正刑章，斋醮、工作、采买等项劳民事，悉皆停止。于戏！子以继志述事兼善为孝，臣以将顺匡救两尽为忠，尚体至怀，用钦末命。诏告天下，咸使闻知。①

这份不足500字的诏书，比较客观地评价了世宗执政45年的是非功过，可谓盖棺论定。对其积弊及成因，着墨虽不多，但深得要领，抓住了主要矛盾。因"过求长生"而导致日事斋醮、大兴土木，以及对谏诤诸臣的杀戮，可以说是嘉靖年间的三大弊政，有损"圣德"及"中兴"大业，而其孝思及对绝对皇权的热衷，导致了对"大礼议"诸臣的极端惩挫，影响一代士气、政风，关系匪浅。临终前两年，世宗多次提出禅位，以专意静养，并对执政以来弊政有所醒悟，反映出他并非那种至死不悟的人。徐阶、

① 《明世宗实录》卷566。

张居正等人在撰写《世宗实录》时这样评价他："上神功盛德，不可缕指，综其始终，大要以严驭吏，以宽治民，以经术为师，以法律为辅，以明作修内政，以安静饬边防。其于稽古考文之事，尤为备谨而皆发之孝思，本之敬一，故功成制定，华裔向风，中兴大业视之列祖有光焉。"① 抛开其颂扬之词，大体上还是客观的。这也是所谓的官方评价。

范守己的评价则更高，他说：

> 揽乾纲如帝者，几何人哉！国朝中亦惟高、文及帝数君耳。以故大张弛、大封拜、大诛赏，皆出独断，至不可测度。辅臣欲有所与，亦从臾之，或揣摩捭阖之耳，而能代有天工哉！至聪睿夙成，宣哲天纵，思与古圣通，动与道法合。其财成典章，润色鸿业，皆有以洗濯千古，轶三五而上之，无论东西京诸盛主也。其起弊亨屯，携欲倾之鼎而措之盘石之上，大有镇于宗祐，不浅渺矣。则何以故？盖帝有不世之奇谟六，无竞之伟烈四，而又有震世之独行五。正世及之大辨；复四郊之大礼；黜胡主庙祀；革荣国侑享；崇奉先师，除象设之陋；厘正诸儒，严迪德之选；六奇谟也。革藩镇之诸阉，废畿甸之皇庄，夺外戚之世封，抑司礼之秉用：四伟烈也。正嫔御之数，内无女宠；放鸟兽之玩，外无禽荒。不以隆眷而废刑诛；不以甲令而拘除擢；不以摄生而废化裁：五独行也。五行独至，故六谟显而四烈彰，所以驾二祖、迈百王，帝道之隆，于斯为极矣。于戏盛哉！②

---

① 《明世宗实录》卷566。
② 《皇明肃皇外史》卷46。

范守己是隆、万时期的臣子，他的话不无为当时皇帝的祖父饰美之意。外戚之祸，有明一代不见；藩镇之害，自成祖后已不存在，焉能称之伟烈?! 至于裁革皇庄，抑惩宦竖，确又功不可没。

何乔远也多赞词，他说："臣每见故缙绅父老若为郎时尚接先朝执御之臣，多好言嘉靖时事，其谟猷合圣贤，动作掀天地，真中兴之主矣。晚节西苑崇玄，帝心固以为敬天，虽万几在宥，而精神无时不运于天下，四十余年如一日，所以享世独久与。"① 实际上，当时人论当时事，总有一定限制。何乔远所论，也只是世宗乾纲独揽这一方面而已。

与范、乔同时代的李维桢说："世宗享国长久，本朝无两，礼乐文章，烂焉兴举。斋居数十年，图回天下于掌上，中外俨然如临，其英主哉！始终则新都（杨廷和）、永嘉（张璁）、华亭（徐阶）功大矣。吏治繁伪，兵政窳惰，民力虚耗，亦由是始。方之汉武，功不胜过焉。"② 李维桢虽也颂扬，但不无批评之意。

明末杰出的史学家谈迁，以其入木三分的见解，对世宗的评价最为公正、客观、全面，他说：

> 世庙起正德之衰，厘革积习，诚雄主也。因议礼自裁，好稽古右文之事，诸臣迎附，只诤于仪节，反实政略焉。方士蛊其心，倭虏撼其末，饥盗岁见。而皇威四讫，驾御得人，则股肱之力为多。至政地寄腹，往往非其任；靡文塞责，先

---

① 《国榷》卷64，第4038页。
② 《国榷》卷64，第4037页。

朝淳厚节俭之遗，荡然靡余。狡伪成风，吏民相沿，不以为
非，亦一代升降之关也。好长生术，果享永祚，古人如汉武、
唐玄、宋仁各有称，今治不及开元、庆历，而亦无天汉、天
宝之失。庶几哉，优于汉唐矣。[①]

谈迁从时事变迁和历史发展的角度，肯定了世宗在执政初期
的积极作用。对其专事礼文以致忽略实政，评价尤为确当。而世
风之变，一代之兴衰，此又非当时所立见之效果，其消极影响久
远而深刻。与唐玄宗、宋仁宗相比，虽无大治，也无大乱，实际
还是平庸之主。清修《明史》，基本上遵循谈迁的思路，于《世宗
纪·赞》中说："世宗御极之初，力除一切弊政，天下翕然称治。
顾迭议大礼，舆论沸腾，幸臣假托，寻兴大狱。夫天性至情，君
亲大义，追尊立庙，礼亦宜之；然升祔太庙，而跻于武宗之上，
不已过乎。若其时纷纭多故，将疲于边，贼讧于内，而崇尚道教，
享祀弗经，营建繁兴，府藏告匮，百余年富庶治平之业，因以渐
替。虽剪剔权奸，威柄在御，要亦中材之主也矣。"《明史·循吏
传》序中有一段话，讲得十分深刻：洪武以来，吏治澄清者百余
年，当英宗、武宗之际，内外多故，而民心无土崩之虞，由吏鲜
贪残故也。嘉、隆以来，吏部考察之法徒为具文，而人皆不自顾
惜，抚按之权太重，举劾惟贿是视，而人皆贪墨以奉上司，于是
吏治日偷，民生日蹙，而国亦遂以亡矣。由此观之，嘉靖时期是
承武宗之后，继续向下滑去的一个重要转折点。经典理论家曾指
出，评价人物，不要看他做了什么，更主要的是看他比前人多做
了些什么。我们不苛求古人，但很显然，世宗未能将时代赋予他

---

① 《国榷》卷64，第4038页。

的使命完成，就走向了反面。观嘉靖初年，大学士们公忠体国，大臣们孜孜求治，很有一派中兴景象。可以说，嘉靖初年的统治集团是素质较高、责任感强、向心力大、颇有作为的群体。杨廷和等内阁大臣勿论，以尚书而言，吏部乔宇、户部孙交、兵部彭泽、刑部林俊，"皆海内重望"[①]。就决策层而言，其素质、能力、经验等并不逊色于洪、宣时期，甚至有明一代这样的群体都很难找到。世宗作为少年天子，有责任，也有能力把"嘉靖之治"推向一个新的高峰。然而他没有，大礼议之争虽出于"孝思"，但打击面过广，惩抑过重，数次大赦，大礼"罪臣"皆不与焉。如果说，当时出于树立绝对皇权的需要，那么，几十年过去了，当年的臣子已是鬓发须白，垂垂老矣，还有何理由"遇赦不赦"？此事不在于若干人的进退荣辱，它在于使正气受抑郁，数十年不得发舒；而人行幸门，政风日下，关系一代兴衰。别了，当年那个有作为的群体已不复存在。颇负重望的大臣幸者致仕安居，不幸者则勒仕籍为民，昔日的社稷功臣一变为朝廷罪人。这不是他们个人的悲哀，是"嘉靖之治"的悲哀，是世宗本人的悲哀。世宗没有把握历史给他提供的机遇，利用已经具备的条件，重新书写明朝的中兴历史。而是"日以礼文为己任"，而所谓"礼"者为何？为"文"者又能传于几时？不过是借此以示"圣智"，以崇父母而已。而对于军国实政，又能倾注几分精力？谈迁说他"实政略焉"，岂止是疏略，简直是无意于此，世宗的"实政"只体现在"威柄在御"上。这是我们评价世宗的第一个着眼点。

其次，世宗为操权柄以及树立绝对权威，恩威莫测，赏罚失度，使幸门大开，政风日下，官如传舍。在一定程度上，世宗纵

---

① 《明史》卷194《乔宇传》。

容甚至有意地鼓励臣下之间互相争斗，内阁的纷争就是如此。而且，嘉靖中叶"南倭北虏"，持续时间之长，危害之大，与世宗专事斋醮、疏略实政有直接关系。

再次，世宗为求长生，不惜民命，日事斋醮，大兴土木，致使历年积蓄，荡然无存。入不敷出后，科敛加派，无所不用其极。"嘉靖者，家家皆净"，这与"藏富于民"的儒家圣训背道而驰。"天下不直陛下久矣"；大臣上疏，请求"建帝"，何代有此之事？世宗自己多次说，"天下恨不速行新政"，大失民心、官心，于此可见。晚年"盗贼"蜂起，此伏彼起，正是对这种腐败政治结出的恶果。据载，遗诏颁后，朝野号痛。①这号痛绝非是对世宗之死的哀痛，而是对嘉靖时代结束的一次总控诉。一种统治到了如此地步，还称其"伟烈"，盛赞其超迈"三皇五帝"，真是绝妙的讽刺。

隆庆元年正月，上大行皇帝尊谥为肃皇帝，庙号世宗。三月葬于永陵。在地宫陪伴他的，有先于世宗安葬的方皇后，陈皇后和穆宗生母杜皇后。

---

① 《明通鉴》卷63。

APPENDIX

附：嘉靖帝大事年表

正德二年（1507）　1岁（虚岁　下同）

八月十日生于湖广安陆兴王府邸。父兴王朱祐杬，宪宗第四子，孝宗之弟，成化二十三年（1487）封兴王，弘治四年（1491）建邸德安，寻改安陆，七年就藩。母蒋氏，大兴人，弘治五年（1492）册为兴王妃。

正德六年（1511）　5岁

四月兴王请名，武宗定厚熜。

八月兴王开始口授诗赋，过而成诵。

正德七年（1512）　6岁

八月致仕承奉李稷集汉唐宋以来圣哲儒先养蒙格言为一帙，名《养正录》，以进兴王，供厚熜入学习读，兴王为其作序。

正德八年（1513）　7岁

兴王于宫中教习厚熜书史、问安视膳礼节及军民疾苦、稼穑艰难之事。始授厚熜《孝经》。内侍黄锦等为厚熜伴读。

正德九年（1514）　8岁

兴王教授厚熜习字之法，并讲解修齐治平之道理。

正德十年（1515）　9岁

兴王为厚熜讲授《大学》，于成汤之《盘铭》多有阐发。

正德十一年（1516）　10岁

兴王教厚熜习祭祀、拜表、庆贺等各种仪节。

正德十三年（1518）　12岁

十月命所司修葺内书堂及诸器具，以作厚熜出就傅之准备。

正德十四年（1519）　13岁

六月兴王因感暑疾病逝，享年44岁。八月武宗命厚熜摄国事，并敕令内外官悉心辅导。十月谥兴王为"献"，葬于松林山。

正德十六年（1521） 15岁

三月武宗崩逝，遗诏遵祖训以兴献王子厚熜即帝位，遣司礼太监韦霖、大学士梁储、礼部尚书毛澄、驸马都尉崔元等携遗诏及金符迎厚熜。厚熜迎于府门外，于承运殿行礼开读遗诏。各官仰见厚熜"隆准修髯，威容若神"。四月厚熜辞献陵及母蒋氏，二十二日自大明门入宫，御奉天殿即帝位，颁诏大赦，以明年为嘉靖元年。二十五日遣使迎母妃蒋氏。二十七日命礼臣集议兴献王封号。五月，大学士梁储致仕。兴邸旧人袁宗皋入阁参预机务。钱宁伏诛。六月，江彬伏诛。革锦衣卫冒滥军校三万余人。七月，观政进士张璁上"继统不统嗣"说，请以孝宗为皇伯考，兴献王为皇考。内阁首辅杨廷和等请以兴献王为皇叔父，以孝宗为皇考，上宋代程颐议濮王礼。大礼议之争起。革锦衣卫及各监局寺等冗滥十四万八千余人。九月，葬武宗毅皇帝于康陵。十月，追尊父兴献王为兴献帝，祖母宪宗贵妃邵氏为皇太后，母妃为兴献后。兴献后至京。十一月，以平朱宸濠功，封王守仁为新建伯。乾清宫筑成。

嘉靖元年（1522） 16岁

正月命称孝宗皇考，慈寿（张）皇太后圣母，兴献帝、后为本生父母。甘州兵变，杀巡抚许铭。九月立皇后陈氏。十一月祖母病逝。

嘉靖二年（1523） 17岁

三月武宗神主祔太庙。俺答侵扰大同。四月命两京三品以上及抚、按官举堪任守令者。六月免嘉靖元年天下税粮之半。

嘉靖三年（1524） 18岁

正月两畿及豫、鲁、陕同时地震。二月杨廷和致仕。四月追尊兴献帝为本生皇考恭穆献皇帝。五月遣使迎献皇帝神主于安陆。

七月廷臣伏阙争大礼，马理等134人下锦衣卫狱。杖丰熙等180人于廷，死者17人，杨慎等谪戍。八月大同兵变，杀巡抚张文锦。九月定称孝宗为皇伯考，昭圣皇太后为皇伯母，献皇帝为皇考，章圣皇太后（蒋氏）为圣母。大礼议告一段落。十二月起致仕大学士杨一清为兵部尚书，总制陕西三边军务。

嘉靖四年（1525）19岁

三月诏修《献皇帝实录》。昭圣皇太后居仁寿宫灾。立世庙祀献皇帝。四月查放宫女。六月赦高墙庶人家属200余人，听其自便。七月追封厚熄已故兄为岳王，谥曰怀。十二月《大礼集议》成。

嘉靖五年（1526）20岁

二月封道士邵元节为真人，遣内官督修真人府。三月定有司久任法。七月世庙修成。十月颁御制《敬一箴》于学宫。

嘉靖六年（1527）21岁

正月命臣僚上陈民间利病。八月以议李福达狱，下刑部尚书颜颐寿、左都御史聂贤、大理寺卿汤沐等于锦衣卫狱，侍郎桂萼、张璁、少詹事方献夫署三法司，尽翻前案，兴大狱，数十人被杖成。次月颁《钦明大狱录》于天下。十一月修显陵。

嘉靖七年（1528）22岁

正月考核天下巡抚官。六月颁《明伦大典》于天下，追削议礼诸臣罪。十月命礼部大书天下灾异进览。皇后陈氏崩。十一月立顺妃张氏为皇后。

嘉靖八年（1529）23岁

正月以王守仁之学说为邪说，谕天下敢有踵其说者重罪。三月以桂萼奏，革选庶吉士，更定翰林官铨补法。十月除外戚世封，著为令。十二月革天下镇守内臣，中外大悦。

嘉靖九年（1530） 24岁

正月更定南北郊分祀法。十月诏选妃嫔。十二月初立九嫔。

嘉靖十年（1531） 25岁

正月令三途并用，不专重科举官。三月始立西苑耕种。始用道士为太常官。六月大裁内外冗官。八月再议迁显陵。改安陆为承天府，县为钟祥。十一月在钦安殿行祈嗣大礼，大臣以次上香，侍郎顾鼎臣进步虚青词。十二月建西苑诸殿亭池馆。

嘉靖十一年（1532） 26岁

二月祈嗣于地祇坛。九月编修杨名以星变劾邵元节等，并请释议礼诸臣，停各工役，下狱谪戍。

嘉靖十二年（1533） 27岁

三月初开经筵。五月逮昌国公张鹤龄及张延龄下狱。八月丽妃阎氏生皇长子，诏赦天下，独大礼议、大狱案涉案者不赦。十月大同兵变。张延龄论死，革张鹤龄爵。皇长子夭折。度天下道士万人。

嘉靖十三年（1534） 28岁

正月废皇后张氏，册德妃方氏为皇后。六月南京太庙灾。

嘉靖十四年（1535） 29岁

二月建九庙。三月辽东军乱。八月诏九卿会推巡抚官，著为令。十月选补妃嫔。诏再选女百人入宫。

嘉靖十五年（1536） 30岁

十月更定世庙为献皇帝庙。十一月以皇次子生，大赦天下。十二月废后张氏死。

嘉靖十六年（1537） 31岁

正月皇三子载垕生，是为穆宗皇帝。三月命建离宫于沙河，费值七百万。五月有司请立皇太子，不许。九月以应天策文有讥讽祭祀语，逮考试官。张鹤龄下狱瘐死。十一月命大臣被论，不必互辩，以伤国体。

嘉靖十七年（1538）32岁

三月以咸宁侯仇鸾为征夷副将军，充总兵官，兵部尚书毛伯温参赞军务，讨安南莫登庸。四月罢安南师。五月复设镇守内官。诏毁天下书院。九月改太宗庙号成祖，献皇帝庙号睿宗，祔太庙。十二月厚熜母章圣皇太后崩，议迁显陵于大峪口，使父母合葬。

嘉靖十八年（1539）33岁

二月立皇子载壑为皇太子，封载屋为裕王，载圳为景王。巡幸承天，令太子监国。次至卫辉，行宫失火，厚熜几不免于灾祸。至承天，谒显陵。御龙飞殿受群臣贺。四月还宫。谕停迁显陵。七月葬献皇后于显陵。复命仇鸾、毛伯温征安南。十月太仆卿杨最谏服丹药、信黄白术，下狱瘐死。

嘉靖十九年（1540）34岁

二月御史姚虞上承天流民图。营兴邸，用白金四十七万余两。营仁寿宫。五月选淑女百人入宫。

嘉靖二十年（1541）35岁

正月御史杨爵奏谏厚熜失人心，致危乱者五，命长系诏狱。四月九庙灾，诏停工役，臣民可言得失。八月昭圣皇太后崩。九月翊国公郭勋下狱瘐死。

嘉靖二十一年（1542）36岁

四月大高玄殿成。俺答入掠山西等地。十月厚熜幸曹妃宫，宫婢杨金英等谋弑，世宗几危，方皇后救护，命谋逆者悉磔于市，曹妃与焉。自此世宗移御西苑，不复入大内。太医许绅因救驾有功，加太子太保。十二月诏修三皇庙，以古医34人从祀。

嘉靖二十二年（1543） 37岁

二月七陵工完。

嘉靖二十三年（1544） 38岁

三月诹访绝力人。十月以俺答扰边，京师戒严。

嘉靖二十四年（1545） 39岁

正月大修宣大山险。闰正月命廷臣见皇太子。二月撤元世祖像并祭。

嘉靖二十五年（1546） 40岁

四月以曾铣总督陕西三边。十月曾铣请复河套，上方略万言。延津人李拱辰子应时复献其妹，世宗纳幸之。

嘉靖二十六年（1547） 41岁

正月诏南将归南，北将归北，著为令。选淑女三百人入宫。十一月宫中火起，皇后方氏崩。十二月令群臣杂上复套之议。

嘉靖二十七年（1548） 42岁

三月杀曾铣。四月定寿陵名为永陵，葬孝烈方皇后。十月大学士夏言被杀。

嘉靖二十八年（1549） 43岁

三月皇太子行冠礼，二日后死。

嘉靖二十九年（1550） 44岁

八月俺答大举入寇，攻古北口。京师戒严。敌围京师，大掠八日饱食而去。世宗御奉天殿痛斥群臣。九月罢团营，复三大营旧制，设戎政府，以仇鸾总督之。十一月分遣御史选边军入卫。

嘉靖三十年（1551） 45岁

正月锦衣经历沈炼劾严嵩父子，杖戍边远。三月开马市于宣府、大同。四月宽海禁。七月勒诸王进银助边。

嘉靖三十一年（1552） 46岁

正月停开马市。二月建内府营，操练内侍。三月裕王景王行冠礼。八月仇鸾死，发其罪状，戮尸，传首九边。十二月选民女300人入宫。

嘉靖三十二年（1553） 47岁

正月杨继盛劾严嵩，下狱论死。二月册李氏为裕王妃。三月海盗头目汪直纠众掠沿海。

嘉靖三十三年（1554） 48岁

正月以贺疏失抬，杖六科都给事中张思静等各四十。康妃杜氏崩，是为穆宗生母。是年倭患日炽。

嘉靖三十四年（1555） 49岁

二月工部侍郎赵文华祭海，兼区处防倭。四月总督张经在王江泾大败倭盗。张经以赵文华陷，下狱。九月京师戒严。十月杀张经、浙江巡抚李天宠及兵部员外郎杨继盛。十二月山西、陕西、河南大地震，黄河、渭河（水）溢，死者83万余人。是年，世宗几次征民女入宫，仅九月一次即征160人入宫。

嘉靖三十五年（1556） 50岁

二月以胡宗宪为总督军务讨倭。五月赵文华提督江南、浙江军务。大学士严嵩与摄吏部事李本品第诸臣以为去留。经十年修营，显陵成，督工官升赏。

嘉靖三十六年（1557） 51岁

四月奉天、华盖、谨身三殿灾。五月采木于川、湖。十月天下献芝1 600余本。

嘉靖三十七年（1558） 52岁

三月始免三大营听征官军营造工役。十月礼部进瑞芝1 860本。

嘉靖三十八年（1559）53岁

三月俺答入内地，大掠畿辅五日。

嘉靖三十九年（1560）54岁

二月南京振武营兵变。中允郭希颜以建皇储被杀，传首天下。

嘉靖四十年（1561）55岁

正月分遣御史于天下，访求仙术异人及符箓秘方。二月景王去往封地。五月建仁和宫。十一月万寿宫灾，世宗移居玉熙宫。十二月重修万寿宫。

嘉靖四十一年（1562）56岁

正月万寿宫成，内建寿源、万春、太玄、仙禧诸殿，极为宏丽，壮过大内。四月世宗移居新宫。五月罢严嵩。十一月分遣御史访求方士、法书。

嘉靖四十二年（1563）57岁

五月胡宗宪下狱，仰药死。八月裕王第三子翊钧生，是为神宗皇帝。十月京师戒严。

嘉靖四十三年（1564）58岁

正月选民女300人入宫。三月扶沟民卢钦献其孙女，世宗纳之。十月采方书御史回京。是岁天下进秘方及灵芝、仙桃、白鹿、兔、雁等物者不可胜纪，皆得厚赏。

嘉靖四十四年（1565）59岁

正月景王病死，无子，葬西山。三月严嵩削籍、籍没，子世蕃以谋反罪被诛。四月密谕辅臣禅位裕王。五月世宗回宫。十月主事海瑞力谏，下诏狱。世宗复谕禅，辅臣力谏乃止。

嘉靖四十五年（1566）60岁

二月谕幸承天，不果。六月命有司不职者不得改教官。七月诛李福达孙李同。九月修显陵，更建龙飞殿。十月世宗不豫。

十二月病危，入大内，午时崩于乾清宫，寿六十，辅臣徐阶等启裕王入主丧事。颁遗诏。明年正月上谥号为钦天履道英毅神圣宣文广武洪仁大孝肃皇帝，庙号世宗。三月葬永陵。

壬子日，载垕即帝位。以明年为隆庆元年，大赦天下，先朝政令不便者，皆以遗诏改之。召用建言得罪诸臣，死者恤录。方士悉付法司治罪，罢一切斋醮工作及例外采买。免明年天下田赋之半，及嘉靖四十三年以前逋赋。释户部主事海瑞于狱。